体育の科学選書

トレーニングによる からだの適応
―スポーツ生理学トピックス―

平野　裕一　　加賀谷淳子
編　集

株式会社 杏林書院

[編　集]

　　平野　裕一　　東京大学大学院教育学研究科
　　加賀谷淳子　　日本女子体育大学

[執筆者]

　　秋本　崇之　　東京大学大学院総合文化研究科
　　安達栄治郎　　北里大学大学院医療系研究科
　　飯塚　太郎　　東京大学大学院教育学研究科
　　石井　喜八　　日本体育大学名誉教授
　　石田　良恵　　女子美術大学芸術学部
　　伊藤　静夫　　日本体育協会スポーツ科学研究室
　　大森　　肇　　筑波大学体育科学系
　　荻田　　太　　鹿屋体育大学
　　勝村　俊仁　　東京医科大学衛生学公衆衛生学教室
　　河端　隆志　　大阪市立大学
　　菊地　　潤　　横浜国立大学教育人間科学部
　　北川　　薫　　中京大学体育学部
　　小山　裕史　　ワールドウィング
　　柴山　　明　　東京大学大学院総合文化研究科
　　杉浦　克己　　明治製菓株式会社　ザバス　スポーツ＆ニュートリション・ラボ
　　高梨　泰彦　　中京大学体育学部
　　髙橋　英幸　　国立スポーツ科学センター
　　高見　京太　　宇部短期大学
　　谷口　有子　　国際武道大学体育学部
　　田路　秀樹　　姫路工業大学環境人間学部
　　中里　浩一　　日本体育大学大学院体育科学研究科
　　中村　夏実　　国立スポーツ科学センター
　　根本　　勇(故)　元日本女子体育大学
　　野坂　和則　　横浜市立大学大学院総合理学研究科
　　林　　恭輔　　日本体育大学身体動作学研究室
　　平野　裕一　　東京大学大学院教育学研究科
　　本間三和子　　筑波大学体育科学系
　　前嶋　　孝　　専修大学社会体育研究所
　　水野　一乘　　東京大学大学院総合文化研究科
　　和久　貴洋　　国立スポーツ科学センター
　　　　　　（五十音順）

はしがき

　スポーツは今，様々な方向に広がりをみせている．しかし，なんといってもスポーツの原点は，勝敗を競い合うところにある．したがって，いかに高いパフォーマンスを発揮できるか，いかにしてそれが達成されるかが，スポーツを実施する人々の関心事である．そのためには，スポーツの特性を知り，それに適したからだをつくること，各スポーツ独自のスポーツ技能を獲得すること等が必要であり，それに適したトレーニングの方法を開発することが重要になる．実際，スポーツマンは，その目的に向かって智恵を絞り，汗を流して不断の努力を重ねている．

　しかし，より高いパフォーマンスを目指すには科学的根拠を持った新しいトレーニング法の開発と，様々な環境の中で，いかに高いパフォーマンスを発揮させることができるかという能力が重要になる．スポーツに関心を持っている人々の中には，高いスポーツパフォーマンスを発揮させることに情熱を燃やして，科学的サポートをする人々が多い．一方，サイエンスの対象としてのスポーツとからだとの関係に興味を抱いて研究を進めている人々もいる．どちらも，最終的にはスポーツ活動を安全かつ効果的に行なうことに役立つものである．同時に，スポーツ活動を生み出しているからだの仕組みの解明にも貢献することになる．

　我が国のスポーツ生理学が急速に発展したのは東京オリンピック（1964）に向けて選手強化が開始されてからである．当時，競技の特性を知る目的で，オリンピック候補選手の形態や体力の各要素を種目別に明らかにする努力が重ねられた．また，アベベ選手をはじめ来日した海外の有望選手の体力測定が頻繁に行なわれて，彼らのからだの秘密が少しずつ明かされるようになった．測定器機の開発や測定法の研究も盛んに行なわれた．また，ドイツからHettingerが来日し，効果的な筋力トレーニングについて科学的根拠に基づく明快な筋力トレーニング理論を展開して，我が国のスポーツ指導者に強い影響を与えた．このように競技選手のからだの特性を知って，トレーニング方法を開発するという研究の流れは今日まで続いている．

　しかし，スポーツ生理学を飛躍的に発展させたのは，一過性あるいは慢性的な運動に対するからだの適応についての基礎的研究の成果が蓄積されたことによるといっても過言ではない．生命科学関連領域の発展と連動して，運動生理学・体力科学もこの四半世紀の間に目覚ましい発展を遂げた．それはそれ自体で大きな意味のあることではあるが，スポーツの発展に対しても基礎的研究の貢献は大きかった．なぜなら，基礎科学の発達はスポーツを考える新たな切り口を提供するからである．実際，運動生理学の成果を土台としてスポーツの生理学的特性の新たな解明や体力向上のための方策の開発が発展してきた．また，スポーツの現場で工夫されたトレーニングを科学的

に実証する作業も新たな手法で行なわれるようになった．

　本書は，このように発展しているスポーツ生理学の様々なトピックスを紹介して，スポーツの現場で生かすことができるようになればとの願いをこめて編集されたものである．また，ここに示されているトピックスはサイエンスとしても多くの人々の知的好奇心を刺激するものばかりである．本書を契機として，さらに研究が進み，その成果がスポーツのパフォーマンスの向上，望ましいからだづくり，安全なスポーツ実施に生かさることを望むものである．

　本書は，1999年1月～2000年12月に雑誌「体育の科学」に「スポーツ生理学トピックス」として掲載されたものを基に改訂し，さらに今日的話題を加筆したものである．本連載では，スポーツの現場における話題を取り上げて，そのバックグラウンドや機序を生理学的に解説して頂いた．「事例を挙げて，わかりやすく」をモットーに，研究室と現場を結びつける内容が満載されている．そして，どのようなスポーツの場面を取り上げたとしても，首尾一貫して「トレーニングに対してからだがどのように適応するか，からだをどのように変えればスポーツパフォーマンスを向上させることができるか」という視点を根底においている．

　出版にあたって内容を整理してみると，I部とII部については，最近の研究動向を反映した興味ある話題が多く，この成果を生かしたさらに新しいトレーニング法の開発が期待できそうである．しかし，スポーツ生理学の各論である第III部をみると，スポーツ種目別の研究が必ずしも多くないことは明らかであり，あらためてこの分野の研究の必要性が感じられる．

　最新情報を伝えることを意図した本書の内容は，日進月歩で塗り替えられる性質のものである．本書に示した内容が一般化したと感じられたら，それはスポーツ生理学の進歩を示しているものであり，その時点で，また新たなトピックが登場していることと思う．その意味では，本書は長く読み続けられるというよりは，早く改訂されることを期待される運命にある．今後も，スポーツの現場とスポーツ生理学の研究者との共同作業が円滑に進められ，発信されたスポーツ生理学のトピックスがスポーツ現場に生かされることを願っている．

　本書の発刊にあたり，杏林書院太田博社長，小林寛道「体育の科学」編集委員長，ならびに担当者の手塚雅子氏に感謝の意を表します．

2002年8月

編集　加賀谷　淳子

目 次

はしがき ……………………………………………………… 加賀谷淳子

序章 ……………………………………………………………… 平野裕一 … 1
  1. スポーツ生理学とは？ ………………………………………………… 1
  2. 遺伝的要因とライフステージ ………………………………………… 1
  3. 競技スポーツから生涯スポーツへ …………………………………… 2
  4. トピックスのもつ意義 ………………………………………………… 3
  5. トピックス 1　バットの運動調節 …………………………………… 3
  6. トピックス 2　投球を続けることによるからだへの影響 ………… 6

I 部　スポーツにおける生理学的トピックス

1 章　クレアチン摂取とスポーツパフォーマンス …………………… 髙橋英幸 … 12
  1. なぜクレアチンなのか？ ……………………………………………… 12
    1) 生体内におけるクレアチン代謝／2) 筋エネルギー代謝におけるクレアチンの役割
  2. クレアチン摂取の効果 ………………………………………………… 13
    1) 筋のクレアチン，クレアチンリン酸含有量の増加／2) 短時間・高強度運動のパフォーマンスの向上／3) 持久的運動パフォーマンスへの影響／4) 筋力トレーニング効果を促進させるクレアチン／5) 高齢者に対するクレアチン摂取の効果
  3. クレアチン摂取の実際 ………………………………………………… 18
  4. クレアチン摂取の副作用 ……………………………………………… 19

2 章　糖質摂取とスポーツパフォーマンス──持久的運動を中心に …… 杉浦克己 … 24
  1. 糖質とエネルギー ……………………………………………………… 24
  2. 糖質とは何か …………………………………………………………… 25
  3. 運動前の糖質摂取 ……………………………………………………… 26
    1) グリコーゲンローディング（カーボローディング）／2) 運動前の食事／3) 運動直前の糖質摂取
  4. 運動中の糖質摂取 ……………………………………………………… 28
    1) 運動中の糖質摂取／2) ハーフタイムの糖質摂取
  5. 運動後の糖質摂取 ……………………………………………………… 29
    1) 運動直後の糖質摂取／2) 運動間の糖質摂取／3) 運動後の食事

3 章　心理的要因による生理応答の変化とスポーツパフォーマンス …… 飯塚太郎 … 34
  1. 競争が運動中の生理応答に及ぼす影響について …………………… 34
  2. 主観的な運動感覚の影響について …………………………………… 36
  3. 精神性ストレスによる認知機能への影響について ………………… 37

4 章　伸張性筋活動に伴う筋損傷・遅発性筋肉痛と
その回復・適応プロセス ……………………………………………… 野坂和則 … 40
  1. トレーニングと適応反応 ……………………………………………… 40
    1) トレーニングとタンパク質合成／2) トレーニング効果と超回復
  2. トレーニングと損傷 …………………………………………………… 41
    1) 筋細胞損傷と修復・再生／2) 損傷とオーバートレーニング

3. 運動に伴う筋・結合組織の損傷……………………………………………… 42
　　　　1)「損傷」の定義／2) エクセントリック運動とその特徴／3) エクセントリック運動による筋・結合組織損傷／4) 筋・結合組織損傷の間接的指標／5) 遅発性筋肉痛（DOMS）／6) エクセントリック運動に伴う筋損傷に対する適応効果／7) 筋損傷・DOMS と超回復
　　4. 適切なトレーニング刺激としての損傷 ……………………………………… 50
　　　　1) 筋損傷と筋肥大／2) どの程度の損傷が必要なのか？

5 章　腱のマトリクス生物学 ……… 水野一乗・安達栄治郎・中里浩一・柴山　明 … 54
　　1. 腱の構造 ……………………………………………………………………… 54
　　　　1) コラーゲン線維／2) らせん階層構造／3) 筋腱接合部の微細構造
　　2. 腱の機能 ……………………………………………………………………… 58
　　3. 腱と弾性 ……………………………………………………………………… 59
　　　　1)「弾性」に関与する組織／2) 身体運動における粘弾性組織の役割／3) その他の腱の機能

6 章　女子長距離選手の骨塩量と疲労骨折 …………………………… 石田良恵 … 63
　　1. 月経と骨塩量に関する今までの研究 ……………………………………… 63
　　2. 体脂肪率とパフォーマンスの関係 ………………………………………… 64
　　3. 運動種目別にみた女子スポーツ選手の踵骨の骨強度 …………………… 65
　　4. 年齢および性差との関係 …………………………………………………… 66
　　5. 疲労骨折の予防と対策 ……………………………………………………… 66
　　　　1) 栄養面から／2) 月経の面から／3) 生化学的な面から／4) トレーニング面から

7 章　スポーツトレーニングが月経（周期）に及ぼす影響 …………… 菊地　潤 … 70
　　1. 女子スポーツ選手の月経状態 ……………………………………………… 70
　　　　1) 初経発来の遅延／2) 月経周期異常
　　2. 女子スポーツ選手における月経異常（周期異常）の要因と発現機序 …… 71
　　　　1) 身体的・精神的ストレス／2) ホルモン環境の変化／3) 体脂肪／4) 初経後の経過年数（経年齢）
　　3. 女子スポーツ選手における月経異常の予後 ……………………………… 75

II部　スポーツにおける体力トレーニング

8 章　初動負荷トレーニングの科学的基礎 ……… 根本　勇・中村夏実・小山裕史 … 82
　　1.「初動負荷」の動作特性 …………………………………………………… 82
　　　　1) 動作初期に大きな筋パワー発揮がある／2) 弛緩—伸張—収縮を繰り返す／3) 主働筋と拮抗筋を交互に刺激する／4) 捻り動作を加える／5) スポーツの特異性を考慮する
　　2.「初動負荷」の効果 ………………………………………………………… 84
　　　　1) 筋形態への影響／2) 呼吸循環系機能への影響／3) 血中乳酸濃度への影響／4) 柔軟性への影響／5) 競技成績への影響
　　3. 今後の課題 …………………………………………………………………… 89

9 章　複合トレーニング …………………………………………………… 田路秀樹 … 92
　　1. 力-速度関係に及ぼす単一負荷トレーニング ……………………………… 92
　　2. 垂直跳びに及ぼす単一負荷トレーニング ………………………………… 92
　　3. 複合負荷でのトレーニング ………………………………………………… 93

4. 力-速度からみた複合トレーニング ………………………………………… 95
　　　5. 力-速度からみた有効な複合負荷条件 ……………………………………… 97
　　　6. 最大パワーを高める要因 …………………………………………………… 97
10章　両側性および一側性のトレーニング……………………………… 谷口有子 …100
　　1. 両側性および一側性のレジスタンス・トレーニングの効果 ………………… 100
　　　1) 両側性機能低下とトレーニング／2) 両側性および一側性レジスタンス・トレーニングの効果／3) 筋力発揮における両側性機能低下に関与しているメカニズム
　　2. 両側性および一側性の反応速度短縮のための練習の効果 ………………… 106
　　　1) 両側性および一側性の反応速度短縮のための練習効果／2) 反応時間における両側性機能低下に関与しているメカニズム
11章　低酸素トレーニング ………………………………………………… 前嶋　孝 …111
　　1. 高地トレーニング …………………………………………………………… 111
　　2. 低圧トレーニング …………………………………………………………… 112
　　3. 低酸素トレーニング ………………………………………………………… 112
　　4. スピードスケート選手のための低酸素トレーニング ……………………… 113
　　　1) 低酸素室／2) 低酸素トレーニングの方法とその効果
12章　スポーツと防衛体力 ………………………………… 秋本崇之・和久貴洋 …118
　　1. スポーツ活動とストレス …………………………………………………… 118
　　　1) ストレスとトレーニング／2) スポーツと防衛体力
　　2. スポーツと免疫機能 ………………………………………………………… 119
　　　1) スポーツ活動とカゼ／2) スポーツによる免疫機能の変動／3) スポーツ活動時の白血球の変化／4) スポーツ活動時の免疫グロブリン（抗体）の変化／5) スポーツ活動時のサイトカインの変化／6) スポーツ活動時の自然免疫の変化／7) スポーツ活動時の適応免疫の変化／8) トレーニングによる免疫機能の変化／9) スポーツ現場におけるカゼの取り扱い

Ⅲ部　各種スポーツにおけるトピックス

13章　スポーツ選手の体格の特徴とスケーリング …………………… 伊藤静夫 …128
　　1. スポーツ選手にみられる体格の時代変化 ………………………………… 128
　　　1) オリンピック日本代表選手の体格の推移／2) スポーツ種目ごとの特徴／3) スポーツ選手の体格形成と競技淘汰
　　2. スケーリング ………………………………………………………………… 132
　　　1) アロメトリー式／2) 体重と$\dot{V}O_2max$／3) 体重の重い選手，軽い選手／4) 発育期のスケーリング／5) ランニング効率とスケーリング
14章　サッカー選手における血液量と有酸素性運動能の関係 ……… 河端隆志 …139
　　1. サッカー選手に要求される体力的要因 …………………………………… 140
　　　1) 試合での移動距離／2) 有酸素性運動能／3) 無酸素性運動能／4) 体温調節と体液バランス
　　2. 運動時の循環・体温調節反応 ……………………………………………… 142
　　　1) 運動時の体温調節および循環調節と血液量／2) 運動時の血液量変化／3) 運動能と血液量
　　3. 運動時の体温調節反応と水分摂取 ………………………………………… 146

15章　テニスにおける筋力の重要性……………………………………大森　肇 …150
1. サービスのスピードはどのように競技パフォーマンスに影響するのか……………150
   1) 身長とサービススピードの関係／2) サービススピードの男女差／3) サービスの重要性における男女差／4) サービスのスピードが競技パフォーマンスに及ぼす影響
2. 筋力とサービススピードはどのような関係にあるのか………………………………153
   1) 筋力とサービススピードの関係：角速度特異性に着目して／2) 筋力とサービススピードの関係：技術との関連に着目して

16章　バレーボールと骨量…………………………………………………高梨泰彦 …157
1. バレーボール選手の骨量…………………………………………………………………157
2. ポジション別骨密度………………………………………………………………………158
3. バレーボール活動休止の影響……………………………………………………………159
4. 全身の骨量分布……………………………………………………………………………161

17章　水泳の代謝特性とトレーニング…………………………………荻田　太 …164
1. プル，キック，スイムにおける有酸素性および無酸素性エネルギー供給動態………164
2. 運動持続時間，泳距離，相対的運動強度の関係から得る運動強度の簡易的設定法 …166
3. 代謝特性を生かしたトレーニングとその効果…………………………………………168
4. エネルギー供給能力の改善から期待される泳タイムの向上…………………………170

18章　シンクロナイズドスイミングオリンピック日本代表選手の身体組成とからだづくり……………………………………本間三和子 …173
1. シンクロ選手の身体組成…………………………………………………………………173
   1) 身体組成／2) 体型
2. からだをつくる……………………………………………………………………………176
   1) 見せるためのからだづくり／2) 動きのためのからだづくり／3) 故障しないため・トレーニング効果を得るためのからだづくり

19章　標的競技における呼吸運動と心拍動……………………石井喜八・林　恭輔 …180
   1) "標的競技"について／2) 開放回路と閉鎖回路
1. 指導書にみる発射姿勢……………………………………………………………………182
   1) 立位姿勢と上半身の安定
2. 不随意な環境因子の関わり………………………………………………………………184
   1) 外部環境から：重力の作用／2) 眼の焦点調節／3) 上体の筋緊張と呼吸運動／4) 呼吸運動と心拍動／5) 呼吸・循環系と筋緊張の神経関連機序

20章　トライアスロンの生理学…………………………………………勝村俊仁 …192
1. トライアスロン選手の体力特性…………………………………………………………193
   1) 全身持久力／2) 筋の有酸素代謝能／3) 左室機能
2. 血清酵素活性の変化………………………………………………………………………197
3. トライアスロン競技後の左室機能の変化………………………………………………198
4. 他の長時間運動との比較…………………………………………………………………200
5. 研究成果の活用……………………………………………………………………………200

21章　各種スポーツのエネルギー消費量……………………高見京太・北川　薫 …202
1. タイムスタディー法………………………………………………………………………202
2. 心拍数からの推定法………………………………………………………………………206
3. 携帯型酸素摂取計による方法……………………………………………………………208
   1) mac quarto の測定精度／2) 酸素摂取量の実測によるスポーツゲーム時のエネルギー消費量

序章

1．スポーツ生理学とは？

　生理学では，生命現象のメカニズム，すなわちからだの機能がどのようであれば生命を維持できるのか，そして生命を維持することでからだの機能はどのようになるのかが追求される．それがスポーツ生理学となると，からだの機能がどのようであればスポーツ・パフォーマンスを高められるのか，そしてスポーツをすることでからだの機能はどのようになるのかが追求されることになる．水泳の科学といった場合に，泳ぐためのからだの科学と泳いだことによるからだの科学とがあることに例えられよう．

　スポーツはルールのもとに勝敗を競う「文化装置」として発展してきたので，まずはその多大なエネルギー発揮を支えるからだの機能が追求され，続いてそれがどのようであれば勝利を収められるのかが追求された．勿論，勝利は記録や得点で決まるので，からだの機能が備われば十分というわけにはいかない．必要条件としてのからだの機能である．科学は，同じ条件を満足する，いくつかの例から帰納した普遍妥当的な知識の積み重ねである．そしてそれを演繹的に実証してきたのである．したがって，スポーツ生理学が関与すれば，求めるからだの機能が効率的に得られ，勝利を修められる可能性が高くなるのである．その中で，トップレベル選手に関するケース・スタディは，からだの機能の上限を提示する役割と位置づけられよう．

　求めるからだの機能が明確にされてくると，そうなるための方法，内容が追求されることになった．これがトレーニングや運動学習の科学である．運動学習というと，心理学あるいはバイオメカニクスの領域と考えられがちであるが，それは学習結果が意欲や動機づけといった心理事象によって変わる，あるいは学習結果としての動作が評価されるからである．からだの機能，特に神経系の適応という視点に立てば，当然，生理学の領域でもある．ともあれ，競技力向上のために，時間経過をともなった，求めるからだの機能への適応が追求されたのである．

2．遺伝的要因とライフステージ

　スポーツ種目ごとに，また，からだの様々な機能について，こうした追求がなされてきたが，スポーツ生理学はもっと長い時間経過の問題と対峙することになった．

　ひとつは遺伝的要因の問題である．競技スポーツには誰でも参加できるが，勝敗によって運動能力の高い者のみに淘汰されていく．同じようにトレーニングや練習をしてもその淘汰は生じる．才能に恵まれた者がその才能を磨くことで際立った運動能力になり，勝利を修めるという図式なのである．その意味ではトレーニングや運動学習の科学は，環境要因として残されている部分を強化するしかないと認識しなければならない．しかし，その部分の向上に挑まなければ文化的でないことは喚起したい．文化とは真理を求めて進歩・向上を図る，人間の精神的活動あるいはそれによって作り上げたものである．スポーツの背景に科学があって，その進歩・向上を図らなければならない．

加えて，運動内容ごとに遺伝的要因の関与の度合いが違い，パフォーマンスを高めるための要因の数も違う．勝利を収めるための要因となるとさらに増える．そして要因どうし独立ではない．そこにスポーツのもつ不確実さがあり，遺伝的要因だけでは勝敗が決まらない面白さがあるのだが，それを放置しておいたのではやはり進歩・向上はない．何が関わり，どの程度それが改善できるものなのかという整理が必要になる．野球の打撃は天性だとよくいわれるが，どのレベルでの話なのかを確認しておかなければならない．どのレベルでもというのなら打撃の練習などする必要はないからである．投げられたボールからの情報収集能力，その情報を動作指令にするまでの処理能力，指令を実行する筋の活動能力，動作結果のフィードバック能力，などなどの関与の度合いを明らかにし，改善可能性を追求しなければならない．

もうひとつの時間経過は，成長や老化というライフステージである．からだの機能は並列して発達するのではないし，老化にともなう低下も同様であることは周知の通りである．したがって，からだの機能によってトレーニングや練習といった働きかけが効果的な時期，内容があるはずだと考えられてきた．発達に関しては，成長にともなう発達が著しい時期に働きかけによる発達も著しい[13]とされている．しかし，小学校の時期に動作習得を重点にスポーツの練習をするにしても，動作ごとにじょうずになる時期が多少違うことは実感している．系統発生的と個体発生的という動作の区別は，日常における動作機会の多寡によると理解している．生命を維持していくために必要な動作かどうかといってもよいだろう．したがって，系統発生的な動作のほうがじょうずになる時期が早い．そして，動作自体もそれ程難しくないはずである．それが個体発生的な動作となると，習得する価値が優先するので難しさの幅も広がってくる．しかも，子どもの理解力の問題もある．4～5歳から7歳までは自主的，創造的活動が発達する時期[17]であるが，その時期の子どもに働きかけの内容が十分理解できるとは考えにくい．

"Physical education should aim for lifelong skill." という言葉を踏まえて，動作ごとに働きかけの至適時期を明確にしたい．その上で成人になるまでに運動能力を最高にしようという考えが徹底していれば，競技スポーツに挑み続ける人はもっと多くなるはずであるし，トップレベルの競技スポーツでなくともスポーツ的ライフスタイルを送る人がもっと多くなるはずである．

3．競技スポーツから生涯スポーツへ

1992年に採択された新ヨーロッパスポーツ憲章によると，「スポーツとは，一時的に或いは組織的に参加することによって，体力や精神的満足感の充足と表出，社会的関係の形成，あらゆるレベルでの競技成績の追求などを目的とする身体活動の総体をいう」とある．このような広がりをもつようになったスポーツのなかで，トップレベルの競技スポーツにのみ貢献するスポーツ生理学では未熟とする考え方がある．確かに，大多数の人はトップレベルの競技スポーツ以外のスポーツに勤しむ．しかし，トップレベルの競技スポーツは，広く社会に貢献することも事実である．人間という集団のもつ運動能力の限界に挑んでいる魅力もさることながら，目標に挑んで勝利する達成感は，満足すべき生活環境を確保するプロセスを社会に提示している．その意味では，対象はごく一握りの人間でもそのための科学が未熟という解釈にはなるまい．

しかし，憲章にあるようにスポーツの目的が多様化しているのも事実である．競技スポーツから生涯スポーツへ，これまでは運動と称してスポーツとは区別していた身体運動まで含めて，勝利だけではない様々な目的を達成するためのからだの機能が追求されることになったのである．体力や健康の保持・増進を目指したトレーニング科学や体力科学といった領域と重なってきたわけである．こうした領域と強いて区別するとすれば，その運動自体を重視するかどうかである．すなわち，スポーツ生理学と呼べるのは，たとえスポー

ツ種目を用いていなくても，その運動のための，あるいはその運動をしたことによるというスタンスでからだの機能を追求しているものである．

効能云々をいうのではなく，スポーツはやりたいからやるのだという考えがあるが，その裏にはやはり過去のスポーツ経験が潜んでいる．一過性であれ，スポーツをしたことによる充足感，達成感，解放感，爽快感などを感じた経験である．ともすると生涯スポーツに参加すると，からだの機能の適応として血液性状や体脂肪率の変化だけが取り沙汰される．生活習慣病の予防や治療としてエアロビック・エクササイズが注目された経緯からして致し方ないところであるが，それでも心理的な変化や適応も含まれなければ，目的のためにどう働きかければよいかが明確にはならない．スポーツをするための，あるいはしたことによる心理と生理の相関は，今後多いに期待される領域である．

4．トピックスのもつ意義

この「トレーニングによるからだの適応―スポーツ生理学トピックス―」には，「体育の科学」で連載されていた内容に，入れる必要があると編者が判断した内容が加えられている．執筆に際しては，執筆者が研究しているからだの機能についての，あるいはスポーツ種目についてのホットな話題のうち，スポーツ指導者に役立つ内容を，できれば事例を盛り込んでわかりやすく書いてください，と依頼した．目次としての並べ方には，スポーツでの多大なエネルギー発揮を支えるからだの機能を順に追っていくという考えもあった．運動を企画する脳，筋への指令としての神経，栄養摂取と消化・吸収，酸素摂取のための呼吸，諸器官へ栄養・酸素を送る循環，そこでの代謝，効果器としての筋－腱複合体，そしてトレーニング，適応という流れである．しかし，流れはそれ程単純ではないし，相互通行もみられるので順という考えは難しいとわかってきた．そこで，この考えは捨て去り，括りをつけるだけにして

あとは読者に流れを考えてもらうということにした．そうして並べてみると，ミクロ，マクロな内容が混在していて執筆者の研究スタンスの多彩さが窺えた．と同時に，それぞれのトピックスが，スタンダードな生理学テキスト構成のどこに位置づけられるのか，それでは次には何が注目されそうなのかを考えさせられた．そこにトピックスの意義があると考える．

これ以上，著者が総論的にスポーツ生理学を記しても意味がない．著者が記す意味は，スポーツ現場を理解している立場からのスポーツ生理学を記すことである．そこで，著者の興味である野球について，生理学的なトピックスを2つ挙げてこの論のまとめとしたい．

5．トピックス1　バットの運動調節

最近の野球では，フォークボールやチェンジアップなど，直球に比べると"より落ちる"ボールをどう打つかが話題になっている．国内外を問わず，試合ではスピードボールではなく，この「落ちるボール」で討ち取られているケースが多いからである．試合での課題を解決しようと練習しているのだから，この部分が練習されていないともいえる．これまではボールスピードに間に合うようにバットを振るという時間的な要素に眼が向けられていて，ボールスピンによる軌道の変化という空間的な要素は疎かにされてきたということだろうか？　しかし，カーブなどの変化球を打つ練習はしているので，この要素が疎かにされてきたわけではない．「落ちるボール」とわかっていれば打てるので，わかっていない，すなわち直球と判断してバットを振り，打ち損じているのである．したがって，投球軌道の途中で球種を判断するという，時間の流れの中で空間的な位置を識別する課題が残されているのである．実は，変化球を混ぜて投げられたボールを打つことでその課題は練習されているのだが，極めて効率の悪い練習でしかないのが現状である．どう改善されればよいかというと，バットを振り始める前に「落ち

表 1　球種別の速度および垂直・水平加速度

投手名	球速 (km/h)				加速度 (m/s²)							
					鉛直（上向きを正）				水平（上から見て右向きを正）			
	直球	スライダー	カーブ	チェンジアップ・シンカー	直球	スライダー	カーブ	チェンジアップ・シンカー	直球	スライダー	カーブ	チェンジアップ・シンカー
A	145	122	110		−1.94	−7.80	−11.58		−3.45	−5.69	−4.64	
B	138	125			−2.17	−6.78			−3.19	−4.95		
C	145	129			−2.85	−6.28			−2.08	−5.05		
D	148	128			−1.73	−9.53			−4.80	−4.12		
E	135	122	113		−2.13	−7.08	−10.52		−3.77	−4.38	−3.18	
F	139			115	−3.32			−7.50	−1.25			−2.97
G	137		113		−2.27		−12.61		−5.30		−2.84	
H	137	114	104		−2.00	−9.82	−11.20		−2.51	−4.19	−3.76	
I	135	121		119	−4.56	−7.84		−7.31	−0.89	−4.80		−0.95
平均値	140	123	110		−2.55	−7.88	−11.48		−3.03	−4.74	−3.61	

るボール」とわかるようになる，あるいは振り始めてからしかわからないのであればバットの運動を修正できるようなる，ことと考えられる．

まず，「落ちるボール」の特性を明らかにしておこう．全日本候補の投手9名の練習試合における投球をハイスピード・ビデオカメラ2台（250 fps）で撮影した．そのうち，各投手の持ち球種で，コーチに高く評価された1球ずつを解析の対象とした．手を離れてからホームベースに至るまでのボールの空間座標をDLT法によって求め，投−捕鉛直および水平の2面に投影したものを時間の関数として2次回帰し，2回微分して加速度を求めた．ボールスピンの角速度は一定[2]と仮定してのことである．したがって，この加速度は変化の鋭さを示すことになる．球種による違いを表1に示した．表1より，チェンジアップやシンカーという「落ちるボール」のスピードは，直球より遅く，カーブと同程度である．鉛直加速度は，直球よりは大きく，カーブよりは小さい．スライダーと同程度である．一方，横方向への曲がりは直球と同程度の鋭さしかない．この9名にフォークボールを投げる投手はいなかったのでSakuraiら[14]の報告を引用すると，フォークボールのスピードは，37.0 m/sの直球を投げる投手で32.7 m/s，とカーブの30.0 m/sよりはやや速く，鉛直加速度は9.58 m/s²であった．チェンジアップやシンカーよりもやや速くて，下への曲がりがやや鋭いということになる．こうした特性からすると，「落ちるボール」は，ストライクの高さに投げようとすると横に曲がらないカーブのようになってしまうということである．これでは投球軌道の早期に直球との違いを打者に識別されてしまう．よく，高めのフォークは禁物といわれるのはこのためである．効果的な「落ちるボール」は遅い直球に見えて，「ボール」になる軌道をとる．

ボールからの情報は眼で受け取られる．ボールであることはわかっているので，どう動いているかを認識することになる．視神経にはいったシグナルは大脳皮質後頭葉の視覚野を経由し，動きについては頭頂葉連合野で認識される．網膜の中心部は低速で近くの運動，周辺部は高速の運動の知覚にそれぞれ優れているが，投げ出されたボールが高速だからといって周辺部で見続けるのではない．精度の高い空間知覚を安定して作り出し，正確な運動指令を送るためにはボールを中心部でとらえるほうがよい[10]といわれているからである．したがって，像の動きが少しでも低速になるような眼の向け方は望まれる．一方で，物を滑らかに追視できる能力はタイミング動作の正確性と関連が深い[18]ので，滑らかに追視することもまた望まれることである．ただし，投手のボールリリース位置を注視していたのではボールが急加速され

るので追視できず，急速眼球運動になりがちである[3]．そこで，周辺視でボールリリースをとらえておいて，ボールが網膜の中心部にはいってくるのを待って滑らかに追視しているのではないかと考えられている．熟練した打者にインタビューしても，ボールリリース位置ではなく，軌道途中を注視しているということであった．

そうなると，ボール軌道の早期に「落ちるボール」とは識別し難い．注視する位置をどこにしておくかにも拠るが，バットを振り始める前に「落ちるボール」とわかるようにするのはかなり難しい作業と考えられるのである．

バットをスイングし始めてからボールに当たるまでの時間，スイング時間は約0.2秒である．このような時間の全力動作は，動作前に脳でプログラミングされたもの[12]と考えられてきた．スイング開始前にどこへバットを運ぶかは決められるから，スイング時間は短いほうがよい，そのほうがどこへ運んだらよいかが正確になるとされてきたのである．しかし，卓球では同一打撃動作をしているのではなく，状況に合わせて動作を変化させていることがBootsmaとWieringen[5]によって報告された．すなわち，ボールに対する判断と打撃動作は別の問題として進行することがいわれ出したのである．そこで，野球の打者が視覚情報を処理して，どの時点までならば開始した動作を中止できるか，そしてスイングを開始した後でもバットの運動を調節できるかに関する検証を試みた[9]．ボールを上から糸で吊し，時に落下する条件を付してそれを全力で打つ課題である．落下という様式にしたのは，フォークボールの鉛直加速度が重力加速度に近かったからである．結果は図1に示したように，落とさなければ，バットは吊してあったボールの高さ（縦軸0）に運ばれて，確実にミートされた（○印）．落とした場合（その時刻を足踏み込み時＝0として横軸に示した）には，打てた時（○，△印）と空振りの時（×印）があったが，いずれにしても，インパクト時のボールの高さ（点線）に応じてインパクト時のバットの高さ（実線）が修正されていた．勿論，

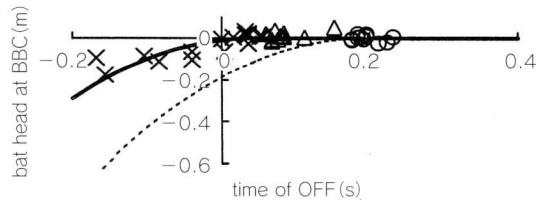

図1　OFFの時刻に対するBCC時のバットヘッド位置（y座標）
○：HIT (CON1), △：HIT (CON2, CON3), ×：MISS
点線：BCC時のボール位置 $[T_{ball} = -0.5g(t-T_1)^2]$
実線：BCC時のバットヘッド位置 $[T_{bat} = -0.5g(t-T_2)^2]$
（石田和之，仲井良平，平野裕一：野球打者の打撃の意志決定とバットの運動調節に関する実験的研究．Jpn J Biome Sports Exerc 4：172-178，2000）

あまりに早く落とせば，打者は「ボール」と判断して見送った．以上より，インパクトの約0.3秒前までに打つか見送るかが判断され，バットのスピードを犠牲にしなくても約0.1秒前まではバットの運動を調節できる可能性が示唆された．しかし，空振りが多かったことからしても全力で振って「落ちるボール」を打つのは難しい．当てることを優先してインパクト近くまで調節し続けようとすればバットのスピードは犠牲になる．この背反事象を克服するひとつの方策としては，バットの調節を強調する打撃スタイルとスピードを強調する打撃スタイルとを備えて，状況に応じて選択的に使い分けることが考えられる．

野球では，打者は第3ストライクを捕られるとアウト（交代）というルールになっている．それは，ストライク3球のうちに打てばよいとも解釈できる．そこで日本の打者は，ストライク2球までは狙い球を絞って打つ傾向になっている．狙った球であれば打って，そうでなければ見送るという二者択一の判断である．そこではバットの運動を途中で調節しようとはしていない．ストライク2球取られた後になって，当てることが優先されるので調節を強調する打撃スタイルに変更するのである．それに対して，多くの外国の打者は，打つか見送るかの判断はなく，初球から直球を打つとして動作を始める．直球でなかったらバットの運動を調節して打とうとするが，スピードを犠牲

にしようとは思っていない．よって，うまく調節できなければ打ち損じているが，結果によって打撃スタイルを変えようとはしていない．いわば単一の打撃スタイルである．興味は，この背反事象に対する落とし所をどこにするかである．

6．トピックス2　投球を続けることによるからだへの影響

投球を続ければボールスピードは低下するし，打者は軌道に慣れてくるので，勝敗にとってはマイナス要因となる．一方でからだには過度な負担を強いているかもしれない．それでも投手を代え難いのは，次の投手のほうが優れているという確証がない，あるいは投手は環境に適応するまでに時間を要する（立ち上がりが悪い）と実感しているからである．トーナメント方式の試合は一度負けると終わりなのでそれを助長している．児童の野球には投球数制限のルールがあるし，プロ野球では暗黙のうちに100球程度と考えられて役割分担されてきた．問題は両者の中間層の野球である．ルールづくりや試合頻度の改善が急務であるが，そうならずとも，投げ続けることによるからだへの影響を理解して，交代を考慮した投手起用であり投手育成でありたい．

そもそも投げ続けることでボールスピードはどの程度低下するのだろうか？　大学野球選手11名に，練習5球＋全力15球＋休息2分を1セットとして10セット，150球を実験室的に投げさせたところ，ボールスピードは約2％，2～3km/h低下した（図2）．また，プロ野球投手（日本）の試合中のボールスピードを記録したところ，直球のスピードは100球目付近で開始時より10km/h以上低下する場合もあったが，総じて低下幅は2～3km/h程度であった[8]．2％程度である．彼らは週に1度程度の頻度で試合に登板

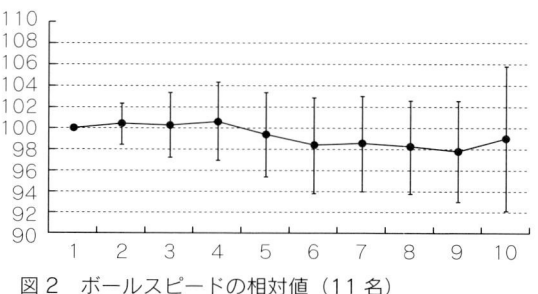

図2　ボールスピードの相対値（11名）

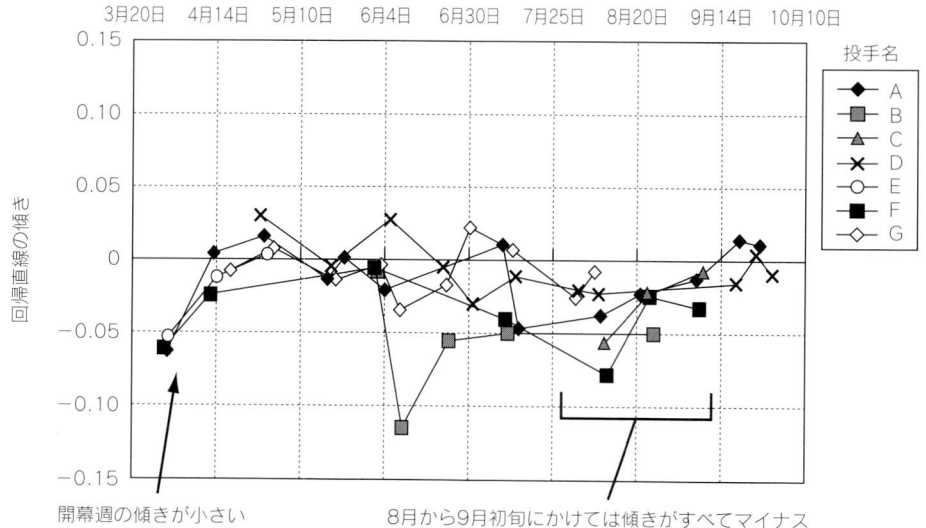

図3　投手7名の回帰直線の傾きのシーズン変化（2001年）
（石田和之，平野裕一，未発表資料）

し，その間1,2度調整投球をする．これを続けていくことによる影響をみようと，シーズンを通してのスピード低下程度も調べた．試合中の直球のスピードを直線回帰してその傾きを求めると，図3のようであった．開幕週の低下が大きいのは，シーズン初登板の意気込みで初期値が高くなることに拠る．一方，8月から9月初旬にかけては，疲労蓄積のための低下に拠るか，あるいはそれがわかっているので最初から行けるところまでと初期値を高めていることに拠ると考えられた．しかし総じてみると傾きは0〜−0.05の範囲で，この頻度であればボールスピード低下への影響はそれ程大きくはないと考えられた．勿論，影響が少ないと考えられた投手が起用されていることは考慮しなければならない．

ある大学生投手の試合中の心拍数が，StockholmとMorris[15]によって記録された．それによると，身体的な努力度と情緒的なストレスを反映して推移し，投球中に180拍/分を越えることもあり，一方で休息中に100拍/分以下になることはなかった．これより，野球はそれ程活動的ではない試合に見えるが，投手にはそれが当てはまらないと結んでいる．しかし，この考察よりも注目されたのは，試合の後半になったからといってその分心拍数が増加することはなかったという点である．その後，山本ら[19]も，試合のような頻度と数で投球するのであれば，心拍数は140〜170拍/分の範囲であり，投球数の増加にともなった増加を示すことはなかったと報告している．一方で，投球を続けるとボールスピードが低下することは知られていたので，全身の血液循環にこの低下の影響が及ぶことは少ないと考えられた．

また，血中乳酸をみても，平野[7]は70球後の4 mM弱をピークにその後低下した，山本ら[19]は100球まで1 mM前後であった，柳澤ら[20]は120球まで2 mMに至らず顕著な増減はなかった，と報告されているように，解糖を主たるエネルギー源とする動作と考えられるのに，繰り返しても血中に乳酸が蓄積していくタイプの運動ではなかった．逆に，蓄積でpHが低下し，筋が活動不全に

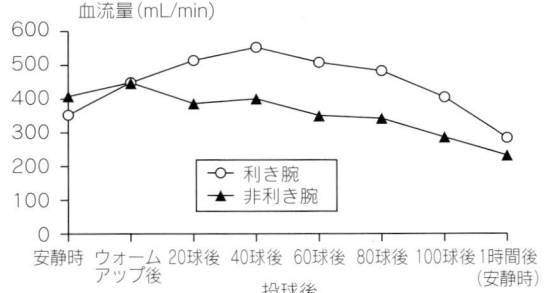

図4　利き腕と非利き腕の平均血流量
(Bast SC, Perry JR, Poppiti R, et al: Upper extremity blood flow in collegiate and high school baseball pitchers. A preliminary report. Am J Sports Med 24: 847−851,1996)

なってスピードが低下するとも考えられなかった．

Bastら[4]は高校，大学生投手5名を対象に，20球×5セット投球中の利き腕と非利き腕の血流量を調べた．セット間休息はその測定に要する15分であった．それによると，利き腕の動脈血流量は，40球後に安静時の56％増のピークを示し，その後100球後の14％増まで低下した．一方，非利き腕ではウォームアップ後に10％増のピークを示し，その後100球後の30％減まで漸減した（図4）．この結果は，投球の筋活動を維持するために利き腕に血液が確保され，非利き腕の分も利き腕に配分されるが，それでも投球を続けると十分に確保できなくなることを窺わせる．ここでは投球中の筋や骨に拠る動脈圧迫が血流量低下の主因と考えられている．一定傾向になかった静脈血流量については深く言及されていないが，鬱血は十分に考えられることである．投球を続けると末梢循環は異常をきたし，ボールスピード低下の一因となろう．その正常化は投球中の課題である．

繰り返しの運動であるから，いわゆる大脳の興奮水準が維持できなくなって運動指令が的確でなくなる，あるいは神経伝達物質の機能低下といった筋への刺激伝達機能が劣化することは十分に考えられる．しかし，こうした中枢あるいは末梢の

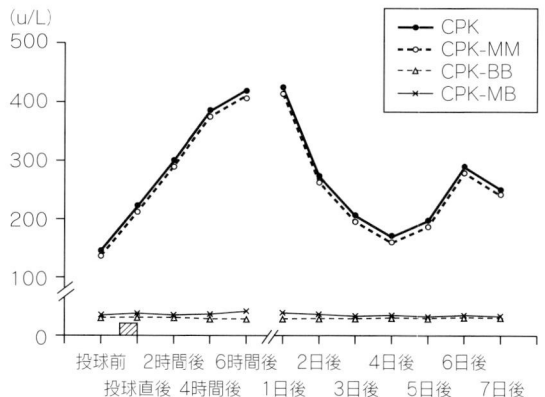

図5　投球による CPK アゾンザイムの変化
(安部美恵子，平野裕一：投球後の回復過程における血液性状．第6回トレーニング科学研究会プログラム・抄録集，p34，1994)

神経系における変化はこれまで明確になってはいない．総合された形での EMG について調べられているのみである．投球動作の主働筋といわれる三角筋中部，上腕二頭筋，上腕三頭筋，橈側手根屈筋で調べられ，投球を続けることで一定した変化傾向は見られなかった[16]と報告されている．EMG に求められる解析能を考えると即断はできない．しかし，この結果によると，筋での興奮は変わらないのに，活動環境が変わっているのでそれを受けての出力が変化しているということであろうか？　ATP の再合成不全，あるいは筋－腱の力発生機構の変化である．

後藤ら[6]は，投球を続けることによる筋力の変化を調べた．それによると，投球中に利き腕の握力や背筋力は低下するが，非利き腕の握力は変わらなかった．ただし，これら筋力の低下率とボールスピードの低下率との間には相関がなかったという．投球のための脳の興奮水準が変化しているとすれば，それが別の作業にどの程度影響するかは問題である．それが少ないとすれば，握力や背筋力のための脳の興奮水準は保たれているので，末梢での筋活動環境の変化ということになる．加えて，そもそもの握力，背筋力に優れる者はボールスピードの低下率が低かったという．筋力に優れる者は投げ続けても筋の活動環境がそれ程悪く

ならないということになる．また，柳澤ら[20]は，90球後になると肩内・外旋筋力や握力にある程度明確な低下が認められると報告している．投球を続けると，投球と同じ様式でない筋力でも低下することからすると，やはり末梢の循環不全に拠るエネルギー源不足，あるいは筋－腱の損傷が窺われるのである．

損傷については CPK の血中への流出が測定されてきた．安部と平野[1]によると，150球の投球によって，筋由来の血中 CPK が増加し，投球2時間後には正常値を越え，6時間後にピークを示し，3日後に正常範囲まで減少した（図5）という．また，粕谷ら[11]は，150投球に拠って CPK，LDH，ミオグロビン濃度が上昇したことを報告している．そしてミオグロビンは1日後，LDHと CPK は5日後には投球前の安静時まで低下した．以上より，投げることで筋－腱は構造的な損傷を受け，100～150球であると，修復されるまでは定かではないが，損傷が治まるまでに3～5日を要すると考えられるのである．

［平野　裕一］

文　献

1) 安部美恵子，平野裕一：投球後の回復過程における血液性状．第6回トレーニング科学研究会プログラム・抄録集，p34，1994
2) Alaway LW, Mish SP, and Hubbard M: Identification of release conditions and aerodynamic forces in pitched-baseball trajectories. J Appl Biomech 17:63—76, 2001
3) Bahill AT, and LaRitz T: Why can't batters keep their eyes on the ball? American Scientist, 72:249–253, 1984
4) Bast SC, Perry JR, Poppiti R, et al: Upper extremity blood flow in collegiate and high school baseball pitchers. A preliminary report. Am J Sports Med 24：847-851, 1996
5) Bootsma RJ, and Wieringen PCW: Timing and attacking forehand driven in table tennis. J Exp Psychol Hum Percet Perform 16：21-29, 1990
6) 後藤　実，谷口有子，山本正嘉，ほか：野球投手におけるボールスピードの低下と筋力，全身持久力との関係．トレーニング科学 12：103-110, 2000

7) 平野裕一：ベースボールと野球 —なぜ日本の野球は強くなれないのか—．東京大学公開講座「アメリカと日本」，東京大学出版会，pp277-298，1994
8) 石田和之，遠藤良平，平野裕一：一流投手の試合における投球スピードの推移．第12回トレーニング科学研究会プログラム・抄録集，p18，2000a
9) 石田和之，仲井良平，平野裕一：野球打者の打撃の意志決定とバットの運動調節に関する実験的研究．Jpn J Biome Sports Exerc 4：172-178，2000b
10) 笠井 健：眼と空間知覚．Jpn J Sports Sci 4：319-326，1985
11) 粕谷優子，光田博充，高橋裕子，ほか：茶カテキン摂取が運動時酸化ストレスに及ぼす影響．体力科学 49：1195，2000
12) 真野範一：タイミングを制御する小脳．Jpn J Sports Sci 1：20-29, 1982
13) 宮下充正：体育とはなにか．大修館書店，1984
14) Sakurai S, Ikegami Y, Yamamoto Y, et al: How and why does a forkball break downward? -trajectory of a pitched baseball-. Proceedings of XVth ISB Congress, p398, 1997
15) Stockhholm A, and Morris HH: A baseball pitcher's heart rate during actual competition. Res Quart., 40：645-649, 1969
16) Takada Y, Barrentine SW, Fleisig GS, et al: Kinematic and electromyographic changes with fatigue in baseball pitching. Proceedings of XVth ISB Congress, p399, 1997
17) 矢部京之助：神経系の発達とスポーツのトレーニング．体育の科学 43：683-686, 1993
18) 山田久恒：動く視対象に対する動作のタイミングからみた眼の良し悪し．Jpn J Sports Sci 4：353-361，1985
19) 山本正嘉，井上哲朗，竹越達哉，ほか：野球のピッチングにおける運動強度と疲労—La, HR, RPE, ボールスピードおよびコントロールとの関連から—．体力科学 43：232，1994
20) 柳澤 修，宮永 豊，白木 仁，ほか：高校生投手の投球数増加が身体諸機能に及ぼす影響 —いわゆる100球肩の検証—．臨床スポーツ医学 17：735-739，2000

I 部

スポーツにおける生理学的トピックス

1章　クレアチン摂取とスポーツパフォーマンス
2章　糖質摂取とスポーツパフォーマンス──持久的運動を中心に
3章　心理的要因による生理応答の変化とスポーツパフォーマンス
4章　伸張性筋活動に伴う筋損傷・遅発性筋肉痛とその回復・適応プロセス
5章　腱のマトリクス生物学
6章　女子長距離選手の骨塩量と疲労骨折
7章　スポーツトレーニングが月経(周期)におよぼす影響

1章 クレアチン摂取とスポーツパフォーマンス

近年,各スポーツ種目においてクレアチン(Cr)の摂取を行なう選手が増加し,密かに脚光を浴びている.サプリメントとしてのCrを最初に世間に広く知らしめたのは,1992年のバルセロナオリンピック陸上競技100mで優勝したリンフォード・クリスティーが摂取していたとの報道であろう.さらに最近では,2000年にメジャーリーグの本塁打新記録を樹立したマーク・マグワイア,そしてサッカーの日本代表メンバーも摂取していることが報道された.この他,競輪選手,相撲力士,トライアスリート,ボディービルダーなど,プロ・アマ問わず多くのスポーツ選手が実際にCr摂取を行なっている.

これまで,Cr摂取がスポーツパフォーマンスに及ぼす影響に関して数多くの研究が行なわれてきた.その中では,高強度運動を繰り返し行なうような運動パフォーマンスの向上にCr摂取が有用であることが示されている一方,効果がみられないとの報告もあり,一致した見解が得られているわけではない.さらに,その作用機序に関しても不明な点が残っているが,最近では,それらの機序を明らかにするための研究も行なわれてきている.

そこで本章では,これまでに報告された研究データを基に,Cr摂取が生体にどのような影響を及ぼし,それがスポーツパフォーマンスにどのような効果をもたらすのかを概説するとともに,適切と考えられるCr摂取の方法を述べる.一般にサプリメントとして市販されているCr,Cr摂取を扱った研究で用いられるCrのほとんどは,正確にはCrに水分子が結合したCreatine monohydrate($Cr \cdot H_2O$)であり,本章のCr摂取実験関係の表記で用いるCrは$Cr \cdot H_2O$であることをお断りしておく.

1. なぜクレアチンなのか?

1) 生体内におけるクレアチン代謝

生体内に存在するCrの約95%は骨格筋に分布し,そのうち40%はフリーの形で,残りの60%はリン酸化されたクレアチンリン酸(PCr)として存在する.生体内のCrレベルは,生体内合成と食品からの摂取により維持されている.生体内では,アルギニン,グリシンおよびメチオニンを前駆アミノ酸として主に肝臓,腎臓,膵臓で合成される.食品の中では肉や魚に多く含まれており,その含有量は約5 g/kgである(表1-1).体内で合成された,または腸から吸収されたCrは血液とともに筋に運ばれ,Na^+依存性のCrトラ

表1-1 食品中のおおよそのクレアチン含有量
(Balsom PD, Söderlund K, Ekblom B : Creatine in humans with special reference to creatine supplementation. Sports Med 18 : 268-280, 1994 を改変)

食品の種類		クレアチン含有量 (g/kg)
魚	エビ	微量
	タラ	3
	ニシン	6.5~10
	カレイ,ヒラメ	2
	サケ	4.5
	マグロ	4
肉	牛肉	4.5
	豚肉	5
その他	ミルク	0.1
	クランベリー	0.02

ンスポーターなどを介して能動的に筋内に取り込まれる[25, 55]．体重 70 kg のヒトでは Cr の体内量は約 120 g であり，Cr の 1 日の代謝量は約 1.6％であるので，約 2 g の Cr が 1 日に代謝されクレアチニンとして尿中に排泄されることになる．

2) 筋エネルギー代謝におけるクレアチンの役割

ヒトが運動を行なう，すなわち，筋が収縮を行なう際にはアデノシン 3 リン酸（ATP）が加水分解する時に発生するエネルギーを使用する．生体内の ATP 貯蔵量には限りがあるので，運動を継続するためには ATP を再合成しなければならない．ATP を再合成する系としては，①ATP-PCr 系，②乳酸系，③有酸素系がある．短時間・高強度の運動では ATP-PCr 系への依存度が高く，運動時間が長くなるにつれ解糖系・有酸素系の貢献が大きくなる．ATP-PCr 系では無酸素的な，最も素早い ATP 再合成が可能であり，単位時間あたりのエネルギー産生量も最大である．この系で重要となるのが，クレアチンキナーゼを触媒とする以下のクレアチンキナーゼ平衡反応である．

PCr ＋アデノシン 2 リン酸（ADP）
　＋水素イオン（H$^+$）⇔ Cr ＋ ATP

この式から，PCr が ATP 合成のための基質として，Cr が PCr 合成のための基質として働き，さらに，PCr を利用した ATP 合成反応自身が緩衝（H$^+$の除去）作用を有することが分かる．したがって，Cr 摂取により増加する Cr および PCr は，筋のエネルギー代謝に大きな影響を及ぼすことになる．

2．クレアチン摂取の効果

1) 筋のクレアチン，クレアチンリン酸含有量の増加

Cr 摂取により筋内の総 Cr（Cr と PCr の合計）濃度が増加する．一般的なヒトの筋の総 Cr 濃度は約 125 mmol/kg dry muscle[13, 26, 27, 30]であり，1 日 20～30 g，5～6 日間の Cr 摂取により約 18％

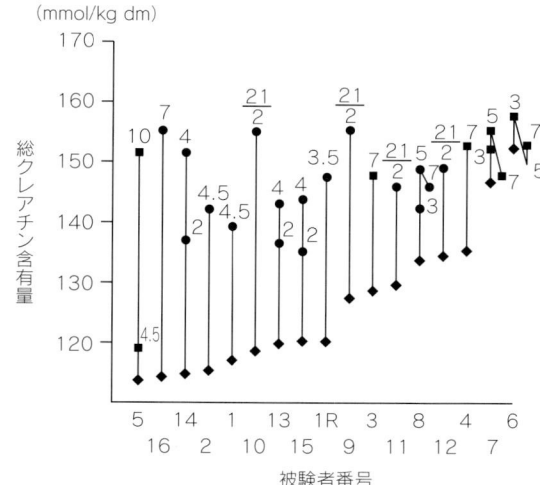

図 1-1　クレアチン摂取前（◆）と摂取後（■，●）の大腿四頭筋の総クレアチン含有量
図中の数字は筋生検を行なった時点までの摂取日数を表し，1 日当たりの摂取量は，被験者 1～5，1R：5g×4 回/日，被験者 6～16：5g×6 回/日．■：女性被験者，●：男性被験者．摂取前の総 Cr 含有量が低い者ほどクレアチン摂取による総クレアチン含有量の増加が大きい傾向にある．(Harris RC, Söderlund K, Hultman E：Elevation of creatine in resting and exercised muscle of normal subjects by creatine supplementation. Clin Sci, 83：367-374, 1992)

の増加が認められる．また，この程度の期間の Cr 摂取による総 Cr 濃度増加の上限は 155～160 mmol/kg dry muscle と考えられている[27]．さらに，総 Cr 濃度の増加とともに PCr 濃度も増加する．安静時の PCr 濃度は約 80 mmol/kg dry muscle[13, 27, 30]であり，5～6 日間の Cr 摂取により平均で 7～10％増加する[13, 27, 30]．一方，ATP 濃度は Cr 摂取により変化しない[13, 27, 30]．このように，Cr 摂取の 1 つの大きな目的は筋の総 Cr および PCr 含有量を増加させることであるので"クレアチンローディング"とも称される．

Cr 摂取による筋の総 Cr および PCr 含有量の増加率は比較的個人差が大きい．同量の Cr を摂取したとしても，総 Cr 含有量が 30％以上増加する者もいれば，数％しか増加しない者もいる[23, 27]．また，摂取前の総 Cr 含有量が低い者ほど Cr 摂取による増加の割合が高い傾向にある[23, 27]（図 1-

1）．総Cr含有量の増加の割合と高強度運動パフォーマンスの増加率[13]，および運動後のPCr回復速度の上昇率[23]との間には正の相関があるので，総Cr含有量の増加率の違いが運動パフォーマンス改善の差を生み出す可能性は高い．

最近，Cr摂取だけを行なうよりも，Crを摂取した後に炭水化物，または炭水化物＋タンパク質を摂取した方が体内により多くのCrを蓄積できることが示されている[19, 20, 62]．これは，炭水化物摂取によるインスリンの上昇がNa^+-K^+ポンプを刺激し，その結果，筋のCr取り込みが増加することによって生ずると考えられている[29, 43]．

また，Cr摂取とともに運動トレーニングを行なった方が筋の総Cr含有量の増加率が大きいことも報告されている[27, 53]．この結果をもたらす1つの要因としては，筋におけるCr輸送の増加が考えられる．筋のCr輸送の大部分はNa^+-K^+ポンプを用いたNa^+-Cr共輸送システムによって行なわれる[35, 43]．運動トレーニングは筋のNa^+-K^+ポンプの数を増加させることが示されており[21, 38, 39]，これによりNa^+-K^+ポンプ機能が向上して筋のCr輸送が促進され，より大きなCrの蓄積がもたらされる．また，この効果は局所調節され，運動を行なった筋に限定されることも示されている．

2）短時間・高強度運動パフォーマンスの向上

Cr摂取の効果を報告した多くの研究で用いられているのが，比較的短時間・高強度の運動を繰り返し行なうような運動形態である．1992年以降に報告された数日間～数十日間のCr摂取（トレーニングなし）が短時間・高強度運動パフォーマンスに及ぼす影響を調べた研究のうち約7割（38/53）の研究においてパフォーマンスの向上が認められている．これらの研究では，数秒～300秒間継続する最大自転車運動[1, 4, 8, 13, 16, 17, 50, 58, 61]，数十回連続の最大等速性膝伸展[24, 68]，そして連続ジャンプ[10, 74]などを，数秒から数分の休憩を挟み，数セット繰り返す運動における発揮パワーの増加，およびパワー低下の抑制が認められており（図1-2），さらに60m走[57]，300m走，1,000m走[28]，50ヤード泳[46]を繰り返し行なった際のタイムの短縮などが報告されている（表1-2）．一方，10～15秒間の最大自転車運動[14, 16]，25～100mの水泳[12, 41, 46]，ジャンプ動作[4]を1回だけ行なう単発的な運動ではCr摂取の効果が現れにくい傾向がある．

それでは，このような運動パフォーマンスの向上をもたらすメカニズムは何なのであろうか？その1つはCr摂取による筋のPCr含有量の増加と関係している．短時間・高強度運動でのATP再合成にはATP-PCr系の貢献が大きいため，運動開始とともにPCr濃度が素早く減少し，PCrの枯渇が疲労をもたらす．筋のPCr含有量の増加は以下の点で効果を有すると考えられる．

①PCr枯渇の遅延：これには2つの要因が考えられている．1つ目は，単純に量的に考えて，安静時のPCrの絶対量の増加が運動による枯渇を遅延させることである．2つ目は，運動中に利用できるPCrおよびCrの増加と関係して，運動中のATP代謝回転速度が増加する可能性である[1, 8]．より大きなパワーを発揮したにもかかわらず，アデニンヌクレオチドの分解産物であるアンモニア，ヒポキサンチンの血中濃度がCr摂取により低下したこと[1, 8, 24]，そして，運動によるATP減少率が低下したこと[13]は，PCrを用いたATP再合成能の増加を反映していると考えられる．PCr含有量の減少の遅延は筋力の低下を抑制し，発揮筋力をより高いレベルで維持することを可能にする．しかしながら，運動中に発揮される単位張力あたりに必要となるATP消費量はCr摂取により変化しないことが示されている[60, 70]．

②解糖系への依存度の低下：ATP-PCr系への依存度が高くなる分，乳酸系への依存度を抑え，疲労原因となる乳酸の生成を抑制することができる．Cr摂取により，より大きなパワーを発揮したにもかかわらず，血中乳酸濃度がより低値を示したこと[1, 50, 61]は，解糖系の貢献がより少なかったことを意味する（しかしながら，Cr摂取によっても乳酸の増加率は変化しない[8, 9, 13, 17, 24, 46, 74]，ある

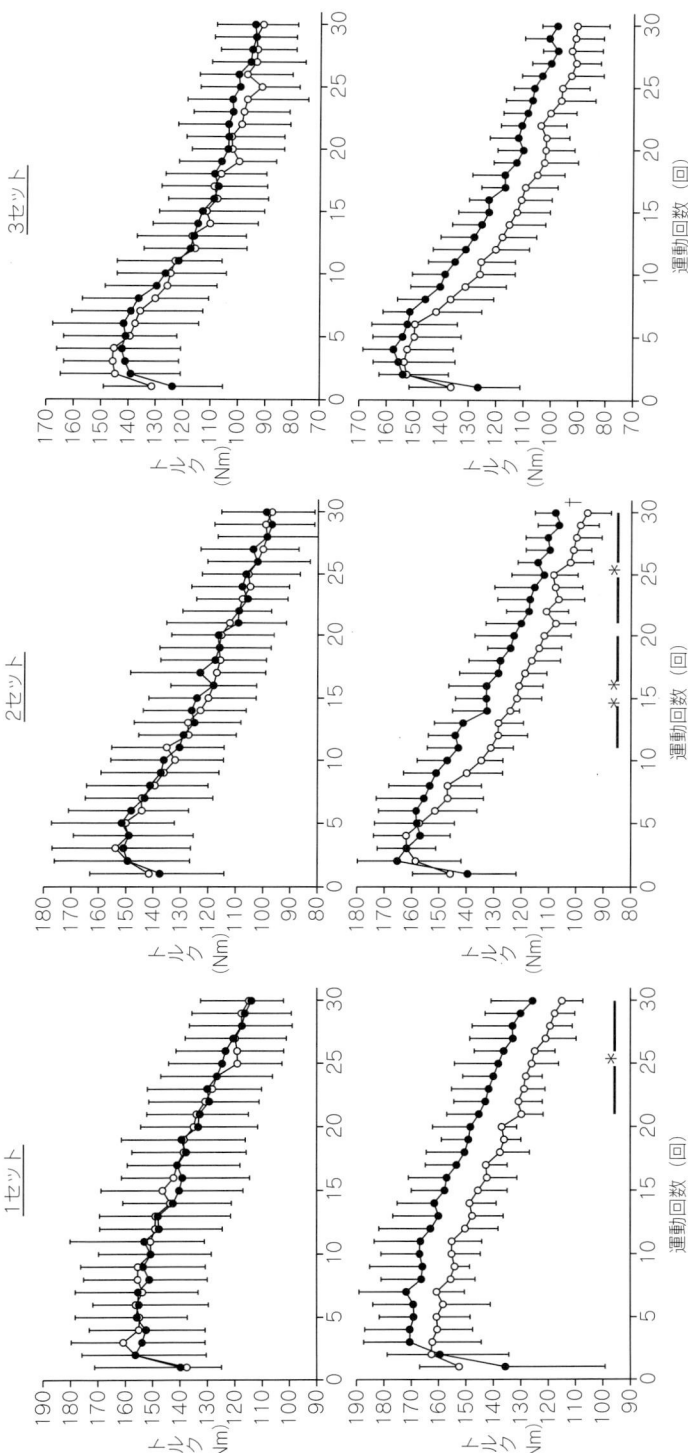

図1-2 偽薬摂取群(上段)およびクレアチン摂取群(下段)における8週間の摂取前(○)後(●)の30回×3セットの等速性最大膝伸展運動中(角速度180度/s)のピークトルク

値は平均値±標準偏差である。†:30回の運動中に発揮された総トルクの摂取前後の差 ($p < 0.05$)。—*—:1〜10回、11〜20回、21〜30回の運動中に発揮された総トルクの摂取前後の差(*$p < 0.05$, **$p < 0.01$)。クレアチン摂取により、30回の等速性膝伸展運動中に発揮されるピークトルクの低下が抑制される。クレアチン摂取が持久的能力に及ぼす影響に関する研究。デサントスポーツ科学, 20:126-139, 1999)
(髙橋英幸、谷口仁志、尾縣 貢、ほか:長期間のクレアチン摂取が持久的能力に及ぼす影響に関する研究。デサントスポーツ科学, 20:126-139, 1999)

表1-2 クレアチン摂取により運動パフォーマンスの向上を示した主な研究の一覧

参考文献	運動形態	運動×セット数/休憩時間	パフォーマンス
Balsomら[1]	自転車運動(140回転/分)	6秒×10セット/30秒	後半のセットでより高いペダル回転数を維持
Birchら[8]	自転車運動(80回転/分)	30秒×3セット/4分	ピークパワー,平均パワー,総仕事量の増加
Greenhaffら[24]	膝伸展(180度/秒)	30回×5セット/1分	2,3,4セット目のピークトルクの低下の抑制
Vandenbergheら[68]	膝伸展(180度/秒)	30回×3セット/60秒 20回×4セット/40秒 10回×5セット/20秒	総発揮トルクの増加
Harrisら[28]	走運動	300m×4セット/4分 1,000m×4セット/3分	最終セットおよびセット合計のタイムの短縮 ベストタイムの短縮
Skareら[57]	走運動	60m×6セット(50秒毎) 100m×1セット	1,3,4,5,6セット目および合計タイムの短縮 タイムの短縮,特に後半40mのタイムの短縮
Peyrebruneら[46]	水泳	50ヤード×8セット/1.5分	タイムの遅延率の減少,セット合計タイムの短縮
Volekら[74]	ジャンプスクワット(30%max)	10回×5セット/2分	ピークパワーの増加
	ベンチプレス(10RM)	可能な回数×5セット/2分	反復回数の増加

いは増加する[10,16,40]という報告もある).また,PCrが解糖系の律速酵素であるホスホフルクトキナーゼを抑制することが示されているので[34,63],PCrが多く残存していた方が解糖系の活性化を抑えることができる.筋電図を用いてCr摂取による神経筋疲労の影響を調べた研究では,Cr摂取による解糖系への依存度の低下と乳酸やアンモニアの蓄積の減少により,最大下運動中の神経筋疲労の開始が遅延することが示されている[64].

③PCrによる緩衝作用の増加:乳酸生成に伴うH$^+$の増加はpHの低下を引き起こし疲労をもたらす.クレアチンキナーゼ反応を通したATP再合成では,PCrとともにH$^+$が使われるので,結果としてこの反応自体が一種の緩衝作用の働きを持っている.したがって,PCrを利用したATP再合成能力の増加は筋の緩衝作用を高めることになる.

④筋力発揮後の弛緩時間の短縮:Cr摂取により,等尺性筋力発揮後の弛緩時間が短縮することが報告されている[71].このことは繰り返し行なわれる,より速い,短時間・高強度の運動パフォーマンスの向上に貢献する.

⑤PCr回復速度の増加(?):いくつかの研究[23,49]において,運動後回復中のPCr再合成速度が増加する可能性が示されており,このことは,間欠的な運動を行なう場合,次の運動までにより多くのPCrを回復させ,その結果パフォーマンスの向上をもたらすであろう.しかしながら,リンの磁気共鳴スペクトロスコピー法(^{31}P MRS)を用いて運動後のPCrの回復動態を調べた我々[66,67]や他の研究[60,70]では,Cr摂取を行なったとしてもPCr再合成速度は変化しないことが実証されており,PCr再合成速度が増加する可能性は低いと考えられる.

3)持久的運動パフォーマンスへの影響

持久的運動パフォーマンスに対するCr摂取の効果を調べたこれまでの研究では,持久的能力に対してはほとんど効果を及ぼさないことが報告されている[2,5,9,17,65].1日20g,5〜6日間のCr摂取を行なっても,最大酸素摂取量や持久的走運動パフォーマンス,そして持久的運動中の基質利用能には影響しないことが示されており[2,65],さらに長期間,8週間のCr摂取を陸上競技混成選手に行なわせた我々の研究[66]でも最大酸素摂取量の増加は認められなかった.一方,休息を挟んだ6秒間の最大自転車運動を80分間繰り返す運動に対するCr摂取の効果を調べた研究では,総仕事量が増加するとともに,有酸素的能力も改善される可能性が示されている[49].しかしながら,そのような結果をもたらす原因は明示されていない.動物実験では,28日間のCr摂取によりクエン酸合成酵素活性(酸化系能力の指標の1つ)が増加することが報告されている[11].さらに in vitro の

研究では，Crが骨格筋ミトコンドリア[7]および剥離した心筋線維[18]における呼吸速度を増加させることも示されている．したがって，より長期的なCr摂取，あるいはCr摂取と高強度持久的トレーニングの組み合わせが，持久的運動パフォーマンスにどのような影響を及ぼすのかに関してはさらなる検討が必要になると考えられる．

持久的運動パフォーマンスに大きな影響を及ぼす筋グリコーゲン量の視点からみた最近の研究では，Crを炭水化物と一緒に摂取させることにより，または，グリコーゲンローディング期間前に5日間のCr摂取を行なうことにより，一過性の最大自転車運動後の筋グリコーゲン超回復がより大きな程度で生じることが示されている[42,53]．これはCrによって生じる細胞容積の増加が関係すると考えられている．また，動物を用いた研究においても，Cr摂取により筋グリコーゲン量，特に，遅筋タイプの筋におけるグリコーゲン量が有意に増加することが実証されている[45]．以上の結果は，Cr摂取が持久的運動パフォーマンス向上のためのグリコーゲンローディング効果を促進する役割を果たすことを示している．

4）筋力トレーニング効果を促進させるクレアチン

最近では，筋力トレーニングにおけるCr摂取の有用性が報告されている．その中では，筋力トレーニングとともにCr摂取を行なう群と偽薬を摂取する群が比較され，Cr摂取を行なわせた方が筋力や筋線維横断面積の増加の割合がより大きいことが実証されている[15,33,36,69,73,74]（図1-3）．このことは，Crが筋肥大を促進させ，より大きな筋力増加を引き起こす可能性を示している．筋萎縮を伴う疾患患者に1日1.5g，1年間のCr摂取を行なわせた結果，筋線維，特に速筋線維の肥大が引き起こされたことが報告され[56]，さらにin vitroの実験では，Crが筋の収縮タンパク質合成を促進させる効果を有することが示されている[31]．これらのことは，タンパク質合成を促進させる上でCrが何らかの役割を果たしている可能

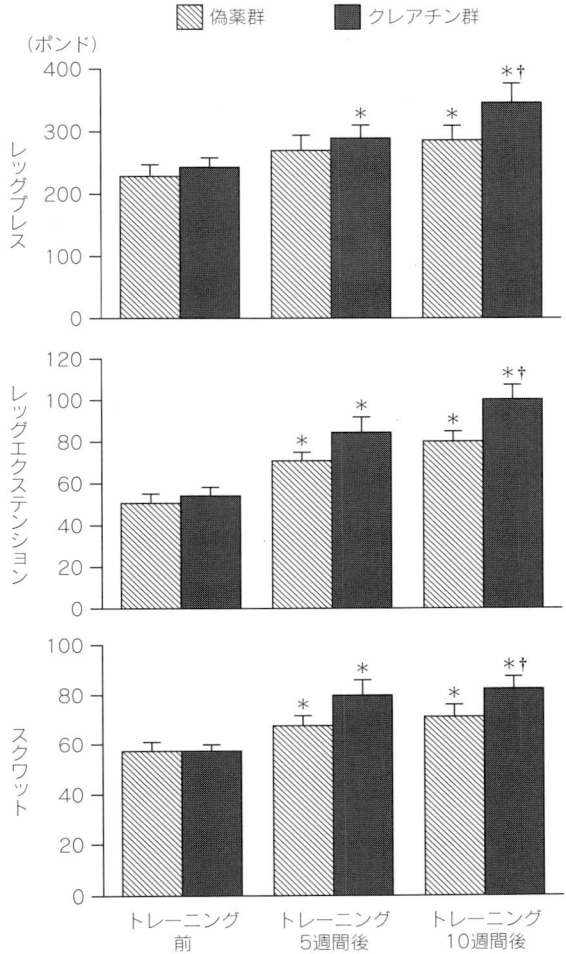

図1-3　1日20g，4日間のクレアチンまたは偽薬の摂取後に，5週間および10週間の筋力トレーニングを行なった時の最大筋力の変化

クレアチン群はトレーニング期間中に1日5gのクレアチンを摂取し，偽薬群は同量の偽薬を摂取した．＊：p＜0.05 vs. トレーニング前，†：p＜0.05 vs. 偽薬群．トレーニング中にクレアチンを摂取させた方が筋力の増加が大きい．

(Vandenberghe K, Goris M, Van Hecke P, et al : Long-term creatine intake is beneficial to muscle performance during resistance training. J Appl Physiol, 83 : 2055-2063, 1997より作成)

性を示唆するものであるが，そのメカニズムは現在のところ明らかになっていない．筋肥大に関係する成長ホルモン，テストステロン，コルチゾールの変化を調べた研究では，Cr摂取は筋力トレー

ニングに対するこれらのホルモンの応答動態に影響を及ぼさないことが示されている[44]．

それでは，実際のスポーツ競技者，または健常一般人がCr摂取だけを行なうことで筋肥大を引き起こし，筋力の増加を引き起こすことができるのであろうか？　Cr摂取が最大筋力に及ぼす効果に関しては一致した見解が得られていないが，前述（2），p14）したように，単発的な運動のパフォーマンスにはCr摂取の効果は現れにくい．さらに動物実験では，Crを摂取させただけでは筋肥大は生じないことが示されている[11,67]．したがって，現在のところ，Cr摂取とともに筋力トレーニングを行なった場合のみ，Crの筋力増加・筋肥大促進効果が現れると考えられている[36]．

5）高齢者に対するクレアチン摂取の効果

より最近では，高齢者に対するCr摂取の効果に関するいくつかの報告がなされている．高齢者においても，Cr摂取を行なえば筋のCrまたはPCr含有量は増加し[59]，短時間・高強度運動のパフォーマンスも増加するが，その増加率は若齢者に比べてかなり少ない[75]．また，疲労耐性に関しては，Cr摂取により向上するという研究もあれば[52]，影響がないとする研究[32]もある．さらに，52日間のCr摂取とともに筋力トレーニングを行なったとしても，身体組成に変化は認められず，Crによるトレーニング効果の増強もみられない[6]．以上のように，高齢者に対するCr摂取の効果は若齢者でみられるものよりも小さい傾向にある．このような違いを生み出すメカニズムは現在のところ明らかではない．

3．クレアチン摂取の実際

正常時の血漿中のCr濃度は50〜100 μmol/Lであるが，5 gのCrを摂取すると，その約1時間後に500 μmol/L以上の値で最大となり，その後6〜7時間かけて正常レベルへと低下する[27]．Crローディングでは，数時間おきにCrを摂取することにより体内のCrレベルを常に高く維持し，

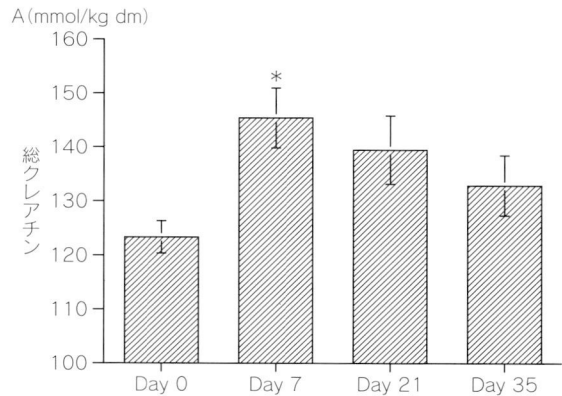

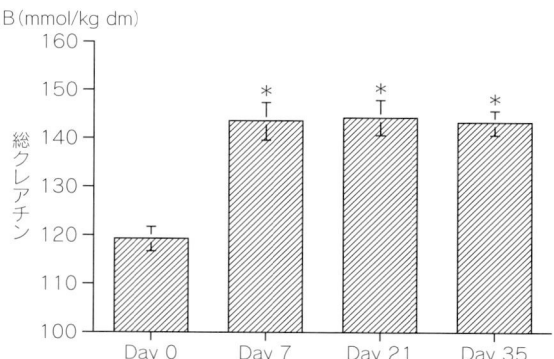

図1-4　A：1日20g，6日間のクレアチン摂取を行ない，その後摂取を止めた群の筋の総クレアチン含有量の変化（n＝6）．B：1日20g，6日間のクレアチン摂取を行ない，その後1日2g，28日間の摂取を継続した群の筋の総クレアチン含有量の変化（n＝9）．

Day 0：摂取前．＊：$p < 0.05$ vs. 摂取前（Day 0）．クレアチンローディングにより増加した筋の総クレアチン含有量は，摂取を止めてしまうと2週間で摂取前と差が無くなってしまうが，1日2gの摂取を継続すれば4週間後も高値を維持している．

(Hultman E, Söderlund K, Timmons JA, et al : Muscle creatine loading in men. J Appl Physiol, 81 : 232-237, 1996)

筋での取り込みを促進させる．

実際にCrローディングを行なう場合，どの程度の量を摂取すればよいのであろうか．先行研究から判断すると，ローディング期では，1日20g（5g×4回），5〜6日間の摂取が適当と考えられる．1日9g（3g×3回），5日間の摂取で水泳パフォーマンスの向上を認めた報告[46]もあるが，

安全性をふまえた上で大多数の者への十分な効果を考えた場合1日20gが適当であろう．ローディング期後の維持期では，1日2～3g（2～3g×1回）の摂取で十分である[22, 30]（図1-4）．筋量やトレーニング量の違いに応じて摂取量を調節する必要もあるが，ローディング期は1日30g，維持期では1日4gを上限と考えるべきである．より長期的なスパンでのCrローディングでは，1日3g（3g×1回）の摂取を28日間行なえば，1日20gを6日間摂取させた場合と同様なレベルまで筋の総Cr含有量が増加することが示されている[30]．

飲み方に関しても注意が必要である．まず，不純物の混在していない，純度の高い製品を選択する．現在市販されている多くのCrは粉末状である．粉末のCrは水には溶けないため，約100mLの熱湯で完全に溶かしてから，100%果汁ジュースやスポーツドリンクなどを加えて全体を約250mLとし，できるだけ早く飲むことが重要である．このようにして飲むのにはいくつかの理由がある．1つは，体内に取り込む効率の違いが挙げられる．Cr粉末を口に含んでから水で流し込む方法と，完全に湯で溶かしてから飲む方法を比較した場合，摂取1時間後の血漿中Cr濃度の増加率は，前者は後者の約70%にしか及ばない（高橋，未発表データ）．2つ目の理由は，粉末のまま，あるいは，完全に溶解しないまま飲んだ場合，下痢の症状を訴える者の割合が増加するという事実である．また，できるだけ早く胃を通過して腸に到達させるためにもよく溶解させることが必要である．

摂取するタイミングとしては朝食，昼食，夕食前，そして就寝前を基本として，トレーニングを行なう場合にはトレーニング後に摂取するのもよいであろう．

試合・トレーニングとの兼ね合いを考えた場合，Crローディングの主な方法として2種類が考えられる．1つは，短期的なスパンで考え，試合の10日～1週間前からローディングを開始して試合に臨む方法である．2つ目は，数ヵ月前からローディングとそれに続く維持を行ない試合に臨む方法である．後者では，Cr摂取の効果によって，より高強度の運動をトレーニング期間中に負荷することが可能になると考えられる．

最近，Crを摂取した後に，100gまでの炭水化物，または炭水化物50g＋タンパク質50gを摂取すると，Crだけを摂取した時より多くのCrを体内に蓄積することができる可能性が報告されている[62]．しかしながら，この効果が顕著に働くのは最初の摂取時であることも同時に示されており，炭水化物を余計に摂取することによる問題点も含め，各個人が注意を払いながら摂取を行なう必要性があると考えられる．

Crとともにカフェインを過剰に摂取すると，筋のPCr含有量は増加するが，それが運動パフォーマンスの向上に反映されない可能性が示されている[68]．したがって，カフェインを多く含む飲料物の過剰摂取は控えた方がよいと考えられる．

4．クレアチン摂取の副作用

1日20g，5日間の短期間のCr摂取，そして，1日1～80g，最長5年間という長期間のCr摂取を行なったヒトの腎機能を調べた結果，Cr摂取が悪影響を及ぼさないことが実証されているのを始めとして[47, 48, 54]，健常人においてCr摂取が原因と考えられる腎臓や肝臓の機能障害が発生したという報告はほとんどみられない．Cr摂取により増加する血漿クレアチニン濃度も摂取をやめれば元の値に戻る[30, 37]．ただ1件，ある患者がCr摂取を行なった際に腎機能を低下させたことが報告された[51]．しかし，この患者は8年前に糸球体硬化症を罹患しており，もともと腎症の可能性を持っていたため特異的なケースであると考えられる．現在，全米でのCr消費量は年間約四千トンともいわれているが，そこにおいても明らかにCr摂取が原因となる内臓の機能障害は報告されていないようである．しかし，より長期間，数年～数十年オーダーでのCr摂取の安全性に関する報告が行なわれていないことも事実であり，こ

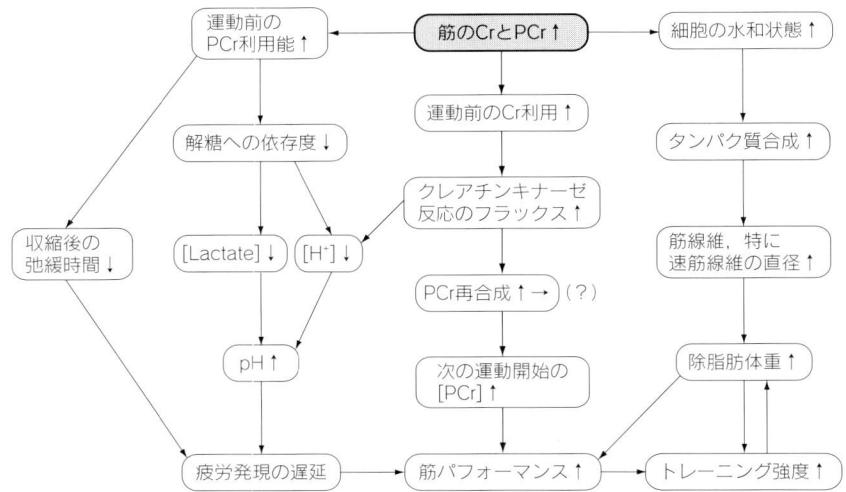

図1-5 筋のクレアチン（Cr）およびクレアチンリン酸（PCr）含有量の増加が筋パフォーマンスを向上させる機序
(Volek JS, Kraemer WJ：Creatine supplementation：its effect on human muscular performance and body composition. J Strength and Cond Res, 10m: 200-210, 1996に加筆)

の点は今後注意が必要であろう．

競技者などに不利に働く可能性として挙げられているのが体重の増加である．多くの研究において，5～7日間のCr摂取で体重が1～2kg増加することが報告されている[1, 4, 23, 40, 41, 61, 74]．この原因は明らかではないが，主に水分量の増加，あるいは，前述（4），p17）したようなタンパク質合成促進による筋量の増加が関係すると考えられている．この他に，割合は少ないが，キチンとした飲み方をしてもCr摂取により下痢の症状を訴える者もいるようである．

おわりに

Cr摂取による筋のCrおよびPCr含有量の増加が，運動パフォーマンスを向上させる機序の概略を図1-5に示した．現在のところCrは禁止薬物には指定されておらず，運動パフォーマンスを向上させる可能性を有する比較的安全なサプリメントであるといえよう．また，本文中では示さなかったが，スポーツ選手の中にはCr摂取により疲労回復が早まったとの自覚症状を示す者もいるようである．しかし，あくまでCrはサプリメントであり，厳しいトレーニングなくして運動パフォーマンスの向上は望めないことだけは確かである．最後に，これはすべてのサプリメントについていえることであるが，安全面から考えても，経済面から考えても過剰摂取は避けるべきである．

［髙橋　英幸］

文　献

1) Balsom PD, Ekblom B, Söderlund K, et al：Creatine supplementation and dynamic high-intensity intermittent exercise. Scand J Med Sci Sports 3：143-149, 1993
2) Balsom PD, Harridge SD, Söderlund K, et al：Creatine supplementation per se does not enhance endurance exercise performance. Acta Physiol Scand 149：521-523, 1993
3) Balsom PD, Söderlund K, Ekblom B：Creatine in humans with special reference to creatine supplementation. Sports Med 18：268-280, 1994
4) Balsom PD, Söderlund K, Sjodin B, et al：Skeletal muscle metabolism during short duration high-intensity exercise：influence of creatine supplementation. Acta Physiol Scand 154：303-310, 1995

5) Barnett C, Hinds M, Jenkins DG : Effects of oral creatine supplementation on multiple sprint cycle performance. Aust J Sci Med Sport 28 : 35-39, 1996
6) Bermon S, Venembre P, Sachet C, et al : Effects of Creatine monohydrate ingestion in sedentary and weight-trained older adults. Acta Physiol Scand 164 : 147-155, 1998
7) Bessman SP, Fonyo A : The possible role of the mitochondrial bound creatine kinase in regulation of mitochondrial respiration. Biochem Biophys Res Commun 22 : 597-602, 1966
8) Birch R, Noble D, Greenhaff PL : The influence of dietary creatine supplementation on performance during repeated bouts of maximal isokinetic cycling in man. Eur J Appl Physiol 69 : 268-276, 1994
9) Bogdanis GC, Nevill ME, Lakomy HKA, et al : The effects of oral creatine supplementation on power output during repeated treadmill sprinting. J Sports Sci 14 : 65-66, 1996
10) Bosco C, Tihanyi J, Pucspk J, et al : Effect of oral creatine supplementation on jumping and running performance. Int J Sports Med 18 : 369-372, 1997
11) Brannon TA, Adams GR, Conniff CL, et al : Effects of creatine loading and training on running performance and biochemical properties of rat skeletal muscle. Med Sci Sports Exerc 29 : 489-495, 1997
12) Burke LM, Pyne DB, Telford RD : Effect of oral creatine supplementation on single-effort sprint performance in elite swimmers. Int J Sport Nutr 6 : 222-233, 1996.
13) Casey A, Constantin-Teodosiu D, Howell S, et al: Creatine ingestion favorably affects performance and muscle metabolism during maximal exercise in humans. Am J Physiol 271 : E31-E37, 1996
14) Cooke WH, Grandjean PW, Barnes WS : Effect of oral creatine supplementation on power output and fatigue during bicycle ergometry. J Appl Physiol 78 : 670-673, 1995
15) Daniel Becque M, Lochmann JD, Melrose DR : Effects of oral creatine supplementation on muscular strength and body composition. Med Sci Sports Exerc 32 : 654-658, 2000
16) Dawson B, Cutler M, Moody A, et al : Effects of oral creatine loading on single and repeated maximal short sprints. Aust J Sci Med Sport 27 : 56-61, 1995
17) Engelhardt M, Neumann G, Berbalk A, et al : Creatine supplementation in endurance sports. Med Sci Sports Exerc 30 : 1123-1129, 1998
18) Field ML, Clark JF, Henderson C, et al : Alterations in the myocardial creatine kinase system during chronic anaemic hypoxia. Cardiovasc Res 28 : 86-91, 1994
19) Green AL, Hultman E, Macdonald IA, et al : Carbohydrate ingestion augments skeletal muscle creatine accumulation during creatine supplementation in humans. Am J Physiol 271 : E821-E826, 1996
20) Green AL, Simpson EJ, Littlewood JJ, et al : Carbohydrate ingestion augments creatine retention during creatine feeding in humans. Acta Physiol Scand 158 : 195-202, 1996
21) Green HJ, Chin ER, Ball-Burnett M, et al : Increases in human skeletal muscle Na^+-K^+-ATPase concentration with short-term training. Am J Physiol 264 : C1538-C1541, 1993
22) Greenhaff PL : Creatine and its application as an ergogenic aid. Int J Sport Nutr 5 : S100-S110, 1995
23) Greenhaff PL, Bodin K, Söderlund K, et al : Effect of oral creatine supplementation on skeletal muscle phosphocreatine resynthesis. Am J Physiol 266 : E725-E730, 1994
24) Greenhaff PL, Casey A, Short AH, et al : Influence of oral creatine supplementation of muscle torque during repeated bouts of maximal voluntary exercise in man. Clin Sci 84 : 565-571, 1993
25) Guimbal C, Kilimann MW : A Na^+-dependent creatine transporter in rabbit brain, muscle, heart, and kidney. cDNA cloning and functional expression. J Biol Chem 268 : 8418-8421, 1993
26) Harris RC, Hultman E : Glycogen, glycolytic intermediates and high-energy phosphates determined in biopsy samples of musculus quadriceps femoris of man at rest. Methods and variance of values. Scandinavian Journal of Clinical & Laboratory Investigation 33 : 109-120, 1974
27) Harris RC, Söderlund K, Hultman E : Elevation of creatine in resting and exercised muscle of normal subjects by creatine supplementation. Clin Sci 83 : 367-374, 1992
28) Harris RC, Viru M, Greenhaff PL, et al : The effect of oral creatine supplementation on running performance during maximal short term exercise in man. J Physiol

467 : 74, 1993.
29) Haughland RB, Chang DT : Insulin effects on creatine transport in skeletal muscle. Proc Soc Exp Biol Med 148 : 1-4, 1975
30) Hultman E, Söderlund K, Timmons JA, et al : Muscle creatine loading in men. J Appl Physiol 81 : 232-237, 1996.
31) Ingwall JS : Creatine and the control of muscle-specific protein synthesis in cardiac and skeletal muscle. Circ Res 38 : I115-I123, 1976
32) Jakobi JM, Rice CL, Curtin SV, et al : Neuromuscular properties and fatigue in older men following acute Creatine supplementation. Eur J Appl Physiol 84 : 321-328, 2001
33) Kreider RB, Ferreira M, Wilson M, et al : Effects of creatine supplementation on body composition, strength, and sprint performance. Med Sci Sports Exerc 30 : 73-82, 1998
34) Krzanowski J, Matschinsky FM : Regulation of phosphofructokinase by phosphocreatine and phosphorylated glycolytic intermediates. Biochem Biophys Res Commun 34 : 816-823, 1969
35) Loike JD, Somes M, Silverstein SC : Creatine uptake, metabolism and efflux in human monocytes and macrophages. Am J Physiol 251 : C128-C135, 1986
36) Maganaris CN, Maughan RJ : Creatine supplementation enhances maximum voluntary isometric force and endurance capacity in resistance trained men. Acta Physiol Scand 163 : 279-287, 1998
37) Maughan RJ : Creatine supplementation and exercise performance. Int J Sport Nutr 5 : 94-101, 1995
38) McKenna MJ, Harmer AR, Fraser SF, et al : Effects of training on potassium, calcium and hydrogen ion regulation in skeletal muscle and blood during exercise. Acta Physiol Scand 156 : 335-346, 1996
39) McKenna MJ, Heigenhauser GJF, McKelvie RS, et al : Sprint training enhances ionic regulation during intense exercise in men. J Physiol (Lond) 501 : 687-702, 1997
40) McNaughton LR, Dalton B, Tarr J : The effects of creatine supplementation on high-intensity exercise performance in elite performers. Eur J Appl Physiol 78: 236-240, 1998
41) Mujika I, Chatard JC, Lacoste L, et al : Creatine supplementation does not improve sprint performance in competitive swimmers. Med Sci Sports Exerc 28 : 1435-1441, 1996
42) Nelson AG, Arnall DA, Kokkonen J, et al : Muscle glycogen supercompensation is enhanced by prior Creatine supplementation. Med Sci Sports Exerc 33 : 1096-1100, 2001
43) Odoom JE, Kemp GJ, Radda GK : The regulation of total creatine content in a myoblast cell line. Mol Cell Biochem 158 : 179-188, 1996
44) Op 't Eijnde B, Hespel P : Short-term creatine supplementation does not alter the hormonal response to resistance training. Med Sci Sports Exerc 33 : 449-453, 2001
45) Op 't Eijnde B, Richter EA, Henquin J-C, et al : Effect of creatine supplementation on creatine and glycogen content in rat skeletal muscle. Acta Physiol Scand 171 : 169-176, 2001
46) Peyrebrune MC, Nevill ME, Donaldson FJ, et al : The effects of oral creatine supplementation on performance in single and repeated sprint swimming. J Sports Sci 16 : 271-279, 1998
47) Poortmans JR, Auquier H, Renaut V, et al : Effect of short-term creatine supplementation on renal responses in men. Eur J Appl Physiol 76 : 566-567, 1997
48) Poortmans JR, Francaux M : Long-term oral creatine supplementation does not impair renal function in healthy athletes. Med Sci Sports Exerc 31 : 1108-1110, 1999
49) Preen D, Dawson B, Goodman C, et al : Effect of creatine loading on long-term sprint exercise performance and metabolism. Med Sci Sports Exerc 33 : 814-821, 2001
50) Prevost MC, Nelson AG, Morris GS : Creatine supplementation enhances intermittent work performance. Res Q Exerc Sport 68 : 233-240, 1997
51) Pritchard NR, Kaira PA : Renal dysfunction accompanying oral creatine supplements [letter]. Lancet 351 : 1252-1253, 1998
52) Rawson ES, Wehnert ML, Clarkson PM : Effects of 30 days Creatine ingestion in older men. Eur J Appl Physiol 80 : 139-144, 1999
53) Robinson TM, Sewell DA, Hultman E, et al : Role of submaximal exercise in promoting creatine and glycogen accumulation in human skeletal muscle. J Appl Physiol 87 : 598-604, 1999.
54) Schilling BK, Stone MH, Utter A, et al : Creatine

55) Schloss P, Mayser W, Betz H : The putative rat choline transporter CHOT1 transports creatine and is highly expressed in neural and muscle-rich tissues. Biochem Biophys Res Commun 198 : 637−645, 1994

56) Sipila I, Rapola J, Simell O, et al : Supplementary creatine as a treatment for gyrate atrophy of the choroid and retina. New Engl J Med 304 : 867−870, 1981

57) Skare O-C, Skadberg O, Wisnes AR : Creatine supplementation improves sprint performance in male sprinters. Scand. J Med Sci Sports 11 : 96−102, 2001

58) Smith JC, Stephens DP, Hall EL, et al : Effect of oral creatine ingestion on parameters of the work rate-time relationship and time to exhaustion in high-intensity cycling. Eur J Appl Physiol 77 : 360−365, 1998

59) Smith SA, Montain SJ, Matott RP, et al : Creatine supplementation and age influence muscle metabolism during exercise. J Appl Physiol 85 : 1349−1356, 1998

60) Smith SA, Montain SJ, Matott RP, et al : Effects of creatine supplementation on the energy cost of muscle contraction : a 31P-MRS study. J Appl Physiol 87 : 116−123, 1999

61) Söderlund K, Balsom PD, Ekblom B : Creatine supplementation and high-intensity exercise : influence on performance and muscle metabolism. Clin Sci 87 : 120−121, 1994

63) Steenge GR, Simpson EJ, Greenhaff PL : Protein-and carbohydrate-induced augmentation of whole body creatine retention in humans. J Appl Physiol 89 : 1165−1171, 2000

63) Storey KB, Hochachka PW : Activation of muscle glycolysis: a role for creatine phosphate in phosphofructokinase regulation. FEBS Lett 46 : 337−339, 1974

64) Stout J, Eckerson J, Ebersole K, et al : Effect of creatine loading on neuromuscular fatigue threshold. J Appl Physiol 88 : 109−112, 2000

65) Stroud MA, Holliman D, Bell D, et al : Effect of oral creatine supplementation on respiratory gas exchange and blood lactate accumulation during steady-state incremental treadmill exercise and recovery in man. Clin Sci 87 : 707−710, 1994

66) 高橋英幸, 谷口仁志, 尾縣 貢, ほか : 長期間のクレアチン摂取が持久的能力に及ぼす影響に関する研究. デサントスポーツ科学 20 : 126−139, 1999

67) 高橋英幸, 安田俊広, 三森文行, ほか : クレアチンの経口摂取によるラット骨格筋特性の変化(抄録). 体力科学 47 : 762, 1998

68) Vandenberghe K, Gillis N, Van Leemputte M, et al : Caffeine counteracts the ergogenic action of muscle creatine loading. J Appl Physiol 80 : 452−457, 1996

69) Vandenberghe K, Goris M, Van Hecke P, et al : Long-term creatine intake is beneficial to muscle performance during resistance training. J Appl Physiol 83 : 2055−2063, 1997

70) Vandenberghe K, Van Hecke P, Van Leemputte M, et al : Phosphocreatine resynthesis is not affected by creatine loading. Med Sci Sports Exerc 31 : 236−242, 1999

71) Van Leemputte M, Vandenberghe K, Hespel P : Shortening of muscle relaxation time after creatine loading. J Appl Physiol 86 : 840−844, 1999

72) Volek JS, Kraemer WJ : Creatine supplementation : its effect on human muscular performance and body composition. J Strength and Cond Res 10 : 200−210, 1996

73) Volek JS, Duncan ND, Mazzetti SA, et al : Performance and muscle fiber adaptations to creatine supplementation and heavy resistance training. Med Sci Sports Exerc 31 : 1147−1156, 1999

74) Volek JS, Kraemer WJ, Bush JA, et al : Creatine supplementation enhances muscular performance during high-intensity resistance exercise. J Am Diet Assoc 97 : 765−770, 1997

75) Wiroth JB, Bermon S, Andrei S, et al : Effects of oral Creatine supplementation on maximal pedaling performance in older adults. Eur J Appl Physiol 84 : 533−539, 2001

2章 糖質摂取とスポーツパフォーマンス
── 持久的運動を中心に

　糖質は，我々にとって最も重要な栄養素であり，食品では米やパン，めん類，イモ等の穀類や，砂糖に豊富に含まれるので，とりわけ日本人にとっては，なじみ深いものである．この糖質が，アスリートのパフォーマンスと密接に関わっており，毎日の食事とスポーツの現場での水分補給やエネルギー補給を科学的に考えることによって，良好なトレーニングを積み，試合で悔いのない結果を残すことが可能となる．

　本章では，何を・いつ・どれくらい摂取するかを含め，糖質摂取とスポーツパフォーマンスとの関わりを解説する．

1．糖質とエネルギー

　スポーツの基本には骨格筋の運動があり，その運動には化学的エネルギー，すなわちアデノシン3リン酸（ATP）が必要である[37]．

　ATPは，それ自体が筋中に存在し，瞬発的無酸素運動（ハイパワー）のエネルギーとなるが，存在量はごく少量である．ハイパワー発揮に使われたATPは，クレアチンリン酸（CP）により急速に再合成されるが，CPも少量しか存在しないため，ハイパワーの持続は理論上では10秒以内とされている．これをATP-CP系と呼ぶ（図2-1）．より持続時間の長い運動のエネルギーとしては，糖質，脂肪，タンパク質（アミノ酸）を材料として新たに生成しなければならない．

　その中でも糖質は，筋グリコーゲンとして，高強度無酸素運動として知られる乳酸エネルギー系（ミドルパワー）の唯一のエネルギー源として用いられる（図2-2）．このミドルパワーの持続時間は，乳酸生成に伴なう水素イオンの発生による筋肉内pHの低下により制限され，約2分間とされる．

　さらに，糖質は脂肪とともに持久的運動，いわゆる長時間有酸素運動（ローパワー）のエネルギー源となる（図2-3）．特に65％$\dot{V}O_2$max以上での運動では主要なエネルギー源となるが，それより低強度の運動では，糖質と脂肪がほぼ1：1で用いられる．

　持久的運動においては，骨格筋の収縮および疲労を左右する主要因が，筋グリコーゲン，肝グリコーゲン，そして血中ブドウ糖（以下，血糖）の濃度であるといわれている[9]．これは次のような理由による．筋グリコーゲンレベルが低下し，エネルギー源として脂肪への依存が高まると，ATP産生量が減少するので，一定の運動強度が維持できなくなる．肝グリコーゲンレベルが低下し，血糖が減少すると，脳は主要なエネルギー源を奪われ，正常な脳の機能を損ない，集中力が低下し，愚鈍や方向音痴になる．筋グリコーゲンや血糖が不十分であると，筋肉を造っているタンパク質を分解してアミノ酸とし，アミノ酸をエネルギー化するために，結果的に筋肉が壊され，体力をさらに消耗する[29]．そこで，運動中に体内の糖質を枯渇させることは，絶対に避けなければならないのである．

　このように重要な糖質であるが，身体は，筋グリコーゲン，肝グリコーゲン，血糖という形で限られた量しか蓄えることができない．すべてを動員しても，フルマラソンを走るのに必要なエネルギー量は，まかなえないほどである．

　そこで，糖質摂取が非常に重要になる．理論的

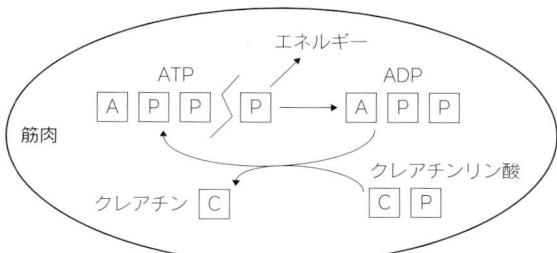

図2-1 ハイパワー（瞬発力）のエネルギー源

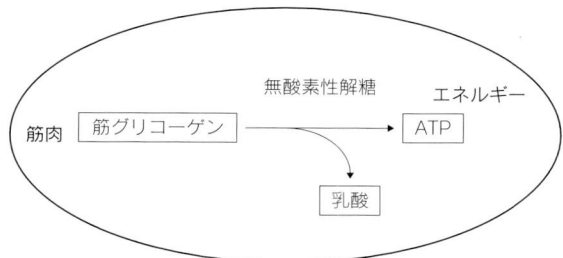

図2-2 ミドルパワー（パワー持久力）のエネルギー源

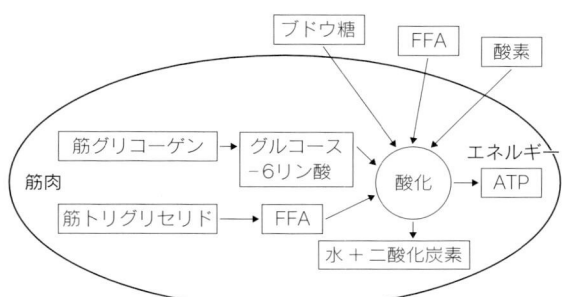

図2-3 ローパワー（持久力）のエネルギー源
FFA：遊離脂肪酸

には，糖質摂取は速筋線維に筋グリコーゲンを蓄えたり，ブドウ糖を運搬してくることにより，間欠的な高強度無酸素運動のパフォーマンスを高める．また，筋グリコーゲンと肝グリコーゲンとして適切に糖質を貯蔵することと，血糖レベルを適切に維持することとにより，長時間の有酸素持久的運動のパフォーマンスを高める[13]．持久的運動中に糖質を利用し続けることができれば，体脂肪の分解により生成する遊離脂肪酸からのエネルギーも供給され続ける．体脂肪は糖質に比較して体内貯蔵量が多く，例えばマラソン選手のように体脂肪の少ない場合でも，3 kg程度（体重60 kgの男子選手で体脂肪率5％前後として）は存在するので，体脂肪1 gのエネルギーを約7 kcalとして計算すると，エネルギー量としては理論上21,000 kcalとなり，これはフルマラソン約10回分のエネルギー量に相当する．つまり，糖質摂取が継続的に行なわれれば，エネルギー的には豊富に存在する体脂肪と協働して，より長時間にわたる運動を持続することも可能となる．

以上のことから，糖質摂取とパフォーマンスの研究は，特に持久的運動において，運動前にできる限り多くの筋グリコーゲンを貯蔵すること，および運動後に筋グリコーゲンの再貯蔵を迅速かつ完璧に行なうことに重きがおかれてきた．運動中の糖質摂取については，体温上昇を防ぐための水分補給の研究が主流であったが，近年は水分補給を妨げにくい糖質素材が導入され，研究が飛躍的に発展してきた．

2．糖質とは何か

糖質は，我々が通常摂取する多くの食品に含まれており，単純糖質（砂糖類）と複合糖質（デンプン）に大別される（表2-1）．最も基本的な単純糖質は単糖であり，ブドウ糖，果糖，ガラクトース等がある．二糖類は2種の単糖が化学的に結合したものであり，ショ糖（砂糖のこと；ブドウ糖と果糖が結合），麦芽糖（ブドウ糖2分子が結合），乳糖（ブドウ糖とガラクトースが結合）等がある．単糖が3〜10分子結合したものはオリゴ糖（ラテン語で少糖類の意味）と呼ばれ，さらに，より多数結合したものは多糖類と呼ばれる．

穀類や野菜に含まれるデンプン（スターチ）は，植物のエネルギーとなる貯蔵多糖類であり，ブドウ糖の長い鎖から成る複合糖質である．動物性の多糖類としてはグリコーゲンがあり，これも動物のエネルギーとなる貯蔵多糖類である．多糖

表2-1 糖質の分類

単糖類		ブドウ糖（グルコース），果糖（フルクトース），ガラクトースなど
少糖類	二糖類	ショ糖（シュクロース），乳糖（ラクトース），麦芽糖（マルトース）など
	三糖類	ラフィノースなど
多糖類	直鎖構造	アミロース（デンプン），セルロース，コンニャクマンナンなど
	分岐構造	アミロペクチン（デンプン），グリコーゲンなど

類には他に，構造多糖類として植物に見られるセルロースや，動物に見られるキチンなどがあり，いずれもブドウ糖を構成単位としているが，人間の消化酵素では分解できないので，糖質栄養にはならない．

デンプンは，唾液や膵液のアミラーゼ（デンプン分解酵素）等によって分解（消化）され，構成単位であるブドウ糖として血中に取りこまれる．血糖値が高まると，膵臓からインスリンが分泌され，ブドウ糖は代謝や貯蔵のために各組織に運ばれていく．たとえば肝臓および骨格筋では，エネルギー源であるグリコーゲンとして貯蔵される．しかし，グリコーゲンの貯蔵量には限りがあり，過剰なブドウ糖は中性脂肪に変換されて脂肪組織に蓄積される．

ブドウ糖は，糖の最小単位であり，消化しなくて良いことから吸収が速い．吸収が速いということは，急激に血糖値を高めるので，インスリン分泌を強く刺激する．そこで，このような単純糖質は，食事をするような時間が取れない時に，少量を摂取することが薦められる．実際に，スポーツ科学の分野では，運動中の水分補給をイメージして，少量のブドウ糖を含むスポーツドリンクの研究が盛んに行なわれてきた．

糖質の栄養所要量は確立されていない．一般人では，1日の摂取カロリーの50～60％にするのが健康上好ましいとされており，アスリートの場合にもほぼ同様と考えて良い．ただし，持久系のアスリートの場合は，筋グリコーゲンの回復に体重1kgあたり8～10gの糖質を摂取することが薦められている[12]．例えば，体重60kgのアスリートにとって，体重1kgあたり8～10gの糖質は480～600gとなる．糖質は1gが4kcalのエネルギーをもつので，糖質として1,920～2,400kcalとなる．これが1日のエネルギーのうちの55％を占めるとすると，1日におよそ3,500～4,400kcalの食事をしていれば，糖質の摂取量はほぼ満たされるといえよう．持久系以外のアスリートでは，このような目安はないので，体重，体組成，そして体調をモニターしながら加減していくことになろう．

3．運動前の糖質摂取

糖質，脂質，タンパク質の割合を変えて，高糖質食，普通食，低糖質食としたエネルギー量の等しい3種類の食事を調製し，これらを運動前に摂取すると，高糖質食を摂取した場合の運動持続時間が最も長くなる．このことは1930年代から定性的に知られていた[8]．1960年代後半になり，筋バイオプシーのような医学的手法がスポーツ科学に取り入れられると，筋肉中のグリコーゲン貯蔵量が明らかになり，この貯蔵量が運動条件や栄養条件によって影響を受けること，貯蔵量が運動持続時間を左右すること，そして長時間運動によってグリコーゲンを枯渇させると回復期にグリコーゲンの再合成能が高まること等が，定量的に証明されるようになった[2]．

1）グリコーゲンローディング（カーボローディング）

これらの一連の研究から，運動前に1週間かけて筋グリコーゲン濃度を高めるグリコーゲンローディング法が提案された．最も有名な，いわゆる古典的方法は，対象日（例えば試合日）の6日前に疲労困憊運動を行なって筋グリコーゲンを枯渇させ，それから3日間は低糖質食（高タンパク質・高脂肪食）としてグリコーゲン回復の材料を供給せず，対象日の3日前にもう一度疲労困憊運

動を行なって，今度は高糖質食に切り替えるというものである．ちなみに，この研究の被験者は兵隊で，アスリートではなかった．この方法は世界中に広まり有名になったが，リスクもある．というのも，大事な試合前の1週間以内に，2回も疲労困憊運動を行なうことでコンディションを崩したり，低糖質食が日本人に受け入れられにくく，風邪を引いたり下痢をしたりという例が少なくない．

アメリカでは1980年代になって改良法が提唱された[32]．この方法では，持久系のアスリートを被験者としたことで，毎日のように筋グリコーゲンを枯渇させるような運動をしていることから，あえて疲労困憊運動をさせなかった．運動は，対象日の1週間前から徐々に時間を短縮するテーパリング法とし，食事は糖質50％の通常食を摂らせ，対象日の3日前から糖質70％の高糖質食に切り替えるというものである．この改良法においても，古典法と同等のレベルまでに筋グリコーゲンが回復することがわかり，現在はこの改良法が薦められている（図2-4）．

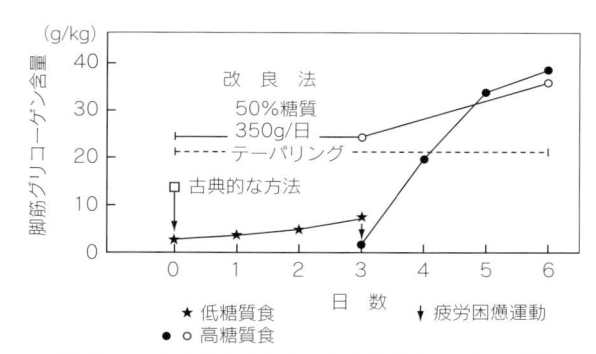

図2-4 古典法と改良法による筋グリコーゲン含量の増加状況の比較
古典的な方法は時間と手間がかかる上に，リスクも大きかった．現在は改良法が勧められている．
(Sherman WM, Costill DL, Fink WJ, et al : The effect of exercise and diet manipulation on muscle glycogen and its subsequent utilization during performance. Int J Sport Med 2 : 114-118, 1981)

2）運動前の食事

試合前の食事は，糖質主体の消化の良いもの（図2-5）とし，試合の3～4時間前には食べ終わっているようにする．こうすれば食べたものは十分に消化され，運動前には血糖値やインスリン等のホルモンレベルも正常になっているであろう[14]．実際，運動4時間前に312 g（1,248 kcal）の糖質を摂取したところ，持久的運動パフォーマンスが15％向上したという報告もある[30]．早朝の試合であっても，上記条件を満たした朝食を摂ってから臨むことが大事である．たとえば一流のマラソン選手は，レースが早朝7時スタートならば，レースに向けて徐々に起床時間を早めて行き，レース当日には5時間前に起床し，4時間前に食事をしているほどである．

3）運動直前の糖質摂取

いくつかの研究によれば，運動の30～60分前

図2-5 運動前の食事例
（シドニーオリンピック選手村にて調製）

に多量のブドウ糖を摂取すると，インスリンの作用により運動直前に低血糖を誘発し，血中遊離脂肪酸濃度をも低下させる．このような状況下で運動を開始すると，筋肉は運動のエネルギー源として血糖と遊離脂肪酸を利用できず，活動筋のグリコーゲンの消費が速まり，結果的に疲労が早まる[11,17]．このため，運動直前に摂取する糖質として，インスリン分泌を刺激しにくい果糖が薦められることがある[18,23]．

しかし，これらの研究では，糖尿病の検査で用

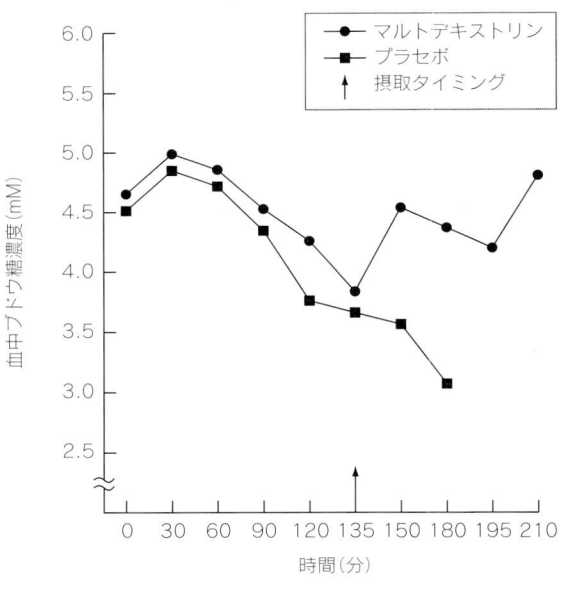

図2-6 運動中の血糖値変化と糖摂取の効果
長時間の運動中に糖質を摂取することにより，血糖値の低下が抑えられ，運動も長く継続させることができる．
(Coggan AR, and Coyle EF : Metabolism and performance following carbohydrate ingestion late in exercise. Med Sci Sports Exerc 21 : 59-65, 1989)

いられる70～75gという多量のブドウ糖を摂取しており，また運動開始まで安静状態を保つという点で，スポーツの現場的ではない．実際，運動負荷試験の前にウォーミングアップを取り入れた，より現場に即した研究では，ブドウ糖摂取による低血糖は認められていない[5]．また，小腸での吸収は，ブドウ糖が果糖の2倍以上速く[26]，肝臓や筋肉でのエネルギー化においてもブドウ糖は果糖よりもすぐれている[7]．これらを考え合わせると，運動直前の摂取には，まさに直前のタイミングでブドウ糖を少量用いるのが，最も安全かつ有効である．

4．運動中の糖質摂取

1) 運動中の糖質摂取

持久的運動においては，運動中の糖質摂取により疲労に至る時間が延長され，仕事量が増加することがわかっている[10]（図2-6）．運動中に休みなく糖質を摂取する必要はないが，いわゆる低血糖状態になって筋グリコーゲンが枯渇してしまってからでは手遅れである．

このような運動中の補給については，吸収の速いブドウ糖を中心に研究が行なわれてきたが，運動中にエネルギー源として多量に補給するには，ブドウ糖ではドリンクの浸透圧を高めてしまうという点で難があった．浸透圧が高いことは，胃を空にする速度（ガストリック・エンプティーング）の制限因子となるので，ドリンクが胃にたまってしまう．そこで，ドリンクの浸透圧を体液より低く（低張；ハイポトニック）設定することが重要である．溶液の浸透圧は溶質のモル濃度に比例するので，ブドウ糖が5～20分子結合したマルトデキストリンを用いると都合が良く，エネルギー補給用の素材として注目が集まっている[9, 10, 19, 21, 24, 35, 36]．これは，トウモロコシのデンプン（コーンスターチ）を酵素分解したものであり，欧米では，グルコース・ポリマー（ブドウ糖の重合体）と呼ばれる．

2) ハーフタイムの糖質摂取

持久的運動の中でも，サッカーなどの球技ではハーフタイムに代表される短時間の休憩がある．このような競技では，後半まで持久力を保つこと，すなわち試合終了までパフォーマンスを落とさず，集中力を維持することが求められる[20]．しかし，ヨーロッパ一流選手のゲーム中の運動強度は70～75% $\dot{V}O_2max$ と高く，しかも強度の高い走運動があり，1ゲームを終えると筋グリコーゲンは枯渇状態になるほどである[1, 16]．そこで，ハーフタイムの栄養摂取がきわめて重要になる[21, 24]．

我々は，自転車こぎ運動を用いてサッカーの運動時間と運動強度をシミュレートし，90分間の運動のハーフタイムに糖質50g（200kcal）を摂取することの有効性を，運動終了直後のウィンゲート・テストによって評価した[35]．その結果，90分運動が持続的運動であるかインターバル運動であるかに関わらず，マルトデキストリン摂取群において90分運動後のスプリント・パフォー

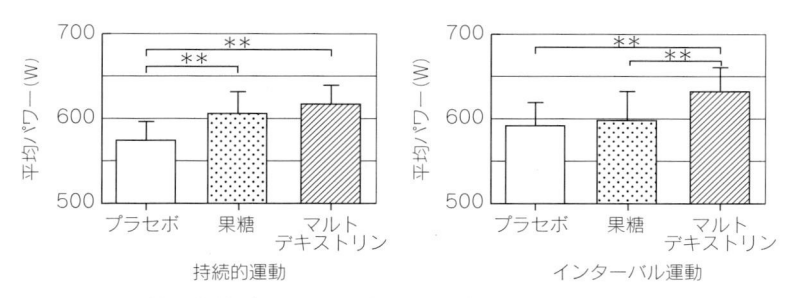

図 2-7 糖質補給が 90 分間の持久的運動終了後の 40 秒間全力発揮パワーに及ぼす影響
n = 8，**：p < 0.01
(Sugiura K, and Kobayashi K : Effect of carbohydrate ingestion on sprint performance following continuous and intermittent exercise. Med Sci Sports Exerc 30 : 1624-1630, 1998)

マンスが向上すること（図 2-7），そして後半の運動中の生化学的パラメータおよび主観的運動強度（RPE）が良好に保たれることを見出した．また，インターバル運動時の果糖摂取群では，被験者 8 名中 5 名が胃腸の不快感を訴え，これは先行研究[3, 25, 27)]とも一致し，果糖がハーフタイムに用いるドリンクの素材としては不向きであることを示した．

5．運動後の糖質摂取

運動を止めると，骨格筋においては急速にグリコーゲンの合成が始まる．特に運動直後は，筋肉が糖質（ブドウ糖）を必要としており，筋細胞表面にはブドウ糖を取り込むための輸送担体（グルコース輸送タンパク）が配置している（図 2-8）．しかし，運動直後の胃腸の状態は，食物を消化吸収するのに理想的な状態にはない．

1）運動直後の糖質摂取

糖質摂取のタイミングを調べた研究から，運動直後の摂取は，運動後 2 時間経過してからの摂取に比べて，グリコーゲンの合成速度が明らかに速いことがわかっている[19)]（図 2-9）．

運動直後の筋グリコーゲンの回復に有効なのは，インスリン分泌を高めるタイプの糖質，すなわちブドウ糖やショ糖が適しており，果糖は効率

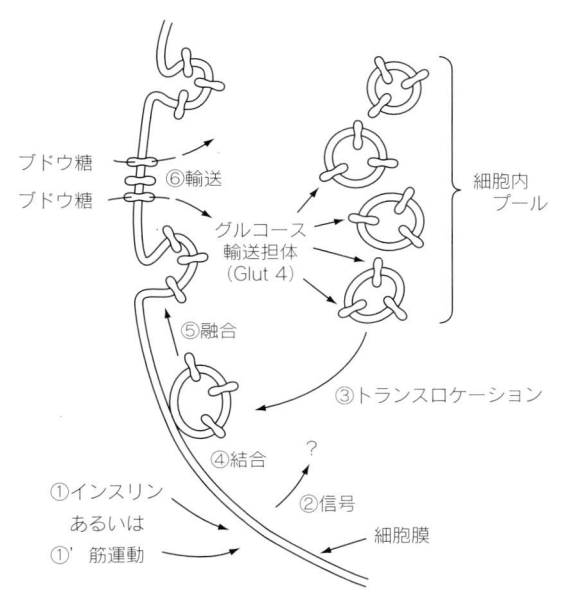

図 2-8 グルコース輸送担体のトランスロケーション
(井上和生：運動と糖吸収．スポーツと栄養と食品．伏木 亨 ほか，p103，朝倉書店，1996 を改変)

が悪い[4)]．必要量は，体重 1 kg あたり 0.7 g 以上であるので，体重 70 kg のアスリートで運動直後に 50 g（200 kcal）を目安とする．

もちろん，この 50 g という摂取量では，筋グリコーゲンが完全に回復するわけではない．しかし，少なくともインスリン分泌を高め，身体を運動（分解あるいは異化）モードから回復（合成あ

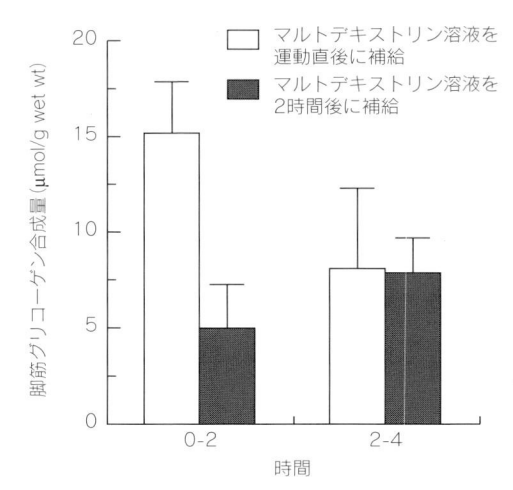

図2-9 筋グリコーゲンの回復比較
運動直後に糖質を摂取することが，2時間後に摂取するよりも筋グリコーゲンの合成量を高める．運動後はなるべく早く，糖質を補給することが望ましい．
(Ivy JL, Katz AL, Cutler CL, et al : Muscle glycogen synthesis after exercise:effect of time of carbohydrate ingestion. J Appl Physiol 64 : 1480-1485, 1988)

図2-10 レース後の糖質サプリメント摂取風景

るいは同化）モードに切り替えるには十分である（図2-10）．激しい運動の直後に糖質摂取を怠ると，身体は糖質を得ようとして，筋肉や肝臓のタンパク質を分解するので，消耗は時間とともに徐々に進行していくのである．

運動後に摂取する糖質は，浸透圧や形態（液体あるいは固体など）を考慮する必要がないというのが一般的な見解である．しかし，ラットを用いて，尾部に電気刺激を与えてトレッドミルを走らせ，電気刺激に反応しなくなるまで疲労困憊に追い込んだ研究では，運動直後の20％濃度のブドウ糖摂取群と等濃度のマルトデキストリン摂取群で明らかな差が生じた[36]．両者の差は浸透圧だけであり，高張のブドウ糖摂取群は，胃に溶液がたまってしまったが，低張のマルトデキストリン摂取群は胃を速く通過し，小腸から吸収されて血糖値を高め，速筋においては60分後にグリコーゲンレベルが運動前の状態にまで回復した．

また，ダウンヒル走，フルマラソン，マシンやフリーウェイトを使ったエキセントリックな運動を行なうと，筋小胞体膜がダメージを受け，膜のブドウ糖輸送が阻害されるために，糖質を多く含む食事をしても，筋グリコーゲンの回復は遅くなる[15, 28, 31]．このような場合は，糖質だけでなく，組織の回復に必要なアミノ酸やタンパク質をいっしょに摂取することが望ましい．

2) 運動間の糖質摂取

1日に何試合もこなさなければならない場合は，試合と試合の間にどれだけ時間があるかを把握し，その時間内で消化吸収できることを考える．午後の試合，あるいはトーナメント戦の後半になると，午前の試合や前半に比べてパフォーマンスが低下するケースがよく見られるが，これは適切な糖質摂取がなされなかったこと，あるいは，消化に時間のかかる食事をしたことが原因であることが多い．糖質摂取を戦略的に考えれば，パフォーマンスはさらに向上する可能性をもっている[22, 33]．

3) 運動後の食事

トレッドミルを用いて10マイル（16 km）走を80％ $\dot{V}O_2max$ の強度で実施し，運動後24時間の糖質摂取量を変えて比較したところ，高糖質摂取群において筋グリコーゲンの回復が24時間以内に達成された[12]．この時の高糖質のレベルは，体重1 kgあたりに換算すると8 g以上に相当したので，その後の研究も含め，持久系のアスリート

には，体重1kgあたり8〜10gの糖質摂取が推奨されている．

我々が，米国コロラド州で行なわれた日本陸連の2ヵ月間の高地合宿において栄養サポートを担当した時は，糖質摂取量に関しては上記の8〜10gを満たすように献立を作成した[34]．この献立に従って，他の栄養素を含めて十分量の栄養摂取ができた選手は，期間中の体重が安定し，体調も良好に推移し，競技力も向上したという結果を得ている．逆に，食事を軽んじた選手は，合宿中に体調を崩し，高い費用を使って外国まで合宿に行ったことが無駄になってしまったのである．

まとめ

このように，ハードなトレーニングを日夜行なっているアスリートにとっては，糖質摂取，ひいてはスポーツ栄養学を知っているのと，知らないのとでは，やがてトレーニング効果に大きな差が生じ，試合での明暗を分けるといっても過言ではない[34]．

糖質は，第一に，日常の食事の中で十分量を摂取しなければならない．そこで，すべてのアスリートは，天然の複合糖質および単純糖質を豊富に含む食品に力点を置いた食事をし，さらに糖質に加えて，タンパク質，ミネラル，ビタミン，食物繊維などを十分量摂取する必要がある．

スポーツ現場の補給においては，消化・吸収時間を考えると通常の食品でまかなうことは不可能に近いので，糖質摂取の研究の結果から生まれたサプリメントを利用すると良い（図2-11）．糖質サプリメントには，ブドウ糖のタブレット，スポーツドリンク，マルトデキストリンのエネルギードリンク（シロップ状やパウダー状）やゼリーがあり，マルトデキストリンにタンパク質やアミノ酸を混合したゼリーもある．

これらを上手に活用すれば，理論上は，少なくとも90分以上の運動であるマラソン（42.2km以上）や自転車ロードレース，ロングのトライアスロンなどのパフォーマンスが高められる[6]．アスリートは競技の初期段階ではスピードを感じな

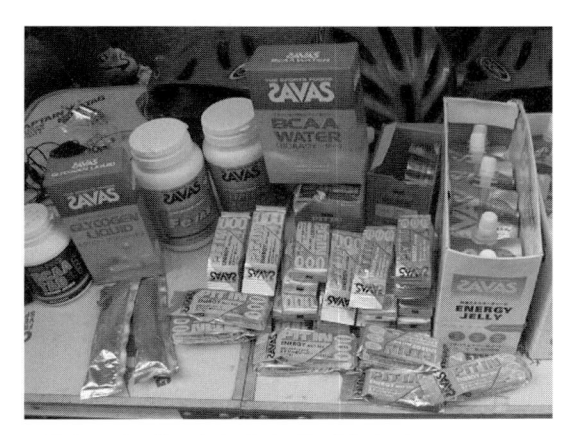

図2-11 様々なタイプのサプリメント

いかも知れないが，より長く適切なペースを維持することが可能になるので，レースタイムは短縮するはずである．

また，サッカー，ラグビー，バスケットボール，バレーボール，テニスのような長時間の間欠的高強度運動のパフォーマンスも高めるであろう[35]．研究により，糖質補給はサッカー選手の後半のパフォーマンスを高める[21,24]ので，相手にはゴールを許さず，自軍はより多く得点することが可能である．

そして，格闘技に多く見られるトーナメント形式の試合においても，試合直後の補給が次の試合のパフォーマンスに影響する[33]．

ただし，消化吸収の速度には個人差もあるので，試合でいきなり実行して逆効果にならないよう，トレーニングの時にさまざまな糖質のタイプと量を検討しておくことが肝要である．

[杉浦　克己]

文　献

1) Bangsbo J : Physiological demands. Football (Soccer), Ekblom B (Ed). London:Blackwell Scientific Publications, pp43-58, 1994
2) Bergstrom J, Hermansen L, Hultman E, et al : Diet, muscle glycogen and physical performance. Acta Physiol Scand 71 : 140-150, 1967
3) Bjorkman O, Sahlin K, Hagenfeldt L, et al : Influence

of glucose and fructose ingestion on the capacity for longterm exercise. Clin Physiol 4 : 483-494, 1984
4) Blom PCS, Hostmark AT, Vaage O, et al : Effect of different post-exercise sugar diets on the rate of muscle glycogen synthesis. Med Sci Sports Exerc 19 : 491-493, 1987
5) Brouns F（樋口　満監訳）：スポーツ栄養の科学的基礎．杏林書院，1997
6) Bucci L（柳田成紀，松本和興監訳）：パフォーマンス向上のためのスポーツ栄養．保健同人社，1998
7) Chen JD, Wang JF, Li KJ, et al : Nutritional problems and measures in elite and amateur athletes. Am J Clin Nutr 49 : 1084-1089, 1989
8) Christensen EH, and Hansen O : III. Arbeitsfahigkeit und Ernahrung. Scand Arch Physiol 81 : 160-171, 1939
9) Coggan AR, and Coyle EF : Reversal of fatigue during prolonged exercise by carbohydrate infusion or ingestion. J Appl Physiol 63 : 2388-2395, 1987
10) Coggan AR, and Coyle EF : Metabolism and performance following carbohydrate ingestion late in exercise. Med Sci Sports Exerc 21 : 59-65, 1989
11) Costill DL, Coyle EF, Dalsky G, et al : Effects of elevated plasma FFA and insulin on muscle glycogen usage during exercise. J Appl Physiol 43 : 695-699, 1977
12) Costill DL, Sherman WJ, Fink JW, et al : The role of dietary carbohydrates in muscle glycogen resynthesis after strenuous running. Am J Clin Nutr 34:1831-1836, 1981
13) Coyle EF, Coggan AR, Hemmert MK, et al : Muscle glycogen utilization during prolonged strenuous exercise when fed carbohydrate. J Appl Physiol 61 : 165-172, 1986
14) Coyle EF, Coggan AR, Hemmert MK, et al : Substrate usage during prolonged exercise following a pre-exercise meal. J Appl Physiol 59 : 429-433, 1985
15) Doyle JA, Sherman WM, and Strauss RL : Effects of eccentric and concentric exercise on muscle glycogen replenishment. J Appl Physiol 74 : 1848-1855, 1993
16) Ekblom B : Applied physiology of soccer. Sports Med 3 : 50-60, 1986
17) Foster C, Costill DL, and Fink WJ : Effects of pre-exercise feedings on endurance performance. Med Sci Sports Exerc 11 : 1-5, 1979
18) Hargreaves M, Costill DL, Fink WJ, et al : Effect of pre-exercise feedings on endurance cycling perfomance. Med Sci Sports Exerc 19 : 33-36, 1987
19) Ivy JL, Katz AL, Cutler CL, et al : Muscle glycogen synthesis after exercise:effect of time of carbohydrate ingestion. J Appl Physiol 64 : 1480-1485, 1988
20) Kirkendall DT : Effects on nutrition on performance in soccer. Med Sci Sports Exerc 25 : 1370-1374, 1993
21) Kirkendall DT, Foster C, Dean JA, et al : Effects of glucose polymer supplementation on performance of soccer players. Science and football, Reilly T (Eds), E & F N Spon, London, pp33-41, 1998
22) 喜多村彰子，和久美紀，齋藤　実，ほか：学校スポーツ現場における栄養管理—高校バスケットボール部における栄養管理活動から—．平成8年度日本体育協会スポーツ医・科学研究報告No. VII ジュニア期のスポーツライフに関する研究—第3報—：72-76，1997
23) Koivisto VA, Karonen SL, and Nikkila EA : Carbohydrate ingestion before exercise:comparison of glucose, fructose, and sweet placebo. J Appl Physiol 51 : 783-787, 1981
24) Leatte PB, and Jacobs I : Effect of glucose polymer ingestion on glycogen depletion during a soccer match. Can J Sports Sci 14 : 112-116, 1989
25) Massicotte D, Peronnet F, Brisson G, et al : Oxidation of a glucose polymer during exercise:comparison with glucose and fructose. J Appl Physiol 66 : 179-183, 1989
26) Mei N : Intestinal chemosensitivity. Physiol Rev 65 : 211-237, 1985
27) Murray R, Paul GL, Seiffert JG, et al : The effects of glucose, fructose, and sucrose ingestion during exercise. Med Sci Sports Exerc 21 : 275-282, 1989
28) O'Reilly KP, Warhol MJ, Fielding RA, et al : Eccentric exercise-induced muscle damage impairs muscle glycogen repletion. J Appl Physiol 63 : 252-256, 1987
29) Sahlin K, Katz A, and Broberg S : Tricarboxylic acid cycle intermediates in human muscle during prolonged exercise. Am J Physiol 259 : C834-C841, 1990
30) Sherman WM, Brodowicz G, Wright DA, et al : Effects of 4h pre-exercise carbohydrate feedings on cycling performance. Med Sci Sports Exerc 21 : 598-604, 1989

31) Sherman WM, Costill DL, Fink WJ, et al : Effect of a 42.2 km footrace and subsequent rest or exercise on mucle glycogen and enzymes. J Appl Physiol 55 : 1219-1224, 1983
32) Sherman WM, Costill DL, Fink WJ, et al : The effect of exercise and diet manipulation on muscle glycogen and its subsequent utilization during performance. Int J Sport Med 2 : 114-118, 1981
33) 杉浦克己, 奈良典子：柔道選手の栄養サポート. 臨床栄養 89：718-723, 1996
34) 杉浦克己：トップクラス・スポーツ選手の栄養サポート. 保健の科学 39：635-639, 1997
35) Sugiura K, and Kobayashi K : Effect of carbohydrate ingestion on sprint performance following continuous and intermittent exercise. Med Sci Sports Exerc 30 : 1624-1630, 1998
36) 寺尾 保, 中野昭一, 山下泰裕, ほか：激運動終了直後のラットに対する2種の異なった糖質投与が筋肉グリコーゲンの回復に及ぼす影響. 体力科学 44：375-384, 1995
37) Williams M（樋口 満監訳）：スポーツ・エルゴジェニック 限界突破のための栄養・サプリメント戦略. 大修館書店, 2000

3章 心理的要因による生理応答の変化とスポーツパフォーマンス

　例えば，持久的運動のように一定時間ある強度の運動を続ける場合には，定常的な生理応答が観察され，その時の活動筋に対する酸素やエネルギーの供給は需要とマッチしたものになると考えられている．しかし，実際の生理応答は，必ずしも筋活動のレベルと全く比例して生じるわけではない．そのような状況では，環境温や体温の上昇に伴う変化というように，純粋に生理学的な説明によって理解されることもあろうが，心理的な要因によってそうした事態が生じる場合があることは，多くの人が経験的にも理解しうるところだと考えられる．例えば，試合の勝敗を決する重要な局面において，呼吸が激しくなったり心拍数が高くなるなど，生理応答の亢進が見られた場合に，心理的な要因が影響したといういい方がよく為されるのではないだろうか．事実，Hoshikawaら[7]は，持久的な運動の最中に精神的なストレス課題を付加した場合，心拍数，血中乳酸濃度，ノルエピネフリン濃度が上昇するなど，運動そのものに対するよりも亢進したレベルの生理応答が観察されることを示している．

　ところで，スポーツ選手の間で様々な形のメンタルトレーニング法が利用されている背景には，とくに試合などの特殊な状況下において，心理状態をコントロールすることがより良いパフォーマンス発揮のために有利だと理解されているためであろう．このように，スポーツ競技のパフォーマンスに対する心理的な要因は，スポーツの現場においても一定の重要性を認められていると考えられ，また学問的にも，スポーツ心理学の分野を中心に数々の研究が為されてきた．

　しかし，スポーツの心理的側面を扱った研究の多くは，心理状態とパフォーマンスとを直結させて議論しているばかりで，その間に介在するであろう生理的な変化について考察しているものは少ない．とかくパフォーマンスが重要視されるあまり，それを機能的に支える生理応答の変化そのものには，それほどの関心が持たれてこなかったのかも知れない．また，勝敗のかかったスポーツ競技中に生理的データを測定することは困難であり，そのことが研究の少なさに影響していることもあるだろう．

　そのような状況の中で，スポーツ競技中の心理的作用とそれに伴う生理応答の変化に関してヒントを与えてくれそうな興味深い研究が，いくつか実験室的に行なわれてきている[5,8,13,20]．ここでは，まず「競争」というスポーツの要素を取り出し，その影響を調べた研究を紹介していく．

1. 競争が運動中の生理応答に及ぼす影響について

　Harkinsら[5]は，18頭の競走馬を能力の最も近いものどうしで組み合わせ，1,200 mと1,600 mの2種類の競争を行なわせた．その上で，単独で走らせた場合と2頭の競争形式で走らせた場合のパフォーマンスを比較し，生理的データをあわせて競争による影響について考察している．その結果，1,200 mと1,600 mのいずれにおいても，競争時においてパフォーマンスが低下した．一方，血中乳酸濃度については，運動前はほぼ同等であったにも関わらず，運動終了後のデータを比べてみると，競争時の方が高い値を示した．通常，運動強度が高いほど解糖によるエネルギー供給の

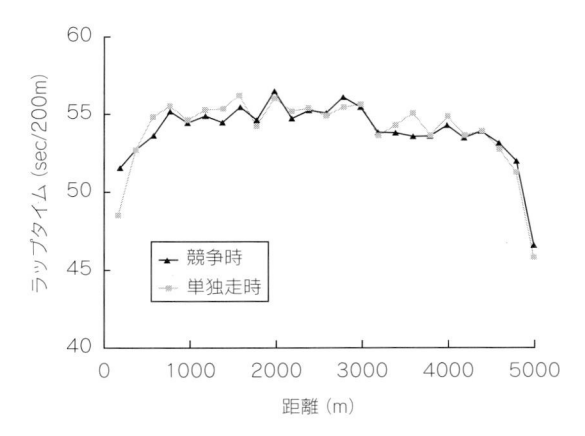

図3-1 ラップタイムの推移
(飯塚太郎:競争が持久走のパフォーマンスに及ぼす影響.東京大学教育学部卒業論文,1998)

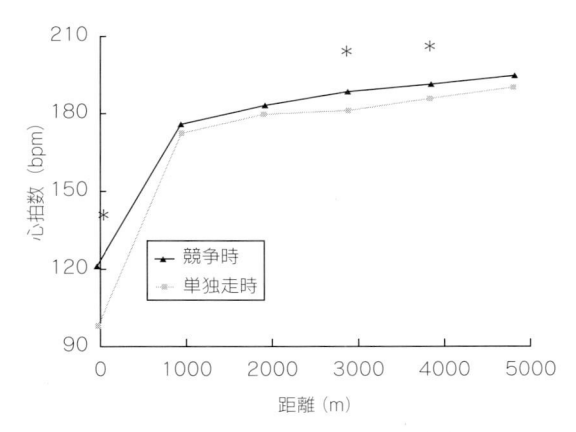

図3-2 5,000m走における心拍数の推移
(*: p < 0.05)
(飯塚太郎:競争が持久走のパフォーマンスに及ぼす影響.東京大学教育学部卒業論文,1998)

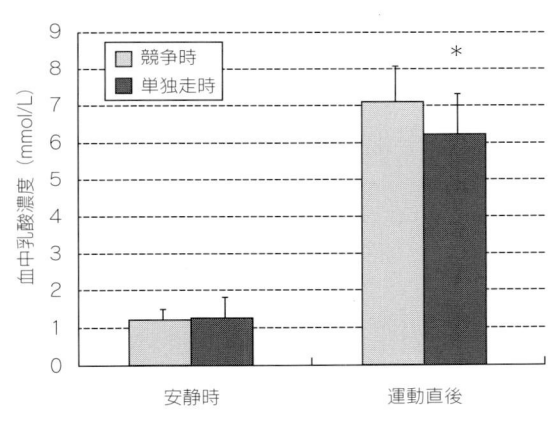

図3-3 5,000m走前後の血中乳酸濃度の比較
(*: p < 0.05)
(飯塚太郎:競争が持久走のパフォーマンスに及ぼす影響.東京大学教育学部卒業論文,1998)

割合が高まるため,それに伴って血中乳酸濃度も高くなると考えられる[6].よって,これらの結果は生理学的には矛盾しているように思われるかも知れないが,ここでは,競争という状況下での心理的な作用によって,カテコールアミンの分泌が促進された結果であることが推察されている.

しかし,競争時であればいつでもパフォーマンスの低下とお決まりの生理的亢進が観察されるかというと,そうではないであろう.同じような局面におかれても,交感神経性の反応(顔面蒼白になるなど)を見せる者もいれば,逆に副交感神経性の反応(顔面が紅潮するなど)を見せる者もおり,そのパターンはパーソナリティーなど個々の要因によって異なるものと考えられる[16].

いずれにしても,このHarkinsらの実験では,単独走時と競争時とで絶対的な運動強度が異なるため,両者の生理データの比較から,競争によってもたらされる生理応答のパターンを抽出することはできない.そこで,著者[8]はヒトを対象とした実験を行ない,5,000m走において記録の最も近いペアを3組作り,競争した場合と,それと運動強度がほぼ同じになるようにラップタイムを調節しながら単独走を行なった場合との比較を行なった.その結果,ラップタイムの推移にはほとんど差がなく(図3-1),かつピッチにも大き

な違いがない中でも,心拍数は全体として競争時の方が高く(図3-2),血中乳酸濃度に関しても競争時の方が運動直後の数値において有意に高い値を示した(図3-3).そのような中で,1,000mごとに測定した主観的運動強度(RPE)に関しては,競争時の方がきついと答えた者もいれば楽だという者もおり,条件,心理的状態,生理的状態およびパフォーマンスの関係が個人によって一様ではないことが改めて感じられる結果となった.

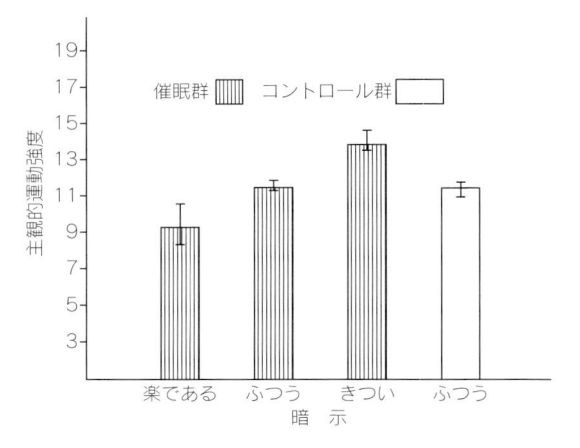

図3-4 催眠（Hypnosis）による主観的運動強度の変化
(Morgan WP:Psychogenic factors and exercise metabolism : a review. Med Sci Sports Exerc 17:309-316,1985)

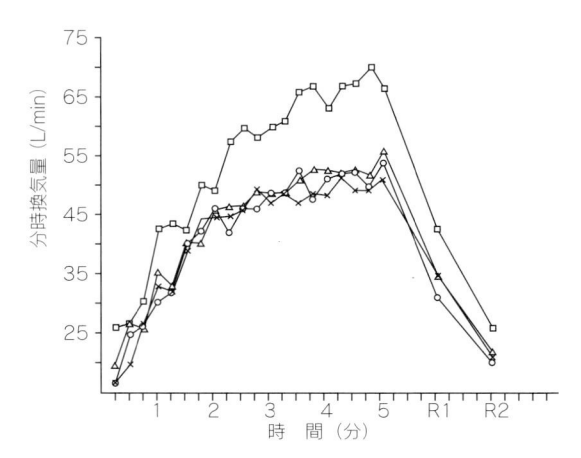

図3-6 100W自転車エルゴメータ運動中の分時換気量
×：コントロール群，○：楽である，△：ふつう，□：きつい
(Morgan WP:Psychogenic factors and exercise metabolism : a review. Med Sci Sports Exerc 17:309-316,1985)

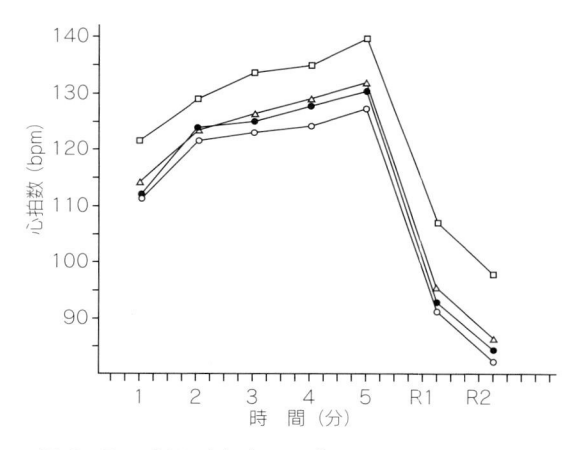

図3-5 100W自転車エルゴメータ運動中の心拍数
●：コントロール群，○：楽である，△：ふつう，□：きつい
(Morgan WP:Psychogenic factors and exercise metabolism : a review. Med Sci Sports Exerc 17:309-316,1985)

2. 主観的な運動感覚の影響について

 競争することによってプレッシャーを感じる選手もいれば，そうした中でも心理的に普段と大きく変わることのない選手がいるように，スポーツ競技中の心理状態は，その状況をどう捉え対処するかという個人内の認知処理によって左右されると考えられる．そのため，心理状態と生理応答との関係性をもう少し確かにとらえるためには，ある状況を設定するということでは不十分であり，心理状態をスポット的に作り出していくための工夫が求められる．

 Morganら[13]は，自転車エルゴメータで一定強度（100W）の運動を5分間行なう条件を設定したうえで，運動強度に関して「楽である」「ふつう」「きつい」という暗示を催眠によって3つのグループにそれぞれ与え，暗示を与えなかったグループとの間で比較を行なった．その結果，同一強度の運動を行なっているにも関わらず，主観的運動強度については暗示と並行する形でグループ間の差異が観察された（図3-4）．そのような中で，生理指標に目を向けると，「きつい」と暗示をかけられたグループの心拍数は，コントロール群に比べて平均で15拍高く（図3-5），分時換気量も運動開始5分のデータで約15 L/min多くなっていることが分かった（図3-6）．

 この実験結果からは，運動強度に関する主観的な感覚が，生理応答のレベルを大きく左右しう

ることがうかがえる．ただし注意したいのは，現実には心理状態と生理的状態との関係は一方向性のものではなく，相互に影響し合うものだと考えられることである．ここでは「心理状態→生理応答」という見方をしているが，その結果生じた生理的な亢進状態が，心理面を変えることも十分考えられるのである．そうした意味でも，スポーツ競技中の生理応答は，パフォーマンスの形成に直接的にも間接的にも役割を果たすに違いないと思われ，心理的要因とパフォーマンスとのつながりを理解するためには欠くことのできないものであるように感じられる．

3．精神性ストレスによる認知機能への影響について

さて，ここまでは，主に持久的な運動の中で，呼吸や循環系の指標が心理的要因によって亢進しうることについて述べてきたが，スポーツ種目によっては，パフォーマンスを決める要因として，認知機能についてより注目するべき場合があるだろう．例えば，サッカーやバスケットボールなどのボールゲームでは，一つ一つの状況の中に存在する多くの情報の中から素早く必要な情報を選択し，それに注意を向けて適切な動作やプレーに結びつけることが求められる．

これまで，このようなパフォーマンスに及ぼす心理的要因の影響については，覚醒（arousal）との関係性を示すいくつかのモデル—逆U字仮説，カタストロフィー理論など—によって，説明が試みられてきた[4]．これらの理論は，それぞれ異なるものではあるが，パフォーマンスを最適にするような覚醒レベルが存在するという点で，共通した一定の結論を提示してきた．しかしながら，覚醒は，その測定法が質問紙から脈波，脳波など多岐にわたることからもうかがわれるように，心理的・生理的な要素を同時に含む複雑な概念であり，心理的要因と認知的パフォーマンスの間に介在する生理的背景を説明するという点では，いずれにせよ十分なものではない．そのような中で，

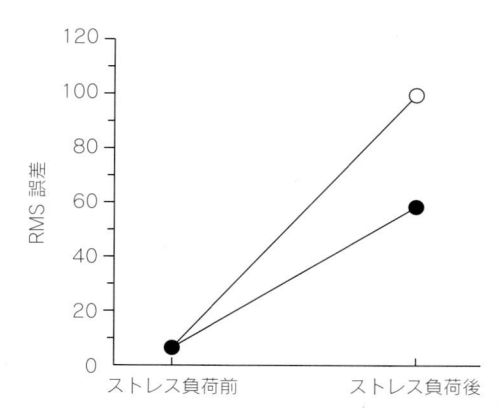

図3-7 ストレス負荷前後のトラッキング課題成績の比較
○：コントロール群，●：チロシン投与群
(Deijen JB, Wientjes CJE, Vullinghs HFM, et al: Tyrosine improves cognitive performance and reduces blood pressure in cadets after one week of a combat training course. Brain Res Bull 48:203-209, 1999 を著者改変)

最近の脳研究に目を向けてみると，精神性ストレスという心理的要因が及ぼす認知機能，あるいはそれに支えられるパフォーマンスへの影響について，生理学的な検証を試みたものが出てきており[1,2,10～12,14]，いくつか取り上げることにしたい．

スポーツパフォーマンスに関係する認知機能として，1つには注意（attention）の役割が重要だと考えられるが，その制御には大脳皮質前頭葉におけるノルエピネフリンの作用が大きく関連することが知られている[17,18]．例えば，投薬によって前頭葉のノルエピネフリンの量を低下させることにより，注意を必要とする選択反応課題のパフォーマンスが低下する（反応が遅れるケースが増加する）というSmithらの実験結果もそのことを示している[17]．さて，ここで，ヒトを対象として精神性ストレスと注意の機能との関連を扱ったDeijenらの研究に注目してみよう[2]．この研究では，社会心理的なストレス環境におかれることにより，注意を必要とするトラッキング課題のパフォーマンス低下が観察された一方で，ノルエピネフリンの前駆物質であるチロシンを経口投与することによって，このパフォーマンス低下を抑制できたことが示されている（図3-7）．このこと

からは，精神性ストレス下において，注意をつかさどる前頭葉のノルエピネフリンの作用が低下し，それによってパフォーマンスの低下が生じることが推察される．

また，ワーキングメモリ（working memory）と呼ばれ，外界から得た視覚情報などを能動的に一定の時間保持し，課題の処理や判断につなげるような短い記憶過程も，スポーツパフォーマンスを左右する要因となろう．ワーキングメモリは，やはり前頭葉におけるドーパミンの作用によって制御されることが知られており，また，それがうまく機能するうえで適当なドーパミンの量的レベルが存在するといわれている．ところが，Mizoguchi ら[12]の研究によると，慢性的にストレス環境下に置かれたラットの前頭葉におけるドーパミンの量は通常よりも低下し，それとともにワーキングメモリ課題をうまく遂行できなくなるという結果が示されている．また，一方で Arnsten ら[1]は，サルを対象とした研究において，一過性の精神性ストレスを課すことによって前頭葉でドーパミンが過剰に分泌され，それに伴う形でワーキングメモリを必要とする遅延反応課題のパフォーマンスが低下することを示している．つまり，慢性あるいは一過性の精神性ストレスがかかることは，ワーキングメモリをつかさどる前頭葉のドーパミンのはたらきを過度に促進または抑制する要因となり，いずれもパフォーマンスを低下させる結果をもたらすというのである．

これらの研究からは，精神性ストレスのかかる場面において，ノルエピネフリンやドーパミンといった神経伝達物質のレベルが適正な範囲から逸脱することに伴って，前頭葉がつかさどる高次の認知機能が障害されることがうかがわれる．ただ，これらの結果は，現状ではまだほとんどがラットやサルなどヒト以外の動物を対象にして得られたものであり，直接的にスポーツの場面と結びつけて議論をするのは尚早だという点には注意しなければならない．しかし，最近ではヒトを対象に，精神性ストレスと脳機能（記憶など）との関係を調べた研究[3,15]も出てきており，こうした

アプローチの今後の展開は興味深いものであると感じられる．

おわりに

心理的な要因がスポーツのパフォーマンスに影響する背景に，生理的な状態の変化が関わることは理解できたとしても，その関係性については未だ明確ではない．心理的要因によってもたらされた生理応答の変化を抽出することができても，それがそのままパフォーマンスに影響を及ぼすとは限らないためである．また，どの生理指標がどれだけパフォーマンスに寄与するのかということも難しい問題である．しかし，いずれにしても，実際に運動を発現させる生理的な情報がないままに心理状態とパフォーマンスを結びつけて議論するのは，やはり不十分だと感じられはしないだろうか．

ところで，従来，このようなトピックを扱う研究では，生理的データとして自律神経系の指標（心拍数や血圧など）を用いることが多かったのだが，それは，それらの指標が機能的な意味というよりも，むしろ心理状態を探るうえで有用だと考えられていることによると思われる．こうした試みからは，質問紙などでは捉えることのできない時々刻々と変化する心理状態を，経時的に追っていくことが可能になるかもしれないという点で期待が持たれるところである．

対して，本章では心理的要因による生理的状態の変化がパフォーマンスに対して及ぼす機能的な影響について論じてきたのだが，より理解を深めるためには，もっと指標をひろげていく必要性が感じられる．確かに，呼吸・循環系の情動による変調によって，酸素やエネルギー需要・供給のバランスが崩れることが，パフォーマンスに対して影響を及ぼすことはあるかもしれない．あるいは，そうした変調を意識した結果，さらなる生理応答の変化がもたらされるということもあるだろう．

しかし，パフォーマンスに対して大きく関わる身体機能はもっと様々であるように思われる．

運動時には，例えば視覚や聴覚，あるいは固有感覚と呼ばれる身体各部の位置や動きに対する感覚も絶えず情報として利用されている[9]のだから，そうした指標についても調べる必要があるだろう．実際，ストレスや注意といった心的プロセスの影響によって，感覚入力に対する反応性が変化するといったことが事象関連電位（ERP）を用いた研究によって示唆されており[19]，心理的要因によってこれらの機能に変化が生じる可能性が感じられる．また，知覚ばかりでなく，より高次の認知機能が心理的要因に伴う脳内の生理的変化によって影響を受けることが示されつつあることは，既に述べたとおりである．今後も，さらに幅広い視点から研究が発展し，スポーツや運動に対する心理的な影響とそれに関連する生理的機能の様相について明らかにされていくことが期待される．

[飯塚 太郎]

文献

1) Arnsten AFT, and Goldman-Rakic PS : Noise stress impairs prefrontal cortical cognitive function in monkeys. Arch Gen Psychiatry 55 : 362-368, 1998
2) Deijen JB, Wientjes CJE, Vullinghs HFM, et al : Tyrosine improves cognitive performance and reduces blood pressure in cadets after one week of a combat training course. Brain Res Bull 48 : 203-209, 1999
3) de Quervain DJF, Roozendaal B, Nitsch RM, et al : Acute cortisone administration impairs retrieval of long-term declarative memory in humans. Nature neuroscience 3 : 313-314, 2000
4) Gould D, and Udry E : Psychological skills for enhancing performance: arousal regulation strategies. Med Sci Sports Exerc 26 : 478-485, 1994
5) Harkins JD, Kamerling SG, and Church G : Effect of competition on performance of Thoroughbred racehorses. J Appl Physiol 72 : 836-841, 1992
6) 八田秀雄：乳酸．ブックハウスHD，1997
7) Hoshikawa Y, and Yamamto Y : Mental stress test induced additional increase in physiological response during aerobic exercise. Med Sci Sports Exerc 30 (Suppl) : S119, 1998
8) 飯塚太郎：競争が持久走のパフォーマンスに及ぼす影響．東京大学教育学部卒業論文，1998
9) 北城圭一：運動感覚のメカニズム．体育の科学 47：758-763，1997
10) Lyons DM, Lopez JM, Yang C, et al : Stress-level cortisol treatment impairs inhibitory control of behavior in monkeys. J Neurosci 20 : 7816-7821, 2000
11) Metz GAS, Schwab ME, and Welzl H : The effects of acute and chronic stress on motor and sensory performance in male Lewis rats. Physiology & Behavior 72 : 29-35, 2001
12) Mizoguchi K, Yuzurihara M, Ishige A, et al : Chronic stress induces impairment of spatial working memory because of prefrontal dopaminergic dysfunction. J Neurosci 20 : 1568-1574, 2000
13) Morgan WP : Psychogenic factors and exercise metabolism : a review. Med Sci Sports Exerc 17 : 309-316, 1985
14) Murphy BL, Arnsten AFT, Jentsch JD, et al: Dopamine and spatial working memory in rats and monkeys:pharmacological reversal of stress-induced impairment. J Neurosci 16 : 7768-7775, 1996
15) Newcomer JW, Selke G, Melson AK, et al : Decreased memory performance in healthy humans induced by stress-level cortisol treatment. Arch Gen Psychiatry 56: 527-533, 1999
16) 佐久間春夫：不安がパフォーマンスに与える影響．体育の科学 47：175-179，1997
17) Smith A, and Nutt D : Noradrenaline and attention lapses. Nature 380 : 291, 1996
18) Tracy JI, Mohamed F, Faro S, et al : The effect of autonomic arousal on attentional focus.Neuroreport 11: 4037-4042, 2000
19) White PM, and Yee CM : Effects of attentional and stressor manipulations on the P50 gating response. Psychophysiology 34 : 703-711, 1997
20) Williamson JW, McColl R, Mathews D, et al : Hypnotic manipulation of effort sense during dynamic exercise:cardiovascular response and brain activation. J Appl Physiol 90 : 1392-1399, 2001

4章 伸張性筋活動に伴う筋損傷・遅発性筋肉痛とその回復・適応プロセス

運動は骨格筋，心筋，あるいは平滑筋などの細胞に対し，物理的・化学的な刺激として作用し，場合によっては損傷を引き起こす．特に，高強度や長時間の運動では，筋や結合組織に微細な損傷が生じることが報告されている[2,13,14,23,46,53]．損傷した筋細胞は，壊死する場合と，壊死には至らずに損傷部位を修復し，回復できる場合がある[3]．細胞が損傷すれば機能低下が生じ，好ましくないと考えられる一方，細胞の適応反応を引き起こすトリガーになっている可能性も否定できない．本稿では，伸張性（エクセントリック）筋活動に伴う筋・結合組織の損傷とその回復・適応プロセスについて概説し，トレーニングに伴う適応反応において損傷刺激が果たす役割について考えてみたい．

1．トレーニングと適応反応

1）トレーニングとタンパク質合成

トレーニングは，「急性の運動刺激が長期間にわたって繰り返されること」と定義できる[5]．スポーツパフォーマンスを高めるためには，過負荷の原則に基づいたトレーニングを継続的に行っていく必要がある．図4-1に示したように，トレーニングの刺激は，筋活動に伴う力や熱，圧などの物理的刺激として，また筋細胞内外の様々な物質の変化や，内分泌系などを介しての化学的刺激として，最終的には骨格筋，心筋，あるいは平滑筋などの細胞にストレッサーとして作用する[1]．この作用に対して，細胞は恒常性を維持するための反応をする．細胞の適応反応は，細胞内の既存のタンパク質の増加や，新たなタンパク質の合成によって生じると考えることができる[1]．これらの適応反応に関わるタンパク質の合成は，遺伝情報に基づき，アミノ酸とATPを用いて運動後の回復過程に行なわれる．運動はタンパク異化作用を促進させるため，もし回復時間を取らずに運動刺激を与え続けた場合には，適応反応を引き起こすために必要なタンパク質の合成はできず，損傷した細胞の修復は行なわれない[1,3,34]．

2）トレーニング効果と超回復

トレーニングの目的は，トレーニング刺激に対する適応反応を引き起こすことである[5]．適応反応は，トレーニングの初期から現れる場合，トレーニングの過程で徐々に現れてくる場合や，ある時になって突然顕在化する場合など様々である．適応反応，すなわちトレーニング効果は，概念的には，回復過程でトレーニング開始時の水準を超えることであると考えることができる．この状態を「超回復」として捉えることも可能であろう（図4-2参照）[5]．本来，図4-2の縦軸は筋のクレアチンリン酸やグリコーゲンなどのエネルギー物質の量的変化であった[55]が，これを拡大解釈して運動パフォーマンスとして捉えることも多い[5]．一過性の運動刺激によって生じる変化が繰り返され，それが蓄積されることにより適応反応が現れると考えられるが，一回一回の運動刺激に対してもmRNAの増加をはじめとして，細胞レベルでは適応反応が生じている[1]．したがって，「超回復」を細胞レベルで考えると，1回のトレーニングでも生じている可能性は十分にある．たとえば，後述する伸張性筋活動に伴う筋損傷に対する耐性は，一度の運動負荷によっても生じ，その

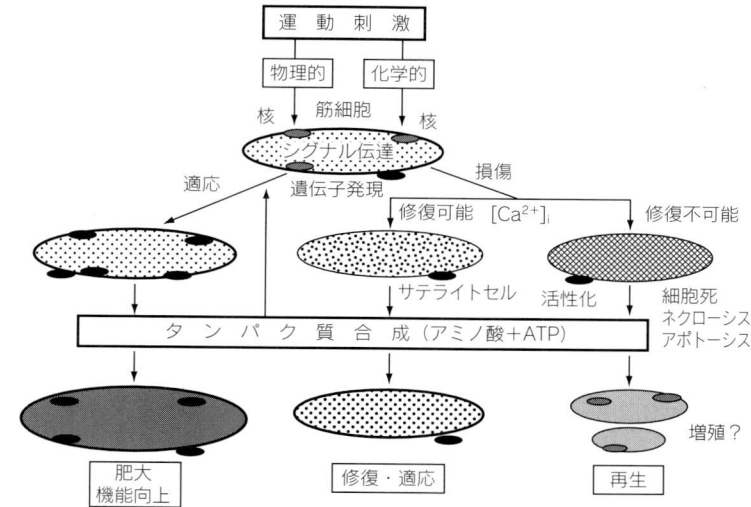

図4-1 運動刺激の筋細胞に対する作用
(跡見順子,大野秀樹,伏木亨,編:骨格筋と運動.杏林書院.2001;Armstrong RB, Warren GL, and Warren JA:Mechanisms of exercise induced muscle fibre injury. Sports Med 12:184-207,1991 などを参考に作図)

効果は6ヵ月程度も残存する[6,37].しかし,トレーニング効果を最大限に引き出すためには,運動刺激を適切な頻度で繰り返し与える必要があり,超回復が出現する段階でさらなるトレーニング刺激を与えることが有効だと考えられている(図4-2)[5].しかし,このタイミングについての科学的な検証は十分になされていない.

2.トレーニングと損傷

1) 筋細胞損傷と修復・再生

細胞を構成するタンパク質にはそれぞれ固有な寿命があり,絶えず合成と分解を繰り返しつつ(ターンオーバー=代謝回転),一定の動的平衡を保持している[15,23].タンパク質によってターンオーバー時間は異なっており,たとえば筋細胞を構成する各種タンパク質のターンオーバー時間も一律ではない[15,23].ヒトの細胞を構成するタンパク質のターンオーバー時間の詳細は明らかでないが,小動物のデータより類推すると,長くて6ヵ月程度になるのではないかと考えられる[23,37].運動に伴って生じる細胞の損傷も,すべての細胞に一律に生じるとは限らない.伸張性筋活動に伴う筋損傷でも,数%程度の筋線維の損傷しか観察されない場合が多いが,損傷しやすい筋細胞とそうでないものの違いには,各筋細胞のターンオーバーが関係しているかもしれない.

トレーニング刺激が筋細胞の許容範囲を超えた場合や,適切な回復時間を取らずに繰り返し過負荷が加わった場合には,細胞はトレーニング刺激に適応しきれずに損傷に至る[3,5].筋細胞の損傷が生じた場合,損傷の程度によって,細胞を生かしたまま修復できる場合と,細胞死(ネクローシスあるいはアポトーシス)後に再生させる場合とがある(図4-1参照)[3].損傷した細胞が細胞死に至るか否かには,細胞内のカルシウムイオン濃度が密接に関係していると考えられている[3,9,11].細胞内カルシウムイオン濃度の上昇は細胞骨格タンパク質を分解するプロテアーゼ,細胞膜を分解するホスホリパーゼを活性化させる[3,11].このように,筋細胞の損傷は細胞内カルシウム濃度を上昇させる一次的な損傷に始まり,炎症反応による二次的な損傷によって進行する(図4-3参照).細胞死に至った筋細胞は,リンパ球,好中球,マクロファージなどの浸潤を受ける炎症反応の過程でサテライトセル(筋衛星細胞)が活性化され,分裂増殖後,融合し,新たな筋細胞へと成長することによって再生される[3,9,11,39].この段階で,筋細胞が増殖する場合もあり,トレーニングに伴う筋線維数の増加と関係している可能性が高い[51].

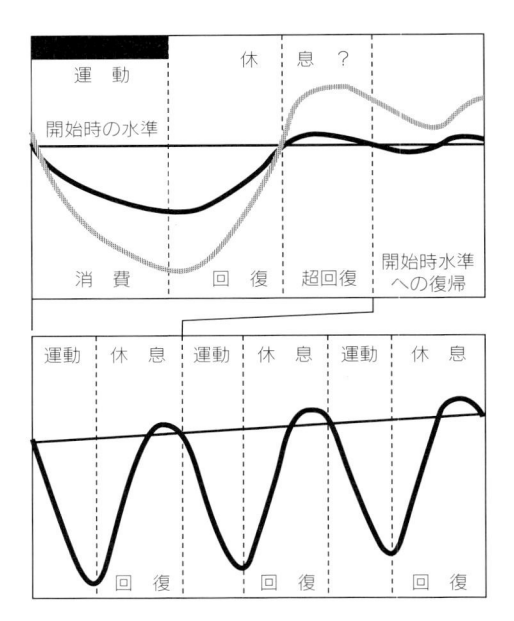

図4-2 運動負荷時と休息時の消費・回復過程（上段）および理想的なトレーニングの消費・回復過程（下段）
(Bompa TO:Periodization (4th Edition) Theory and methodology of training. Human Kinetics,1999 ; ヤコフレフ NN：ソ連・スポーツトレーニングの理論と方法. 不昧堂, 1961を参考に作図）

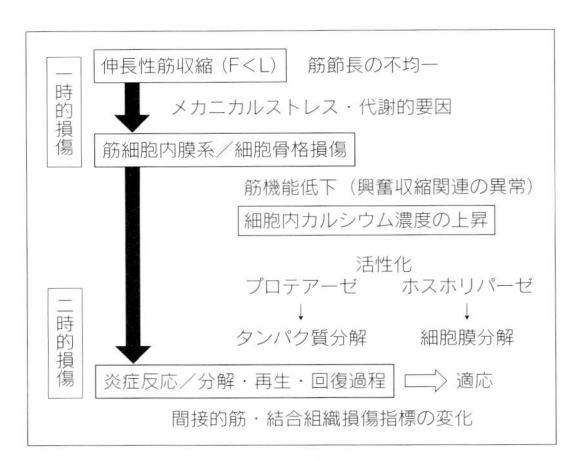

図4-3 伸張性筋活動に伴う筋損傷・回復過程
(Armstrong RB, Warren GL, and Warren JA:Mechanisms of exercise induced muscle fibre injury. Sports Med 12:184-207,1991 ; Fridén J, and Lieber RL:Eccentric exercise-induced injuries to contractile and cytoskeletal muscle fibre components. Acta Physiol Scand 171:321-326,2001 を元に作図）

2）損傷とオーバートレーニング

　トレーニングによって細胞が損傷することは，一時的なパフォーマンスの低下を招くが，適応反応を引き起こすトリガーとなり，長期的にはパフォーマンスの向上に貢献している可能性は否定できない．しかし，トレーニングによる損傷を伴う機能低下が回復せぬままトレーニングを継続すると，回復に，より時間を要するようになる．それでも2～3日の休養で低下したパフォーマンスが回復する場合をオーバーリーチングという[5,12]．これに対し，必要な回復時間をとらずにトレーニングを繰り返すと，長期間にわたる機能低下を引き起こし，いわゆるスランプと呼ばれる状態に陥り，トレーニングを続けていく意欲まで後退してしまう，オーバートレーニングという全身的症状となって現れる[5,12]．Smith[48]は最近，オーバートレーニング症候群は，不十分な休息，

休養により過剰なストレスが筋に加わった結果，末梢での急性炎症反応が生じ，それが慢性的な炎症反応に発展し，全身的にも影響を及ぼす．そして，炎症反応において重要な役割を果たすサイトカインが，脳，自律神経系，内分泌系に作用する結果として諸症状が生じるという「サイトカイン仮説」を提唱している．今後，この仮説の検証が必要である．

3．運動に伴う筋・結合組織の損傷

1）「損傷」の定義

　スポーツやトレーニングでは，筋線維の断裂（肉離れ）や打撲，腱や靱帯などの傷害が生じることもあるが，ここでの損傷は，筋原線維や筋線維周囲の結合組織の微細な損傷であり，血管損傷は伴わず，損傷に伴う痛みも発生時にはほとんどないものを指している．Safranら[43]は，これを「タイプ1：軽度の損傷」として分類している．このような「軽度の損傷」は，特に伸張性筋活動を伴う高強度の運動や長時間運動で生じやすい．マラソン[52]，短距離スプリント走[2]，レジスタン

ス・トレーニング[13, 14]，階段下りや坂下り走[46]や伸張性筋活動を強調した踏み台昇降運動[30]などによって，筋の微細構造の乱れが生じることが知られている．さらにマラソンなどの持久的な運動[53]によっても筋微細構造の乱れが確認されている．これらの運動では，短縮性筋活動，伸張性筋活動が繰り返されているが，筋・結合組織の損傷が伸張性筋活動によって特異的に生じることが動物実験モデルでも示されており[2, 26]，損傷は伸張性筋活動によって引き起こされているといってほぼ間違いない．

2）エクセントリック運動とその特徴

筋の活動様式は，アイソメトリック（等尺性），コンセントリック（短縮性），エクセントリック（伸張性）に分類できる．スポーツ動作の多くには，この3つの活動様式がすべて含まれる．エクセントリックは，張力発揮（F）よりも負荷（L）が大きい場合（F＜L）の筋活動であり，①最大筋力発揮よりも大きな負荷で筋が伸張される場合，②意識的に筋力発揮レベルを負荷よりも小さくし，筋に伸張刺激を与える場合，③衝撃を和らげる時など，負荷を吸収するように無意識的に筋を伸張させる場合，に見られる．

エクセントリック運動の特徴として，コンセントリック，アイソメトリックに比べて大きな張力発揮が可能であること，張力発揮に関与する運動単位が少ないこと，酸素需要量が少ないこと，筋温上昇が大きいことなどがあげられる[3, 6, 9, 11, 40]．また，筋・結合組織の損傷を引き起こしやすく[30, 49]，筋細胞内膜系（T管，筋小胞体，筋細胞膜）の損傷[11, 50]や中間径フィラメントなどの細胞骨格や筋原線維の損傷[11, 22]などが生じる．運動後に発現する筋肉痛もエクセントリック運動に伴う損傷が原因で起こる[7, 9, 47]．

エクセントリック運動の実験モデルとしては，坂下り走，踏み台昇降運動（着地する脚にエクセントリック負荷をかける），椅子片脚立ち坐り運動（坐る際の片脚にエクセントリック負荷をかける）など上記の③のタイプ，ダンベルやバーベルを用いてエクセントリック局面を強調した筋運動を行なう②のタイプ，さらに，エクセントリックモードのついたマシンなどを用いて最大筋力発揮下で短縮している筋を強制的にストレッチする①のタイプのものなどがある．以下に示すデータの多くは，肘関節屈曲位での最大アイソメトリック筋力を発揮した直後から，肘関節を最大筋力発揮下で強制的に伸展させる①のタイプのモデルによって得られたものである．

3）エクセントリック運動による筋・結合組織損傷

運動，特に伸張性筋活動を伴う運動により，筋細胞膜や筋細胞内膜系システムの損傷，筋原線維の歪み，細胞骨格の損傷，細胞外マトリクスの異常などの変化が生じることが報告されている[11, 40]．エクセントリック運動後の筋原線維レベルでの損傷は，Z帯部位の乱れ，場合によっては横紋構造の乱れとして，運動直後の時点ですでに小さな範囲で観察され，運動48時間後までにこれらの変化が顕著になることが知られている[11]．エクセントリック運動負荷に対して，Z帯は最も弱い構造である[11]．Z帯の損傷は，Z帯を連結する中間径フィラメントのデスミンの損傷が関与していると考えられ，エクセントリック運動に伴い，デスミンの消失が生じることも報告されている[22]．損傷した筋線維では急性期の炎症反応が生じ，運動後数時間経過した時点から好中球やマクロファージをはじめとする単核細胞の浸潤が起こり，その後の再生に至るまでの炎症反応の過程でさらに顕著な浸潤が観察される[11, 21, 40]．また，筋線維を取り巻く結合組織の損傷も報告されている[49]．このタイプの筋損傷は，損傷の程度にもよるが，組織学的に再生が完了するにはヒトの場合1ヵ月近くを要する場合もあると考えられる[3, 40]．

なぜ，エクセントリック運動によって筋損傷が引き起こされるのかの詳細は未解明である．しかし，アイソメトリックやコンセントリック筋活動に比べ，大きな張力発揮を少ない運動単位で行うこと[3, 9, 11]や，筋が収縮方向と反対方向にストレッチされる際，筋節長の不均一が生じ，大きく引き

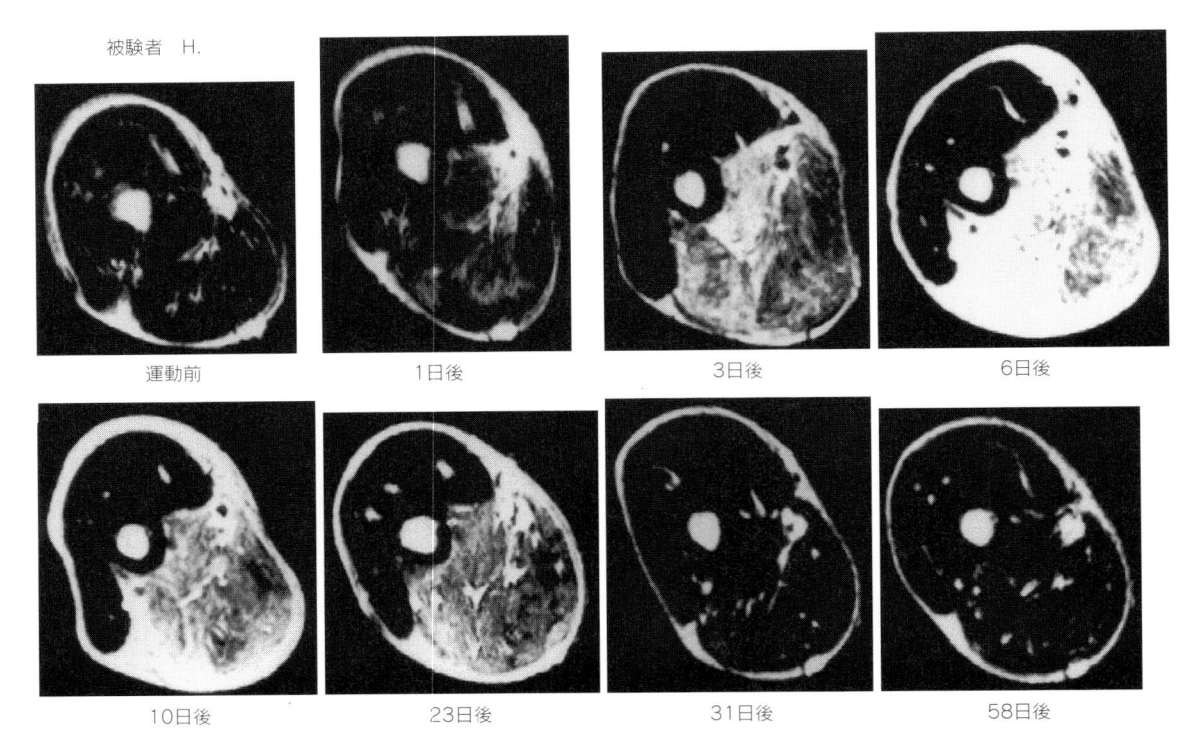

図4-4 上腕屈筋群エクセントリック運動に伴う上腕部（肘関節より約10cm付近）の横断MRI像（T2画像）の運動前，1日～58日後の変化
この被験者では，主に上腕筋と上腕二頭筋に3～23日後にかけて顕著な変化が見られ，31日後でも完全に回復していない．上腕三頭筋には変化は見られない．
(Nosaka K, and Clarkson PM : Changes in indicators of inflammation after eccentric exercise of the elbow flexors. Med Sci Sports Exer 28 : 953-961, 1996)

伸ばされる筋節が「はじける(pop)」[28]ためではないかと考えられている．図4-3に示したように，エクセントリック筋活動中に筋細胞内膜系に損傷が生じ，細胞内のカルシウムイオン濃度が上昇し，カルシウムによって活性化されるタンパク分解酵素（カルパインなど）や脂質分解酵素が働き，収縮および構造タンパク質や細胞膜に対してさらなる損傷が生じる[3,11]．さらに，損傷部位に修復を目的とした炎症反応を伴う二次的損傷が生じると考えられている[3,11,21]．実際に，エクセントリック運動の直後にすでに筋細胞内膜系の損傷が観察され，その後に，さらにその損傷が進展するとともに，タンパク質の分解が促進することが報告されている[50]．

筋損傷の程度は筋長に依存しており，筋がより引き伸ばされた状態でエクセントリック負荷がかかると，筋損傷の程度も激しくなることが知られており[38]，筋がより大きく伸ばされることによって一次的な損傷を引き起こす因子が，より強く関与することを示している．

4）筋・結合組織損傷の間接的指標

組織的な変化は侵襲的な方法によって筋サンプルを採取しないと捉えることはできないが，非侵襲的に筋・結合組織の損傷を捉える方法として磁気共鳴映像法（MRI）やBモード超音波画像法がある[32,45,54]．筋・結合組織損傷に伴う炎症反応（腫脹など）による変化を捉えている可能性が高いが，エクセントリック運動によって損傷が生じたと考えられる筋では，MRIにおいてはT2緩和時

図4-5 上腕屈筋群エクセントリック運動に伴う筋力，関節可動域（ROM），上腕部周径囲（腫脹），血漿CK活性値（CK），MRI-T2緩和時間（MRI），筋肉痛（DOMS），上腕屈筋群スティフネスの変化量の推移の模式図

最大の変化が現れる時点を100（筋力とROMは-100）とし，運動前の状態を0として表した．筋力，ROMの低下は直後，DOMSのピークは運動2日後，スティフネスは3日後，腫脹とCKのピークは4～5日後，MRIのピークは7日後である．著者のこれまでの実験データを元に作図

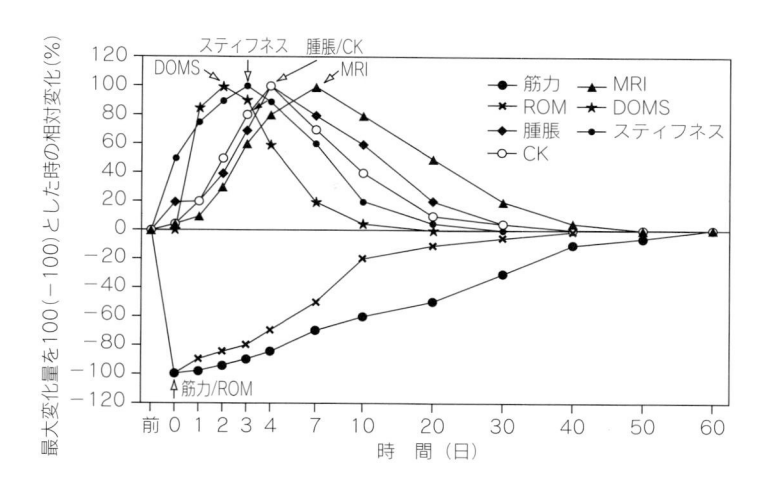

間の延長[32, 45]（図4-4），超音波画像においてはエコー強度の増加[32]が顕著に認められる．上腕屈筋群のエクセントリック運動を24回行なった後のMRIは，運動4～7日後で最も顕著となり，異常が消失するまでに1～2ヵ月を要する長期間にわたる変化が観察される[32, 45]（図4-4, 5）．

間接的な損傷の指標としては，筋力の低下，関節可動域（ROM）の減少，運動筋の腫脹，血液中や尿中での筋タンパク質の増加などが用いられている[6, 9, 54]．このうち，アイソメトリック筋力の長期間の低下は筋損傷を反映する最も良い指標とされている[54]．Ingallsら[20]は，伸張性筋活動を行なったマウスの筋で見られる筋力低下の要因として，運動5日後程度までは，興奮収縮連関の異常が主要因であり，2週間あるいはそれ以降にわたって継続する筋力低下の要因は主に収縮タンパク質の減少であることを報告している．ヒトでも，上腕屈筋群のエクセントリック運動を24回行なった直後に筋力は運動前の約50％程度に低下し，その後徐々に回復を示すが，2週間では運動前値までは回復せず，完全に回復するには1ヵ月，損傷程度が激しい場合には2ヵ月以上もかかる（図4-5）．ROMも筋力とほぼ同様な時間経緯で変化し，運動直後から平均で20度程度の肘関節可動域減少が見られるが，回復は筋力に比べて早い（図4-5）．このROMの減少には，筋のスティフネスの増加[19]が関与しており，また筋硬度の増加も報告されている[29]．これに対し，筋の腫脹は運動5日後付近でピークとなり，上腕部周径囲は平均2cm程度増加し，3週間後位までに回復する（図4-5）．筋細胞が損傷すると，筋細胞内に存在するタンパク質（たとえば，ミオグロビンや細胞質中に存在する酵素など）がリンパを介して血液中に出てくることが知られている[6, 9]．血液中の筋由来タンパク質として最もよく測定されるのが血清または血漿クレアチンキナーゼ（CK）活性値である．エクセントリック運動に伴い大きな上昇を示すが，その増加量には大きな個人差が存在し，高い場合は20,000 IU/Lを超える[6, 9, 36]．CK活性値は運動4～5日後にピークとなり，その後急激に減少し，2週間後くらいまでに運動前値に戻る（図4-5）．

エクセントリック運動直後のアイソメトリック筋力は，運動1日後以降の筋力と高い相関関係を示す．また，運動後のCK活性ピーク値，上腕部周径囲や関節可動域の変化量とも有意な相関を示す（図4-6）[36]．したがって，一次的な損傷の程度が，二次的な損傷の程度を決定する要因になっていると考えられる[36]．

最大負荷のエクセントリック運動に比べ，肘関節90度における最大アイソメトリック筋力の50％に相当するダンベルを用いて，5秒間かけてダンベルを肘関節90度の位置から伸展位までゆっくり降ろす②のタイプのエクセントリック

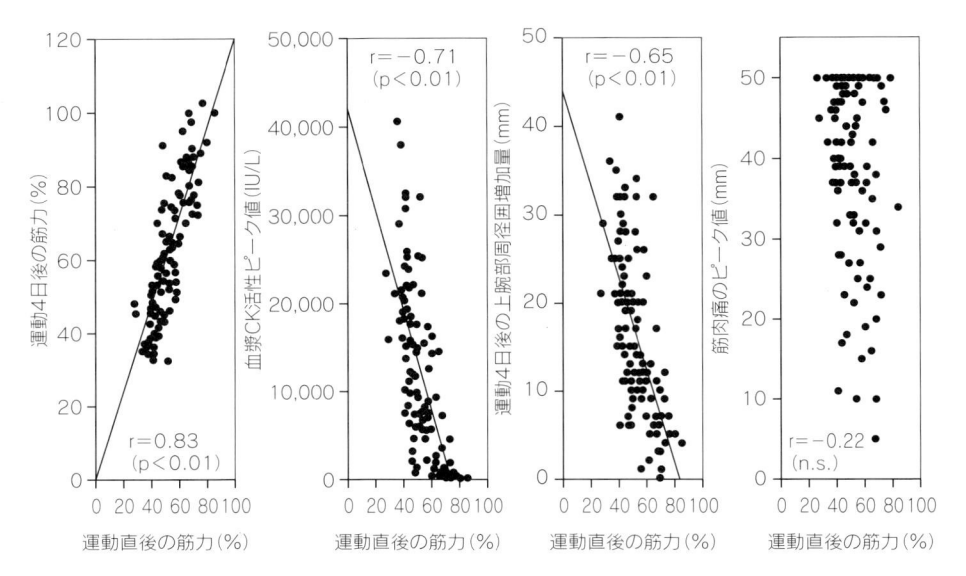

図4-6 上腕屈筋群エクセントリック運動直後の筋力レベル（運動前値に対する%）と運動4日後の筋力レベル，血漿CK活性ピーク値，上腕部周径囲の運動前値から運動4日後にかけての増加量，筋肉痛のピーク値との相関関係
rは相関係数を示す．
(Nosaka K, and Newton M:Force deficit immediately post eccentric exercise predicts the magnitude of muscle damage. Book of abstracts of the 6th annual congress of the European College of Sport Science. p75, 2001 を元に作図)

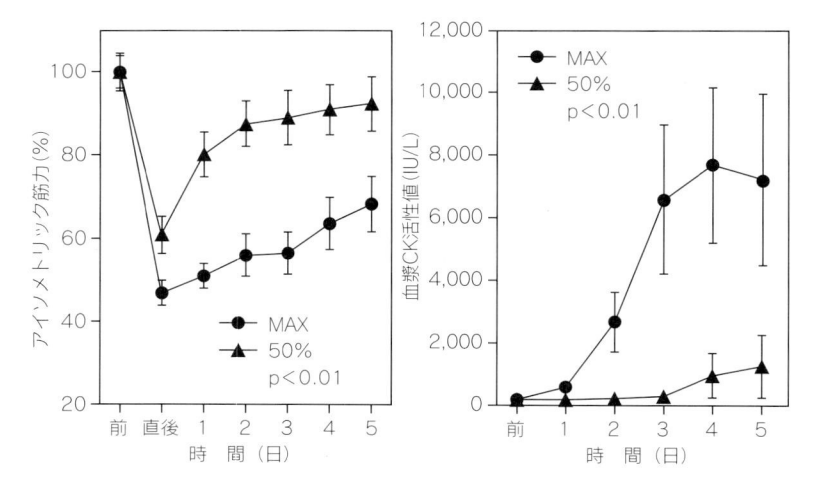

図4-7 上腕屈筋群の最大負荷によるエクセントリック運動（最大）と最大アイソメトリック筋力の50％に相当するダンベルを用いてのエクセントリック運動（50％）に伴うアイソメトリック筋力，血漿CK活性値の変化の比較
50％で有意に早い筋力の回復が見られ，CKの上昇も小さい．
(Nosaka K, and Newton M:Differences in the magnitude of muscle damage between maximal and submaximal eccentric loading. J Str Cond Res 16：202-208, 2002)

運動を30回行なった場合には，運動直後の筋力の低下も少なく，血漿CK活性値の上昇も小さい[31,33]．筋力の回復も有意に早く，ほぼ1週間で運動前値まで回復する（図4-7）．他の指標においても，50％負荷のエクセントリック運動は，最大負荷のエクセントリック運動に比べ，運動後の変化は小さく，回復も早く，1週間程度で運動前値に戻る．一般的なレジスタンス・トレーニングでの筋損傷は，あってもこの程度ではないかと推察される．

5）遅発性筋肉痛（DOMS）

遅発性筋痛（Delayed Onset Muscle Soreness；DOMS）は，運動後数時間から24時間程度経過して，筋を圧迫したり動かしたりした時に知覚され，運動1〜3日後にピークとなり，7〜10日以内には消失する痛みである[6,7,9,24,47]．DOMSが発現するのは，運動に不慣れな場合や，運動時間が普段より長かったり，運動強度が激しかったりした場合である[24,47]．DOMSがなぜ，どのように生じるかについては未解明の点も多いが，DOMSが伸張性筋活動を含む運動に伴って特異的に生じることから，筋線維あるいは結合組織の損傷，およびその後の炎症反応が原因だとする説（損傷・炎症説）が広く支持されている[6,7,9,24,47]．DOMSでは運動後ある程度の時間を経過してから痛みが増すことから，運動中に生じる筋や結合組織の微細構造の損傷後の炎症反応に伴う筋内圧の増加などの機械的刺激や，筋温の上昇による熱刺激，炎症反応によって産生される化学伝達物質であるケミカルメディエータであるブラジキニン，セロトニン，ヒスタミン，カリウムイオンなどの発痛物質による化学的刺激それぞれが，多種侵害受容器であるAδ線維やC線維の自由終末に作用することによって痛みが受容されると考えられる[7,24,47]．

一般に，痛みの程度が激しい程，損傷の程度も激しいと考えがちあるが，DOMSの程度が筋損傷の程度を反映しているとは限らない[36,42,54]．図4-6に示したように，上腕屈筋群エクセントリック運動後のDOMSの程度をVAS法によって数値化し，DOMSの程度と間接的な筋損傷指標の1つである筋力低下率との関係を調べた結果，相関関係は認められず，DOMSとCK活性値や上腕部周径囲の変化との間にも高い相関関係は認められなかった[36]．これには，痛みに対する感受性の個人差も関係していると考えられるが，同一被験者に筋損傷の程度が明らかに異なるエクセントリック運動を負荷し，DOMSの程度を比較しても，DOMSには有意差が認められない[36]ことから，DOMSの程度は筋損傷の程度を反映しておらず，筋肉痛が激しいことは必ずしも筋損傷の程度が激しいことを意味していないと結論づけられる[36,42,52]．

上腕屈筋群のエクセントリック運動では，1回目の運動後には激しいDOMSが発現するが，同じ運動を2週間後に行なった場合DOMSはほとんど生じない[6,10,35,39]．また，同じ運動を1〜3ヵ月後に行なった場合でも，DOMSは1回目の運動後に比較して顕著に軽度である[6,37]．これは，一度エクセントリック運動負荷を受けた筋では，しばらくの間，同じエクセントリック運動負荷に対する耐性が保たれていることを意味している．1回目のエクセントリック運動によって損傷を受けた筋は同じエクセントリック運動の刺激に対して，何らかの適応をすると考えられるが，具体的にどのような適応がこの現象に関与しているのか，明らかになっていない[27]．

DOMSを予防する最も確実な方法は，不慣れなエクセントリック筋活動を含む運動を行なわないことである．しかし，先に述べたように，エクセントリック筋活動は日常生活の動作やスポーツの様々な動きの中で無意識的に行われることも多く，エクセントリック筋活動を排除することは不可能である．したがって，予防する方法としては，あらかじめエクセントリック筋活動を含む運動を行ない，「慣れて」おくことが最も有効である．

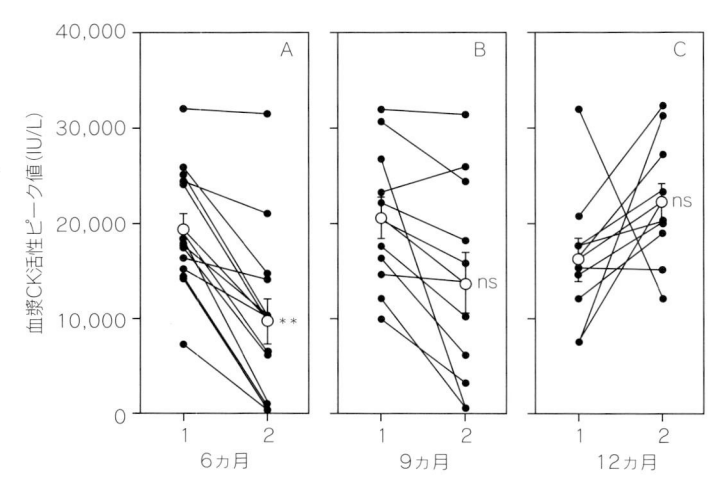

図4-8 上腕屈筋群エクセントリック運動を6ヵ月 (n=14)，9ヵ月 (n=11)，あるいは12ヵ月 (n=10) の間をあけて2回行なった場合の血漿CK活性ピーク値の1回目 (1) と2回目 (2) の個人および平均値の比較

6ヵ月群ではすべての被験者で2回目の運動後のCKピーク値は1回目に比べて低く，平均値も有意に低い．これに対し，9ヵ月，12ヵ月群では平均値で見ると1回目と2回目の間に有意差はない．しかし，個人でみると，9ヵ月群の11名中10名では2回目で低く，12ヵ月群では1名を除き2回目で高くなっている．
(Nosaka K, Newton M, and Sacco P:How long does the protective effect on eccentric exercise-induced muscle damage last? Med Sci Sports Exerc 33 : 1490-1495, 2001)

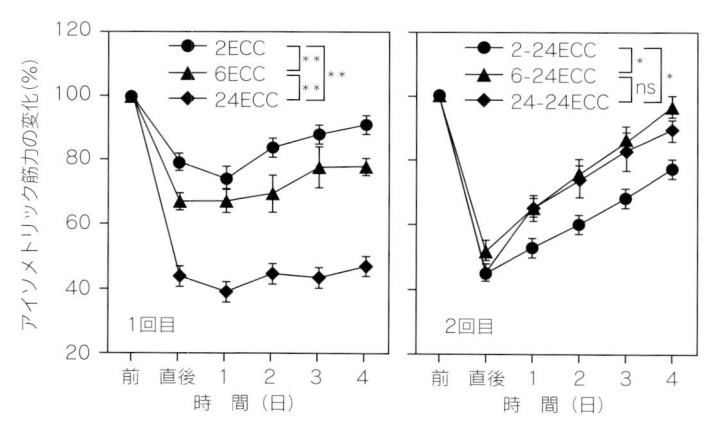

図4-9 1回目の運動として上腕屈筋群エクセントリック運動を2回，6回，24回行なった時のアイソメトリック筋力の変化，および1回目の運動が2週間後に同じ腕で行なった24回の上腕エクセントリック運動に及ぼす影響

1回目の運動においては，2回，6回，24回で有意な差が認められ，回数が多くなると損傷程度も大きくなっている．2回目に24回の運動を行なった場合には，どの条件でも1回目に24回のエクセントリック運動を行なった時に比べ，有意に筋力の回復が早くなっている．しかし，その効果は2回の上腕エクセントリック運動に比べ，6回，24回で有意に顕著である．1回目に2回のエクセントリック運動を行なった条件では2回目の方が筋力の低下は大きいが，それらは1回目に24回の上腕エクセントリック運動を行なった場合に比べると，筋力の回復は早い．これは，2回の運動が24回の運動負荷に対して適応効果を示したものと考えられる．
(Nosaka K, Sakamoto K, Newton M, et al:The protective effect of reduced-load eccentric exercise on muscle damage of the elbow flexors. Eur J Appl Physiol 85:34-40,2001)

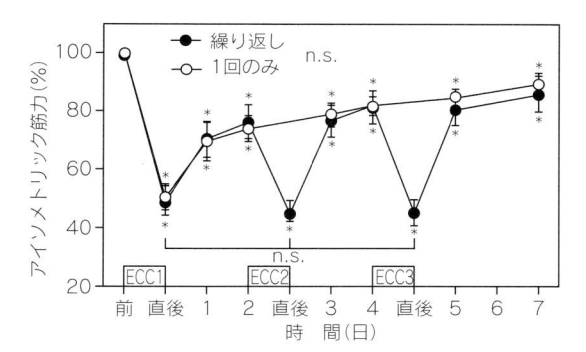

図4-10 最大アイソメトリック筋力の50％に相当するダンベルを用いた上腕屈筋群のコンセントリック・エクセントリック運動を，1日目に10回3セットのみを負荷した腕（1回のみ）と1, 3, 5日目と1日おきに10回3セットを負荷した腕（繰り返し）のアイソメトリック筋力の変化の比較

繰り返しの腕では，運動後に筋力は一時的に低下するが，翌日までに1回のみ運動をした腕と同じレベルにまで筋力は回復している．これは，3日目，5日目に行なった運動では新たな筋損傷は生じず，回復を遅延させることがないことを示している．

(Nosaka K, and Newton M:Repeated eccentric exercise bouts do not exacerbate muscle damage and repair. J Str Cond Res 16 : 117-122, 2002)

6）エクセントリック運動に伴う筋損傷に対する適応効果

前述したように，不慣れな運動や久しぶりに行った運動後にDOMSが生じ，その後しばらくして再び同じ運動を行なった場合には，DOMSは軽減されるのと同様に2回目のエクセントリック運動に伴う筋損傷は，明らかに1回目の運動に比べて軽度になる．たとえば，運動後のアイソメトリック筋力の回復は1回目に比べ2回目で有意に早くなり，血漿CK活性値は2回目の運動後には全く上昇しない[6,9]．また，MRIの変化も2回目の運動後は1回目の運動後に比べて有意に少ない[10,32]．この抑制効果は，運動後6ヵ月間程度は残存し，1年後には完全に消失することが確かめられている（図4-8）[37]．また，抑制効果は1回目のエクセントリック運動の負荷回数を2回目の1/4（6回），1/12（2回）と減少させても出現するが，その効果は負荷回数が減少するにつれ

て小さくなる（図4-9）[39]．興味深いことに，たとえば②のタイプのエクセントリック運動をあらかじめ負荷した筋に①のタイプのエクセントリック運動を負荷した場合には，負荷の質は変えずに量を少なくした場合に比べて抑制効果は小さい[35]．

筋損傷からの回復が完了しないうちにエクセントリック運動負荷を与えた場合，さらなる筋損傷は生じず，最初のエクセントリック運動からの回復が遅延することもない[31,34]．たとえば，肘関節90度における最大アイソメトリック筋力の50％に相当するダンベルを用いてエクセントリック動作を強調した上腕屈筋群のコンセントリック・エクセントリック運動を，片方の腕には1日目に10回3セットのみを，もう一方の腕には1, 3, 5日目と1日おきに10回3セットを負荷した場合，1回目の運動7日目の筋力には差はなかった（図4-10）[34]．初回の運動負荷に伴う筋損傷からの回復過程の初期段階で既に適応が生じていると考えられる．

このような損傷抑制効果が，どこにどのような適応が生じているのかは不明であるが，神経系，結合組織，筋細胞それぞれで適応が生じている可能性が指摘されている[27]．現在のところ，筋節数の増加が有力視されているが，損傷抑制効果が6ヵ月程度は残存すること（図4-8），損傷が完全に回復しないうちから認められること（図4-10）などを考えあわせると，他のメカニズムの可能性も否定できない[18,27,35,37,39]．

7）筋損傷・DOMSと超回復

エクセントリック運動に伴って筋損傷・DOMSが生じた後，その回復過程において筋機能に「超回復」が起こるとは考えにくい．図4-5, 7, 10に示したように，アイソメトリック筋力は運動前値まで回復するのに長期間を要し，少なくともこの回復期間内には「超回復」は認められない．また，エクセントリック運動後には筋グリコーゲン量の回復も遅延することが報告されている[4]．エクセントリック運動負荷直後の筋力の低下が小さ

い場合には筋力の回復も速く，場合によっては運動後1週間以上経過してから若干の筋力増加が認められることもある．これらのことは，「超回復は負荷を大きくして，運動後の落ち込みが大きければ大きいほど達成される」とはいえないことを示している（図4-2参照）．したがって，敢えて筋損傷が起きるような状態に筋を追い込んだトレーニングをする必要はないと推察される．むしろ損傷には至らない最大負荷ならば回復も短時間で達成されるため，反復的に過負荷をかけることができ，結果として効果的なトレーニング刺激となると考えられる．トレーニングを行なっていくと，筋損傷に対する耐性も高まっていき，回復に長期間を要するような損傷には至らなくなる．したがって，仮に最大のエクセントリック負荷をかけても，筋損傷はほとんど起こらなくなり，非トレーニング筋には筋損傷を引き起こすと考えられるような刺激が，トレーニングを実施している筋では損傷には至らない適度な過負荷となっていると推察される．

4. 適切なトレーニング刺激としての損傷

1) 筋損傷と筋肥大

レジスタンス・トレーニングを行なえば，タンパク質の分解は促進される．図4-2で示されている「消費」の局面である．トレーニング終了後，エネルギー基質の補填がなされ，タンパク質の合成が高まる「回復」の局面へと移行する．生体が運動に適応していく過程を考えると，少なくともトレーニングによる「消費」が単に元に「回復」するのみならず，元のレベルを上回る変化が起こっていることになる．たとえば筋が肥大していく過程を例にとれば，トレーニング刺激が繰り返し筋細胞に伝わることによって，筋の収縮タンパク質や細胞骨格タンパク質の合成を高めるシステムがより円滑に機能するようになると考えられる[1]．したがって，レジスタンス・トレーニングによるタンパク質分解を「損傷」として捉えるなら，筋肥大にとって損傷は必要不可欠であることになる．

特に筋肥大を目的としたレジスタンス・トレーニングにおいては，筋を損傷させることによってより肥大が促進できるというような経験則が存在する．「No pain, no gain」はこれを裏づける言葉として捉えることができるかもしれない．筋損傷が筋肥大を生じさせることは，ラットの下肢筋に局所麻酔剤を投与して，筋細胞を壊死させたRosenblattら[41]の報告でも示されている．しかし，ヒトにおいてこれと同じ事が生じるのか，また，エクセントリック運動のような刺激によって筋を損傷させた場合にも，同じような肥大が生じるのかは明らかにされておらず，今後の解明を待たねばならない．

エクセントリック負荷を用いたレジスタンス・トレーニングで，筋力の増加や筋肥大が，コンセントリック負荷よりも大きく起こることが報告されている[16,17]．Hortobágyiら[17]は，12週間にわたる大腿四頭筋の等速性のエクセントリック・トレーニングとコンセントリック・トレーニング（8～12回，4～6セット，週3回）を比較し，エクセントリック・トレーニングにおいてコンセントリック・トレーニングの10倍のタイプⅡ線維面積の増加があったと報告している．特異性の原則に従い，筋力の増加はコンセントリック・トレーニングでは短縮性筋力が，エクセントリック・トレーニングでは伸張性筋力がより大きく増加した．Higbieら[16]も，10週間にわたる大腿四頭筋の等速性のエクセントリック・トレーニング（10回，3セット，週3回）は同量のコンセントリック・トレーニングに比べ，大腿四頭筋の面積を大きく増加させた（6.6% vs 5.0%）ことを報告している．筋への刺激としてエクセントリック負荷が有効であることは間違いないが，トレーニングにおいてどの程度の筋損傷が生じていたのか，エクセントリック負荷において筋損傷という要素がどの程度，筋力増加や筋肥大に関わっているのかは明らかになっていない．

前述したように，筋損傷には細胞内のカルシウムイオン濃度が影響しているが（図4-1,3参

照），細胞内カルシウムイオンは細胞が外界から受けた刺激を核に伝達するメッセンジャーとしても機能し，筋肥大にも関係するらしいことが明らかになりつつある[1]．近年，カルシウムイオン依存性フォスファターゼであるカルシニューリン（calcineurin）の骨格筋肥大作用が注目されている[8,44]．筋損傷によって細胞内カルシウムイオンが高まり，カルシニューリンの発現が高まるとともに活性化される可能性はある．Tamakiら[51]は筋線維の増殖には筋線維の損傷が関与していることを示し，損傷した筋線維からは離れている部位でも，活性化されるサテライトセルがあることを報告している．損傷した筋線維が再生され，適応が生じるのみならず，他の筋線維にも影響を与える可能性があることを示しており興味深い．Tamakiら[52]は最近，骨格筋細胞間に，血液由来の骨格筋に分化する細胞が存在することを報告している．筋や結合組織がエクセントリック運動負荷によって損傷すると，炎症反応の課程で，血液由来の多数の細胞が，損傷部位に浸潤する．これらの浸潤細胞が，骨格筋細胞の増殖や成長に関与している可能性も否定できない．今後の研究の発展が楽しみである．

2）どの程度の損傷が必要なのか？

筋損傷が筋肥大を引き起こす因子の1つである可能性は大きいが，「筋損傷・遅発性筋肉痛は筋肥大にとって必要である」とは必ずしもいえない．それは，損傷がほとんど生じないコンセントリックやアイソメトリック負荷によっても筋肥大が生じる事実からも明らかである．上述したように，筋や結合組織の損傷が，筋肥大や筋増殖のトリガーとなる可能性は大きいが，筋肥大には筋損傷が必要だというのは短絡過ぎる．そもそも「損傷」という言葉自体，非常に曖昧である．本稿では，筋原線維や筋線維の周囲の結合組織の微細構造の変化を損傷と定義したが，この定義も依然として明確ではない．タンパク質分解を「損傷」と捉えれば，どんなトレーニングにおいても，多少なりとも「損傷」は生じているはずであり，それが適応反応に作用している可能性は否定できないが，「筋は壊すことによって強く，大きくなる」というような考え方は非常に危険である．

最近，細胞内シグナル伝達機構が注目されており，MAPキナーゼ（Mitogen-activated protein kinase）は筋細胞のメカニカルストレスに対する筋肥大にも関わっていると考えられる．MartineauとGardiner[25]は，MAPキナーゼファミリー（JNK, ERK, p38）のリン酸化は，筋の発揮張力に依存しており，エクセントリック＞アイソメトリック＞コンセントリック＞受動的ストレッチの順で大きいことを報告している．この結果は，エクセントリック・トレーニングが筋肥大に有効であるとする報告[16,17]と一致している．しかし，エクセントリック負荷→筋損傷→筋肥大では必ずしもなく，筋の発揮張力の大きさこそが筋肥大の重要な因子であることを提示しているものとも考えられる．

トレーニングの強度，頻度や回復期間の設定については，まだ経験則に基づいていることが多いが，今後，経験則を裏付けるような科学的証拠が提示されるのか，経験則に大きな変更を促すような事実が明らかになるのかは，今後の研究動向を見守る必要がある．

［野坂　和則］

文　献

1) 跡見順子，大野秀樹，伏木　亨，編：骨格筋と運動．杏林書院，2001
2) Allemeier CA, Fry AC, Johnson P, et al : Effects of sprint training on human skeletal muscle. J Appl Physiol 77 : 2385−2390, 1994
3) Armstrong RB, Warren GL, and Warren JA : Mechanisms of exercise induced muscle fibre injury. Sports Med 12 : 18−207, 1991
4) Asp S, Daugaard JR, and Richter EA : Eccentric exercise decreases glucose transporter GLUT4 protein in human skeletal muscle. J Physiol 482 : 705−712, 1995
5) Bompa TO : Periodization (4th Edition) Theory and methodology of training. Human Kinetics, 1999

6) Clarkson PM, Nosaka K, and Braun B : Muscle function after exercise induced muscle damage and rapid adaptation. Med Sci Sports Exerc 24 : 512–520, 1992

7) Cleak MJ, and Eston RG : Delayed onset muscle soreness : mechanisms and management. J Sports Sci 10 : 325–341, 1992

8) Dunn SE, Burns JL, and Michel RN : Calcineurin is required for skeletal muscle hypertrophy. J Biol Chem 274 : 21908–21912, 1999

9) Ebbeling CB, and Clarkson PM : Exercise-induced muscle damage and adaptation. Sports Med 7 : 207–234, 1989

10) Foley JM, Jayaraman RC, Prior BM, et al : MR measurements of muscle damage and adaptation after eccentric exercise. J Appl Physiol 87 : 2311–2318, 1999

11) Fridén J, and Lieber RL : Eccentric exercise-induced injuries to contractile and cytoskeletal muscle fibre components. Acta Physiol Scand 171 : 321–326, 2001

12) Fry AC, and Kraemer WJ : Resistance exercise overtraining and overreaching. Neuroendocrine responses. Sports Med 23 : 106–129, 1997

13) Gibala MJ, Interisano SA, Tarnopolsky MA, et al: Myofibrillar disruption following concentric and eccentric resistance exercise in strength trained men. Can J Physiol Pharmacol 78 : 656–661, 2000

14) Gibala MJ, MacDougall JD, Stauber WT, et al : Changes in human skeletal muscle ultrastructure and force production after acute resistance exercise. J Physiol 78 : 702–708, 1995

15) Goldspink DF : Exercise-related changes in protein turnover in mammalian striated muscle. J Exp Biol 160 : 127–148, 1991

16) Higbie EJ, Cureton KJ, Warren III GL, et al : Effects of concentric and eccentric training on muscle strength, cross-sectional area, and neural activation. J Appl Physiol 81 : 2173–2181, 1996

17) Hortobágyi T, Phill JP, Houmard JA, et al : Adaptive response to muscle lengthening and shortening in humans. J Appl Physiol 80 : 765–772, 1996

18) Hortobágyi T, Houmard J, Fraser D, et al : Normal forces and myofibrillar disruption after repeated eccentric exercise. J Physiol 84 : 492–498, 1998

19) Howell JH, Chleboun G, and Conatser R:Muscle stiffness, strength loss, swelling and soreness following exercise-induced injury in humans. J Physiol 464 : 183–196, 1993

20) Ingalls CP, Warren GL, Williams JH, et al : E-C coupling failure in mouse EDL muscle after in vivo eccentric contractions. J Appl Physiol 85 : 58–67, 1998

21) Jones DA, Newham DJ, Round JM, and Tolfree SE : Experimental human muscle damage: morphological changes in relation to other indices of damage. J Physiol 375 : 435–448, 1986

22) Lieber RL, Thornell LE, and Friden J : Muscle cytoskeletal disruption occurs within the first 15 minutes of cyclic eccentric contraction. J Appl Physiol 80 : 278–284, 1996

23) Lundholm K, Edstrom S, Ekman L, et al : Protein degradation in human skeletal muscle tissue: the effect of insulin, leucine, and amino acids and ions. Clin Sci 60 : 319–326, 1981

24) MacIntyre DL, Reid WD, and McKenzie DC : Delayed muscle soreness the inflammatory response to muscle injury and its clinical implications. Sports Med 20 : 24–40, 1995

25) Martineau LC, and Gardiner PF : Insight into skeletal muscle mechanotransduction : MAPK activation is quantitatively related to tension. J Appl Physiol 91 : 693–702, 2001

26) McCully KK, and Faulkner JA : Injury to skeletal muscle fibers of mice following lengthening contractions. J Appl Physiol 59 : 119–126, 1985

27) McHugh MP, Connolly DAJ, Eston RG, et al : Exercise-induced muscle damage and potential mechanisms for the repeated bout effect.Sports Med 27 : 157–170, 1999

28) Morgan DL : New insight into the behavior of muscle during active lengthening. Biophys J 57 : 209–221, 1990

29) Murayama M, Nosaka K, Yoneda T, et al : Changes in hardness of the human elbow flexor muscles after eccentric exercise. Eur J Appl Physiol 82 : 361–367, 2000

30) Newham DJ, McPhail G, Mills KR, et al : Ultra-structural changes after concentric and eccentric contractions of human muscle. J Neurol Sci 61 : 109–122, 1983

31) Nosaka K, and Clarkson PM : Muscle damage

following repeated bouts of high force eccentric exercise. Med Sci Sports Exerc 27 : 1263–1269, 1995
32) Nosaka K, and Clarkson PM : Changes in indicators of inflammation after eccentric exercise of the elbow flexors. Med Sci Sports Exer 28 : 953–961, 1996
33) Nosaka K, and Newton M : Differences in the magnitude of muscle damage between maximal and submaximal eccentric loading. J Str Cond Res 16 : 202–208, 2002
34) Nosaka K, and Newton M : Repeated eccentric exercise bouts do not exacerbate muscle damage and repair. J Str Cond Res 16 : 117–122, 2002
35) Nosaka K, and Newton M : Concentric or eccentric training effect on eccentric exercise-induced muscle damage. Med Sci Sports Exer 34 : 63–69, 2002
36) Nosaka K, and Newton M : Force deficit immediately post eccentric exercise predicts the magnitude of muscle damage. Book of abstracts of the 6th annual congress of the European College of Sport Science. p75, 2001
37) Nosaka K, Newton M, and Sacco P : How long does the protective effect on eccentric exercise-induced muscle damage last? Med Sci Sports Exerc 33 : 1490–1495, 2001
38) Nosaka K, and Sakamoto K : Effect of elbow joint angle on the magnitude of muscle damage to the elbow flexors. Med Sci Sports Exerc 33 : 22–29, 2001
39) Nosaka K, Sakamoto K, Newton M, et al : The protective effect of reduced-load eccentric exercise on muscle damage of the elbow flexors. Eur J Appl Physiol 85 : 34–40, 2001
40) Pyne DB : Exercise-induced muscle damage and inflammation: a review. Aust J Sci Med Sport 26 : 49–58, 1994
41) Rosenblatt JD, and Woods RI : Hypertrophy of rat extensor digitorum longus muscle injected with bupivacaine. A sequential histochemical, immunohistochemical, histological and morphometric study. J Anat 181 : 11–27, 1992
42) Rodenburg JB, Bar PR, and De Boer RW : Relationship between muscle soreness and biochemical and functional outcomes of eccentric exercise. J Appl Physiol 74 : 2976–2983, 1993
43) Safran MR, Seaber AV, and Garrett Jr WE : Warm-up and muscular injury prevention. Sports Med 8 : 239–249, 1989.
44) Semsarian C, Wu MJ, Ju YK, et al : Skeletal muscle hypertrophy is mediated by a Ca^{2+}-dependent calcineurin signalling pathway. Nature 400 : 576–581, 1999
45) Shellock FG, Fukunaga T, Mink JH, et al : Exertional muscle injury:evaluation of concentric versus eccentric actions with serial MR imaging. Radiol 179 : 659–664, 1991
46) Sjöström M, and Fridèn J : Muscle soreness and muscle structure. Medicine and Sport Science Vol.17 (Physiological Chemistry of Training and Detraining) : 169–186, Karger, 1984
47) Smith LL : Acute inflammation: the underlying mechanism in delayed onset muscle soreness? Med Sci Sports Exerc 23 : 542–551, 1991
48) Smith LL : Cytokine hypothesis of over training : a physiological adaptation to excessive stress? Med Sci Sports Exerc 32 : 317–331, 2000
49) Stauber WT, Clarkson PM, Fritz VK, et al : Extracellular matrix disruption and pain after eccentric muscle action. J Appl Physiol 69 : 868–874, 1990
50) Takekura H, Fujinami N, Nishizawa T, et al : Eccentric exercise-induced morphological changes in the membrane systems involved in excitation-contraction coupling in rat skeletal muscle. J Physiol 533 : 571–583, 2001
51) Tamaki T, Akatsuka A, Tokunaga M, et al : Morphological and biochemical evidence of muscle hyperplasia following weight-lifting exercise in rats. Am J Physiol 273 : C246–256, 1997
52) Tamaki T, Akatsuka A, Ando K, et al : Identification of myogenic-endothelial progenitor cells on the interstitial spaces of skeletal muscle. J Cell Biol 13 : 571–577, 2002
53) Warhol MJ, Siegel AJ, Evans WJ, et al : Skeletal muscle injury and repair in marathon runners after competition. Am J Pathol 18 : 331–339, 1985
54) Warren GL, Lowe DA, and Armstrong RB : Measurement tools used in the study of eccentric contraction-induced injury. Sports Med 27 : 43–59, 1999
55) ヤコフレフ NN：ソ連・スポーツトレーニングの理論と方法．不昧堂，1961

5章　腱のマトリクス生物学

　筋肉研究者の興味はほとんどが，筋線維（筋細胞），およびその内部構造にあり，腱は筋肉や骨ほど注目されることはない．せいぜいアキレス腱断裂や腱鞘炎[注1]などで，腱という語についての興味が向けられる程度である．しかし，筋肉は，結合組織線維[注2]のネットワークの中に筋細胞（筋線維）が埋もれた構造である．筋細胞は，腱から連続した結合組織に周囲を囲まれて存在している．

　スポーツ活動において，腱の果たす役割は大きい．例えば，腱が骨のどの位置に着くかによって関節のモーメントアームは変化する．腱の付着部や骨格まで含めたいわゆる体つきには個体差もあり，発生生物学的なテーマでもある．ヒトの筋骨格系がいかにして完成するのか，また，その個体差はどのようにして生じるのかといった問題は，まだまだ解決できそうにない．また，アキレス腱がスポーツをしているときに断裂することから，その強度や物性，さらに，腱のトレーニング効果や老化との関係を研究することは，スポーツだけでなく，健康面からも重要である．多くの高齢者は，肩こりや腰痛などの筋腱に関連した運動器疾患に悩む．肉離れも，腱と基本構造が同じ筋肉の結合組織と深く関わっている．このように腱は，整形外科，リハビリテーション，バイオメカニクス，解剖学，生化学，栄養学など多くの分野で重要である．

　ヒトを含めた多細胞動物は，細胞の外側に固相（細胞外マトリクス（略称ECM））を持つ．細胞の増殖，分化，タンパク質合成，移動，接着などにおいて，細胞とECMとは相互に影響を及ぼし合う．細胞外マトリクスについてのあらゆる学問分野，具体的には分子生物学，細胞生物学，高分子化学，構造生物学，理論生物学，バイオメカニクスなどを統合する必要があり，このような分野をマトリクス生物学と称している．本稿では，マトリクス生物学的観点から腱を考えてみたい．

1. 腱の構造

　通常，我々が「筋（肉）」といった場合には，筋線維だけではなく，腱組織や血管系，神経系に関係した細胞群をすべて含んだものを指す．肉眼解剖学的な「腱」と「筋肉」の境界は，あいまいなものである．腱には，筋を骨に結合するもの以外に，中間腱といって骨格筋の途中に出現するものがある．よい例が腹直筋である．しかし，大きな筋において全長にわたる筋線維は少なく，途中で，筋-腱接合部を介して次の筋線維につながっている．筋肉内には腱と同様の分子群からなる結合組織線維でできたネットワーク構造が張り巡らされている．筋肉にある細胞は，このネットワークに覆われた状態で存在している．

　このネットワーク構造の中で，「腱」とは，どこからどこまでを指すのだろうか？　解剖学的には，筋線維が終止し，明らかな腱構造が確認される部分からを腱としており，明確な定義はない．筋肉内の結合組織と腱の関係をわかりやすくイメージするならば，木に例えられる．枝はもっとも太い幹（枝が出ていないところが腱，枝分れが始まったら腱膜ということになろうか）から，次第に細い枝に分かれていき，末端の枝では幹の部分とは，物性がかなり異なって，しなやかな性質を持つようになる．細胞外の構造は，植物では

図5-1A　腱線維の階層構造

コラーゲンポリペプチド鎖（アミノ酸がペプチド結合でつながったもの）は，左巻きらせんを形成し，これが3本集まって緩く右巻きらせんを巻いている．これがコラーゲン分子の基本的タンパク質構造である．さらに，分子から線維へと綱をつくるときのように段階的に太くなっている．線維の構造にもらせん構造が存在し，腱線維の捻れは筋線維にも及ぶ．アキレス腱も腓腹筋由来の腱とヒラメ筋由来の腱が捻れて踵骨に結合している．筋全体も立体的に同一平面になく，ねじれた形態となっている．筋の起始が，骨の横に回り込んでいることも多い．

```
コラーゲンポリペプチド鎖
        ↓
    コラーゲン分子
        ↓                → コラーゲン細線維
   コラーゲン細線維
        ↓
   コラーゲン細線維束
        ↓
    コラーゲン線維
        ↓                膜性結合組織
        腱               （主成分はコラーゲン）
        ↓
   筋腱複合体
   全体の結合組織
```

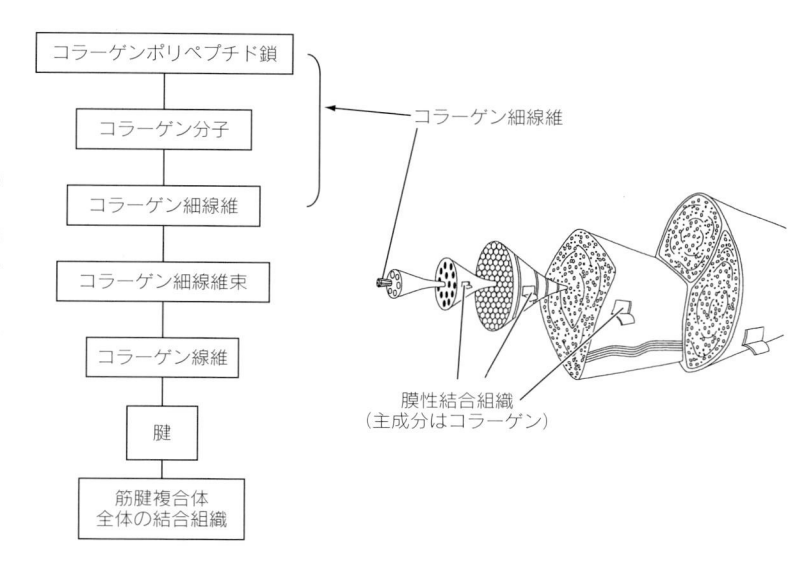

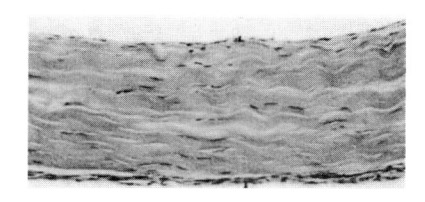

図5-1B　腱組織の光顕像

波打ちながら平行に走る線維の間に濃く染まった線維芽細胞が存在する．細胞がコラーゲン分子を細胞外に分泌し，細胞外に線維が形成される．

(Wheater PR, Burkitt HG, and Daniels VG : Functional Histology. Churchill Livingstone. UK, 1987)

主に炭水化物であり，動物では主にタンパク質であり，化学組成は異なる．しかし，筋肉の内部においても束ねられたコラーゲン細線維が次第に大きな束となって，次第に太い幹である腱に収束していく様子は木と似ている．筋肉内部では，筋内膜，筋周膜，筋上膜などと呼ばれる結合組織[注3]が存在する．1本1本の筋線維の外側にある基底膜を含めたコラーゲン細線維を筋内膜，ある程度の数の筋線維を区画するような結合組織の隔壁を筋周膜，骨格筋全体を包む結合組織の膜を筋上膜（または筋膜）と呼んでいる．筋肉内の結合組織も分子レベルでは，腱組織とほぼ同様の分子からなる．ただし，筋肉内に入り込んだ結合組織では，その線維の太さや配向方向も異なっている．

もちろん腱のどの部分かによって，構成分子の組成が微妙に異なっていることが生化学的な分析からも予想される．ただし，同じ構成成分の材料からも時間や力のかかる方向などによって，できた結合組織の構造が異なることも考えられる．筋肉内の結合組織に束ねられた筋線維束（筋周膜ネットワーク）が腱に移行していく．腱でも同様に，コラーゲンを主成分とする線維が束ねられており，その外側には膜性の結合組織が存在している（図5-1A）．筋線維の束が，腱の結合組織線維の束に対応していると考えられる．ヒト腱については，JózsaとKannusによる大著[6]がある．筋肉の細胞外マトリクスについては，著者らの文献[3,9]を参照していただきたい．

1) コラーゲン線維

図5-1Bに腱の縦断切片の光学顕微鏡像を示す．いくらか波打った線維が平行に多数存在している．一部分を見ると配向方向が揃っているが，線維がらせん状に走行している部分などもあり，すべてが同じ方向に揃っているわけではない．このことは，力学的な強度を増すためには都合がよいと考えられる．ヒトの結合組織では，関節軟骨以外は，I型コラーゲンが主成分である．I型コラーゲンは，ヒトの総タンパク質の約3割を占め

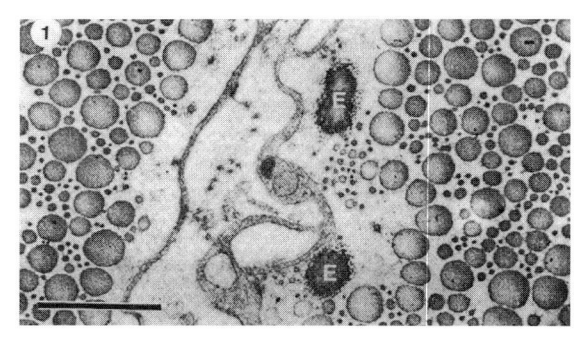

図5-2　腱組織の電顕像

ラット腱の横断切片．丸く見えているのがコラーゲン線維の断面．中央付近に見えている曲がった紐のようなものは，線維芽細胞の突起．Eは，弾性線維と呼ばれているもの．おそらくエラスチンが主成分の線維と考えられる．名前はエラスチンであるが，エラスチンタンパク質が組織の弾性に関与しているかどうかは明らかでない．腱に弾性線維は少ない．
(Parry DAD, and Craig A : Growth and development of collagen fibrils in connective tissue. Ultrastructure of the connective tissue matrix, pp34-64, Martinus Nijhoff Publishers, Boston, USA, 1984)

るともいわれる．このI型コラーゲン分子の有する性質によって，腱の物性は大きく影響を受けている．タンパク質としてのコラーゲンについての詳細は，文献[4,5]を参照していただきたい．他のタンパク質は見られない3本のポリペプチド鎖が2重のらせん構造をつくるのがコラーゲンの特徴である（1本ずつのポリペプチド鎖は左巻きのらせん構造となり，それが3本緩く右巻きのらせん構造をとる）．コラーゲン分子の太さは，1.5 nm（ナノメートルは μm の1000分の1）である．コラーゲン線維の間隙には，細胞が点在しているのが光学顕微鏡の観察で確認できる．結合組織線維をつくる細胞であることから，線維芽細胞（腱細胞ということもある）と呼ばれる．腱組織の維持や構築，つまり，コラーゲンなどのタンパク質の合成や，その線維の配向方向を制御したり，微小な損傷などを修復したりする機能は，主としてこの線維芽細胞によってなされる．腱の線維芽細胞は，細長く伸びているが，腱の断面方向には，星形に観察されることもある．この星形の突起が3次元的に突起を伸ばし，細胞間がギャップ結合と呼ばれる結合様式で連結しているという報告もある．筋肉内にも線維芽細胞があり，筋肉内のECM成分を合成している．線維芽細胞についての研究は，まだほとんど進んでいない．線維芽細胞とひとまとめにされているが，筋肉内に存在する線維芽細胞と，骨に近い位置の腱に存在する線維芽細胞では，周囲の環境（力のかかり方，温度，乳酸などの化学物質の濃度）が異なるので，その性質も異なっていることが予想される．

腱の横断切片を透過型電子顕微鏡で観察すると図5-2のような太さの異なる線維が多数存在する．濃く染まっているのが，I型コラーゲンを主成分とする線維である．横断切片を電顕観察することで，線維の太さについての情報は得られるが，線維の長さはどの程度であろうか？生体組織のコラーゲン線維の長さを測るのは，非常に難しい．生体組織に存在するコラーゲン線維を無傷でバラバラにする一般的方法は，発見されていない．コラーゲン線維同士は何らかのメカニズムで，結合しているが，詳細は明らかになっていない．ナマコなど限られた下等動物ではコラーゲン線維をバラバラにすることが可能であるという報告がある．Parryによると，ラット尾の腱のコラーゲン線維の長さについて詳細に検討したところ，6 mmから12 mmほどの長さであったという．ラット尾は酸だけでほとんどコラーゲンが溶けだしてくるきわめて稀な腱組織である．

大雑把に線維芽細胞の長さを120 μm と見積もると，細胞はその100倍のオーダーの長さのコラーゲン線維を構築できることになる．分子の長さは0.3 μm であるから，6 mmの長さのコラーゲン線維では，単純計算で2万個のコラーゲン分子が縦に並んだ長さになる．ヒトの腱のコラーゲン線維の長さは報告がない．一般論として，高分子の鎖の長さは，その液体や固体の性質に大きく影響を与えるので，コラーゲン線維の長さがどの程度かというのは重要な問題である．

一般に，生まれたての動物よりも加齢した動物の方がからだは大きく，腱の横断切片で観察さ

れる線維の平均直径は大きい．個体が成熟するまで，徐々にコラーゲン細線維の太さと長さが成長するためであると考えられる．筋線維組成とコラーゲン細線維との関係についての研究では，Nakagawaら[10]によるとウサギのアキレス腱については，速筋と遅筋とで，加齢によるコラーゲン線維の太さの違いは観察されなかったとのことである．

　腱に含まれる線維の成分については，Ⅰ型コラーゲンが主成分であり，また力学的な骨格を作っていると考えられる．Ⅰ型以外のコラーゲンも微量に存在する（Ⅲ，Ⅴ，Ⅶ，ⅩⅣなど）．さらに，プロテオグリカン（糖鎖を結合したタンパク質；デコリン，ビグリカン，ルミカン，ファイブロモジュリンなど），Cartilage Oligomeric Matrix Protein (COMP)，フィブロネクチンなども存在する．さらに弾性線維と呼ばれる結合組織線維も存在することがある．各タンパク質の性質などについての詳細は，文献[4, 5, 9]を参照していただきたい．現在の生化学，分子生物学では，遺伝子配列やタンパク質1個の構造まではわかってきているものもあるが，それが組み合わされてできた線維やその束，さらにその集合体である腱組織のバイオメカニクスまでは，階層の隔たりがあり，順に追っていけば，それぞれの構造と機能が結びつくという段階にはなっていない．

2）らせん階層構造

　腱の力学的強度を得るために，生物が利用しているうまいしくみが，らせんの階層構造である．腱の主成分であるコラーゲン線維は，ポリペプチド鎖，それが3本合わさった分子，分子同士，線維同士がらせん状に階層構造をしていると考えられる（図5-1A）．コラーゲン線維内でどのようにコラーゲン分子がパッキングされているかは明らかになっていないが，X線回折パターンの解釈では，分子は伸びきってはおらず，多少縮んでいると予想されている[18]．おそらく実際にはらせんを巻いているのではないかとも予想される．線維内の分子のパッキングについては，いまだに研究

図5-3　再構成Ⅰ型コラーゲン線維電顕写真
ラット尾から抽出したⅠ型コラーゲン溶液を生理的条件（イオン強度，イオン種，温度）下におくと，線維が再構成される．線維は，しなやかなロープ状構造である．線維の太さはばらつきもあるが，およそ100nm程度．

者間でコンセンサスが得られていない．いくつかのモデルが出されているが，証明はない．らせん状にものが集まる構造をしているということは，分子間，線維間のずれにくさを生み出し，力学的強度が高まると考えられる．

　腱のタンパク質の主成分であるⅠ型コラーゲン分子には自己会合能がある．生体組織から溶かしてきたコラーゲンの溶液を再び生理的条件下におくと，生体組織中でみられるものと同じ周期の縞模様を持った線維が形成される．ある程度しなやかさを持ったロープのような構造である（図5-3）．

3）筋腱接合部の微細構造[注4]

　次に，筋線維のすぐ外側の結合組織について述べる．筋線維のすぐ外側を電子顕微鏡で観察すると，1本1本の筋線維の端に特徴的な多数の突起が観察される．筋線維の端にはコラーゲン線維が刺さるように結合している．筋線維の端のような複雑に突起を出して入り組んだ構造は，引っ張り力に強い．1本1本の筋線維の端に結合した細いコラーゲン線維は，徐々に他の筋線維に結合しているコラーゲン線維と合わさって太さを増してい

く．

　腱と一口にいっても，アキレス腱と手指の筋の腱とでは，構造的にも違いがある．手指の伸筋の腱では関節にまたがって存在しているが，その内側と外側で分子組成が異なるという報告もある．おそらく，機能的にどのような働きをしている筋と結合しているかによって，腱組織の構造は少しずつ異なっているであろう．コラーゲン以外のタンパク質，プロテオグリカンなどが微量存在することによって，多様な物性の腱組織が構築されるものと予想されるが，詳細はまだ明らかではない．

　また，1つの腱の中でも，例えばアキレス腱では，単なる同じ太さのロープではなく，踵骨に近い部位と，腓腹筋の筋線維束に近い部位とでは，断面積も物性も異なっているであろう．おそらく踵骨に近い部位ではかたく伸びにくい構造になっていると考えられる．筋に近い部位では扇状にアキレス腱が広がっている．

2．腱の機能

　腱の機能として，表5-1にあげた項目が挙げられる．各機能は関連した要素も含んでおり，完全に独立したものではない．これらの各機能は，発育発達，力学的負荷，栄養，休養，障害によって後天的に変化しうる．もちろん各人の遺伝子によって規定される遺伝的要因も深く関わっている．

① 力の伝達：筋線維で発揮される力は，腱を介して関節に伝達される．③によって，筋全体の力の方向も規定される．腱がどこにつくかによって，筋で生じる力の方向性が決定される．下腿の筋は，特に捻れて骨に結合しているものが多い．

② 筋線維の保護：筋細胞は，何かに接着していないと生きていけない．肋間筋の器官培養系において筋は，適度な張力で牽引することにより腱組織が正常に発生する．

④ 腱の部分が多ければ，筋細胞の数が少なく

表5-1　腱（および筋肉結合組織）の機能

① 力の伝達
② 筋線維および筋肉全体の保護
③ 筋線維および筋線維束の配向，筋肉全体の形態を制御して力の方向を規定する
④ 筋線維束の長さ（領域）を少なくできる
⑤ 筋線維の肥大や増殖の制御
⑥ 毛細血管の増殖制御

なる．これには，プラス面とマイナス面がある．詳しくは，文献[7]などを参照していただきたい．

⑤ コラーゲン線維に含まれるV型コラーゲンという分子は，他の分子との結合能に特徴があり，血管内皮細胞（毛細血管をつくる細胞）の増殖や，筋細胞の増殖と関係が深いことが示唆される．また，筋細胞の増殖に影響を与えうる各種分子がコラーゲン線維（分子）に直接，あるいはコラーゲンに結合するタンパク質や糖鎖を介して間接的に，貯蔵されている．

　腱へ加わる負荷は，コンセントリックやアイソメトリックと比較してエクセントリック運動が大きい[12]．このことは，当然，腱を構成する線維，および腱の線維芽細胞に加わる力学的刺激が大きいことを示している．コラーゲン線維や線維芽細胞にとっては，筋線維がコンセントリック収縮であろうが，エクセントリック収縮であろうが，直接は関係ない．細胞周囲の細胞外マトリクスにかかる力がどのように伝達されるかということが，細胞に対してはシグナルとなる．

　適度なエクセントリック運動や，適度な虚血状態でのトレーニングが筋力トレーニングとして利用されているが，生物学的に考えると，このような刺激は，腱に存在する細胞への刺激にもなっている．大きな力学的負荷，酸素濃度の低下，pHの低下などは，細胞培養系でコラーゲン合成を促進する因子となることが報告されている．慢性アキレス腱炎患者が腓腹筋のエクセントリックトレーニングにより症状が軽快したという報告もあり興味深い．肥大した筋肉に筋力を発揮する能力

を生むためには，筋線維周囲の結合組織が発達しなければならない．スポーツでよく起こる肉離れは，筋肉の結合組織が十分発達していれば，かなり防げると考えられる．肉離れは，筋細胞周囲の結合組織が十分発達していれば，起きにくいはずである．

腱はいわば親水系のゲル状態である．生体組織から単離したⅠ型コラーゲンやⅣ型コラーゲンを再構成するとゲルができる[11]．固体とも液体ともいえないゲルについての科学はほとんどすすんでいない．液体の水は粘弾性体であるが，その特性は，温度に大きく依存する．もちろん腱組織にも筋組織にも粘弾性がある．コラーゲン分子の粘性やコラーゲンの分子間相互作用には，温度が大きく影響を与える．肉離れの発症が，気温やウォーミングアップに関係していることと，関係があるのかもしれない．

下等動物や幼弱な動物の結合組織は，傷を受けても元通りになりやすい．肉離れは，子どもにはふつうは起きない．一方，成熟したヒト組織では，一度の結合組織の障害が一生続く古傷となることも多い．加齢によって結合組織は力学的に強さが増す反面，ひとたび不可逆的に痛むと完全には戻れないほど結合組織が損傷を受けると考えられる．自分の腱や筋膜の管理には注意を払いたいものである．

腱（筋肉の細胞外マトリクス）を鍛える，つまり，スポーツ障害の危険を減らすトレーニング方法は何だろうか．腱を構成する細胞，および細胞外マトリクスに，トレーニングの適量は，状況によって変化する．今や個人個人の遺伝子の違いが明らかにされつつある時代である．トレーニング，栄養，休養を含めた影響には遺伝的な個人差，および後天的な個人差がある．細胞生物学的にいうとすれば，細胞培養などで，コラーゲン分子の合成に関与する分子の候補がいくつもわかっている．また，結合組織に存在する細胞外の分子には，遺伝子に正常なヒトでも個人差がある分子も知られている．自分の体は，他人とはどう違うのか，どのビタミンやミネラルが欠乏しやすいか，自分の筋や腱の線維芽細胞や筋線維，免疫系細胞の特徴（個性）などなど，個人の生まれてからの履歴にプラスして，遺伝情報に基づいたトレーニング法が処方される時代がやがて訪れるかもしれない．

3．腱と弾性

スポーツにおいては，腱を「弾性体」あるいは「ばね」と捉えて，「腱は伸長することにより弾性エネルギーを蓄え，それを再利用することにより運動のエネルギー効率を高める」としてその機能が論じられることが多い．この方面の詳細に著者は疎いが，この表現はあいまいで，また論理構成も十分ではない．ここでは，非専門家として独断的見解を述べさせていただく．

1）「弾性」に関与する組織

筋腱複合体の力学的機能は収縮要素と弾性要素に分けて議論されてきた．弾性要素は収縮要素との位置関係により，直列弾性要素と並列弾性要素に分けられる．ここで注意したいのは，解剖学的に筋腱複合体を収縮要素と弾性要素に分離したのではないことである．収縮要素，弾性要素とは，あくまで筋腱複合体の機能を表すための現象論的モデルである．

弾性とは，「外力によってひずみを受けた物体がそのひずみを元に戻そうとする力を生ずる性質（岩波書店；理化学辞典）」であり，すべての物体には多かれ少なかれ弾性がある．腱にはもちろん，筋にも弾性はある．「筋の弾性は腱のそれに比べて無視できる」という意見も一部にあるようだが，それはどういう意味であろうか．「外力を取り去ったとき，ひずみがもとに戻りにくい（この性質を塑性という）」という意味であろうか．専門家ではないので正確にはわからないが，「筋の弾性は腱のそれに比べて無視できる」とは筋の塑性を問題にしているのではなく，張力（応力：stress）による変形（ひずみ：strain）の大小を問題にしている，すなわち，弾性定数なり弾性率を

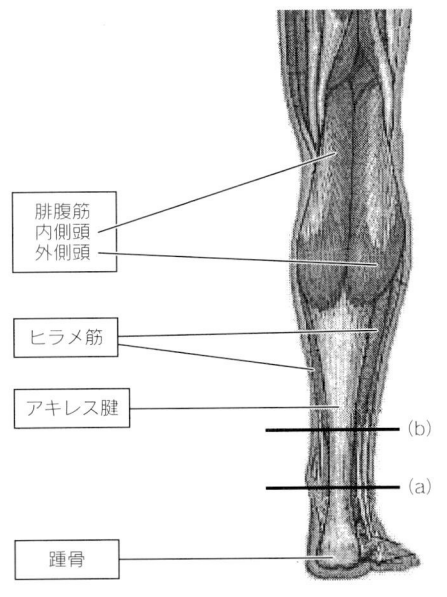

- サルコメア構造内細胞骨格（アクチン，ミオシン，コネクチンなど）
- デスミンなどZ膜を中心とする筋細胞内細胞骨格の3次元ネットワーク
- 筋線維内の筋原線維の配向
- 筋線維内の筋原線維同士の相互作用
- 筋線維同士の立体配置関係，方向のずれや曲線性
- 筋肉内に入り込んだ腱組織の3次元的網目構造
- 筋肉内に入り込んだ腱組織の物性
- 筋線維（束）のらせん的形状，凹面的形状断面
- 筋線維束にかかる力の方向と，筋腱複合体にかかる力の方向のずれ
- 筋肉の羽状角
- 筋肉の断面積
- 他の筋肉（特に深部の筋）や靱帯に形態や動きを制限される事による影響
- 腱の断面積や長さ
- 筋腱全体の太さの変化

筋の部位特性：アキレス腱のような腱では，細い遠位部（a）と薄く広がった近位部（b）とでは，断面積が異なっている．したがって，腱の内部で組織の物性が異なることが予想される．アキレス腱の場合，ヒラメ筋由来の腱が内側，腓腹筋由来の腱が外側に位置する．

図5-4 腱および筋の弾性に関与する因子

問題にしているようである．弾性定数が大きい物体では同じ張力に対する変形が小さく，あるいは（同じことだが），同じ変形により生ずる張力が大きい．では，筋と腱の弾性定数の大きさの関係はどうなっているであろうか．この問題はかなり難しい．

筋と腱の構造は，図5-4に示すように，複雑である．筋および腱に関する弾性に関係しそうな点をいくつかあげてみた．水そのものの粘弾性から，タンパク質レベル，さらに筋と骨格の問題まで，あらゆるレベルで複雑な弾性に関与しうる要因がある．たとえば，腓腹筋であれば，筋そのものが，平面的に見てもS字型であり，3次元的には同一平面上に筋線維束がなく，いわばらせん状の構造である．そのため，筋線維束長を正確に測定することは困難である．筋線維束の走向は，すべて揃っているわけではない．また，筋の起始と停止を結ぶ線の方向と筋線維束の方向が異なっている点をどう評価するかも難しい問題である．さらに，筋細胞の中も外も，構造は不均一である．さらに，筋や腱も部位によって，異なる性質を持っている．内部で力のかかる方向も異なる．さ

らに，摘出筋でなく，生体で実験を行なう場合には，他の筋肉の影響をどう考慮するかという問題がある．生体内の筋と腱の弾性定数の大きさは一概にどちらが大きいかはいえない．筋の弾性定数は場合によって変化することが考えられる．

筋原線維をはじめとする筋細胞を中心とする部分の弾性への貢献に対して，腱の貢献がどこまであるかはわからないが，筋腱複合体全体の弾性を利用して，動物は運動しているようである．現在までの報告では，方法論的な問題点や研究手段の限界から詳細は明らかになっていない．MagidとLaw[8]は，カエルの半腱様筋の静止張力は，サルコメア長が3.8 μmまでは，ほとんど筋原線維が担っており，結合組織の影響はほとんどないとレーザー光の回折を利用した方法で報告している．一方，Robertsら[14]による，七面鳥の走運動について腓腹筋にプローブを埋め込んで筋の長さ変化を測定した研究もあり，こちらは主に腱膜に蓄えられたエネルギーを利用するしくみがあると主張している．しかし，この研究では，仕事の評価がはっきりとしておらず，筋細胞などの弾性と腱そのものの弾性を区別できていないように思え

2）身体運動における粘弾性組織の役割

「弾性組織は反動動作により弾性エネルギーを蓄える．それを利用することによりパフォーマンスは高まる．」という主張はよく耳にする．しかし，反動によって目的の動作方向と逆向きの運動を身体が行なうと，それにブレーキをかけるために主動筋の負担は大きくなる．そもそも，一端におもりのついたばねをある高さから（初速度ゼロで）落として床ではずませても，もとの高さに戻るだけである（ばねが理想的な弾性体のとき）．また「弾性組織は反動動作により弾性エネルギーを蓄える」という表現も一般的すぎ，弾性定数の大きさがどう影響するかがぼやけてしまう．さらに，生体組織は一定の長さ（形）にしばらく保っておくと，弾性定数が一時的に変化することがある．このような履歴現象が存在する以上，動作様式によっては「弾性エネルギーの蓄積とその利用」を腱の役割として強調するのは好ましくないと思われる．詳細は，文献[1, 15～17]を参照していただきたい．

超音波を利用した分析によって，福永らが，生きているヒトで筋腱複合体の形態が変化する様子を解析している[2, 7]．動作に関与するすべての筋腱複合体の動きが時間経過とともに3次元的に捉えられれば，より正確な腱組織の運動時における貢献が理解できるであろう．

3）その他の腱の機能

最後にこれまで触れていない点について，いくつか述べる．

（1）衝撃吸収機能としての腱のばね

筋線維は細胞であり，やわらかい．あまり急激な外力がかかれば，破壊される．もしも，腱（筋肉内の結合組織を含めて）が，非常にかたければ，腱にエネルギーを吸収されることなく，直接筋線維の発揮する力を伝達できるかもしれない．しかし，運動の多くの場面で現れるエクセントリックな収縮においては，逆に，筋細胞に大きな負担となる．筋細胞は，細いコラーゲン線維のネットワークで筋細胞（筋線維）を保護し，徐々にかたい腱に移行して骨に付着させることによって，筋線維周辺では，やわらかい結合組織，筋線維から遠いところではかたい結合組織ができている．結合組織をゴムひもに例えれば，1本1本のゴムは簡単に引き伸ばせるやわらかさを持っているが，何万本も集まっていれば，そう簡単には伸ばすことはできない．また，筋に近い部位の結合組織は，線維の走向方向も一様ではない．このように筋内の筋線維周辺ではやわらかい結合組織となっていて，筋から遠いところでは，かたくなっているのではないだろうか．このような構造になっていることが衝撃吸収機能に有利に働いていると思われる．

（2）姿勢制御機構としての腱の粘弾性

もし収縮要素だけによって関節運動を行なうとすると，関節は常に大きく動揺することになるであろう．腱をはじめとする結合組織と筋細胞の粘弾性は伸長反射などと並んで，姿勢の安定に役立っていると思われる．

（3）足関節

運動に特に関与しそうな腱組織のばねとしては，直列につながる筋の影響が少ないという観点から，特に足部が重要である．足は，構造そのものが，一種のばねといえる．足には，26の骨と，数え方によってもその数は変わるが30ヵ所以上の関節があるそうである．骨の形態と靱帯や腱の結合によって，弓状の構造を作り，中足趾節 (MTP) 関節が動くことによって，足底筋膜が伸ばされる．連続ジャンプなどでは，足部の構造に由来するばね構造が，着地における衝撃吸収や，エネルギー効率を高めるために利用されるのではないだろうか．

［水野　一乘・安達栄治郎・中里　浩一・柴山　明］

注
注1）腱鞘炎は，腱鞘の炎症であって，腱炎ではない．
注2）筋線維は筋細胞であり，結合組織の線維は，細

注3) 細胞によって構築された，細胞外の固相を細胞外マトリックス（ECM）という．線維芽細胞などのECMに囲まれて存在する細胞とECMを合わせて，結合組織という．

注4) ここでいう筋腱接合部は，細胞レベルでの話である．

文献

1) 深代千之，柴山　明：スポーツ基礎力学ハンドブック．朝倉書店，2000
2) 福永哲夫：身体運動における筋収縮のバイオメカニクス．体育学研究 42：337-348，1998
3) 林　利彦，水野一乗：筋を構成する要素とその生物学　細胞外マトリックス．新筋肉病学，南江堂．pp261-274，1995
4) Hayashi T, and Mizuno K : Collagen. Encyclopedia of Molecular Biology, Creighton ed, John Wiley & Sons, USA, pp501-511, 1999
5) 林　利彦，水野一乗，中里浩一，ほか：コラーゲンスーパーファミリー．細胞外マトリックス　基礎と臨床．林　利彦，小出　輝，編集．愛智出版，pp95-137，2000
6) Józsa L, and Kannus P : Human tendons. Human Kinetics, Champaign. USA, 1997
7) 川上泰雄：骨格筋の形状と機能．骨格筋，山田茂，福永哲夫編，ナップ，pp1-28，1997
8) Magid A, and Law DJ : Myofibrils bear most of the resting tension in frog skeletal muscle. Science 230 : 1280-1282, 1985
9) 水野一乗，吉川　究：細胞外マトリックス．運動分子生物学，大日向昂監修，山田茂，後藤勝正編集，ナップ，2000
10) Nakagawa Y, Majima T, and Nagashima K : Effect of ageing on ultrastructure of slow and fast skeletal muscle tendon in rabbit Achilles tendons. Acta Physiol Scand 152 : 307-313, 1994
11) 中里浩一，大和雅之，林　利彦：細胞培養ゲル．ゲルハンドブック，長田義仁，梶原莞爾編集，株式会社エヌ・ティー・エス，pp494-498，1997
12) 野坂和則：エクセントリック運動に伴う筋損傷・遅発性筋肉痛とその回復プロセス．体育の科学 49：769-776，1999
13) Parry DAD, and Craig A : Growth and development of collagen fibrils in connective tissue. Ultrastructure of the connective tissue matrix, pp34-64, Martinus Nijhoff Publishers, Boston, USA, 1984
14) Roberts TJ, Marsh RL, Weyand PG, et al : Muscular force in running turkeys : The economy of minimizing work. Science 275 : 1113-1115, 1997
15) 柴山　明，深代　千之：身体運動中のMuscle-Tendon Complexの動態．Jpn J Sports Sci 14 : 529-535，1995
16) 柴山　明，深代　千之：跳躍時の筋－腱連合体の動態．Jpn J Sports Sci 15 : 397-402，1996
17) 柴山　明，水野一乗：活動様式による弾性組織の働きの違い．体育の科学 50：438-444，2000
18) Wess TJ, Hammersley AP, Wess L, et al : A consensus model for molecular packing of type I collagen. J Struct Biol 122 : 92-100, 1998
19) Wheater PR, Burkitt HG, and Daniels VG : Functional Histology. Churchill Livingstone. UK, 1987

6章　女子長距離選手の骨塩量と疲労骨折

　近年，我が国の女子長距離，特にマラソン界における競技レベルの向上は目覚しく，世界でもトップクラスといえる．2000年に開催されたシドニーオリンピックでは高橋尚子選手が我が国に初のゴールドメタルをもたらし，多くの人々を感動させたことは記憶に新しい．さらに彼女は2001年9月に開催されたベルリンマラソンにおいては2時間19分46秒の世界最高を樹立した．したがって，このような状況下にある女子マラソン界の選手層は今までになく厚く，我が国の代表になるだけでも容易なことではない．そこで選手達には高いレベルの中で勝ち抜くための，誰よりも高いパフォーマンスが要求される．そのため，多くの女子長距離選手は，女性としての身体機能を一時的にせよ停止させても質，量とも高いトレーニングに耐える身体条件が要求される．しかし，そこまで追い込んだ身体からは「女子スポーツ選手特有のスポーツ障害」を起す危険性も覚悟しなければならない[2,3,13,20,23,27]．すでに1994年のACSM Annual meetingのシンポジウムにおいても女子スポーツ選手のかかえる3つの問題（Female Athletes Triad；FAT，摂食障害，無月経，骨粗鬆症）としてこれらに関することが検討された．

　以上のような現状から本章では，特にこの中でFATの発症率の高い種目として，女子長距離選手について取り上げ，それらの競技特性と骨塩量の関係について，その予防も兼ね考えたい．

1．月経と骨塩量に関する今までの研究

　女子のスポーツ活動がこれほどまでに盛んでなかった当初は，女子長距離選手，新体操，器械体操などの女子スポーツ選手やバレーダンサーなどの無月経や疲労骨折に関して特別大きな関心は持たれなかった．しかし，近年になり女子長距離選手およびマラソン選手の競技レベルの向上に伴ない，これらの選手間で続発性無月経や稀発性無月経などの月経周期異常が多発することが次々と報告されるようになった．

　これらに関する問題が研究され始め，注目されるようになったのは1970年代後半からである．Feichtら[6]は女子陸上競技，クロスカントリー選手において走行距離と無月経の発生頻度に関連があることを報告している．また，Drinkwaterら[4]によると，そのような選手の場合，女性ホルモンであるエストロゲン，プロゲステロン，プロラクチンが低下し腰椎骨塩量も有意に減少していること，さらに初経発来年数，競技年数，栄養摂取量，練習頻度のあいだでは差がみられないが，週当たりの走行距離が両選手間では有意に影響していたと報告している．また，Lindbergら[17] Marcusら[18] Cookら[1]は走行距離が多く月経異常があり痩せて体重が少ない女子長距離選手に低エストロゲン血症の者が多く見られ骨塩量が低い者が多い，という共通の報告がみられる．また，我が国においては鳥居[29]が1988年に開催された都道府県対抗女子駅伝大会の参加選手を対象に月経異常に伴う骨量減少について調査し，無月経に陥っている女子選手では骨塩量が低く，無月経持続年数が長いと女性ホルモンであるエストラジオールのみならず下垂体ホルモンのLHやFSHにも低下がみられることを報告している．また，図6−1[10]は著者が大学女子長距離選手についてDEXA法により骨塩量を測定した結果について示したもので

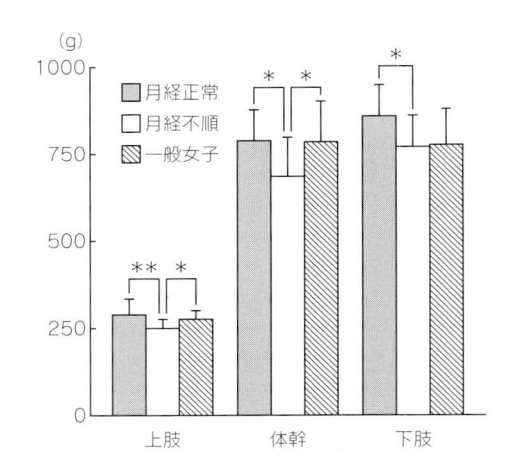

図6-1 DEXA法により測定した部位別にみた骨塩量
 *：p＜0.05，**：p＜0.01
（石田良恵，鈴木志保子，角田直也，ほか：大学女子長距離ランナーの身体特性と骨密度の関係，体力科学 44：874，1995）

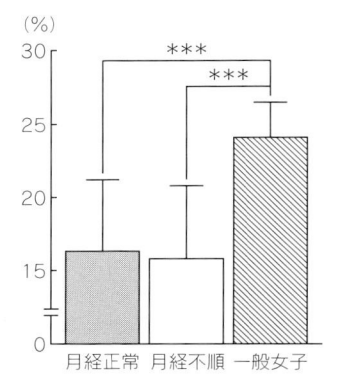

図6-2 DEXA法により測定した体脂肪率
 ***：p＜0.001
（石田良恵，鈴木志保子，角田直也，ほか：大学女子長距離ランナーの身体特性と骨密度の関係，体力科学 44：874，1995）

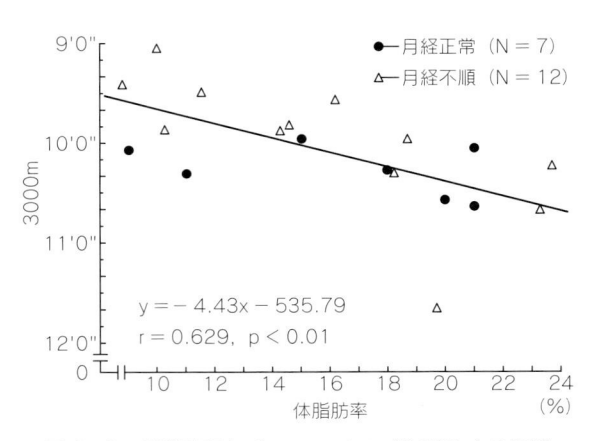

図6-3 体脂肪率とパフォーマンス（3,000m）の関係
（石田良恵，鈴木志保子，角田直也，ほか：大学女子長距離ランナーの身体特性と骨密度の関係，体力科学 44：874，1995）

あるが，総骨塩量からみると月経正常群と月経不順群（稀発月経，続発性無月経を含む）の間に有意差は認められない．しかし，上肢，体幹，下肢に分けてみると3部位とも月経正常群は月経不順群より有意に高い骨塩量を示した．

月経と骨の関係についてみると，骨吸収をつかさどる破骨細胞にはエストロゲン受容体が存在し，エストロゲンはこの受容体や破骨細胞の分化や機能を調整する他の細胞のエストロゲン受容体を介して骨吸収を抑制していると考えられている[5,9,14]．また，骨形成を担当する骨芽細胞系の細胞にもエストロゲン受容体が存在し，エストロゲンは骨形成を促進する方向に作用する．そのため，エストロゲンの欠乏は骨吸収に有意な状態になり骨量が減少することから，無月経の女子選手においては疲労骨折，閉経後の女性にとっては骨粗鬆症の誘因の1つとなることが考えられる．

したがって，これらの障害は単独で出現するわけではなく，過度な減量，多量の走行距離，長期にわたる無月経の放置などが，身体への適応不全の象徴として時には単独で，時にはそれぞれが関連し発症に至ると考えられ複雑な機序の解明がまたれる．

2．体脂肪率とパフォーマンスの関係

一般にトップクラスの女子選手達の走行距離は，日に30～40kmに達し，合宿時の多い日には50kmを超えることさえある．このような走行距離を消化する選手にとって，長時間続く身体の移動は，体重の軽い方が有利であり，必然的に選手は普段の練習に加え減量という状況を余儀なくされるケースが多い．ここで問題とされるのは体

脂肪の重さであり，体脂肪には性差が存在し，一般成人の場合，男性より女性の値の方が数％高いことが知られている．したがって，高いパフォーマンスを得るためには身体の軽量化が必要となる．成人女性にとって女性機能を正常に保つための脂肪の限界量については，Frisch[7]は22％以上の体脂肪率が必要であると述べている．したがってマラソンや中長距離女子選手の10％代の低い体脂肪率はそのような見地からは異常であり，生物学的には不自然な身体状況に置かれていることになる．そこで同年代の女子学生と女子長距離選手の身体組成を比較（図6-2）[10]してみると，一般女子学生の体脂肪率が約24％であったのに比べ大学女子長距離選手は約16％とその値は低く，競技力が高い選手になるとさらに低い体脂肪率を示す[21,26]．パフォーマンスと体脂肪率の関係から大学女子陸上部に所属している女子中長距離選手についてみたものが図6-3[10]である．パフォーマンスと体脂肪率の間には高い相関関係が認められ，ここでも体脂肪率が低い選手には月経周期の異常が多く認められた．

脂肪重量とパフォーマンスという点からみると，例えば，女子マラソン選手が1回のレースで消費するエネルギーは，おおよそ2,000～2,200 kcal程度と推定される．したがって必要以上の体脂肪量は長時間にわたる重量物の移動という面からも効率的ではなく，関節や靱帯などにかかる負担も多く故障の誘因ともなりうる．

3. 運動種目別にみた女子スポーツ選手の踵骨の骨強度

超音波法による音響的骨評価値はDEXA法により得た骨塩量と相関が高いことから，現在，簡便な方法で踵骨についてこの方法を用い骨評価値（OSI）が測定され骨強度として使われるようになった．図6-4[12]はこの装置を使用し，種目の異なる大学女子運動部員の種目別の平均値を示したものである．運動部員の値は一般女子学生に比較すると，すべての種目において有意に高い値で

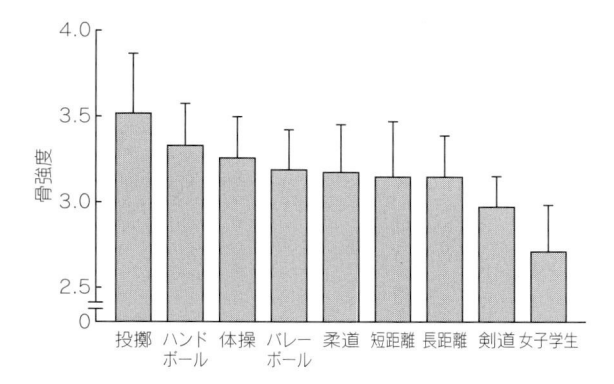

図6-4　超音波法による競技種目別骨強度（OSI*）
*OSI : Osteo Sono Assessment Index　音響的骨評価値
（石田良恵：女子長距離選手の骨密度，体育の科学 50：237-241，2000）

あった．また，種目別に見ると投擲選手が最も高く，ハンドボール，器械体操と続き，バレーボール，柔道，短距離，長距離はほぼ同じ値であったが，剣道はやや低い値であった．ここでの女子長距離選手は骨評価値がさほど低くないが，その理由としては，まだ競技歴が浅く，トップレベルに達していなかった選手が含まれていたためと思われる．

力学的刺激に対する骨の反応は負荷の課せられた骨に特異的に生じるもので，骨の強度もその骨がさらされている負荷環境によってきまる．重力の影響と筋力発揮という見地からみると，測定した種目の中では投擲選手の場合，その競技特性という点からみて，骨に対する刺激は最も高く，測定値にもその影響が現れていると考えられる．また，女子長距離選手の体重と骨量は有意な相関関係にあることはすでに報告されている[19,24,28]．筆者らが女子大学生584名について上と同様な方法で測定した結果[11]からも，体重と骨強度は有意な関係にあった．また，宇宙での無重力状態は骨量を減少することが良く知られており，ベットレスやギプスの状態，また動物ではラットなどの実験からも不活動と骨の萎縮に関して報告[16,25]がされている．

表6-1 女子大学長距離選手の身体特性および骨折部位
(石田良恵:女子長距離選手の骨密度,体育の科学 50:237-241,2000)

被検者	年齢 (歳)	身長 (cm)	体重 (kg)	IBM	初潮年齢 (歳)	骨折部位(回)		
						恥骨	脛骨	足骨
1	22	163.0	46.0	17.3	14	2	0	0
2	22	163.0	48.0	18.8	14	0	1	0
3	19	164.0	45.0	16.7	14	0	0	0
4	19	154.0	43.0	18.1	14	1	1	0
5	19	156.0	43.4	17.8	13	0	1	0
6	19	167.0	54.0	19.4	14	1	1	0
7	18	159.0	45.5	18.0	13	0	0	0
8	18	152.0	40.8	17.7	15	2	0	1
9	18	157.0	44.0	17.9	14	0	0	0
10	18	159.0	44.5	17.6	15	0	0	0
Mean	19.2	159.1	45.4	17.9	14.0	0.60	0.04	0.10
SD	1.5	4.6	3.6	0.7	0.7	0.84	0.52	0.32

4. 年齢および性差との関係

疲労骨折について鳥居ら[27~29]は多くの報告をしているが,その中で発育期の選手に見られる疲労骨折は,その原因として,発育期では骨の強度やそれを支える筋力がまだ発達途上にあり,着地の衝撃を上手に吸収できず,度重なるメカニカルストレスが疲労骨折という障害を引き起こすのではないかとの見解を示している.鳥居[29]が中学1年生から高校3年生までの男女駅伝選手を調査した結果からは,高校1年生の男子が最も疲労骨折の発生率は高く,それ以降は女子選手の方が逆転した形となっている.また,疲労骨折を起こす部位についても男子では下肢で,頸骨や腓骨および中足骨などであるが,著者らが調査したところでは,さらにそれより高い割合で大学女子長距離選手が恥骨の疲労骨折を起こしていた(表6-1)[12].男子選手の場合,高校期を過ぎては女子ほど疲労骨折を起こしていない.

したがって身体の発育状況に応じた走行距離をこなすことを第一として,あまり低年齢から1つの運動にかたよらず,ピークボーンに達するまでは過度な負担は避けたい.一方,女子選手の場合,若年齢から過剰な走行距離をこなし,かつ無月経のまま放置されていた場合,まだその時点で骨塩量が低いため,無月経の持続によりさらに低い値になることが予測される.したがって全国都道府県対抗駅伝などに出場する中学生選手に対しては,これらのことを十分に考慮した指導体制が必要と考える.

また,性差という点から疲労骨折を見た場合,まず骨の発育状態からは成長期の男子選手が起こす疲労骨折と,すでに性ホルモンが関与している年齢での女子選手の疲労骨折は,骨折を起こすメカニズムは同一であっても,その誘因は異なると考えられ,また骨折の部位などにも違いが見られるようである.

5. 疲労骨折の予防と対策

1) 栄養面から

人体のカルシウムの99%は骨にあり,骨の重要な成分であるカルシウムの減少は骨の減少,そして疲労骨折や将来的には骨粗鬆症へとつながる.したがってカルシウムのバランスを上手にコントロールしていくことが骨の健康を保つために必要である.そのためには栄養素としてのカルシウムの特徴を理解しておく必要があるが(表6-2)[8],牛乳は体内での吸収率が高いとされるもの

の，それは40％程度であり，カルシウムは吸収のよくない栄養素の1つである．現在，自炊をしている大学生の選手をみても栄養に関する知識が極めて低く，栄養摂取のバランスに問題がある選手が多い．特に，無月経が長期におよび女性ホルモンを含む身体での総合的なホルモン状態に影響が現れている場合，疲労骨折の予防が不可欠となる．そのためにも栄養面から疲労骨折を予防するための積極的なカルシウムの摂取が望ましい．したがって，ビタミンDなども十分に摂取し，カルシウムの吸収を促進させる必要がある．また，塩分の摂りすぎはカルシウムの尿中への排泄を多くするので味付けは薄味にするなど，塩分のとり過ぎに注意が必要である．また，炭酸飲料やスナック菓子，加工食品やインスタント食品もリンの含有量が多く，リンの過剰摂取はカルシウムの吸収を阻害するので避けたい．栄養面では，いかにバランスの良い食生活が工夫できるかがトレーニングと同様に選手生命に関わる重要な問題である．日本人のカルシウム所要量は1日約600 mgとされているが[15]，各自の運動量，身体状況を考慮しつつ牛乳や乳製品，大豆や大豆製品，小魚などを不足しないよう摂取したい．また，女子ランナーとして避けられない減量からの貧血にも注意し，その予防と改善のために鉄分，タンパク質を多く含む食事内容の工夫が望ましい．

2）月経の面から

現在では続発性無月経を放置したままの選手は少なくなっていると思われるが，指導者が男性の場合，若い女子選手からは月経に関することは話しにくい環境にあると思われる．例えば，高校時代からの続発性無月経のまま大学に入り，大学2年の春までに3度も頸骨の疲労骨折を繰り返した選手の例では，婦人科医との連携によるホルモン剤の投与により年に2～3回の月経を起こすようになったことで疲労骨折から解放された．また，女子選手の場合，婦人科系の病院を訪ねることに抵抗がある選手が多い．しかし，指導者は選手自身の身体状況を常に正確に理解させた上で，若年

表6-2 カルシウムを含む食品
（樋口 満，編著：スポーツ栄養学．市村出版，pp59-68, 2001）

食品名	分量	含有量
普通牛乳	1カップ(200g)	200
乳飲料（コーヒー）	1カップ(200g)	120
ヨーグルト（全脂無糖）	1/2カップ(100g)	110
ヨーグルト（含脂加糖）	1/2カップ(100g)	130
アイスクリーム（普通脂肪）	1個(100g)	140
脱脂粉乳（国産）	大さじ2(12g)	132
チーズ（プロセス）	厚さ4mm2枚(25g)	158
鶏卵（全卵）	1～2個(50～100g)	28～55
アーモンド	中皿1盛り(30g)	69
ごま	大さじ1強(10g)	120
小松菜	1/4把(80g)	232
野沢菜（漬物）	小皿1盛り(30g)	51
大豆（生）	中皿1盛り(50g)	120
豆腐（もめん）	1/2丁(150g)	180
豆腐（きぬごし）	1/2丁(150g)	135
油揚げ	1枚(25g)	75
納豆	1/2包(50g)	45
こぶ（削り）	1/2カップ(10g)	56
ひじき（乾燥）	1/5カップ(10g)	140
わかめ（乾燥）	1/4カップ(5g)	48
あゆ	中1匹(70g)	189
まいわし	大1匹(70g)	49
うなぎ	1串(90g)	86
さんま	中1匹(100g)	75
しばえび	小10匹(50g)	60
しじみ	中皿1盛り(20g)	64
あじ（開き干し）	中1匹(60g)	48
しらす干し	大さじ1強(10g)	53

選手でも自分の身体に対し積極的な行動ができるよう自立した指導が望ましい．先に述べたように長期にわたる無月経はエストロゲンの低下が予測され，さらに広範囲の内分泌異常になったままの身体を放置した場合，その回復は困難となることが予測される．目崎[21]は「試合や合宿などのスケジュールを考慮しながらエストロゲン製剤あるいはプロゲストーゲン製剤などの単独あるいは同時投与によるホルモン療法により性器出血を起こさせる」などの基本的な改善策を示唆している．

3）生化学的な面から

向井[22]は疲労骨折のリスクとして副甲状腺ホルモン（PTH），カルシトニン（CT）は骨密度と関連があり疲労骨折の予防因子になりうる，また

インスリン様成長ホルモン-1（IGF-1）と腰椎骨密度は疲労骨折を起した者と非骨折者では大きく異なること，そして腰椎骨密度が低く，なおかつIGF-1が低い者は疲労骨折の危険性が高い可能性があることを報告している．これらのことはまだ明確に疲労骨折を予測することはできないものの骨代謝の生化学的な検査を行なうことの意義は高い．

4）トレーニング面から

長距離選手の場合，我が国では年間を通じて休む間も無く各種の試合が組まれている．冬季には駅伝の連続，春，夏，秋ではトラックでの大会，さらには場所を変えての合宿練習などにより選手はオーバートレーニングにかかりやすい．大きな競技会の後には体力を回復するための休養期間が必要であるが，現状ではほとんど不可能に近い．また，若年選手の場合，走行距離に筋力がともなわず，ただ軽量化しただけの身体は故障の原因ともなる．また，日本人の女子選手をみると単に細身だけで外国の選手に比べ筋力不足と思える選手が目につくので，上肢や体幹の筋も十分に鍛える必要があると思われる．若年の女子選手には，年のうち1ヵ月くらいは走ることから離れ，まったく違ったスポーツができるような環境作りなどが望ましいと考える．

まとめ

ここ10数年ほどの間に，女子長距離選手の競技レベルは著しく向上してきた．それに伴い女子長距離選手特有の無月経，過度の走行距離，低体重などから女子長距離選手の疲労骨折についての研究報告も多くなり，現場の指導者にもFATについての知識が広まっている．また，一方で，このような選手すべての骨塩量が低いとは限らず，骨量は遺伝，性ホルモン，身体運動や栄養状態などを含めた複雑な要因が影響していると考えられる．したがって総合的な判断と治療が必要であり，指導者による練習内容の調整，定期的な骨密度の測定や生化学的な検査，医師による月経の状態に応じた治療，栄養士による食生活の指導，貧血の改善，摂食異常者に対する心理面でのカウンセラー，厳しいトレーニングによるストレスへの精神面でのフォローなど総合的な連携プレーが欠かせない．それら一連のサポートシステムが早急に上手く運用されることにより，我が国の女子長距離選手たちがFATを克服し，世界のトップクラスを維持できる環境作りが望まれる．

［石田　良恵］

文　献

1) Cook SD, Harding AF, Thomas KA, et al：Trabecular bone density and menstrual function in women runners. Am J Sports Med 15：503-507, 1987
2) De Souza MJ, Maguire MS, Rubin KR, et al：Effects of menstrual phase and amenorrhea on exercise performance in runners. Med Sci Sports Exerc 22：575-580, 1990
3) Drinkwater BL, Nilson K, Chesnut CH 3rd, et al：Bone mineral content of amenorrheic and eumenorrheic athletes. New Eng J Med 311：277-281, 1984
4) Drinkwater BL, Nilson K, Ott S, et al：Bone mineral density after resumption of menses in amenorrheic athletes. JAMA 256：380-382, 1986
5) Eriksen EF, Colvard DS, Berg NJ, et al：Evidence of estrogen receptors in normal human osteoblast-like cell. Science 241：84-86, 1988
6) Feicht CB, JohnsonTS, Martin BJ, et al：Secondary amenorrhea in athletes. Lancent 25：1145-1146, 1978
7) Frisch RE：Food intake, fatness, and reproductive ability. Anorexia nervosa (ed Vigersky RA). Raven press, New York, p149, 1977
8) 樋口満，編著：スポーツ栄養学．市村出版，pp59-68，2001
9) 細井孝之：原発性骨粗鬆症．からだの科学 195：22-25，1997
10) 石田良恵，鈴木志保子，角田直也，ほか：大学女子長距離ランナーの身体特性と骨密度の関係，体力科学 44：874，1995
11) 石田良恵，小島康昭，奥山秀雄，ほか：女子大学生の骨強度と形態および体力テスト点との関係．第7回日本運動生理学会抄録集41，1999
12) 石田良恵：女子長距離選手の骨密度，体育の科学

50：237-241，2000
13) Jacobson PC, Beaver W, Grubb SA, et al：Bone density in women．College athletes and older athletic women. J Orthop Res 2：328-332, 1984
14) Komm BS, Terpening CM, Benz DJ, et al：Estrogen binding, receptor mRNA and biologic response in osteoblast-like osteosarcoma cells. Science 241：81-84, 1988
15) 厚生省保健医療局健康栄養課監修：日本人栄養所要量．第一出版，p75，1993
16) Li XJ, and Jee WS: Adaptation of diaphyseal structure to aging and decreased mechanical loading in the adult rat: a densitometric and histomorphometric study. Anat Rec 229：291-297, 1991
17) Lindberg JS, Fears WB, Hunt MM, et al：Exercise-induced amenorrhea and bone density. Ann Int Med 101：647-648, 1984
18) Marcus R, Cann C, Madvig P, et al：Menstrual function and bone mass in elite women distance runners. Endocrine and metabolic features. Ann Int Med 102：158-163, 1985
19) 松本高明：青年期スポーツ選手の骨密度－種目間の相違．臨床スポーツ 15：727-731，1998
20) 目崎　登：大学運動選手の月経現象．Acta Obst Gynaec Japan 36：247-254，1984
21) 目崎　登：女性スポーツの医学．文光社，pp145-150，1997
22) 向井直樹：女子長距離ランナーの骨密度と骨代謝マーカー．疲労骨折発生との関係，臨床スポーツ 15：737-740，1998
23) Nelson ME, Fisher EC, Catsos PD, et al：Diet and bone status in ammenorrheic runners. Am J Clin Nutr 43：910-916.1986
24) 小澤治夫，野井真吾，福永哲夫：発育中・高校生の骨密度変化－縦断研究－．臨床スポーツ 15：713-717，1998
25) Shaw SR, Zernicke RF, Vailas AC, et al：Mechanical, morphological and biochemical adaptation of bone and muscle to hindlimb suspension. J Biomech 20：225-234, 1987
26) 田口素子，樋口　満，根本　勇，ほか：女子ランナーの基礎代謝量と身体組成．体力科学 47：898，1998
27) 鳥居　俊：女子長距離選手の骨塩量．臨床スポーツ医学 11：1253-1257，1994
28) 鳥居　俊：女子陸上競技選手の骨塩量値からみた健康管理上の諸問題．臨床スポーツ医学 12：1431-1434，1995
29) 鳥居　俊：ジュニア選手に多いスポーツ外傷，障害．Coaching Clinic 1：56-59，2000

7章 スポーツトレーニングが月経（周期）に及ぼす影響

　月経は女性の生理生殖機能をもっともよく反映する，女性にとっては重要な身体の健康指標である．現代社会において運動は健康や体力の維持・増進のために必要な生活習慣とされているが，その行ない方や行なう量によっては女性の生理生殖機能に悪影響を及ぼす可能性もある．一般に健康増進のために行なう軽度な運動や，レクリエーションとして行なうスポーツでは生殖機能に悪影響を及ぼすことは考えにくいが，日々激しいトレーニングを行なう女子スポーツ選手に，初経の遅延や周期の異常などの月経異常が多いことはよく知られている．よく知られていると同時に，「競技を止めれば元に戻る」と異常を放置したり，競技者としてはわずらわしいことがなくなりかえってよかったとさえ言っている選手も少なくない．以前耳にしたことだが，某種目のナショナルコーチは「競技で勝つためなら女性としての生理生殖機能は必要ない」とまで言い切り，選手に厳しいトレーニングや摂食制限を行なっていたという．確かに競技においては「勝つ」ことが重要視されるのは当然である．しかし，女性が競技スポーツをしているということを考えると，このような考え方は如何なものだろうか？　そして何より本当に競技を止めさえすれば月経異常は回復し，正常な性機能を取り戻せるものなのだろうか？

　ここでは競技スポーツが女性の性機能，特に月経や性周期に及ぼす影響について，これまでの報告を概説するとともに，競技スポーツを行なっていた女子体育大学生を対象に，大学入学時から卒業した後まで十数年間，縦断的に調査した月経データを示し，女子スポーツ選手の月経異常の予後について考えてみたい．

1. 女子スポーツ選手の月経状態

　競技スポーツを行なっている女性に月経異常が多いことはよく知られている．中でも初経の遅延[14, 27]や，希発月経，続発（性）無月経などの周期異常が数多く報告されている[4, 13, 15, 16, 18, 26]．

1）初経発来の遅延

　女子スポーツ選手の初経発来は一般女子と比較して遅いといわれている．目崎ら[14]によれば，スポーツ習慣のない一般女子大学生の初経発来年齢分布は12歳にピークを示し，平均初経年齢は12.8歳であったのに対し，スポーツ選手群ではピークが13歳で，平均初経年齢も13.3歳と，明らかに一般学生より初経発来が遅延しているという．また，山川ら[27]が国体地区予選出場以上の選手約800名の初経年齢を競技種目別に調査した研究によれば，投擲の選手は12歳0ヵ月で一般女子学生の12歳1ヵ月と変わらないのに対し，体操競技選手は14歳1ヵ月ともっとも遅く，この他にも中・長距離選手が遅かったという．一方，水泳選手は一般女子と差がみられない．初経年齢は競技種目による差が認められており，その遅延傾向は体操競技，新体操，バレエダンサーで顕著である．

　さらに初経発来の遅延傾向は，スポーツトレーニングの開始時期に関係があるとされている．目崎ら[11]によれば，初経発来前にトレーニングを開始した者の初経年齢は13.1歳と対照群の12.6歳より明らかに遅延していたのに対し，初経発来

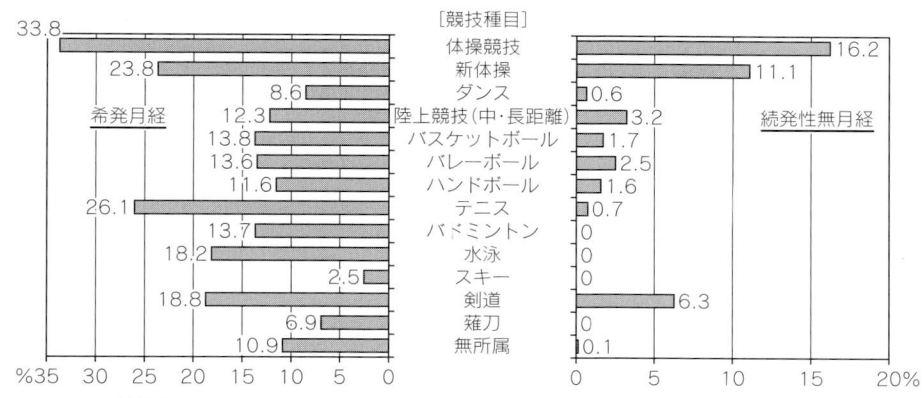

図7-1 競技種目別にみた希発月経と連発性無月経の出現頻度

競技種目	希発月経(%)	続発性無月経(%)
体操競技	33.8	16.2
新体操	23.8	11.1
ダンス	8.6	0.6
陸上競技(中・長距離)	12.3	3.2
バスケットボール	13.8	1.7
バレーボール	13.6	2.5
ハンドボール	11.6	1.6
テニス	26.1	0.7
バドミントン	13.7	0
水泳	18.2	0
スキー	2.5	0
剣道	18.8	6.3
薙刀	6.9	0
無所属	10.9	0.1

(菊地 潤：スポーツトレーニングが月経(周期)に及ぼす影響～女子スポーツ選手の月経異常はトレーニングを止めると必ず正常になるか？～．体育の科学 50：379-387，2000)

後にトレーニングを開始したとする者では初経年齢は12.0歳と対照群より早く発来していた．しかし，女子スポーツ選手の初経遅延については，スポーツトレーニングが初経を遅らせたのではなく，初経が遅くなるような身体特性，すなわち体脂肪が少なく，細長い体型の人が競技選手としては有利であったため，後まで選手として残ったためであるとの考え方もある．

2) 月経周期異常

現在，婦人科的に正常とされている月経周期は25～38日で，25日未満の短い周期は「頻発月経」，39～89日と長めの周期は「希発月経」，90日以上月経発来がみられない場合は「続発(性)無月経」とされている[23]．また，月経周期が7日以上変動する場合も「不整周期月経」とされ，月経異常に分類される．女子スポーツ選手の場合，周期の延長である希発月経や続発(性)無月経，不整周期月経など周期の異常が多いといわれている[4, 13, 15, 16, 18, 26]．日本を代表する一流女子選手(オリンピック強化指定選手)の月経調査[3]によれば，スポーツ選手の続発(性)無月経(選手15.4％，対照群7.7％)，不整周期月経(選手15.4％，12.5％)の頻度はともに対照群より高率であったという．また，小田原ら[18]も体育系女子大学生の月経状態を調査し，運動部に所属し恒常的にハードなトレーニングを行なう学生は，運動はレクリエーションとして時たま行なうだけの一般学生より，無月経や希発月経の頻度が有意に高い(運動部学生14.3％，一般学生3.0％)ことを報告している．これら周期の長さの異常とは別に，排卵がなくなる無排卵性月経や黄体機能不全も女子選手には多くみられる．

また，初経の遅延傾向と同様に，これらの異常にも競技種目による差が認められている．体育大学の運動部に所属する女子153名における月経周期(4,733周期)を種目別に検討した結果[7]，希発月経や続発(性)無月経は体操競技，新体操に多かった(図7-1)．

2．女子スポーツ選手における月経異常(周期異常)の要因と発現機序

女子スポーツ選手における月経周期異常の要因としては，身体的・精神的ストレスやホルモン環境の変化，体脂肪の減少，初経後の経過年数(経年齢)などが考えられている．

1) 身体的・精神的ストレス

日々繰り返し行なわれるスポーツトレーニングは，身体にとってストレスとなる．身体的ストレスを体力の消耗度としてみた報告[12]によれば，

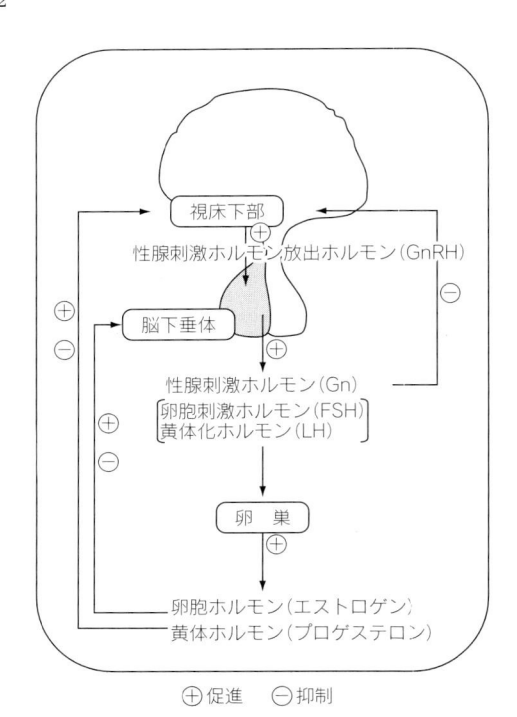

図7-2 視床下部—脳下垂体—卵巣における内分泌のフィードバックシステム
(菊地 潤：スポーツトレーニングが月経(周期)に及ぼす影響〜女子スポーツ選手の月経異常はトレーニングを止めると必ず正常になるか？〜．体育の科学 50：379-387，2000)

体力を消耗すると感じている者の月経異常の頻度は60％，気にならないとする者では40％と，消耗すると感じている者の方が異常の頻度が高率である．また，バレエダンサーでは1週間の練習時間が増加するのに伴い，続発(性)無月経の頻度も増加している[24]．さらに陸上競技選手においても，1週間の走行距離が増加するほど月経異常の発現頻度が増加している[3]．しかし，水泳や自転車競技の選手では一週間のトレーニング距離と月経異常の関係はみられない[1]．ここでも競技種目による違いが認められ，性機能に影響を及ぼす要因はトレーニングの量のみでなく質も関係していることが示唆される．

一般の女性でも進学や引越しなどにより環境が変化したり，学校や職場での悩みなどにより精神的なストレスにさらされると，月経周期が乱れたり，無月経になることはよく知られている．スポーツ選手では，さらに試合や厳しい毎日のトレーニングでの緊張などがストレスとなって，月経周期異常が生起される．これら精神的ストレスにおける月経周期異常の発現機転は，ストレスによって副腎系の機能が亢進し，視床下部からの性腺刺激ホルモン放出ホルモン（GnRH）の分泌が障害され，排卵誘発の引き金となる脳下垂体からの黄体化ホルモン（LH）分泌が抑制されるためと考えられている[10]．

2）ホルモン環境の変化

女性における性（月経）周期は視床下部—脳下垂体—卵巣を結ぶ各種ホルモンの精巧なフィードバックシステム（図7-2）によって営まれている．

女子スポーツ選手における月経異常は，運動を行なうことで生体内に起こるさまざまなホルモンの変化によって引き起こされるといわれている．スポーツ選手のゲーム時およびトレッドミル運動負荷時の内分泌学的変動についての報告[21]によれば，卵胞ホルモンであるエストロンおよびエストラジオールと，男性ホルモンであるアンドロステンジオンは運動に伴い増加傾向を示し，プロラクチンは運動に伴い著明に増加したという．エストロンやエストラジオールの増加は，視床下部—脳下垂体—卵巣のホルモンフィードバック機構によって性腺刺激ホルモン（ゴナドトロピン；Gn）の分泌を阻止する方向へ働き，その結果，月経は正常に営まれなくなる可能性が出てくる．また，アンドロステンジオンは男性ホルモンの一種なので，この血中レベルが上昇すれば月経に異常が生じる可能性は高い．乳腺刺激ホルモンであるプロラクチンは，黄体の寿命を長引かせ排卵を阻止するように働く．高いプロラクチンレベルは低いゴナドトロピンレベルへとつながる．これら運動に伴うホルモンの変化は一過性であり，このような一過性のホルモン増加が女子スポーツ選手の月経異常に直接関係するかはわからない．しかし，毎日数時間このようなホルモン値の上昇が続

いていることを考え合わせれば，エストロンやエストラジオール，アンドロステンジオン，プロラクチンの上昇が女子スポーツ選手の月経異常に影響を及ぼしている可能性は否めない．

また，正常排卵周期を有する一般女性を対照群とし，スポーツ選手を正常排卵周期群および黄体機能不全群に分けて，ゴナドトロピンの分泌動態を検討した結果[13]，安静時においても卵胞刺激ホルモン（FSH）およびLHの値はスポーツ選手で明らかに低値を示していた．そして4時間にわたり15分ごとに採血を行ない，ゴナドトロピンのパルス状分泌動態を検討すると，総パルス回数はスポーツ選手で少なく，特にその傾向は黄体機能不全群で顕著であった．スポーツ選手におけるゴナドトロピン分泌は，安静時においてもその量のみならず放出パターンにも異常がみられる．

さらに近年，β-エンドルフィンやエンケファリンなど，内因性オピオイドペプチドホルモンと呼ばれる物質の作用が重要視されている．この物質は脳内などで作られ，麻薬様の鎮静作用を持つホルモンで，長距離ランニングの最中や直後に男女ともに血液中で増量することが認められている．走っているうちにランナーの気分が高揚してくる「ランナーズ・ハイ」という現象に関係があると考えられているが，それと同時にこの物質は視床下部の弓状核に働いて，GnRHの脈動的放出を変化させ，それが脳下垂体からのLHの脈動的分泌パターンを変化させて，排卵や黄体機能を制御することが明らかとなってきた．

さらに無月経の選手は，神経伝達物質であるドーパミンが過剰に分泌されており，視床下部でのGnRHの分泌も抑制され，その結果LHの分泌が抑制されているとする説[19]がある．視床下部はFSHやLHの他にも脳下垂体から分泌されているホルモン分泌を調節しているが，その中の副腎皮質刺激ホルモン放出ホルモン（CRH）の分泌亢進の可能性が無月経のスポーツ選手で示された[8]．一方，動物実験ではCRHの脳内投与で脳下垂体からのLHを抑え，また視床下部からのGnRHの放出を抑制するという研究もあり，運

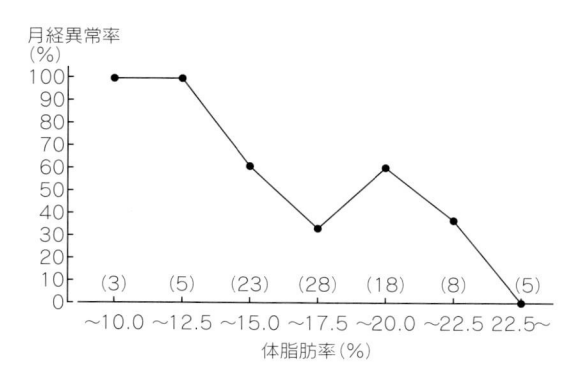

図7-3 体脂肪率と月経異常率
（目崎 登：女性のためのスポーツ医学．p75,86,94，金原出版，1992）

動による各種ホルモンや脳内物質の変化がGnRHの放出を抑制する可能性が考えられている．

このほか，運動による月経異常発現のメカニズムとしては，激しい運動時には内臓への血流量が減少し，卵巣内が酸素不足に陥るため，卵胞の発育がうまく進行せず，エストロゲンレベルが低下し，LHサージの阻止が起こるためともいわれている[25]．また，運動によって上昇する体温が体温調節中枢でもある視床下部を狂わせ，その結果として月経調節も狂うのではないかなどとも考えられている[25]．

3）体脂肪

体脂肪は性機能の発現および維持にとって重要とされている．特に性ステロイドホルモンの代謝に重要で，男性ホルモンであるアンドロゲンは脂肪組織においてエストロゲンに転換される[20]ため，体脂肪量が少ないとアンドロゲンのエストロゲンへの転換率が低くなり，高アンドロゲン状態となって月経異常の原因となると考えられている．

女子スポーツ選手の体脂肪率と月経異常の関係をみると，体脂肪率が低いほど月経異常率が高く，体脂肪率の増加に伴い月経異常は減少する傾向にある（図7-3）[14]．

Frisch[2]は初経発来には17％以上，正常な月経周期維持には22％以上の体脂肪率が必要である

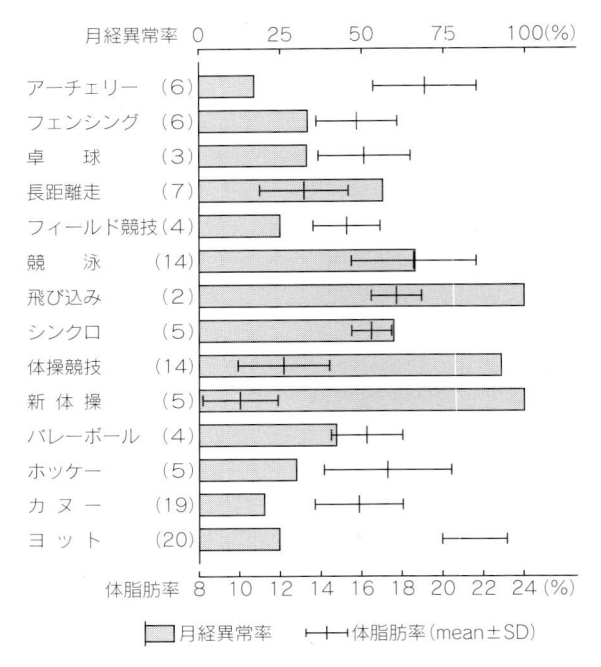

図7-4 競技種目別体脂肪率と月経異常率
（目崎 登：女性のためのスポーツ医学. p75,86,94, 金原出版, 1992）

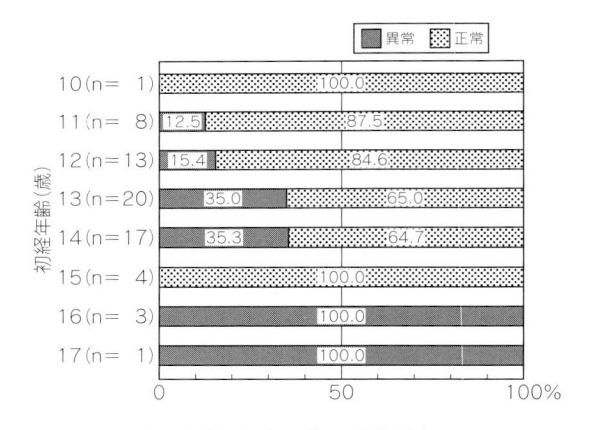

図7-5 初経年齢別月経周期異常者割合
（菊地 潤, 中村 泉, 山川 純：新体操選手の体格・トレーニングが月経に及ぼす影響. 学校保健研究 37：105-113, 1995）

と報告している．しかし，これ以下の体脂肪率でも正常周期がある例が多数報告されており，Frischが身長と体重のみから体内水分量を算出し，そこから体脂肪量を求めたことからも，この臨界体脂肪説への批判は多い．

また，競技種目別に体脂肪率と月経異常の頻度を比較すると，体脂肪率の低い体操競技や新体操では月経異常率が高く，体脂肪率が高い種目では月経異常率が低かったが，一部の種目においては体脂肪率が高いにもかかわらず高い月経異常率を示した競技も認められ（図7-4）[14]，体脂肪の減少が月経異常の出現に重要な要因ではあるものの，それのみでは月経異常の発現機序を説明できないことも示唆されている．体脂肪の減少にはエネルギーの摂取と消費のバランスの問題も関係してくるが，スポーツ選手では高いエネルギー消費に対して，エネルギーや栄養素の補給が十分でないことも月経異常の原因といわれている．

著者らが79名の新体操選手を対象に体脂肪率を測定し，初経やトレーニング状況の調査を行ない，それらと月経の規則性との関連を検討した結果[4]，選手全体の平均体脂肪率は14.6％と一般女性と比べ低く，周期異常も30.4％と高かった．しかし，新体操選手の中で月経周期が規則的な群と無月経を含む不規則な群とを比較すると，体脂肪率，身長，体重，トレーニングの頻度や時間，トレーニングに対する主観的強度，競技レベルに有意な差は認められなかった．そして2群間に差が認められたのは平均初経年齢と初経後の経過年数（経年齢）で，不規則群は規則的群より有意に初経発来が遅かった（不規則群：14.3歳，SD 1.4，規則的群：13.3歳，SD 1.2）．つまり，初経発来が遅くなるにしたがって，また経年齢が低くなるにしたがい周期異常の出現率は高くなっていた（図7-5）．これらのことから，月経周期の異常発現には経年齢の影響も極めて強いことがわかる．

4）初経後の経過年数（経年齢）

前述したように，女子スポーツ選手における月経周期異常には初経後の経過年数も重要な要因となっているようである．

女子体育大学生が現役でスポーツトレーニングを行なっていた時期の月経周期のみを抽出し，初

経後年数（経年齢）別に平均周期を算出すると，各経年齢での平均周期は経年齢が上がるにつれて徐々に短縮する傾向を示した（図7-6）[7]．そして標準偏差も，すべてスポーツトレーニング期間中の周期であるにもかかわらず，年数の増加に伴って減少し，初経後年数を経ると月経周期は安定してくることがわかる．

性成熟に向かう月経周期の発達過程について松本[10]はモデルを示し，月経周期は無排卵周期，黄体機能不全周期など種々の不完全な周期の状態を経ながら，10年くらいの年月をかけ確立するとしている（図7-7）．そしてその背景は，視床下部—下垂体—卵巣系の各ホルモンのフィードバック機構が確立することにある．この月経周期が確立する過程における種々の環境因子やストレスは，その後の月経周期に多大な影響を与えるものと考えられる．

現在，一般女子の初経年齢はおよそ12歳6ヵ月とされており，大学生であれば初経後6〜9年，高校生にいたっては初経後4〜7年しか経過していないことになる．女子スポーツ選手の初経遅延傾向を加味すれば，いかに月経周期が確立していない不安定な時期にスポーツトレーニングを行なっているかがわかり，短い初経後年数（経年齢）が，より月経周期異常発現を助長しているものと思われる．

以上のように，女子スポーツ選手における月経異常の要因やその発現機序についてはさまざまな報告がされているが，いずれも決定的ではなく，これらの要因が単独ではなく複合的に作用し，月経異常が発現するものと考えられる．

3. 女子スポーツ選手における月経異常の予後

女子スポーツ選手の月経周期異常は，シーズンオフやけがなどによりトレーニングを中断すると改善傾向があるとのデータ[24]から，可逆的であるとされることが多い．しかし，女子スポーツ選手における月経周期の異常については，現役中の報

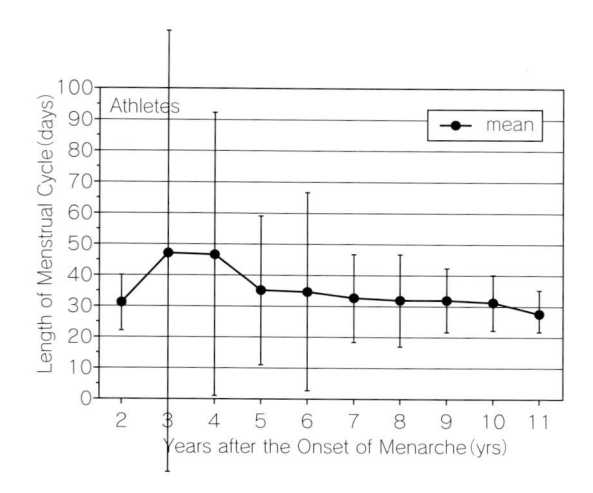

図7-6 女子体育大学生におけるトレーニング期間中の経年齢別平均月経周期および標準偏差
（菊地 潤：スポーツトレーニングが月経（周期）に及ぼす影響〜女子スポーツ選手の月経異常はトレーニングを止めると必ず正常になるか？〜．体育の科学 50：379-387，2000）

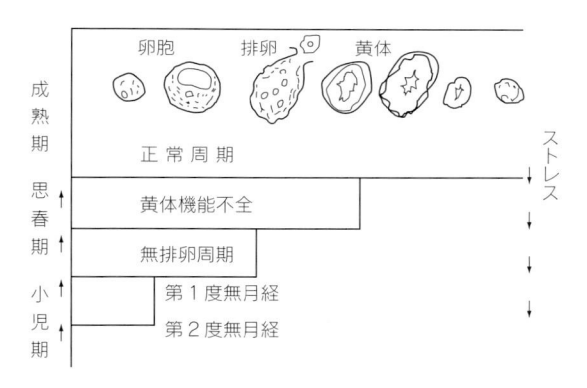

図7-7 月経周期発達の過程
（松本清一：ストレスと月経．東京母性衛生学会誌 9：5-7，1993）

告しかみられず，スポーツ活動によって乱された月経状態がスポーツ活動引退後どのような経過をたどるのかは明らかにされていない．

著者らは1981年と1985年に体育大学に入学した女子学生504名を対象に，大学入学時から卒業後の現在まで15〜20年間，月経発来日と終了日の調査を行なってきている．この縦断的な月経データから算出した月経周期を個人別に観察す

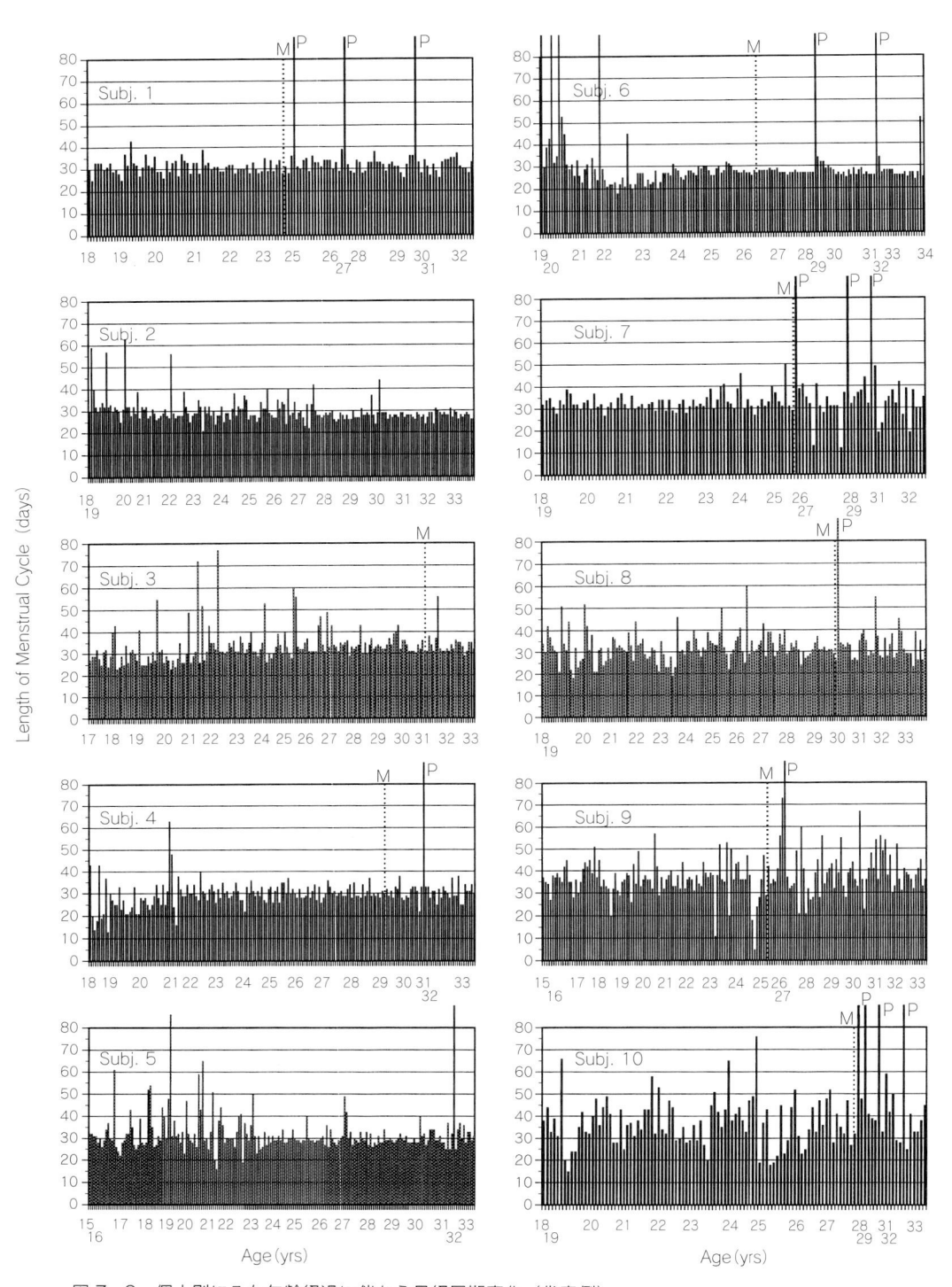

図7-8 個人別にみた年齢経過に伴なう月経周期変化（代表例）

注）図中のPは妊娠時の周期，Mは結婚時期を示す．

（菊地　潤，中村　泉：大学女子スポーツ選手の現役中から引退後における月経周期変化の個人差—大学入学時から16年間にわたる縦断的月経データの解析—．小野スポーツ科学 6：43-57，1998より改変）

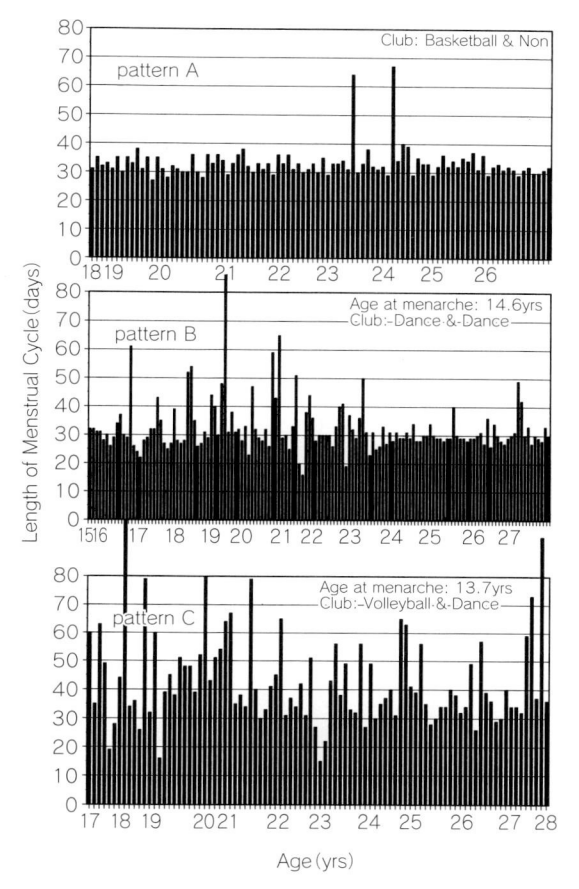

I部 スポーツにおける生理学的トピックス　77

図7-9　年齢経過に伴う月経周期変化の典型例
A：18～26歳頃まで正常周期が80％以上を占め，安定している．
B：大学時代に相当する年齢に乱れるが，卒業後は正常周期が多くなる．
C：18～28歳頃まで長短の異常周期が高頻度に見られ，大学卒業後も安定していない．
（菊地　潤，中村　泉：体育大学出身女性における年齢に伴う月経周期の変動パターン．民族衛生64：299-312，1998）

ことができた．

　そしてこれら個人別かつ年齢別の月経周期を大学時代と卒業後の2期に分け，各期間における婦人科的正常周期（25～38日）の占める割合を算出したところ，体育大学出身女性の年齢経過に伴う月経周期変化には，大別して3つのパターンが存在した[5]．各パターンの典型的な例を1名分ずつ図7-9に示した．3つのパターンとは，① 18～30歳頃まで正常周期が80％以上を占め，大きく乱れることなく正常範囲内を変動するパターン（パターンA），② 18～22歳の正常周期は70％未満であるが，23歳以降は正常周期が80％以上を占め，大学時代に相当する年齢には乱れるが，その後はほぼ正常範囲内を変動するパターン（パターンB），③ 18～30歳頃まで正常周期が70％未満で，正常範囲より長めもしくは長短両方の周期が高頻度にみられ，年齢を経ても安定がみられないパターン（パターンC）で，これら3つに対象者（1981年入学者で5年以上継続して調査に協力のあった84名）の約7割を大別することができた．パターンAは対象者84名の28.6％に，Bは21.4％，Cは19.0％にみられ，残りの31.0％はいずれのパターンにも分類しがたい変化を示した．

　一般女性の年齢経過に伴う月経周期変化を数十例にわたり個人別に報告した研究は，これまで見当たらないので，これら抽出された3つのパターンが体育大学出身女性のみにみられる特徴的なものかどうかはわからない．しかし，Matsumotoら[9]が報告した1例の一般女性においては，特定の年齢に変動が大きくなったり，年齢を経ても安定がみられないという周期変化は観察されていない．パターンBのような変化は，これまでの報告のとおり，スポーツトレーニングが月経周期の安定性を阻害していることを示していると同時に，スポーツトレーニングによる周期の乱れは一過性（可逆的）のものであり，スポーツトレーニングを止めれば正常周期に回復することを示唆しているのかもしれない．しかし，年齢を経てもまったく周期に安定がみられず，正常範囲を逸

ると，図7-8[6]に示したように，18歳から30歳過ぎまでほとんどが正常周期である者（図7-8 Subj.1）や，大学時代である18～22，23歳頃は異常周期が出現するが，その後はほぼ正常範囲内を変動する者（図7-8 Subj.5, 6），18～33歳まで正常周期より長めもしくは長短両方の周期が高頻度にみられ，年齢を経ても安定がみられない者（図7-8 Subj.9, 10）など種々の様相を観察する

脱する長短の周期が高頻度にみられるパターン（C）の存在は，競技スポーツを行なっている（いた）女性の周期異常は，すべてのケースがスポーツ活動を止めれば必ず正常周期に回復するわけではないということを示しているともいえる．

前述したように，月経周期の変化にはさまざまな要因が複雑に関与していること，競技スポーツを行なっていても正常周期を維持している者（パターンA）も存在することから，さらに詳細な検討（他稿に譲る[5,6]）が必要であることはいうまでもないが，若い時期から激しいスポーツトレーニングを行なってきた女性の中には，現役を引退しても正常周期に回復しない者も存在することは確かである．この事実を念頭におき，スポーツによる月経（周期）異常は可逆的であるとして安易に放置すべきではないと考える．周期回復状況は周期失調の期間と相関しており[17]，長期の周期失調は，プロゲステロンのみの投与では消退出血がみられない第二度無月経へと重症化しやすく，回復しにくくなるとされている[14]．また，正常範囲を逸脱する周期ではたとえ性器出血が認められたとしても，無排卵性の周期である可能性が高い．さらに，長い周期の女性には流産児の染色体異常の発生が増加する傾向があるとの報告[22]もある．将来の妊孕性を考えても，月経周期は正常範囲内にあることが望まれる．

また，長期にわたる月経異常，特に無月経は骨塩量の低下を招くことからも，早期に適切な処置をする必要がある．

現役時代，厳しいトレーニングと摂食制限を続けていた元オリンピック選手は，引退後も月経は発来せず，何年もの間ホルモン注射を続けているという．女性にとって重要な健康指標である月経について選手自身が正しい知識を身に付け，自己の健康に対する意識を高め，女性が女性としての生理生殖機能を保持しながら，スポーツ活動が行なえるようにしたいものである．

[菊地　潤]

文　献

1) Feicht CB, Martin BJ, and Wagner WW : Is athletic amenorrhea specific to runner? Federation Proceedings 39 : 371, 1980
2) Frisch RE : Food intake, fatness, and reproductive ability, Anorexia Nervosa, Raven press, New York: 149, 1977
3) 梶原洋子，浜松ヨシエ，生方文枝，ほか：女子中・長距離選手の月経状況．（財）日本陸上競技連盟陸上競技紀要 2：39-48, 1989
4) 菊地　潤，中村　泉，山川　純：新体操選手の体格・トレーニングが月経に及ぼす影響．学校保健研究 37：105-113, 1995
5) 菊地　潤，中村　泉：体育大学出身女性における年齢に伴う月経周期の変動パターン．民族衛生 64：299-312, 1998
6) 菊地　潤，中村　泉：大学女子スポーツ選手の現役中から引退後における月経周期変化の個人差─大学入学時から16年間にわたる縦断的月経データの解析─．小野スポーツ科学 6：43-57, 1998
7) 菊地　潤：スポーツトレーニングが月経（周期）に及ぼす影響～女子スポーツ選手の月経異常はトレーニングを止めると必ず正常になるか？～．体育の科学 50：379-387, 2000
8) Loucks AB, Mortola JF, Girton L, et al : Alterations in the hypothalamic-pituitary-ovarian and the hypothalamic-pituitary-adrenal axes in athletic women. Journal of Clinical Endocrinology and Metabolism 68 : 402-411, 1989
9) Matsumoto S, Nogami Y, and Ohkuri S : Statistical studies on menstruation; A criticism on the definition of normal menstruation, Gunma Journal of Medical Science 11 : 294-318, 1962
10) 松本清一：ストレスと月経．東京母性衛生学会誌 9：5-7, 1993
11) 目崎　登，佐々木純一，庄司　誠，ほか：スポーツトレーニングと初経発来．日本産科婦人科学会雑誌 36：49-56, 1984
12) 目崎　登，本部正樹，佐々木純一：運動と性機能．産科と婦人科 55：2-7, 1988.
13) 目崎　登，庄司　誠，佐々木純一，ほか：女性の性機能とスポーツ─臨床的立場から─．産婦人科の世界 42：3-10, 1990
14) 目崎　登：女性のためのスポーツ医学．p75, 86, 94, 金原出版, 1992

15) 宮原春美, 江藤宏美, 前田恵子, ほか：スポーツが月経に及ぼす影響. 長崎大学医療技術短期大学紀要 4：77-80, 1990
16) 永田しが子, 藪内ふじ江：本学体育専攻学生の初経及び性周期についての考察. 九州女子大学紀要 24：77-86, 1989
17) 落合和彦, 北川道弘, 中野 真, ほか：性機能とスポーツ―特に基礎的な立場から―. 産婦人科の世界 42：11-17, 1990
18) 小田原靖, 楠原浩二, 横山 敬, ほか：運動性無月経(Exercise Associated Amenorrhea)の検討：第1報 女子運動選手の月経異常の分析. 日本不妊学会誌 31：29-33, 1986
19) Quigley ME, Sheehan KI, Casper RF, et al : Evidence for increased dopaminergic and opioid activity in patients with hypothalamic hypogonadotropic amenorrhea. Journal of Clinical Endocrinology and Metabolism 50 : 949-954, 1980.
20) Richardson GE:Hormonal physiology of the ovary. Gynecologic Endocrinology, 2nd Ed, Haper & Row, New York, Evanston, San Francisco and London : 55-77, 1975
21) 佐々木純一, 目崎 登, 庄司 誠, ほか：女子一流選手のスポーツ活動時の内分泌学的変動. 日本不妊学会誌 32：5-12, 1987
22) 鈴木秋悦：生殖のバイオロジー. p101, 日本評論社, 1983
23) 玉田太朗：月経に関する定義. 産婦人科の実際 41：927-929, 1992
24) Warren MP : The effect of exercise on pubertal progression and reproductive function in girls. Journal of Clinical Endocrinology and Metabolism 51 : 1150-1157, 1980
25) Wells CL (宮下充正監訳)：女性のスポーツ生理学. p117, 大修館書店, 1989
26) Wilson CA, Abdenour TE, and Keye WR : Menstrual disorders among intercollegiate athletes and non-athletes: perceived impact on performance. Athletic Training, JNATA 26 : 170-177, 1991
27) 山川 純, 渋谷貞夫, 横関利子：女子選手の初経年齢及び月経状態. 昭和58年度日本体育協会スポーツ医科学研究報告, 女子のスポーツ適性に関する研究, 第三報：84-99, 1983

II部

スポーツにおける体力トレーニング

8章　初動負荷トレーニングの科学的基礎
9章　複合トレーニング
10章　両側性および一側性のトレーニング
11章　低酸素トレーニング
12章　スポーツと防衛体力

8章 初動負荷トレーニングの科学的基礎

「大陸発見なんて誰でもできる」との声に,「ならば卵を立ててみよ！」といい,試みた衆人が応えられなかったとき,コロンブスは卵の尻をつぶして立ててみせた.これと同様の事例は,新たなスポーツトレーニングの草創期にはよく起こることである.

周知のように,筋の発揮パワーとその持続能力が競技成績に直接影響するスポーツ種目においては,筋活動に抵抗負荷（Resistance）をかけるレジスタンストレーニング（Resistance Training；RT）が必要不可欠なプログラムとなる.図8-1に示されるように,RTにはその目的や器具および筋活動様式に応じてさまざまな呼称がある[27].例えば,選手やコーチが常用する「筋トレ（筋力トレーニング）」や「ウェイト（ウェイトトレーニング）」とは,目的や使用器具による名称であってRTのすべてを指しているものではない.また,RTを行なうと「柔軟性がなくなる」,「スピードが落ちる」,「動きが小さくなる」といった従来の定説[5,38,41]は,「特異性の原則」[11,33,41]と「初動負荷理論」[18]に反することを原因として指摘することができる.すなわち,スポーツの競技力向上のためには,当該スポーツにおける筋活動の特異性を把握するとともに,各々のRTの特性を理解した上で実施することが必要となるのである.

最近,スポーツの競技力向上を目的としたRTとして,「初動負荷理論によるRT（以下単に「初動負荷」という）」とよばれるRTが考案され[18],画期的なRTとして多くの競技スポーツ選手の間で普及し始めている.

しかしながら,「初動負荷」の動作の特徴や生理学的特性およびトレーニング効果に関してはいまだに不明な点が多く,誤解や偏見があることも事実である.

そこで本章では,「初動負荷」の動作特性,生理学的特性およびトレーニング効果について,我々の最近の研究結果をもとに紹介してみたい.なお,「仮説」や「推測」の域を出ない事例であっても,スポーツ現場で実施され効果を上げている事柄と考え方について紹介し,以後の研究課題とすることを断っておきたい.

1.「初動負荷」の動作特性

1）動作初期に大きな筋パワー発揮がある

「初動負荷」の動作の特徴として,その運動の主働筋の弛緩状態からタイミングよく,一気に筋を短縮させて加速的に,または慣性を利用して一連の動作を繰り返すこと,と規定される[18].「初動負荷」では「慣性を利用して」,「初動作にスピードを与える」動作パターンをとる.例えば,アップライトローイングの場合では,フリーウェイトを静止状態から加速的に挙上する場合に,

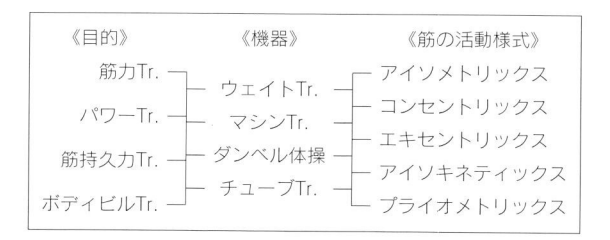

図8-1 レジスタンストレーニングの名称分類
（根本 勇,鈴木朋美：スポーツ生理学特別講義9；ウォームアップの科学.トレーニングジャーナル 19：35-39,1997）

《目的》	《機器》	《筋の活動様式》
筋力Tr.	ウェイトTr.	アイソメトリックス
パワーTr.	マシンTr.	コンセントリックス
筋持久力Tr.	ダンベル体操	エキセントリックス
ボディビルTr.	チューブTr.	アイソキネティックス
		プライオメトリックス

「初動負荷」となるのである．負荷強度は，比較的小さい負荷重量（20～40％MVC程度）から，比較的重い負荷強度（60～80％MVC程度）までの広範囲の負荷を用いる．最初に加えた速度が減速することなく加速的に動作できる適切な負荷を選択することで，中高年齢者でも安全に行なうことができる．一方，同じ短縮性活動によるRTであっても，動作速度が遅い（Normal and/or pure isotonic）と，主働筋と拮抗筋が同時に活動する（共縮）ため，「初動負荷」とはならない[18]．ベンチプレスにおける「スティッキング・ポイント」が出現する場合などが，これに相当する．さらには，バネやチューブを用いた運動形態では，バネやチューブの長さが長くなるにつれて筋出力が高くなる．このように動作終了時に負荷が大きくなる点において，「終動負荷（Auxotonic）」ということができる[18]．また，サイベックスやミニジムを用いたRTでは，「アイソキネティックス」になる．「アイソキネティックス」の利点は，動作の可動域全体にわたって筋活動に負荷を与えることができることと，スポーツ動作の速度（速度特異性[11,33]）に応じたトレーニングが可能なことである．

従来，野球選手に水泳を禁じてきたのは，筋活動様式における投球動作（初動負荷）と水泳（等速性活動に近似）との相違を指摘したものであり，理にかなった指導といえる．また，水泳選手のトレーニングにおいても，実際の泳動作とスイムベンチおよびパドルトレーニングで動員される筋群と筋活動様式および力発揮の大きさとタイミングの相違の問題が指摘されている（コーチ談）．また，「初動負荷」では，伸張性活動[3,30]の相が少なく主に短縮性活動によるRTであるため，トレーニング後に筋痛が少ないことも特徴となる[18,20]．「ハードトレーニングとは，効率の良い動作で追い込むこと，であって単に疲労感や充実感があれば良いというものではない」[18]のであり，正しい動作では局所疲労も起こらないのである．

2）弛緩―伸張―収縮を繰り返す

「初動負荷」では，主働筋の「弛緩―伸張―収縮」を「バリスティック」に，または「爆発的」[20]に繰り返すことによって，主働筋活動時に拮抗的に作用する筋群の収縮（共縮）を防ぎながら行なう運動形態となる．ある重力下で物を投げ上げる際やジャンプ運動時の力発揮様式が，「初動負荷」の典型例である[18]．すなわち，従来のウェイトトレーニングでの「筋活動による挙上」を意識するのではなく，「筋弛緩」を意識することが重要となるのである．例えば，ベンチプレスの動作を例にすれば，感覚的にはバーベル全体を上方にほうり投げ，落ちてくるシャフトを受け止めて最小限の力感で跳ね返すように運動すると，「初動負荷によるベンチプレス」となる[26]．この意味において「初動負荷」は，「ストレッチ・ショートニング・サイクル（Strech-Shorteninng Cycle；SSC）」[15,19]，あるいは「プライオメトリックス」[5,34,41]をRTに応用したものといえる．ここで，「プライオメトリックス」に関しては，ポジショニングによって容易に「共縮」状態に陥りやすいので，ポジショニングを決定するFormおよびPostureの設定が重要となる．

具体的には，「初動負荷」では，「筋のストレッチ」と「切り返し動作」を意識した動作様式とする．したがって，「初動負荷」では，たとえ軽負荷であっても筋に対する刺激は大きくなる[18,20,39]．さらには，チューブなどの「終動負荷」に比較して「初動負荷」では筋活動時間が短く，筋弛緩の時間が長くなることから，運動中の筋血流量の確保が示唆される[18,28,31]．

3）主働筋と拮抗筋を交互に刺激する

ヒトのすべての関節運動は，主働筋と拮抗筋との交互の活動によってもたらされている．「初動負荷」の運動様式と具体的方法は，小山[18]の成書を参照してもらうとして，基本的には「ジャイアントセット方式」と2種目を連続して行なう「スーパーセット方式」を採用する[18]．プログラム構成の基本的考え方としては，①1つの筋が主

働筋と拮抗筋として作用する運動様式を組み合わせる，②主働筋と協同筋とを刺激する運動を組み合わせる，および③協同筋を事前に疲労させることで主働筋にかかる負荷を大きくする「事前疲労法」[18]を用いる，ことである．このうち，主働筋と拮抗筋とを交互に刺激する「スーパーセット方式」を採ることによって，相反神経支配[9,40]のメカニズムを利用することが可能となり，「初動負荷」の特異的トレーニング効果の一要因となる（後述）．

4）捻り動作を加える

上肢および下肢の運動様式のうち，特に橈尺関節（回内・回外），肩関節（屈曲・伸展，水平屈曲・伸展，外転・内転，外旋・内旋）および股関節（外転・内転，外旋・内旋）といった車軸関節や球関節の運動においては，一連の動作にいわゆる「かわし動作（橈尺関節の回内；Dodge movement）」あるいは「捻り動作」を加えることが特徴となる[18]．この一連のプログラムを Flex training と呼んでいる[18]．すなわち，PNF（Proprioceptive Neuromuscular Facilitation，固有感覚受容器性神経筋促通法）[5,6]のテクニックの特徴とされる，「スポーツ活動で観察される対角線的でかつ螺旋的な運動促通パターン」[40]を導入したRTが，「初動負荷」ということができる．例えば，上肢のプレス動作においては，シャフトよりはダンベルを使用することで肩関節の内旋・外旋動作が可能となるばかりではなく，ダンベル重心の軌道安定のために動員される肩関節周囲の小筋群をも鍛えることができるのである．

5）スポーツの特異性を考慮する

走[14]，跳[4]，投[32]，打[8]および漕[35]のパフォーマンス向上には，肩関節や股関節等の体幹部で発揮された筋パワーが，手先，足先および道具（バット，ラケットやオールなど）といった末端部へとスムーズにパワーフローすることが求められる[18]．すなわち，スポーツパフォーマンスの向上を目的としたRTにおける筋活動のタイミング（Timimg），筋パワーの大きさ（Grading）および空間的配列（Spacing）を，実際のスポーツ活動でのそれと合わせることが重要であり[10]，この点が「初動負荷」でもっとも留意するポイントとなる[18]．

例えば，走動作での筋パワーアップを狙いとした「初動負荷」では，股関節の伸展筋群を鍛えるための代表的なものに「股関節伸展スクワット」がある[18,39]．また，「初動負荷」での各動作中の重心バランスと重心移動を，実際の走動作のそれと同一になるように意識する．さらには，たとえ単関節の運動であっても関連する筋群を動員することによって，スポーツ活動全体の中の一部の動作であること，および身体重心のスムーズな移動を含むポジショニングを意識して実施することが，「初動負荷」では重要となるのである[18]．

2．「初動負荷」の効果

1）筋形態への影響

前述したように，「初動負荷」では体幹部の筋群をパワーの発揮源とし，四肢の末端部へとパワーを伝達することを重要視した運動形態をとる[18]．したがって，その効果として，「初動負荷」では，体幹部の筋群の特異的肥大が期待されることになる．「初動負荷」と「終動負荷」による3ヵ月間のトレーニングが大腿の形態と筋出力とに及ぼす影響を検討した阿部ら[1]によれば，「初動負荷」では大腿上部の筋肥大と高速での筋出力が有意に向上したのに対し，「終動負荷」では膝蓋骨近位部の筋肥大と低速での筋出力の改善が認められたことを報告している．一例として，男子陸上短距離選手（国内トップレベル）の4年間の「初動負荷」トレーニングによる下肢周径囲の変化をみてみると，大転子囲 88cm → 102cm，大腿最大囲 54cm → 61cm，膝蓋骨近位部および下腿最大囲 42cm → 39cm の変化を示し，明らかに体幹部の筋群の特異的肥大が認められる（小山，私信）．このように，体幹部の筋群が肥大し効果器となる手や足など末端部にかけて漸減する形態

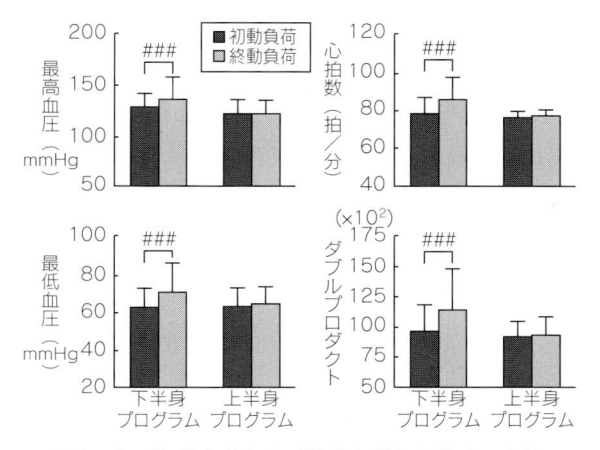

図8-2 「初動負荷」と「終動負荷」運動時の心拍数，血圧およびダブルプロダクトの比較
(＃＃＃，p<0.001で両群間に有意差あり)
(中村夏実，根本 勇，小山裕史ほか：血圧の連続測定からみた中高年齢者のレジスタンストレーニングの安全性．デサントスポーツ科学 19：104-115，1998)

を有することは，走，跳，投ばかりではなくサッカーのキック[37]などの打，およびスピードスケートのプッシュ・オフ[16]の際にも，より高いスピードで大きなパワーを発揮することができることになるのである．

2) 呼吸循環系機能への影響

RT中に呼吸循環機能が亢進し，トレーニングによって持久性能力も改善されることは良く知られた事実である[2,22,23]．荻田ら[31]によれば，「初動負荷」と「終動負荷」運動での心拍数（HR）と血圧（BP）は，特に「初動負荷」運動でHR，最高血圧（SBP）および最低血圧（DBP）ともに有意に低値を示すことを報告している．中高年齢者のRTの安全性を運動中の血圧反応から検討した中村ら[21]は，HR，SBP，DBPおよびダブルプロダクト（DP＝HR×SBP）のいずれにおいても，特に下肢の運動プログラムで「初動負荷」が「終動負荷」運動に比較して有意な低値を示すことを報告した（図8-2）．この生理学的理由として，荻田ら[31]は，「終動負荷」において大きく持続する張力がmechanosensitive groupの求心性神経活動を活性化した結果であろうと推察している．一

方，「初動負荷」では，ミルキングアクション[10]等の作用により筋血流が確保されると考えられる[26,28]ことにより，循環系機能に与える負担は少なくなるものと考えられる．

図8-3には，「初動負荷」運動中の酸素摂取量（$\dot{V}O_2$，K2による実測）と血中乳酸濃度（HLa濃度）の動態を示した．主働筋と拮抗筋とを交互に刺激する「スーパーセット方式」のため，運動中の$\dot{V}O_2$は比較的高く，かつその変動は少ない．Suzukiら[36]によれば，ウォーミングアップとして実施した「初動負荷」運動中のエネルギー消費量は，321±133 kcal（5.7±0.9 METS）であったことから，「初動負荷」がウォーミングアップの目的の一要因を十分に満足するものであることを示唆している[26]．また，中高年齢者の健康の保

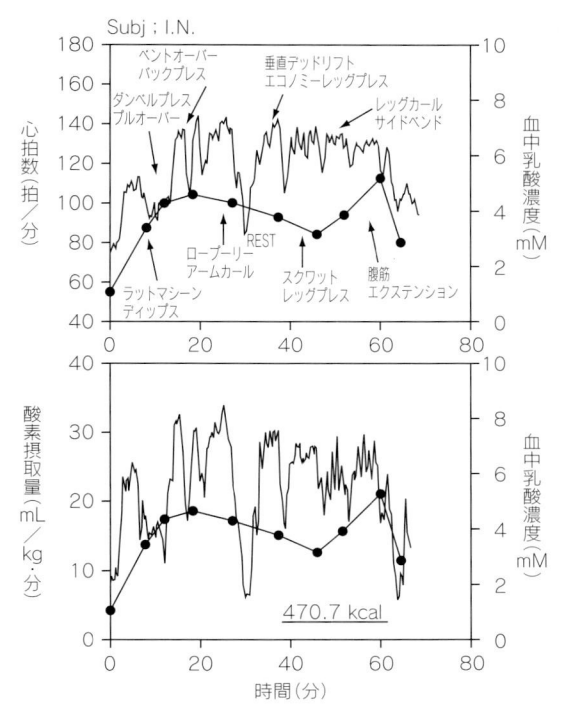

図8-3 「初動負荷」運動中の心拍数，酸素摂取量および血中乳酸濃度の動態
被験者（I. N.）の$\dot{V}O_2$maxは，40.6mL/kg/min（自転車駆動），49.4mL/kg/min（トレッドミル走）であった．総エネルギー消費量は471kcalであって，中高年齢者の健康増進の運動の条件を満たしている．

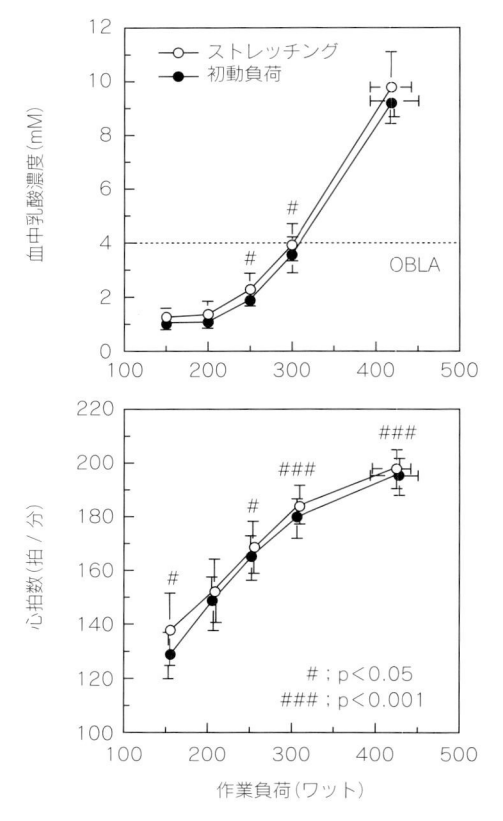

図8-4 「初動負荷」を用いたウォーミングアップが漸増負荷運動中の心拍数と血中乳酸濃度に及ぼす影響

(Nemoto I, Suzuki T, Koyama Y, et al : The ballistic resistance training (BRT) can improve endurance capacity and performance in rowing. Med Sci Sports Exerc (Abstract) 31 : S312, 1999)

持増進のためには一定の運動量（300 kcal/回[2]）を確保することが重要である[23]ことを考慮すれば，「初動負荷」は中高年齢者の健康の保持増進のためのRTとして適していることになる（約70分間の初動負荷トレーニングで470.7 kcal：図8-3）．さらには，中高年齢者のRTが最大運動時（$\dot{V}O_2$ max）および最大下運動時の持久性能力（Lactate threshold ; LT, Onset of blood lactate accumulation ; OBLA）および血中脂質・リポタンパクプロフィールを改善するという根本らの報告[22,23]をもとにすれば，「初動負荷」が中高年齢者の健康の保持増進に寄与するRTと成り得るこ

とが示唆される．今後の検討課題である．

3）血中乳酸濃度への影響

スポーツ活動中の筋疲労の原因として，筋での乳酸産生とそれに伴う筋中pHの低下が知られている[10,20,24]．これまでの研究[18,26,28]によれば，「終動負荷」に比較して「初動負荷」では，運動後にHLa濃度が有意な低下を示すことが報告されている．そしてこの理由として，「初動負荷」では筋血流が確保され（今後の課題）[28]，筋で産生された乳酸は運動中に血流によって除去されるのに対して，運動中の血流阻止が疑われる[28]「終動負荷」では，乳酸は運動中は筋に留まり，運動後の血流再開によって徐々に血中に流出するため，HLa濃度が漸増するものと推察される．最大筋力負荷（Maximal Strength Loading ; MSL）と爆発的筋力負荷（Explosive Strength Loading ; ESL）運動中のHLa濃度を比較したLinnamoら[18]も，MSLに比較してESLのHLa濃度が有意に低値を示すことを明らかにするとともに，その要因として筋活動時間の相違を指摘している（フィンランドでも「初動負荷」の効果に気づきつつあることが同論文から読み取れる）．

「初動負荷」運動によるHLa濃度の低下の効果を考慮すれば，「初動負荷」がスポーツ活動のウォーミングアップ（W-up）としての効果を有することが示唆される．この点に関して，ローイング動作を用いた漸増負荷運動中のHLa濃度プロフィールに及ぼすW-upの効果について検討した例[29]を紹介する．それによれば，静的ストレッチングとローイング動作とを用いた従来のW-up方法に比較して，「初動負荷」運動を用いたW-up後には同一負荷強度でのローイング運動時のHLa濃度が有意な低値を示すという（図8-4）．そして，持久性能力の指標とされるOBLAは，「初動負荷」運動を用いたW-up群（317.8 ± 18.66 W）が従来のW-up群（307.7 ± 23.20 W）に比較して大きな値を示した（$p = 0.057$）．また，同一負荷強度におけるHRにおいても，「初動負荷」運動を用いたW-up後に有意

な低値を示した．この理由として，「初動負荷」運動の循環機能に及ぼす影響（前述），運動中の血流確保による乳酸の洗い流しの促進，および競技動作と組み合わせた「事前刺激法」[18]の効果，さらには後述する相反神経支配[9,40]の機能亢進による主働筋のパワーアップ[20]と効率の改善[15,34]等が，仮説として考えられる．

また，「初動負荷」運動の循環機能の亢進や乳酸の洗い流しの促進を考慮すれば，「初動負荷」運動が激運動からの疲労回復手段として有効であることが示唆されることになる[18]．事実，スポーツ現場では，インターバルトレーニングの休息中の運動として，あるいは競技会でのクーリングダウンとして「初動負荷」を取り入れ効果を挙げている（小山，私信）．これらの事例の科学的メカニズムの解明も，今後の課題となろう．

ここで提示した仮説の「初動負荷」のW-up効果とクーリングダウン効果が検証されることによって，各種スポーツ施設およびクアハウス等の健康増進施設には「初動負荷」が可能となるトレーニング施設が常設（付設）されること期待がされ，延いては経済効果をもたらすことも期待されるのである．

4）柔軟性への影響

従来より，重量負荷を用いた筋力トレーニングでは，動作速度や柔軟性が損なわれるといわれてきた[5,41]．一方，「初動負荷」では，トレーニング後に関節可動域が拡大し柔軟性の獲得に効果的であることが報告されている[20,31]．すなわち，荻田ら[31]はアップライトローイング動作について，「初動負荷」と「終動負荷」運動が肩関節外転角および内旋角に及ぼす影響を検討し，運動後には「初動負荷」では有意な改善を，一方「終動負荷」では運動後の有意な柔軟性の低下を観察している．この原因の1つとして，「終動負荷」での乳酸の蓄積によってpHが低下し，それに伴って浸透圧が上昇して筋内の水分量が増加する，いわゆるパンプアップ現象を示唆している[31]．

「初動負荷」運動と「静的ストレッチング」

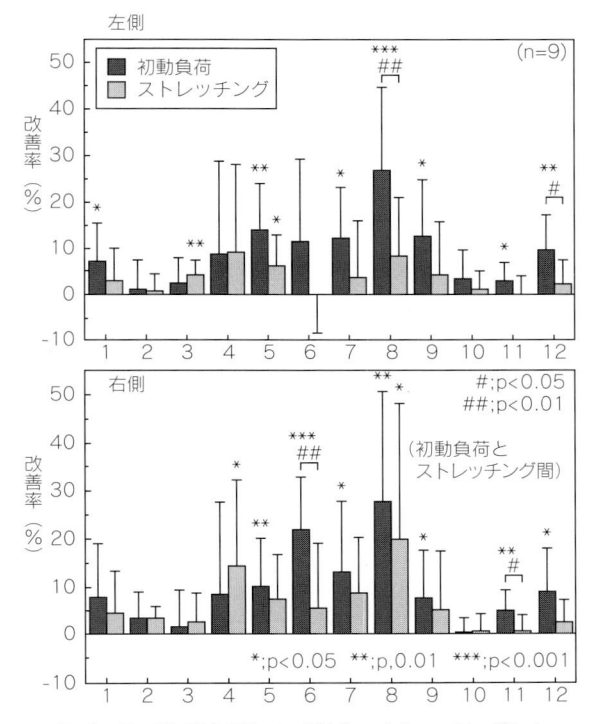

図8-5 「初動負荷」と「静的ストレッチング」とが関節可動域に及ぼす影響
図中の番号は測定した関節部位（1—6；上半身，7—12；下半身）
(Suzuki T, Nemoto I, Koyama Y, et al：The effect of ballistic resistance training (BRT) on flexibiity and muscle stiffness. Med Sci Sports Exerc (Abstract) 31：S312, 1999.)

が柔軟性に及ぼす効果を比較したSuzukiら[36]の報告によれば（図8-5），関節可動域（Range of motion；ROM）の変化率では「初動負荷」群が「静的ストレッチ群」に比較して高値を示し，左側-股関節伸展角（図中8），胸腰部回旋角（図中12），右側-肩関節内旋角（図中6），足関節背屈角（図中11）において，両群間に統計的有意差が認められた．このことは，ROMの増大には「初動負荷」が「静的ストレッチング」に比較してより有効であることを示唆するものといえる[18]．

これまで，短時間の静的ストレッチングがROMに及ぼす効果が数多く報告されている[7,38]．

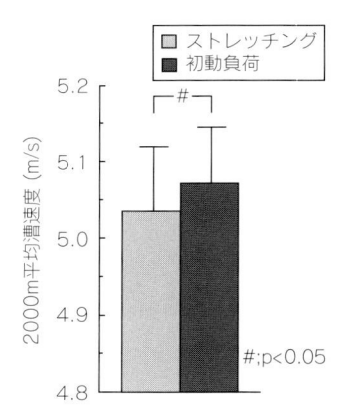

図8-6 「初動負荷」を用いたウォーミングアップが2,000m漕速度に及ぼす影響
従来の「静的ストレッチング+ローイング運動」によるものを,単に「ストレッチング」として表記した
(Nemoto I, Suzuki T, Koyama Y, et al : The ballistic resistance training (BRT) can improve endurance capacity and performance in rowing. Med Sci Sports Exerc (Abstract) 31 : S312, 1999)

そして,その要因として,ストレッチ時の拮抗筋活動の低下による張力や抵抗[13,38]の減少が指摘されている(静的ストレッチングのみのW-upでは十分なROMの改善が得られない[7]ことも事実である).一方,短期間のRTがROMに及ぼす効果については,否定的な報告が多い[5,13,38,41].すなわち,RT後には安静時の筋緊張度が増し[38],柔軟性は低下する.また,ストレッチングを含まない「筋力トレーニング」のみの実施は,柔軟性を低下させる可能性があることが示唆されている[7].

関節運動は,主働筋の活動と拮抗筋の弛緩(伸展)によってもたらされる.そして,拮抗筋の収縮(緊張)は主働筋の活動動作の妨げとなり,ROMを制限する要因となる[12,13,38].「初動負荷」では,PNF[6,40]が機能することによって,ROMが増大するものと考えることができる.すなわち,「初動負荷」では「筋のストレッチ」と「切り返し動作」を意識した動作様式であることによって,主働筋と拮抗筋との切り替えが素早く行なわれ,神経-筋機能(相反神経支配[9,12])が亢進することによって,拮抗筋の筋活動を抑制する結果[13,38],ROMが増大し柔軟性が高められたものと推察することができる.

このように,「初動負荷」では「静的ストレッチング」に比較して相反神経支配の機能亢進による拮抗筋群の抑制効果が大きいと考えられるが,その実証とメカニズム解明が今後の重要な課題となろう.

5) 競技成績への影響

スポーツの競技成績に及ぼす「初動負荷」の効果に関して,Nemotoら[29]は男子大学ボート選手を対象に「初動負荷」を用いたW-upがローイングエルゴメータ2,000m平均漕速度に及ぼす影響について検討した.その結果,平均漕速度は,「初動負荷」実施群が5.071 ± 0.069 (m/s) および従来のW-up実施群が5.035 ± 0.079 (m/s) で,実施群が有意な高値を示した($p < 0.05$;図8-6).これは2,000mレースに換算すると,タイムで2.83秒および距離にして約14mの差に相当し,「初動負荷」運動がボート競技のW-upとして有効であることが確認された.この結果をもとに,対象チームではレース前のW-upに「初動負荷」を取り入れている[27].

また,上記のボート選手を対象に従来まで漕トレーニングに「初動負荷」を加えた場合(97年度)の効果を全日本学生選手権大会の成績を平均スコア(1位5点,2位3点,3位2点,4位1点,総合は2倍)に換算して比較すれば,97年度が4.00 ± 1.07点および96年度が3.00 ± 0.80点で,97年度(男子総合優勝)が96年度(同2位)に比較して高値を示し,競技成績の向上が裏付けられた(98年度は男女総合優勝)[27,29].

以上の結果は,「初動負荷」によるW-upの実施により,ローイング動作の主働筋群の酸素利用能力の改善および神経-筋機能の亢進が示唆され,主運動(ローイング動作)における筋活動の効率が高められたことによるものと考えられる.また,漕艇におけるローイング動作中の力発揮様式(ピークフォースまでの立ち上がり時間は0.3〜0.4秒[35])が,「初動負荷」であることが指

摘できる．

さらには，「初動負荷」では，前述の相反神経支配[9,12]に加えて「ストレッチ・ショートニング・サイクル」[15,19]，あるいは「プライオメトリックス」[5,34,41]の効果が相乗作用として機能すると考えられる．すなわち，SSCの短縮性局面では，骨格筋の出力発揮に加えて伸張性局面で筋腱複合体（Muscle-Tendon Complex）に蓄積された弾性エネルギー（Elastic Energy）をも利用することによって増強する効果をもつ[15]．したがって，「初動負荷」の効果として，弾性エネルギーの再利用を亢進することによって，主働筋群のパワーアップにも貢献することが期待されるのである．

著者の1人が主宰するスポーツジムでは，「初動負荷専用マシーン」を開発・設置しており，多くの一流スポーツ選手に利用されている．このジムから多くのオリンピック選手が輩出される理由の1つとして，複数種目のトップ選手が一緒にトレーニングすることで，お互いのトレーニングに対する意識を高め合う相乗効果も見逃すことはできない．このことを，ある一流選手は，「アルプスの空気は，アルプスで吸ってこそ，アルプスの空気！」と表現している．

3．今後の課題

本章で紹介したように，筋パワーや柔軟性が求められる種目およびバリスティックな動作を主体とするスポーツ種目においては，「初動負荷」が効果をもたらすことが期待される．今後は，「初動負荷」の効果に関して，各スポーツ種目毎に検討する必要があろう．また，表8-1には，「初動負荷」トレーニングの効果のメカニズムの仮説をまとめて示した．今後の研究によって，各々の仮説が実証されることが期待される．

また以下には，「初動負荷」研究の今後の課題を列挙した．
1) ジュニアスポーツ選手の動きづくりとしての「初動負荷」の効果．
2) 「初動負荷」による女性のシェイプアップ効

表8-1 「初動負荷」トレーニングの効果のメカニズム（仮説）

```
1) 相反神経支配（PNF）
   ・主働筋；促通 → パワーアップ
   ・拮抗筋；抑制 → 関節可動域の増大
                （ウォーミングアップ効果）
2) 弛緩―伸張―短縮サイクル（SSC）
   ・筋血流の確保；疲労物質の洗い流し
                （クーリングダウンの効果）
   ・弾性エネルギーの再利用；効率の向上
3) スーパーセット方式
   ・酸素摂取量の増大；消費エネルギーの増加
4) 体幹部の筋肥大とパワーアップ
5) その他
   ・動作バランスの改善
   ・パフォーマンスの改善
```

果とプロポーション作り．
3) 中高年齢者の健康の保持増進効果，運動療法としての「初動負荷」の効果．
4) 「ランニングハイ」と同様の「初動負荷ハイ」はあるのか．
5) 「初動負荷」における傷害[19]．
6) 傷害からの復帰過程への「初動負荷」の効果．
7) 微小重力下での「初動負荷」マシーンの開発（開発済み，小山私信）．

21世紀が到来し，高齢化社会と生活の宇宙空間への拡大が始まろうとしている．そこでの生活を健康的で実りあるものとするためには，筋活動とトレーニング法に関する研究がますます求められよう．

おわりに

「科学」を「変える」，「変わる」ことであると考えれば，「スポーツ科学」とは，「人間変革」あるいは「トレーニング革命」[18]を意味することになろう．本稿で紹介したように，「初動負荷」を導入し実施することは，すなわち，スポーツを科学することにほかならないのである．「秘訣は？」との問に，ある一流選手は「固定観念に縛られないこと！」と「常識と掟破り！」と応えている（前掲書より）．この例のように，これまでのよう

な外国の物真似ではない，独自の科学的・合理的トレーニングに取り組むとき，我が国の競技力は飛躍的な進歩を遂げ，「夢」を実現するスポーツ選手が多数生まれるのである．そして，競技力向上には「真似る」ことより「学ぶ」ことが大切であって，「似ている！ことは，違うこと！」であることに，気づくことである．

「肉体は心を映す鏡．肉体なき心は，その意志姿となって現われるところを失い，心なき肉体は滅ぶ」[17]．「科学する心」と「魂」とを持った一人の先駆者の「勘と経験」そして「匠の世界」から産み出された「初動負荷」は，まさに21世紀のトレーニングといえる．新たな地平へと旅立つため，スポーツ界は今，「初動負荷」という「世界の翼」を手にしたのである．現代の「コロンブスの卵」は，今まさに立とうとしているのである（根本，私信）．

謝　辞

本稿を作成するに当たり，実験にご協力いただいた日本大学端艇部監督水内正孝氏，ならびにコーチ，選手の皆様に感謝いたします．

また，本稿は平成11年末にご逝去された根本氏が，体育の科学（第49巻，第2号）に執筆したものを改稿した．根本氏のご冥福をお祈り申し上げます．

[根本　勇・中村　夏実・小山　裕史]

文　献

1) 阿部純也，山田英司，田中　聡，ほか：初動負荷法によるトレーニング効果についての縦断的研究．体力研究（要旨），47：802，1998
2) American College of Sports Medicine : The recommended quantity and quality of exercise for developing and maintaining cardiorespiratory and muscular fitness in health adults. MedSci Sports Exerc 22 : 265-274, 1990
3) Appell HJ, Soares JM and Duarte JA : Exercise, Muscle damage and fatigue. Sports Med 13 : 108-115, 1992
4) Bobbert MF : Vertical jumping, a study of muscle functioning and coordination. Academish Proefschrift, Vrije Universiteit te Amsterdam, 1988
5) Fleck SJ, and Kreamer WJ : Designing resistance training programs. Human Kinetics, Champaign, IL,1987
6) 覚張秀樹，矢野雅知：競技力向上と障害予防に役立つスポーツPNFトレーニング．大修館書店，1994
7) Girouard CK, and Hurley BF : Dose strength training inhibit gains in range of motion from flexibility training in older adults ? Med Sci Sports Exerc 27 : 1444-1449, 1995
8) 平野裕一：打つ科学．大修館書店，1992．
9) Hutton RS : Neuromuscular basis of strength exercise. Strength and Power in Sport, PV Komi (Ed.), pp29-38, Blackwell Scientific Publishers, 1992
10) 猪飼道夫編：身体運動の生理学．杏林書院，1973
11) Kanehisa H, and Miyashita M : Specificity of velocity in strength training. Eur J Appl Physiol 52 : 104-106, 1983
12) 川島敏生，栗山節郎：ストレッチング．臨床スポーツ医学（臨時増刊号）10：44-48, 1993
13) Klinge K, Magnusson SP, Simonsen EB, et al : The effect of strength on skeletal muscle electromyographic activity, stiffness, and viscoelastic stress relaxation response. Am J Sports Med 25 : 710-716, 1997.
14) 小林寛道：走る科学．大修館書店，1992
15) Komi PV : Strech-shortening cycle. Strength and Power in Sport. PV Komi (Ed.), pp169-179, Blackwell Scientific Publishers, 1992
16) Koning JJ de: Biomechanical aspects of speed skating. Academisch Proefschrift, Vrije Universiteit te Amsterdam, 1991
17) 小山裕史：夢の途中で．講談社，1987
18) 小山裕史：新訂版新トレーニング革命．講談社，1994
19) Kyrolainenn H, Takala TES, and Komi PV : Muscle damage induced by stretch-shortening cycle exercise. Med Sci Sports Exerc 30 : 415-420, 1998
20) Linnamo V, Hakkinen K, and Komi PV : Neuromuscular fatigue and recovery in maximal compared to explosive strength loading. Eur J Appl Physiol 77 : 176-181, 1998
21) 中村夏実，根本　勇，小山裕史，ほか：血圧の連続測定からみた中高年齢者のレジスタンストレーニングの安全性．デサントスポーツ科学 19：104-115, 1998

22) 根本 勇，青山正恵，石村久乃，ほか：中高年齢者のレジスタンストレーニングが持久性能力と血中脂質とに及ぼす影響．体力研究 83：164-180，1993

23) 根本 勇，青山正恵，柳田美佳，ほか：中高年齢者の健康増進のためのレジスタンストレーニングに関する研究―エネルギー消費量と持久性能力及び血中脂質との関連から―．J Exerc Sci 4：29-38，1994

24) 根本 勇：筋持久力トレーニングのスポーツ生理学．スポーツ生理学，森谷敏夫，根本 勇編，pp160-171，朝倉書店，1994

25) 根本 勇，中村夏実，小山裕史，ほか：初動負荷トレーニングの科学的基礎．体育の科学 49：147-156，1999

26) 根本 勇，中村夏実，荻田 太，ほか：初動負荷法によるレジスタンストレーニングの特徴．コーチング・クリニック 10：23-27，1996

27) 根本 勇，鈴木朋美：スポーツ生理学特別講義9；ウォームアップの科学．トレーニングジャーナル 19：35-39，1997

28) 根本 勇，中村夏実，鈴木朋美，ほか：初動負荷法によるレジスタンストレーニング中の筋内酸素動態．日本女子体育大学トレーニングセンター紀要 1：9-14，1998

29) Nemoto I, Suzuki T, Koyama Y, et al：The ballistic resistance training (BRT) can improve endurance capacity and performance in rowing. Med Sci Sports Exerc (Abstract) 31：S312, 1999

30) Nosaka K, and Clarkson PM：Muscle damage following repeated bouts of High force eccentric exercise. Med Sci Sports Exerc 27：1263-1269, 1995

31) 荻田 太，小山裕史，藤原裕康：ウェイトトレーニング法の違いが呼吸循環応答と関節可動域へ与える影響，初動負荷法トレーニングとチューブトレーニングにおける生理応答の比較．トレーニング科学 7：77-84，1995

32) 桜井伸二：投げる科学．大修館書店，1992

33) Sale D, and MacDougall D：Specificity in strength training; areview for the coach and athlete. Can J Appl Sport Sci 6：87-92, 1981

34) Sale DG：Neural adaptation to strength training. Strength and Power in Sport, PV Komi (Ed.), pp249-265, Blackwell Scientific Publishers, 1992

35) Secher NH：Physiological and biomechanical aspects of rowing, implication for training. Sports Med 15：24-42, 1993

36) Suzuki T, Nemoto I, Koyama Y, et al：The effect of ballistic resistance training (BRT) on flexibiity and muscle stiffness. Med Sci Sports Exerc (Abstract) 31：S312, 1999

37) 戸苅晴彦：サッカーのバイオメカニクス―インステップキックの研究レビュー．Jpn J Sports Sci 2：763-773，1983

38) Wiemann K, and Hahn K：Influences of strength, stretching and circulatory exercises on flexibility parameters of the human hamstrings. Int J Sports Med 18：340-346, 1997

39) 山口典孝：3種類のスクワット動作の違いが下肢筋電図および地面反力に及ぼす影響―短距離走における中間疾走能力向上のための手がかりとして．体育の科学 47：375-382，1997

40) 柳沢 健：PNFの基礎．臨床スポーツ医学（臨時増刊号）10：13-18，1993

41) Zatsiorsky VM：Science and practice of strength training. Human Kinetics, Champaign, IL, 1995

9章 複合トレーニング

競技スポーツの領域においてパワーを高めることは，その成績を決定する上で重要な体力要素となる．そこで，競技種目毎にパワーアップを図るための様々なトレーニングが実施されているが，パワーを高めるための負荷条件については，筋力トレーニングほど確立されていない．その原因は，パワーそのものが力と速度という2つの要素を含んでいることと，負荷条件によって発現するパワーの大きさが変化することによる[10]ものと考えられる．そこで，本稿ではパワーの対象を「最大パワー」に絞り，最大パワーを高めるための有効な複合負荷条件について論じることにする．

1．力-速度関係に及ぼす単一負荷トレーニング

最大パワーを高める効果的な負荷条件を検討するため，かつて図9-1に示した装置による上腕屈曲筋のトレーニングが行なわれた[11]．トレーニング群は，①等尺性最大筋力（以後最大筋力）を1日10回発揮（G100群），②最大筋力の60％負荷を1日10回反復（G60群），③最大筋力の30％負荷を1日10回反復（G30群），④無負荷（空振り）を1日10回反復（G0群）の4つに分け週3日，12週間のトレーニングであった．その結果は，図9-2（右）に見られるように，最大パワーがG30群で最も増加した．「最大パワーは最大筋力の約30％で出現する」[10]と報告されていることから，最大パワーを高める負荷条件は，最大パワーの出現する負荷と一致することになる．また，同図より最大筋力は，最大筋力で

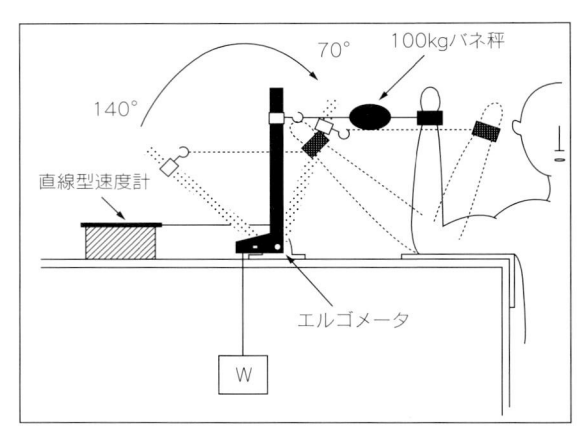

図9-1　腕屈曲運動の実験に用いられた装置（模式図）
(Kaneko M, Fuchimoto H, Toji H, et al : Training effect of different loads on the force-velocity relationship and mechanical power output in human muscle. Scand J Sports Sci 5 : 50-55, 1983)

トレーニングしたG100群で，最大速度は空振りを行なったG0群でそれぞれ最も著しい効果を示し，それぞれトレーニングが目的に応じた負荷条件によって最も効果的に改められることが明らかであった．このような結果は，アイソキネティック装置を用いて調べられた実験結果，すなわち「速い運動のトレーニングは速い運動の，遅い運動のトレーニングは遅い運動のパフォーマンスをそれぞれ特異的に改善する」としたトレーニングの特異性（specificity）[3,5,9,17]を支持するものである．

2．垂直跳びに及ぼす単一負荷トレーニング

パワーの指標として古くから垂直跳びが取り上げられてきた．そこで，中学生を対象とした垂

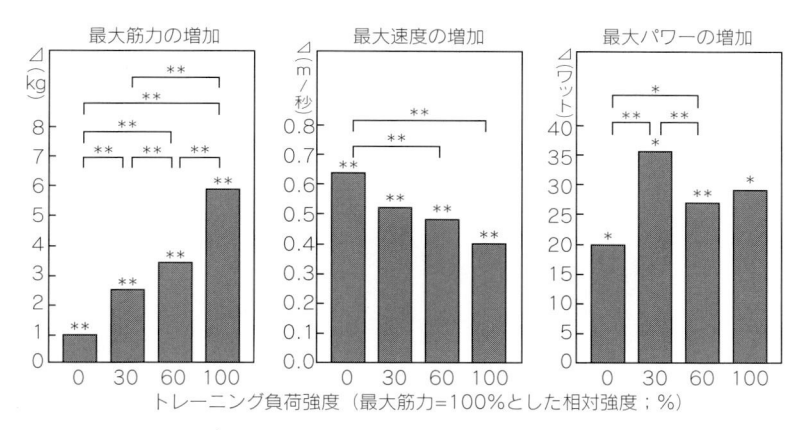

図9-2 腕屈曲運動の最大筋力，最大速度，最大パワーに及ぼす4種単一負荷条件のトレーニング効果
*: $p < 0.05$, **: $p < 0.01$
(Kaneko M, Fuchimoto H, Toji H, et al : Training effect of different loads on the force-velocity relationship and mechanical power output in human muscle. Scand J Sports Sci 5 : 50-55, 1983)

直跳びの跳躍高を高める有効な負荷条件についての実験が行なわれた[12]．設定したグループは，①垂直跳びを1日10回反復（Gj群），②被験者と同程度の体重のパートナーを"肩車"で背負い，フル・スクワット姿勢から立ち上がる脚伸展運動を1日10回反復（Gs群），③膝関節を120度に固定し，最大脚伸展力を1日3回発揮（Gi群）する3群で，週3日10週間実施された．その結果が図9-3である．垂直跳び高はGj，Gs群でのみ有意な増加を示し（Gj群＞Gs群），Gi群では低下する傾向さえ見られた．同時にパワーテストとして測定された立ち幅跳びや50m走の成績では，3群のいずれにも明らかな増加が認められなかった．このような結果はいずれも，動作の特異性を示すもので，高めたい動作を繰り返しトレーニングすることの重要性を示唆している．金子ら[13]は，体重の20％の砂をつめたウェイトジャケットを着用して垂直跳びを1日10回行なう群（Gwj群）と垂直跳びだけを1日10回行なう群（Gfj群）とコントロール群（Gc群）を設けて，週3日，10週間のトレーニングを実施した．その結果によると，跳躍高はGfj群のみで有意に増加した．また，跳躍によってなされた力学的仕事は，両トレーニング群で有意に増加したが，仕事をキック時間で除して求めた平均パワーは，Gwj群では逆に有意に低下したと報告した．その原因として著者らは，ウェイトジャケットでの遅いジャンプの繰り返しによって遅い運動リズムが身につき，ジャケットを脱いで行なう垂直跳び動作までも遅くしたのではないかと論じている．このように特異性の原則だけを重視すると，現場で実施するトレーニングにおいて重いバットでの素振りやタイヤ引きダッシュが敬遠され，さらに筋力トレーニングの必要性までもが否定されることになりかねない．

3．複合負荷でのトレーニング

体力トレーニングは「特異性の原則」ともう一つ「過負荷（overload）の原則」から成り立っている[14]．しかし実際のトレーニングでは，それぞれの原則が別個のものとして関わっているのではなく，両原則がオーバーラップしながら関与する．それが以下に述べる「複合トレーニング」の基本的な概念である[23]．これまでの複合トレーニングに関する研究では，筋力強化につ

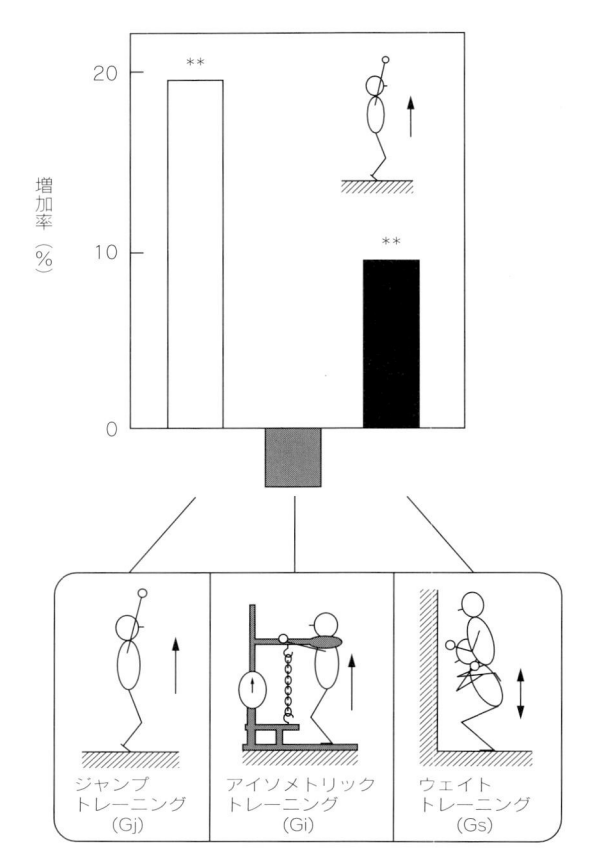

図9-3 垂直跳びの跳躍高に及ぼす3種トレーニングの効果
**：p < 0.01
（金子公宥，末井健作，田路秀樹，ほか：瞬発力におよぼす筋トレーニングの効果．体育科学 11：24-30, 1983）

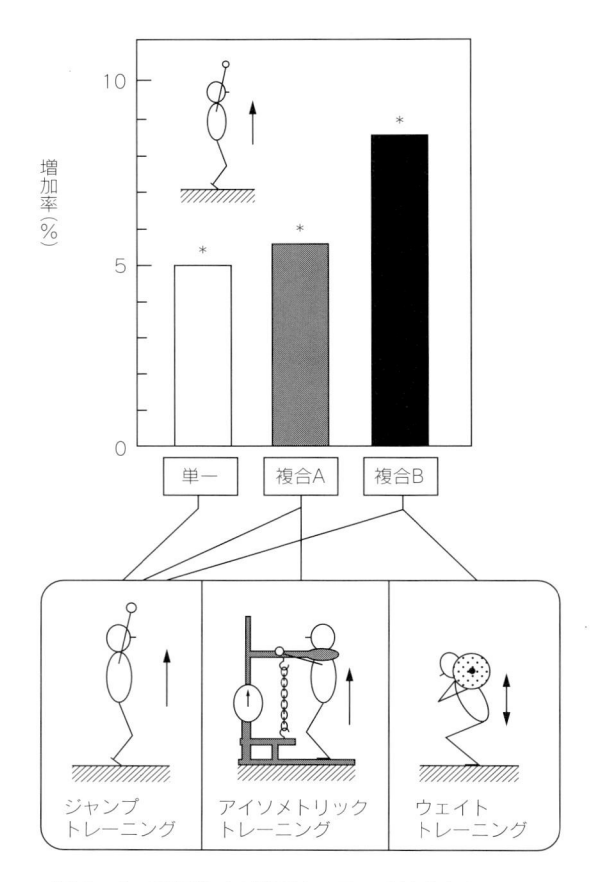

図9-4 垂直跳びの跳躍高に及ぼす複合トレーニングの効果
＊：p < 0.05
（田路秀樹，末井健作，金子公宥：跳躍のパフォーマンスにおよぼす複合トレーニング刺激の効果．体育の科学 39：305-308, 1989）

いてSmith[21]が，等尺性収縮と等張力性収縮の複合トレーニング（isometric-isotonic training）による筋力とスピードの増加を報告し，WhitleyとSmith[27]もまた，腕のスイングスピードを高めるには，isometric-sotonic trainingが等張力性のみのトレーニングと同様に有効であることを報告している．Jackson[8]は，ウェイト・トレーニングの動作中に通過しにくい姿勢（スティッキング・ポイント）があることから，日常のウェイト・トレーニングに加えてスティッキング・ポイントでの等尺性筋力トレーニングを行なわせたところ著明な効果がみられたことを報告している．また，

Belka[2]のisometric-isotonic trainingの研究に見られるような，等尺性筋力が増加せずに，等張力性筋力にのみ有意な増加が認められたとする報告もある．さらに，短縮性収縮と伸張性収縮の複合トレーニングにおいては，Häkkinenら[7]が複合トレーニングによる最大筋力の増加と力の立ち上がり時間の有意な短縮を報告し，Colliderら[4]もまた複合トレーニングの方が伸張性筋力および短縮性筋力の増加が著しかったとしている．一方，短縮性筋力が短縮性トレーニングを行なった群にのみ特異的に増加し，複合トレーニングによる増加は見られなかったというAmiridisら[1]の報告も

ある．しかしながら，先行研究を見る限り筋力に及ぼす複合トレーニングの有効性は非常に高いものと考えられる．

パワーないし瞬発力に及ぼす複合トレーニングの効果については，Schultz[20]が，立ち幅跳びと筋力トレーニングを組み合わせた複合トレーニングが立ち幅跳びだけを行なうトレーニングより有効であるとし，Dintiman[6]が，疾走能力を高めるには単に疾走を繰り返すよりも，疾走に加えてウェイト・トレーニングと柔軟性トレーニングを行なった方が良いと指摘し，Thompsonら[22]もまた，水泳速度に与える効果は，筋力トレーニングが水泳トレーニングと同時に実施されることによってその効果が著名になるが，ウェイト・トレーニングのみでは効果がないとしている．しかし，マシーンを用いて行なった複合トレーニング（isometrics-isotonics）では，筋力のみの増加で，垂直跳びには向上がみられないというMcKethanらの報告[16]もある．しかし，いずれにしろ，これらの研究もまた複合トレーニングの有効性が高いことを示唆している．

さらに，全身持久性のトレーニングと筋力トレーニングを複合させる研究も行なわれている．Nelsonら[18]は全身持久性と筋力の複合トレーニングは，最大酸素摂取量に及ぼす効果としては，単独の全身持久性トレーニングに比べて少ないとしている．Saleら[19]の全身持久性と筋力を組み合わせた同様の複合トレーニングによると，①筋力トレーニングのみのグループと比較した場合，複合トレーニングは最大酸素摂取量に明らかに優位な効果を示し，②全身持久性トレーニングのみのグループと比較すると，逆に動的最大筋力に明らかに優れた効果が見られたという．類似した研究のウェイト・トレーニングと全身持久性を複合したトレーニングを行なったMcCartyら[15]の研究では，等尺性最大筋力と最大酸素摂取量がともに増加し，単一の群と比べてそれぞれに同程度の効果が得られている．これらの結果から見て，全身持久性と筋力トレーニングを複合した場合は，どちらか一方だけの単一トレーニングと比較して，必ずしも高い効果は得られないが，同程度の効果は期待できる．すなわち，複合による"相乗効果"は期待できないが，少なくとも一方が他方の要素の効果を減退させるようなネガティブな作用はないと考えられる．

複合トレーニングの有効性を検証するため著者ら[23]は，垂直跳びの跳躍力の向上を目的として①垂直跳びを1日10回反復，②垂直跳び（1日7回反復）＋アイソメトリック・トレーニング（膝関節を120度に固定し，最大脚伸展力の発揮を1日3回），③垂直跳び（1日5回反復）＋ウェイト・トレーニング（1RMの50％負荷でのスクワット運動を1日5回反復）の単一負荷および複合負荷条件を設定し，週3日，8週間のトレーニングを実施した．その結果，垂直跳びに加えてアイソメトリック・トレーニングまたはウェイト・トレーニングを併せて行なう複合トレーニングが，垂直跳びだけのトレーニングより効果的であることを報告した（図9-4）．つまりこのことは，特異性の原則とオーバーロードの原則が不可欠なだけでなく，動作のトレーニングと筋力トレーニングを同時に実施することの重要性を示唆している．

4．力−速度からみた複合トレーニング

パワーが力と速度の要素から成り立つことは先に述べた．しかし，複合トレーニングの研究において，力と速度の法則性すなわち力−速度関係や最大パワーに及ぼす複合トレーニングの効果を調べた研究は見あたらないため，腕屈曲運動を用いてその点を検討する実験を実施した[24, 25]．負荷条件は，最大筋力の30％（特異性の原則）を基に①30％負荷で最大パワーを10回発揮する単一トレーニング群（G30群），②30％負荷を5回と100％負荷を5回反復する複合トレーニング群（G30＋100群），③30％負荷を5回と0％負荷（空振り）を5回反復する複合トレーニング群（G30＋0群）であり，それぞれのトレーニングを週3日，11週間行なった．その結果が図9-5である．同図の右端に示されたように，最

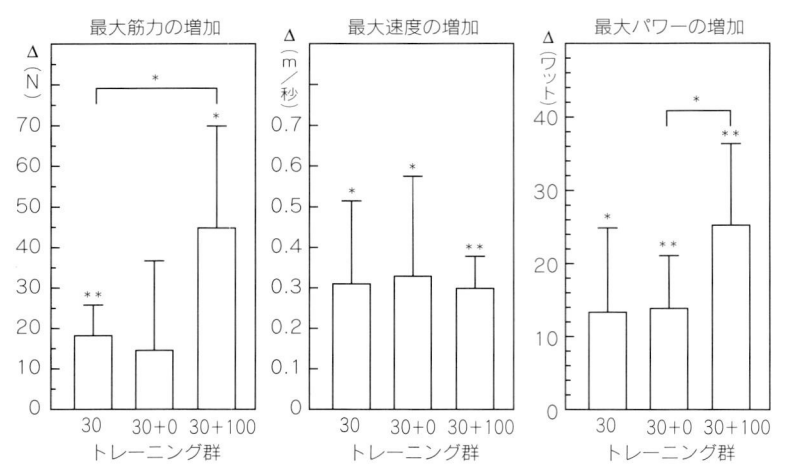

図9-5 腕屈曲運動の最大筋力,最大速度,最大パワーに及ぼす複合トレーニングの効果
*: $p < 0.05$, **: $p < 0.01$
(田路秀樹,末井健作,金子公宥:複合トレーニングが人体筋の力・速度・パワー関係に及ぼす影響.体力科学 44:439-446, 1995)

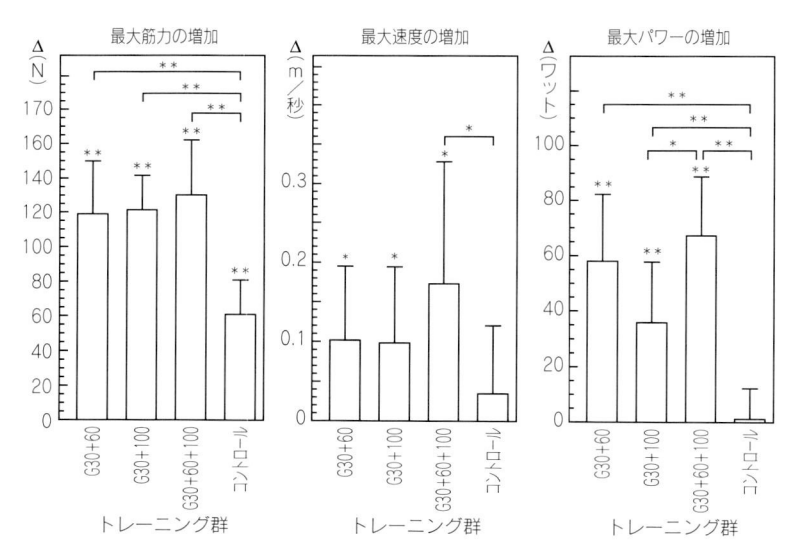

図9-6 腕屈曲運動の最大筋力,最大速度,最大パワーに及ぼす複合筋力トレーニングの効果
*: $p < 0.05$, **: $p < 0.01$
(Toji H, Suei K, and Kaneko M : Effect of Combined Training on force, Velocity and The Power Relationship using Isotonic and Isometric Training Loads, 17th Congress of International Society of Biomechanics : 800, 1999)

表9-1 最大パワー（FVmax）と各パラメータとの相関関係
(Toji H, Suei K and Kaneko M : Effect of Combined Training on force, Velocity and The Power Relationship using Isotonic and Isometric Training Loads, 17th Congress of International Society of Biomechanics : 800, 1999)

	Fmax	Vmax	V10	V20	V30	V45	V60
トレーニング前	0.591**	0.334	0.509*	0.696**	0.671**	0.643**	0.461*
トレーニング後	0.812**	0.429	0.654**	0.734**	0.704**	0.723**	0.696**

*: $p<0.05$, **: $p<0.01$

大パワーの増加量はG30＋100群で最も多く，G30＋0群とG30群では互いにほぼ同程度で，G30＋100群とG30＋0群の増加量間には有意差が認められた．このような結果は，先の垂直跳びを対象としたトレーニング効果を基本的に支持するものである．すなわち，パワートレーニングにおいては，筋力強化を加えた複合トレーニングが，単一負荷のトレーニングと同様に優れた効果を発揮するとともに，スピードを重視した複合トレーニングよりもさらに効果的であることを示唆する．

5. 力－速度からみた有効な複合負荷条件

最大パワーを増加させる複合トレーニングでは，最大パワーの出現する負荷に加えて，筋力強化トレーニングを行なうことが望ましいことを述べた[24,25]．しかし，筋力トレーニングにも，アイソメトリック・トレーニングとアイソトニック・トレーニングがあり，果たしてどちらが有効であるかという問題が残されている．そこでこれまでと同様に腕屈曲運動による複合トレーニングを，筋力トレーニングの種類を考慮して検討した[26]．負荷条件は，①最大筋力の30％負荷を6回反復に加え100％負荷を6回発揮（G30＋100群），②30％負荷を6回反復に加え60％負荷を6回反復（G30＋60群），③30％負荷を4回反復に加え60％負荷を4回反復さらに100％負荷を4回発揮（G30＋60＋100群）の3種類とし，週3日，8週間のトレーニングを実施した．図9-6がその結果である．右端に示された最大パワーの増加量は，G30＋60＋100群で最も多く，次いでG30＋60群，G30＋100群となり，すべてのトレーニング群に1％水準の有意な増加が認められた．また，コントロール群にはほとんど変化がなく，すべてのトレーニング群の増加量との間に有意な差が生じた（$p<0.01$）．トレーニング群間においても，G30＋60＋100群とG30＋100群の増加量間に有意差（$p<0.05$）があった．この結果から，アイソメトリックとアイソトニックのいずれの筋力トレーニングを組み合わせることがより効果的かの比較では，アイソトニックに軍配が上がった．しかし注目すべきことは，G30＋60＋100群の3種類の負荷（各負荷での回数は少ない）を実施した群で最も著明な効果が認められたことである．このような研究結果は，たとえそれぞれの反復回数を減らしても，軽い負荷や重い負荷，最大筋力といった種々の負荷を用いて総合的にトレーニングすることの大切さを示唆するものである．

6. 最大パワーを高める要因

最大パワーが増加する要因は何か．その要因を探るため，トレーニング群の全員についてトレーニング前後における最大パワーと最大筋力と最大速度の相関関係を調べた（表9-1）[26]．最大パワーと最大筋力の相関はトレーニング前がr＝0.591，トレーニング後がr＝0.812（ともに$p<0.01$；n＝21），最大パワーと最大速度の相関はトレーニング前がr＝0.334，トレーニング後がr＝0.429（共に有意差なし）で，最大パワーと

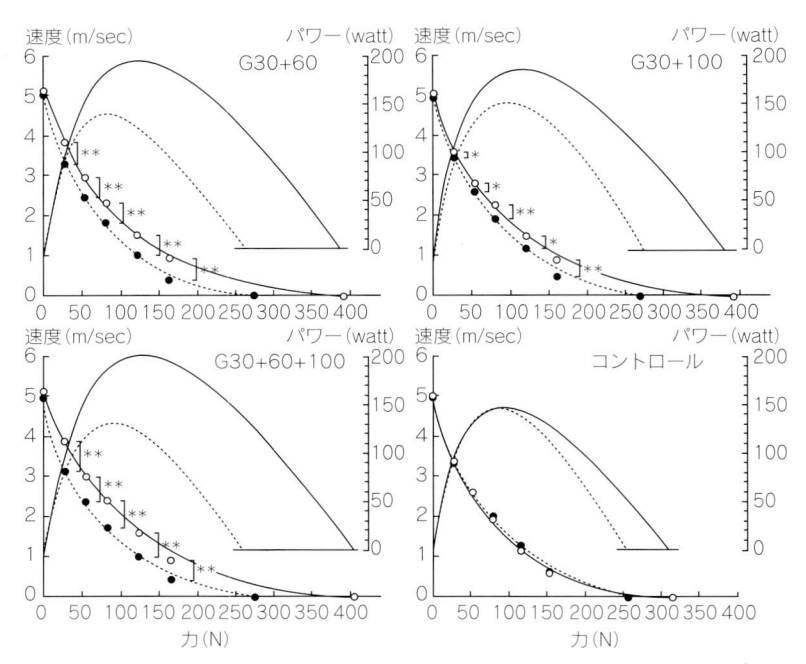

図9-7 腕屈曲運動の力―速度および，力―パワー曲線に及ぼす複合筋力トレーニングの効果
* : p < 0.05, ** : p < 0.01
(Toji H, Suei K and Kaneko M : Effect of Combined Training on force, Velocity and The Power Relationship using Isotonic and Isometric Training Loads, 17th Congress of International Society of Biomechanics : 800, 1999)

最大筋力の強い相関が明らかであった．そこで次に，最大パワーと各負荷条件における速度との相関についてトレーニング前後について調べてみた（表9-1）．その結果，最大パワーに対する最大筋力の10，20，30，45，60％の各負荷における速度との相関は，トレーニング前はr＝0.461〜0.696（p＜0.05〜0.01；n＝21）であったが，トレーニング後はr＝0.654〜0.734（p＜0.01；n＝21）といずれも高くなることがわかった．すなわちこうした結果は，力-速度関係を念頭に置くと，最大筋力の増加のみならず，軽い負荷，重い負荷での収縮速度の向上が全体的に力-速度曲線を上昇させ（図9-7）[26]，最大パワーの増大をもたらすことを示唆している．

結語

最大パワーを高める有効なトレーニングは，特異性の原則と過負荷の原則を重視しながらも，両者を複合させたトレーニング（複合トレーニング）を用いることが重要である．

［田路 秀樹］

文 献

1) Amiridis IG, Cometti G, Morlon L, et al : Effect of the type of recovery training on the concentric strength of te knee extensors. J Sports Sci 15 : 175-180, 1997
2) Belka DE : Comparison of dynamic, static, and combination training on dominant wrist flexormuscle. Res Quart 39 : 244-250, 1968
3) Caiozzo VJ, Perrine JJ, and Edgerton VR : Training-induced alterations of the in vivo force-velocity relationship of human muscle. J Appl Physiol 51 : 750-754, 1981
4) Colliander EB, and Tesch PA : Effect of detraining following short term resistance training on eccentric

and concentric muscle strength. Act Physiol Scand 144: 23-29, 1992

5) Coyle EF, Feiring DC, Rotkis TC, et al : Specificity power improvements through slow and fast isokinetic training. J Appl Physiol 51 : 1437-1442, 1981

6) Dintiman GB : Effects of various training programs on running speed. Res Quart 35 : 456-463, 1964

7) Häkkinen K, Komi PV, and Tesch PA : Effect of combined concentric and eccentric strength training and detraining on force-time, muscle fiber and metabolic characteristics of leg extensor muscles. Scand J Sports Sci 3 : 50-58, 1981

8) Jackson A, Jackson T, Hnatek J, et al : Strength development: using functional isometrics in an isotonic strength training program. Res Quart Exerc Sport 56 : 234-237, 1985

9) Kanehisa H, and Miyasita M : Effect of isometric and isokinetic muscle training on static strength and dynamic power. Eur J Appl Physiol 50 : 365-371, 1983

10) 金子公宥：瞬発的パワーからみた人体筋のダイナミクス．pp73-92, 杏林書院，1974

11) Kaneko M, Fuchimoto H, Toji H, et al : Training effect of different loads on the force-velocity relationship and mechanical power output in human muscle. Scand J Sports Sci 5 : 50-55, 1983

12) 金子公宥，末井健作，田路秀樹，ほか：瞬発力におよぼす筋トレーニングの効果．体育科学 11：24-30，1983

13) 金子公宥，渕本隆文，藤川浩喜，ほか：跳躍トレーニングにおけるウェイトジャケット着用の効果－女子中学生を対象として－．体育科学 14：22-28，1986

14) 金子公宥，田路秀樹：パワーアップの原則再考．J J SPORTS SCI 12：160-164，1993

15) McCarty JP, Agre JC, Graf BK, et al : Compatibility of adaptive responses with combining strength and endurance training. Med Sci Sports Exerc 27 : 429-436, 1995

16) McKethan JF, and Mayhew JL : Effects of isometrics, isotonics, and combined isometrics-isotonics on quadriceps strength and vertical jump. J Sports Med 14 : 224-229, 1974

17) Moffroid M, and Whipple RH : Specificity of speed of exercise. Phys Ther 50 :1692-1700, 1970

18) Nelson AG, Arnal DA, Loy SF, et al : Consequences of combining strength and endurance training regimens. Phy Ther 70 : 287-294, 1990.

19) Sale DG, MacDougall JD, Jacobs I, et al : Interaction between concurrent strength and endurance training. J Appl Physiol 68 : 260-270, 1990

20) Schultz GW : Effects of direct practice, repetitive sprinting, and weight training on selected motor performance tests. Res Quart 38 : 108-118, 1967

21) Smith LE : Influence of strength training on pre-tensed and free-arm speed. Res Quart 35 : 554-561, 1964

22) Thompson HL, and Stull GA : Effects of various training programs on speed of swimming. Res Quart 30 : 479-485, 1959.

23) 田路秀樹，末井健作，金子公宥：跳躍のパフォーマンスにおよぼす複合トレーニング刺激の効果．体育の科学 39：305-308，1989

24) 田路秀樹，末井健作，金子公宥：複合トレーニングが人体筋の力・速度・パワー関係に及ぼす影響．体力科学 44：439-446，1995

25) Toji H, Suei K, and Kaneko M : Effect of Combined Training Loads on Relations Among Force, Velocity, and Power Development. Can J Appl Physiol 22 : 328-336, 1997

26) Toji H, Suei K, and Kaneko M : Effect of Combined Training on force, Velocity and The Power Relationship using Isotonic and Isometric Training Loads, 17th Congress of International Society of Biomechanics : 800, 1999

27) Whitley JD, and Smith LE : Influence of three different training programs on strength and speed of a limb movement. Res Quart 37 : 132-142, 1966

10章 両側性および一側性のトレーニング

　人間の身体運動を引き起こす腕や脚は両側で対をなしている．これらの四肢は，日常生活動作やスポーツ活動の中で様々な様式で使用される．歩行や走行時には腕や脚は一側ずつ交互に働くし，重いものを床から持ち上げるような場合には，腕や脚は両側同時に筋力を発揮する．また，ランニングや水泳のクロール・背泳ぎでは腕や脚は一側ずつ交互に動かすが，ボートのローイングや水泳の平泳ぎ・バタフライでは両側の体肢を左右対称に同時に活動させる．一般に，一側の腕や脚を単独に動かした場合には，「力強さ（筋力）」も「素早さ（反応速度）」も最大の能力を発揮することができるが，両側の腕や脚を同時に動かそうとすると，最大の能力を発揮しようとしているにもかかわらず，それぞれの腕や脚の能力が一側を単独に動かしたときと比べて低下してしまう．つまり，両側の体肢で同時に最大筋力を発揮した場合，一側の体肢で単独に最大筋力を発揮した場合の左右の合計値より小さくなるし[6,7,13,15,16,18,20,23〜27,29,31,35]，両手で同時に反応した場合は片手で単独に反応した場合より反応時間が延長することが知られている[3,8,9,12,17,30,32〜34]．これらの現象は，両側性機能低下（bilateral deficit）と呼ばれている[35]．

　本章では，この両側性機能低下が，「両側性」および「一側性」のレジスタンス・トレーニングや反応時間を短縮するための練習によってどのように変化するのか，また，そのメカニズムは現時点でどのように考えられているのかについて述べる．

1. 両側性および一側性のレジスタンス・トレーニングの効果

　競技者やコーチにとって，トレーニングをいかに効率的に行なうかということは常に興味の対象であり，これまでにもトレーニングに関する研究は数多く行なわれてきている．そして，トレーニングの効果に関するこれまでの研究から，過重負荷（Overload），特異性（Specificity），可逆性（Reversibility）の原理が導き出されている．

　中でも特異性に関する研究報告は多く，レジスタンス・トレーニングの効果に関するものだけでも，筋活動の様式[10,14]，関節角度[2,14]，収縮速度[10,11]などについての研究がある．しかしながら，両側の体肢を同時に動員する場合と一側の体肢を単独に動員する場合とを比較する lateral specificity については，これまでほとんど注意が払われてこなかった[1]．

　体育・スポーツの分野で行なわれている身体運動には，ウェイトリフティング，パワーリフティング，ボート競技のローイング，水泳の平泳ぎやバタフライ，スキーのジャンプ競技などのように両側の体肢を左右対称に同時に活動させるものもあるが，陸上競技のランニング，水泳のクロールや背泳ぎ，クロスカントリースキーなどのように一側の体肢を交互に単独で活動させるものも多い．したがって，両側の体肢を同時に動員する「両側性トレーニング」と一側の体肢を単独に動員する「一側性トレーニング」の効果に特異性が見られるのかどうかを明らかにすることは意味のあることである．

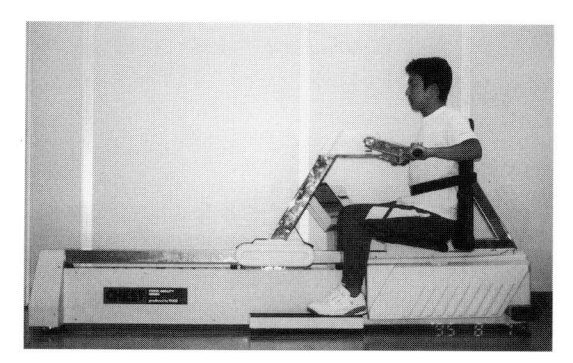

図10-1　等速性腕伸展パワー測定装置

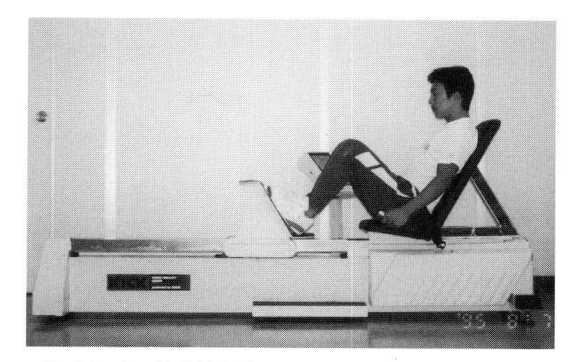

図10-2　等速性脚伸展パワー測定装置

1) 両側性機能低下とトレーニング

　前述のように，レジスタンス・トレーニングにおいて，両側の体肢を同時に動員する場合と一側の体肢を単独に動員する場合を比較した研究は少なく，わずかに，RubeとSecher[20]が両脚トレーニングによって両脚テスト中の疲労が減少し，片脚トレーニングでは両方の脚についてトレーニングを行なったにもかかわらず両脚テスト中の疲労は減少せず，片脚テスト中の疲労が減少したことを示しているのみである．両側性および一側性のレジスタンス・トレーニングが，両側性および一側性に発揮される筋力や筋パワーにどのような効果を及ぼすのかという点について系統的に行なわれた縦断的研究はみられない．

　これまで，両側性機能低下現象に対してトレーニングが及ぼす影響については，鍛錬者と非鍛錬者の両側性機能低下の大きさを比較するという横断的方法のみによって研究されてきた[7,23,25]．Secherら[25]は非鍛錬者と鍛錬者（自転車選手，ウェイトリフター）の両側および一側の脚伸展筋力比を比較し，非鍛錬者と鍛錬者の間に有意な差が見られなかったことから，両側同時動作における筋力低下現象は，激しい持久性トレーニングや筋力トレーニング後でさえも見られるとしている．Schantzら[23]も鍛錬者と非鍛錬者の両側および一側の脚伸展筋力比を比較し，非鍛錬者と鍛錬者の間に有意な差が見られなかったことから，脚伸展筋力比は，トレーニングによって容易に影響されないと述べている．一方，HowardとEnoka[7]は，非鍛錬者，自転車選手，ウェイトリフターの両側および一側の膝伸展筋力を比較し，非鍛錬者は，両側同時動作における筋力低下（抑制）を示したが，自転車選手は低下を示さず，ウェイトリフターは両側同時動作において筋力が増加（促進）を示したことを報告している．

　このように，両側同時動作における筋力低下に対するトレーニングの影響を調べた横断的研究の結果は，両側同時動作によって筋力低下が見られたり，見られなかったり，あるいは逆に促進を示したりというように相反する結果が報告されていた．

2) 両側性および一側性レジスタンス・トレーニングの効果

　そこで，両側性および一側性のレジスタンス・トレーニングが及ぼす効果を縦断的に調べてみた[29]．用いたトレーニングは，等尺性握力トレーニング，等速性腕伸展トレーニング，および等速性脚伸展トレーニングの3種類であった．3種類のトレーニングとも，被験者を両側トレーニング群，一側トレーニング群，およびコントロール群にわけ，週3日，6週間にわたってトレーニングを行なわせた．

　等尺性握力トレーニングは，スメドレー式握力計（竹井機器工業株式会社製）を用いて，等尺性握力発揮を行なわせた．1日のトレーニング内容は，一側トレーニング群は，一側の手による等尺性最大随意筋力の発揮を3秒間維持し，次に対側

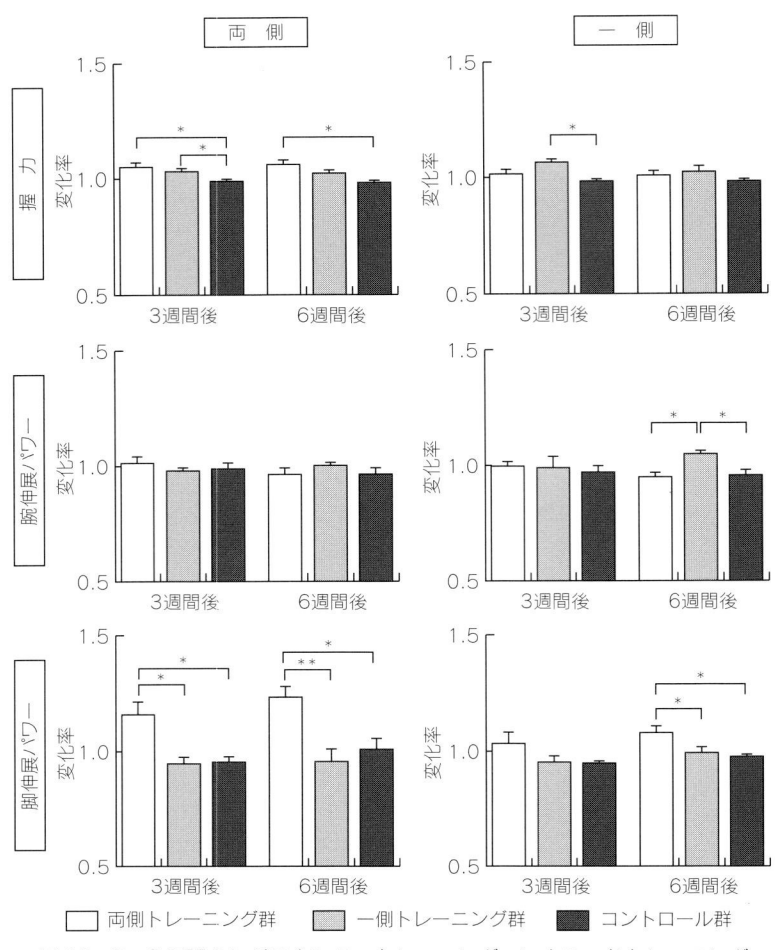

図10-3 6週間のレジスタンス・トレーニングによる，各トレーニング群の筋力あるいは筋パワーの変化率の比較
（*：p＜0.05，**：p＜0.01）
(Taniguchi Y : Lateral specificity in resistance training: the effect of bilateral and unilateral training. Eur J Appl Physiol 75 : 144-150, 1997)

の手による等尺性最大随意筋力の発揮を3秒間維持した．これを1セットとし，セット間に1分以上の休息をはさんで，5セット行なった．両側トレーニング群は，2台の握力計を用いて，両側の手で同時に等尺性最大随意筋力の発揮を3秒間維持し，これを1分以上の休息をはさんで5セット行なった．

等速性腕伸展トレーニング，および等速性脚伸展トレーニングは，等速性腕伸展パワー測定装置（Chest Force，竹井機器工業株式会社製；図

10-1）および等速性脚伸展パワー測定装置（Kick Force，竹井機器工業株式会社製；図10-2）を用いて，0.8 m/secの速度で等速性筋力発揮を行なわせた．1日のトレーニング内容は，一側腕（脚）伸展トレーニング群は，一側の上（下）肢による全力での等速性腕（脚）伸展を6回，つぎに対側の上（下）肢による全力等速性腕（脚）伸展を6回行なった．これを1セットとし，セット間に5分以上の休息をはさんで，3セット行なった．両側腕（脚）伸展トレーニング群は，両側の

上（下）肢による全力での等速性腕（脚）伸展を6回行ない，これを1セットとし，セット間に5分以上の休息をはさんで，3セット行なった．すべてのトレーニングにおいて，コントロール群はトレーニングを行なわなかった．

トレーニング開始前，3週間後，6週間後にそれぞれ両側性および一側性の筋力あるいは筋パワー[21]を測定し，トレーニング開始前の値を基準とした変化率で表したのが図10-3である．各トレーニングの一側のデータと握力トレーニングの両側のデータは，左と右の値を合計したものの変化率である．

また，各実験の両側および一側の筋力および筋パワーのデータから，両側性指数（Bilateral index；BI）[7]を計算した．握力については，

$$BI(\%)=100[(両側右+両側左)/(一側右+一側左)]-100$$

腕伸展パワーおよび脚伸展パワーについては，

$$BI(\%)=100[両側/(一側右+一側左)]-100$$

の式に基づいて計算した．

BI＞0の場合は，両側での値が一側での値より大きいこと（両側性促進）を表し，BI＜0の場合は，両側での値が一側での値より小さいこと（両側性機能低下）を表している．

そして，トレーニング開始前を基準として，トレーニングによってBIがどれだけ変化したかを表したのが図10-4である．

まず図10-3をみると，両側条件において発揮された筋力や筋パワーは両側性のレジスタンス・トレーニングによって改善され，一側条件において発揮された筋力や筋パワーは一側性のレジスタンス・トレーニングによって改善されることがわかる．ただし，脚伸展パワーの一側条件においては，一側トレーニング群においてではなく，両側トレーニング群に有意に大きな改善がみられた．この原因の1つとしては，両側トレーニング群にトレーナビリティの大きな被験者が含まれていた可能性が考えられた．

しかし，最も重要な点は，この脚伸展パワーの場合においてでさえ他のトレーニングの場合と同様に，BIは両側性のレジスタンス・トレーニングによって正の方向にシフトし，一側性のレジスタンス・トレーニングによって負の方向にシフトしたことである（図10-4）．つまり，脚伸展トレーニングにおいても，両側トレーニング群に見られた効果は，一側よりも両側条件において大きく，一側トレーニング群に見られた効果は，両側よりも一側条件において大きかったということである．この上肢および下肢のレジスタンス・トレーニングにみられるパターンは，「筋力トレーニングにおける特異性」の理論[22]に当てはまる．

このように，BIはトレーニング群によって異なる経時変化を示し，両側トレーニング群のBIの変化量は一側トレーニング群およびコントロール群のそれと有意な差があった．したがって，これらの結果は，レジスタンス・トレーニングにおけるlateral specificityの存在を示唆し，両側性機能低下が両側性トレーニングによって減少（あるいは逆転）し，一側性トレーニングによって増強されうることを示していると考えられる．

両側同時動作における筋力低下に対するトレーニングの影響を調べた先行研究の結果は，両側同時動作によって筋力低下が見られたり，見られなかったり，あるいは逆に促進を示したりというように相反する結果が報告されていた．しかし，BIがトレーニングによって影響されない可能性を示しているSecherら[25]の研究に記載されている比率は，非鍛錬者が80〜81（BI：−20〜−19），ウェイトリフターが86（BI：−14），自転車選手が76（BI：−24）である．Schantzら[23]の研究に記載されている両側/一側比は，男性非鍛錬者が0.86（BI：−14），高度にレジスタンス・トレーニングを積んでいる男性が0.92（BI：−8）である．これらの値を比較してみると，両側性の脚伸展動作を定期的に行なっているウェイトリフターや高度にレジスタンス・トレーニングを積んでいる被験者は非鍛錬者より両側性機能低下の程度が小さいことがわかる．さらに，日常的に両脚を交

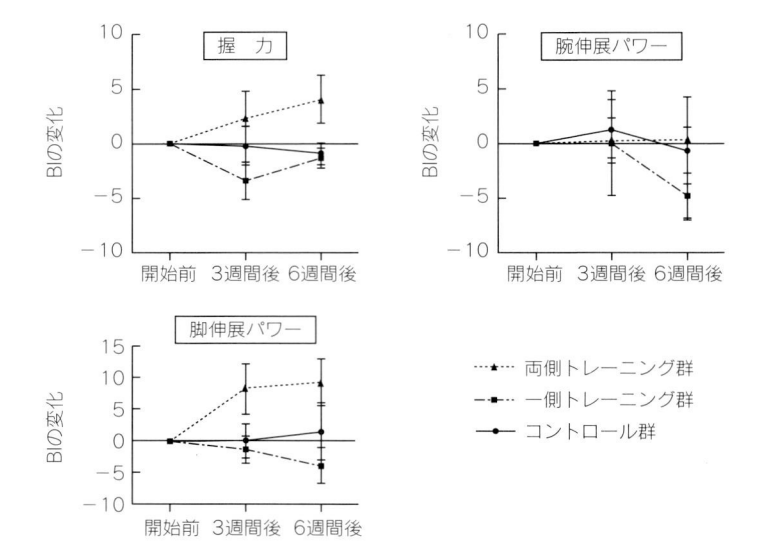

図10-4 6週間のレジスタンス・トレーニングによる，各トレーニング群のBIの変化
(谷口有子：レジスタンス・トレーニングにおけるlateral specificity. 体育の科学 47：549-554, 1997)

互に伸展させるトレーニングをしている自転車選手における両側性機能低下の大きさは非鍛錬者より大きい．したがって，これらの事実は，著者の研究の結果と矛盾するものではない．横断的研究においては，他の種々の要因にマスクされたために統計的に有意な「トレーニング効果のlateral specificity」を検出することができなかったものと考えられる．これが，これまでの横断的研究に矛盾の見られた原因であろう．

レジスタンス・トレーニングが両側性機能低下に及ぼす影響については，上記のように，両側性のトレーニングを行なうと両側性に発揮した筋力が一側性に発揮した筋力よりも顕著に増加し，一側性のトレーニングを行なうと一側性に発揮した筋力が両側性に発揮した筋力よりも顕著に増加する．すなわち，両側性機能低下の程度は，両側性トレーニングによって小さくなり，一側性トレーニングによって大きくなるというlateral specificityが見られる[5, 26, 27, 29]．したがって，ウェイトリフターやボート選手のように両側同時の筋活動を要求されるスポーツ選手にとっては，一側性のトレーニングより両側性トレーニングの方が有効であり，自転車選手や短距離選手のように左右交互の動作を用いるスポーツ選手にとっては，現在標準的に行なわれている両側性のトレーニングより一側性（あるいは左右交互の相反的な）トレーニングの方が有益であるということができる．

3）筋力発揮における両側性機能低下に関与しているメカニズム

両側性機能低下に関与している可能性のあるメカニズムには少なくとも3つあると考えられてきた．すなわち，注意の分散，相反神経支配，大脳半球間抑制である[19]．もし仮に，両側性機能低下が脊髄内での二重の相反神経支配を介した反射的抑制による影響をより強く受けているとすれば，上肢と下肢の両側性機能低下の割合はそれぞれ独立にトレーニングの影響を受けるはずである．しかし，例えば大脳半球間抑制のように，脊髄上位のレベルでのメカニズムによる影響を強く受けており，上肢と下肢の両側性機能低下を共通して制御しているようなメカニズムが存在するとしたら，上肢または下肢に一側性あるいは両側性のレジスタンス・トレーニングを課して両側性機能低下の割合を変化させた場合に，トレーニングを行なわなかった下肢または上肢の両側性機能低下の割合もこれに連動して変化すると仮定できる．そこで，レジスタンス・トレーニングがトレーニングを行なわなかった上肢および下肢の両側性機能

低下に及ぼす影響を調べてみた．

体育大学学生（男子32名，女子7名）を両側腕伸展トレーニング群，一側腕伸展トレーニング群，両側脚伸展トレーニング群，一側脚伸展トレーニング群，およびコントロール群に無作為にわけ，両側腕（脚）伸展トレーニング群は両側の腕（脚）を同時に伸展，一側腕（脚）伸展トレーニング群は一側の腕（脚）を伸展する動作を左右両肢についてトレーニングした．コントロール群はトレーニングを行なわなかった．トレーニングは，等速性筋パワー測定装置（図10-1, 2）を用いて，速度 0.8 m/sec で各動作での全力伸展を6回×3セット，週3日，6週間行なわせた．トレーニング開始前，3および6週間後に両側性および一側性の筋パワーを測定し[21]，両側性指数（BI）を前項の式によって計算した．

結果の分析は，トレーニングを行なった体肢であるかどうか（鍛錬肢，非鍛錬肢）および実施したトレーニングが両側性か一側性か，という観点から行なった．例えば，「鍛錬肢（両側トレーニング群）」のBIは，両側トレーニングを行なった両側腕伸展トレーニング群と両側脚伸展トレーニング群の，それぞれトレーニングを行なった体肢によって発揮された両側性および一側性パワーの値から算出した．つまり，両側腕伸展トレーニング群の腕伸展パワー，および両側脚伸展トレーニング群の脚伸展パワーからBIを求めた．同様に，「非鍛錬肢（両側トレーニング群）」のBIは，両側腕伸展トレーニング群の脚伸展パワー，および両側脚伸展トレーニング群の腕伸展パワーから求めた．

6週間のトレーニングによって，実施したトレーニングと全く同じ様式で発揮された鍛錬肢のパワーは，平均値で3.3～14.2％増加した．各群のトレーニング開始前を基準としたBIの変化量（図10-5）を見ると，鍛錬肢については，前項の結果[28, 29]と同様の結果になった．すなわち，両側性トレーニングによって，両側性機能低下は小さくなり（BIは正の方向にシフトし），一側性トレーニングによって大きくなった（BIは負の方

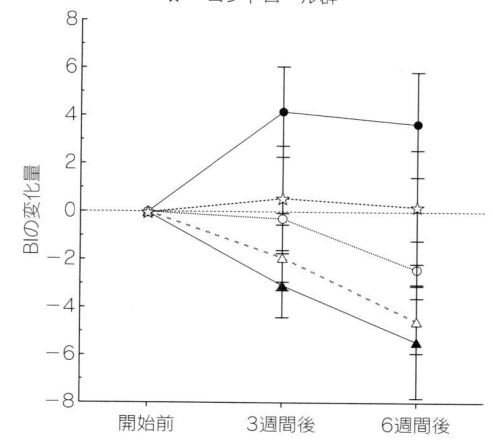

図10-5 体肢（鍛錬肢，非鍛錬肢）およびトレーニング群（両側，一側）の違いから見た6週間のトレーニングによるBI変化量の経時変化（平均値±標準誤差）

(Taniguchi Y : Relationship between the modifications of bilateral deficit in upper and lower limbs by resistance training in humans. Eur J Appl Physiol 78 : 226-230, 1998)

向にシフトした）．非鍛錬肢については，一側トレーニング群のBIが鍛錬肢と同様，負の方向にシフトしたのに対し，両側トレーニング群では，鍛錬肢と同じ正の方向にはシフトしなかった．つまり，一側トレーニングのトレーニング効果には鍛錬肢から非鍛錬肢（上肢から下肢，下肢から上肢）へ正の転移がみられるのに対して，両側トレーニングでは転移がみられないということである．

このことから，少なくとも両側性機能低下を強める機構については，上肢と下肢に共通である可能性があるといえる．両側トレーニングに転移がみられない理由は不明であるが，1つの可能性として，次のような説明ができるかもしれない．例えば大脳半球間抑制[4, 15, 19]のような，何らかの抑制機構によって両側性機能低下現象が起こっているとすれば，両側トレーニングによる効果は，そ

の抑制機構を脱抑制することによって起こっているかもしれない．そして抑制機構自体は上肢と下肢に共通であるが，脱抑制はトレーニングを行なった体肢に特異的に起こるのかもしれない．

以上の研究結果から，一側トレーニングには上肢と下肢の両側性機能低下の間にトレーニング効果の転移がみられることが明らかになった．もし両側性機能低下が二重の相反性神経支配のような脊髄分節レベルのメカニズムのみによっているとすると，このような現象は起こり得ない．したがって，両側性機能低下のメカニズムに，脊髄分節レベルより上位のメカニズムが，少なくとも一部は関与している可能性を示唆していると考えられる．

2．両側性および一側性の反応速度短縮のための練習の効果

競技力向上を目指す選手やコーチにとっては，「力強さ（筋力）」だけではなく「素早さ（反応速度）」の改善も重要な関心事である．筋力の場合と同様に，両側の体肢で同時に動作を行なった場合は一側体肢で単独に動作を行なった場合より反応速度が遅くなる両側性機能低下現象が観察されることは前述したが，両側性および一側性の反応速度短縮のための練習を行なうと両側性機能低下にはどのような影響が現れるのであろうか．レジスタンス・トレーニングの場合と同様に，lateral specificity が観察されるのであろうか．

1）両側性および一側性の反応速度短縮のための練習効果

これを確かめるために，体育大学学生（男子23名，女子4名）を両側反応練習群，一側左反応練習群，一側右反応練習群，コントロール群に無作為にわけ，母指によるボタン押し動作で各反応時間課題の練習を10回×2セット，週3日，6週間行なわせた．練習開始前，3および6週間後に両側性および一側性の単純反応時間を測定した．（前項の脚伸展パワーの場合は，装置の構

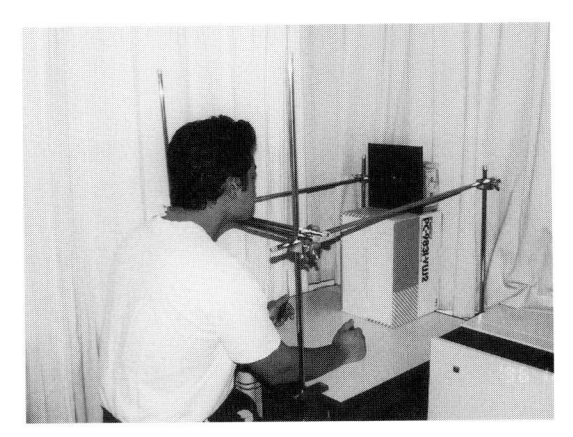

図10-6　反応時間実験風景

造上，両側性パワーを左右各脚別に分離して計測することが不可能であったが，本項の反応時間では，左右の各手にそれぞれ，反応スイッチを把持して計測したため，両側性反応時間も左手，右手に分離して計測している（図10-6）．

練習によって，反応時間自体は，開始前と比べて有意に短縮したが，一側練習群において一側性の反応時間が顕著に短縮し，両側練習群において両側性の反応時間が顕著に短縮するというようなことはなかった[30, 32]．つまり，反応速度短縮のための練習には，筋力増強のためのトレーニングにおいてみられたようなトレーニング効果の特異性がみられなかったことになる．これは，一側左反応時間と両側左（$r = 0.563$, $p = 0.0018$）および右（$r = 0.432$, $p = 0.0235$）の反応時間が連動して変化したためであり（図10-7），その結果，BI は変化しなかった．

また，練習開始前において，両側性の反応時間は，左手（193 ± 5 msec）が右手（196 ± 4 msec）より有意に短かく（$p < 0.05$），両側左右の反応時間に対する相関係数（図10-8）は，一側左（$r = 0.819$, $r = 0.766$, $p < 0.0001$）の方が右（$r = 0.554$, $r = 0.512$, $p < 0.01$）よりも高かったこと，練習によって一側左反応時間と両側左および右の反応時間が連動して変化したことから，両側反応時間と一側左反応時間の結びつきが強いことが明らかになり，両側反応におけ

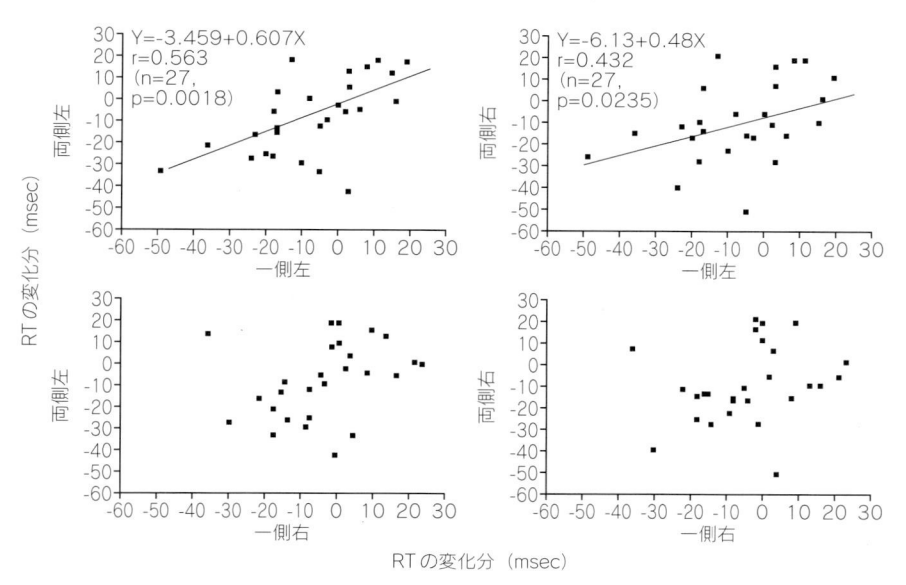

図10-7 両側左右および一側左右の反応時間の練習による変化分の相関関係（6週間後）
全被験者の，練習による両側左（r = 0.563，p < 0.01）および右（r = 0.432，p < 0.05）の反応時間変化分と一側左反応時間の変化分との間には有意な相関関係がみられたが，両側左および右の反応時間変化分と一側右反応時間の変化分との間にはみられなかった．
(Taniguchi Y : Effect of practice in bilateral and unilateral reaction-time tasks. Percept Mot Skills 88 : 99-109, 1999)

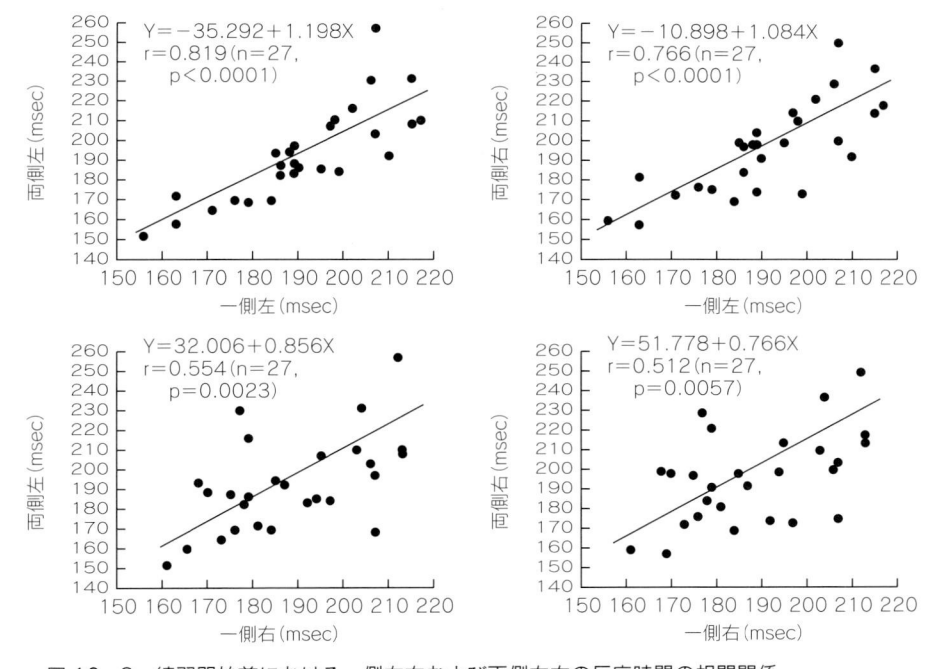

図10-8 練習開始前における一側左右および両側左右の反応時間の相関関係
(谷口有子，関 和彦：トレーニングが運動中の大脳皮質活動に及ぼす効果の評価に関する研究—両側同時および一側単独の反応速度短縮のための練習の効果—．武道・スポーツ科学研究所年報 3：169-178, 1998)

図10-9 両側反応における左右の
半視野刺激時の反応経路
(谷口有子,関 和彦:トレーニングが
運動中の大脳皮質活動に及ぼす効果の
評価に関する研究-右および左視野刺激
時の両側性および一側性反応時間-. 武
道・スポーツ科学研究所年報 4:133-
141, 1999)

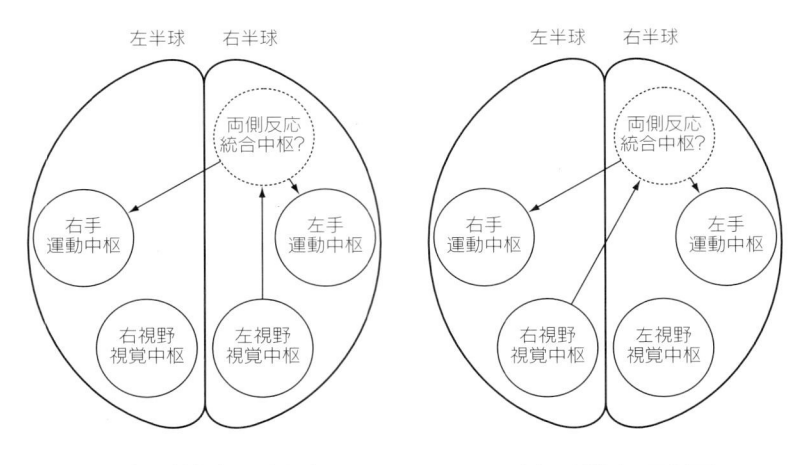

A. 左視野刺激時の反応経路

B. 右視野刺激時の反応経路

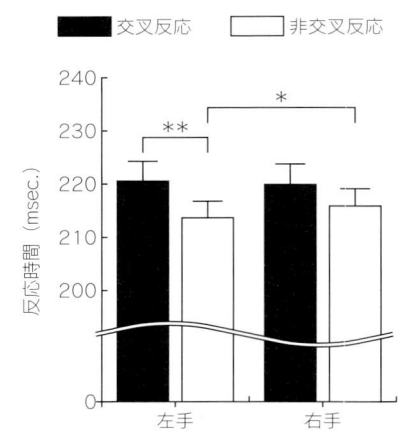

図10-10 刺激を受け取る視覚中枢のある大脳半
球と,右半球に仮定された「両側反応課題における
左右の反応を統合する中枢」の関係から見た交叉反
応,非交叉反応の反応時間の比較
($*$:$p<0.05$, $**$:$p<0.01$)
(谷口有子,関 和彦:トレーニングが運動中の大脳皮質
活動に及ぼす効果の評価に関する研究-右および左視野刺激
時の両側性および一側性反応時間-. 武道・スポーツ科
学研究所年報 4:133-141, 1999)

け取る視覚中枢のある大脳半球と,右半球に仮定された「両側反応課題における左右の反応を統合する中枢」の関係から見た交叉反応,非交叉反応の反応時間を比較することにより,両側反応課題における左右の反応を統合する中枢が右半球にある可能性を検討することにした(図10-9).被験者が両眼で正面の視点固定点を注視している状態で,左視野(視点固定点に向かって左側)に反応刺激を呈示した場合図10-9Aは,左右の眼球の右半分の網膜で刺激を受け取る.左眼球の右半分の網膜で受け取られた刺激も右眼球の右半分の網膜で受け取られた刺激も,ともに視神経を介して右の大脳半球にある視覚野で信号を認知するため,両側反応課題における左右の反応を統合する中枢への情報伝達は,同一の大脳半球内で行なわれることになる.これに対して,右視野に反応刺激を呈示した場合図10-9Bは,左の大脳半球にある視覚野で信号を認知するため,両側反応の統合中枢への情報伝達は,大脳半球間を横切る必要があり,その分だけ反応が遅れるはずである.つまり,仮説が正しければ,左視野刺激の場合よりも右視野刺激の場合の方が両側反応の反応時間は延長するはずである.

この仮説を検証するため,体育大学学生(男子50名,女子8名)に両側反応時間課題,一側左反応時間課題,一側右反応時間課題をそれぞれ左

る左右の反応を統合する中枢が右半球にある可能性が示唆された.

2) 反応時間における両側性機能低下に関与しているメカニズム

そこで,左右の半視野刺激を用いて,刺激を受

視野刺激条件と右視野刺激条件下で行わせたところ，両手反応においては，仮定された両側反応統合中枢と半視野刺激の関係からみた交叉反応の反応時間は非交叉反応の反応時間より長く（図10-10），仮説が支持された[33,34]．

以上のことをまとめると，両側性および一側性の反応速度短縮のための練習効果には，レジスタンス・トレーニングの場合に見られたようなlateral specificityは観察されず，反応時間に見られる両側性機能低下には，筋力に見られるそれとは異なるメカニズムが関与していると考えられた．両手で同時に反応するためには，左右の手の反応を統合する過程が必要なため，片手で反応するよりも反応時間が遅れると考えられる．

おわりに

レジスタンス・トレーニングでは，両側性機能低下の程度は，両側性トレーニングによって小さくなり，一側性トレーニングによって大きくなるというlateral specificityが見られ，両側同時の筋活動を要求されるスポーツ選手にとっては，一側性のトレーニングより両側性トレーニングの方が有効であり，左右交互の動作を用いるスポーツ選手にとっては，現在標準的に行なわれている両側性のトレーニングより一側性（あるいは左右交互の相反的な）トレーニングの方が有益であるということができる．しかし，反応速度短縮のための練習効果には，レジスタンス・トレーニングの場合に見られたようなlateral specificityは観察されず，それぞれの種目が両側性・一側性どちらの動作が主体になっているかによって練習方法を選択することの有効性はないといえる（が，わざわざ逆の動作を練習する必要もないであろう）．

ただし，今回紹介したのは，単純反応課題についての結果のみであり，反応動作も局所的なものである．実際のスポーツの場面で考えると，単純反応課題は陸上競技や水泳のスタートなどが相当する．しかし，球技や対人競技では，ボールや対戦相手の選手の動きに応じて，すばやく反応することが要求される．このような選択反応課題の場合や，筋力の要素が関わってくる全身反応を要求されるような場合に，両側性および一側性の反応速度短縮のための練習がどのような影響を及ぼすかについては，今後の研究によって明らかにされていくであろう．

［谷口　有子］

文　献

1) Archontides C, Fazey JA : Interlimb interactions and constraints in the expression of maximum force: a review, some implications and suggested underlying mechanisms. J Sports Sci 11 : 145–158, 1993
2) Bender J and Kaplan H : The multiple angle testing method for the evaluation of muscle strength. J Bone Joint Surg 45A : 135–140, 1963
3) Di Stefano M, Morelli M, Marzi CA, et al : Hemispheric control of unilateral and bilateral movements of proximal and distal parts of the arm as inferred from simple reaction time to lateralized light stimuli in man. Exp Brain Res 38 : 197–204, 1980
4) Ferbert A, Priori A, Rothwell JC, et al : Interhemispheric inhibition of the human motor cortex. J Physiol 453 : 525–546, 1992
5) Häkkinen K, Kallinen M, Linnamo V, et al : Neuromuscular adaptation during bilateral versus unilateral strength training in middle-aged and elderly men and women. Acta Physiol Scand 158 : 77–88, 1996
6) Henry FM and Smith LE : Simultaneous vs. separate bilateral muscular contractions in relation to neural overflow theory and neuro-moter specificity. Res Q 32 : 42–46, 1961
7) Howard JD and Enoka RM : Maximum bilateral contractions are modified by neurally mediated interlimb effects. J Appl Physiol 70 : 306–316, 1991
8) Jeeves MA : A comparison of interhemispheric transmission times in acallosals and normals. Psychon Sci 16 : 245–246, 1969
9) Jeeves MA, Dixon NF : Hemisphere differences in response rates to visual stimuli. Psychon Sci 20 : 249–251, 1970
10) Kanehisa H and Miyashita M : Effect of isometric and isokinetic muscle training on static strength and dynamic power. Eur J Appl Physiol 50 : 365–371, 1983

11) Kanehisa H and Miyashita M : Specificity of velocity in strength training. Eur J Appl Physiol 52 : 104–106, 1983
12) Kerr M, Mingay R, and Elithorn A : Cerebral dominance in reaction time responses. Brit J Psychol 54 : 325–336, 1963
13) Koh TJ, Grabiner MD and Clough CA : Bilateral deficit is larger for step than for ramp isometric contractions. J Appl Physiol 74 : 1200–1205, 1993
14) Lindh M : Increase of muscle strength from isometric quadriceps exercise at different knee angles. Scand J Rehabil Med 11 : 33–36, 1979
15) Oda S and Moritani T : Movement-related cortical potentials during handgrip contractions with special reference to force and electromyogram bilateral deficit. Eur J Appl Physiol 72 : 1–5, 1995
16) Ohtsuki T : Decrease in grip strength induced by simultaneous bilateral exertion with reference to finger strength. Ergonomics 24 : 37–48, 1981
17) Ohtsuki T : Increase in simple reaction time of knee extension induced by simultaneous bilateral performance. Percept Mot Skills 53 : 27–30, 1981
18) Ohtsuki T : Decrease in human voluntary isometric arm strength induced by simultaneous bilateral exertion. Behav Brain Res 7 : 165–178, 1983
19) Ohtsuki T : Change in strength, speed, and reaction time induced by simultaneous bilateral muscular activity. Interlimb coordination: neural, dynamical, and cognitive constraints, Swinnen S, Heuer H, Massin J et al (Eds), pp259–274, Academic Press, New York, 1994
20) Rube N and Secher NH : Effect of training on central factors in fatigue following two- and one-leg static exercise in man. Acta Physiol Scand 141 : 87–95, 1990
21) Saito M, Yamamoto M, Yamamoto T, et al : Isokinetic dynamometers, "Kick Force" and "Chest Force", for measuring leg and arm extension power. Abstract book of Asian Sport Science Congress, Hiroshima '94, Hiroshima, Organizing Committee of Asian Sport Science Congress, Hiroshima '94 and Japanese Olympic Committee (Eds), pp14–20, 1994
22) Sale D and MacDougall D : Specificity in strength training: a review for the coach and athlete. Can J Appl Sport Sci 6 : 87–92, 1981
23) Schantz PG, Moritani T, Karlson E, et al : Maximal voluntary force of bilateral and unilateral leg extension. Acta Physiol Scand 136 : 185–192, 1989
24) Secher NH, Rorsgaard S, Secher O : Contralateral influence on recruitment of curarized muscle fibres during maximal voluntary extension of the legs. Acta Physiol Scand 103 : 456–462, 1978
25) Secher NH, Rube N and Elers J : Strength of two- and one-leg extension in man. Acta Physiol Scand 134 : 333–339, 1988
26) 谷口有子：両側同時および一側単独の握力発揮トレーニングの効果．国際武道大学研究紀要 9：33–38，1994
27) 谷口有子：両側同時および一側単独の等速性腕伸展パワートレーニングの効果．国際武道大学研究紀要 10：81–85，1995
28) 谷口有子：レジスタンス・トレーニングにおける lateral specificity．体育の科学 47：549–554，1997
29) Taniguchi Y : Lateral specificity in resistance training: the effect of bilateral and unilateral training. Eur J Appl Physiol 75 : 144–150, 1997
30) 谷口有子，関 和彦：トレーニングが運動中の大脳皮質活動に及ぼす効果の評価に関する研究－両側同時および一側単独の反応速度短縮のための練習の効果－．武道・スポーツ科学研究所年報 3：169–178，1998
31) Taniguchi Y : Relationship between the modifications of bilateral deficit in upper and lower limbs by resistance training in humans. Eur J Appl Physiol 78 : 226–230, 1998
32) Taniguchi Y : Effect of practice in bilateral and unilateral reaction-time tasks. Percept Mot Skills 88 : 99–109, 1999
33) Taniguchi Y : Right hemispheric contribution to motor programming of simultaneous bilateral response. Percept Mot Skills 88 : 1283–1290, 1999
34) 谷口有子，関和彦：トレーニングが運動中の大脳皮質活動に及ぼす効果の評価に関する研究－右および左視野刺激時の両側性および一側性反応時間－．武道・スポーツ科学研究所年報 4：133–141，1999
35) Vandervoort AA, Sale DG and Moroz J : Comparison of motor unit activation during unilateral and bilateral leg extension. J Appl Physiol 56 : 46–51, 1984

11章 低酸素トレーニング

　高地住民は平地住民に比べて①胸郭が大きく呼吸が深い，②心臓が肥大していて，心拍出量が大きい，③赤血球の数が多い，④赤血球ヘモグロビン量が多いなどの特徴がある．このように，高地住民は高地という低圧低酸素環境に適応した遺伝的な性質と，高地に馴化する性質とによって平地住民より酸素運搬能力に勝っている．

　1960年に開催されたローマオリンピックにおいて，標高 2,500 m に住むエチオピアのアベベ選手がマラソンに優勝して以来，低酸素環境と競技力との関係が注目されてきた．そして，平地住民であっても何週間か高地に滞在することによって高地に馴化することを知ると同時に，高地トレーニングによって酸素運搬能力や血液性状に関するデータの変化とともにランニングや水泳におけるタイムの向上が報告[4,12]されている．

　ところで，高地住民の生理的特徴や高地トレーニングにおける運動能力への影響は気圧ではなく，外気の酸素分圧が低いことによる．低酸素分圧の環境は，もちろん高地や人工的に気圧を変化させた低圧室など気圧の低下を伴って得られるが，気圧は平地のまま酸素濃度を変化させることによって作り出すことも可能である．さらには，気圧と酸素濃度の両方を変化させることも可能である．したがって，いろいろな低酸素環境があると同時に，その環境を利用した様々なトレーニング方法が考えられてきた．ここでは，それらを概観するとともに，筆者がここ数年間スピードスケート選手の競技力向上を目的に試みている酸素濃度を変化させた低酸素室を用いたトレーニングについて紹介する．

1. 高地トレーニング

　高地トレーニングは，経験的に標高 2,000 m から 2,500 m の高度が利用されている．一般的には高地に滞在しながらトレーニングも高地で行なう（Living high and training high）が，スキーの距離競技の選手や複合選手などはスキーを滑る場所が高地にあることから，低地に滞在しながら高地でトレーニング（Living low and training high）を行なっている[6]．さらに，近年 Levine ら[8]は，高地に滞在しながらトレーニングは低地で行なう（Living high and training low）という方法を提唱している．そして，いずれの方法においても，最大酸素摂取量，血液量，ヘモグロビンあるいはヘマトクリットの増加，同一運動負荷に対する心拍数および血中乳酸濃度の低下などいくつかの生理的変化を伴う performance の向上[4,8,12]をみており，高地トレーニングの有効性が示唆されている．ここで，high とは high altitude であり，low とは low altitude のことであるので，low といっても 1,300 m 程度の準高地を指している．high-high トレーニングは四六時中低酸素環境に暴露され続けられるが，low-high トレーニングはトレーニングの時だけ低酸素環境であり，high-low トレーニングは低酸素環境ではトレーニングを行なわないということになる．特に，Levine らの提唱している high-low トレーニングは，高地においてトレーニングを行なわないのであるから，安静レベルでの高地馴化が競技力向上につながることを示唆していることになる．

　高地トレーニングには約 40 年の歴史がある

が，現在でも高地トレーニングによって体調を崩し失敗したという例は少なくない．このことは，滞在する高度，滞在期間，トレーニング強度，あるいは，高地に対する適応能力の個人差など多くの検討しなければならない課題が残されているといえる．また，低酸素環境におけるトレーニングは滞在のみと運動した場合とで同じ効果が得られるのか議論の余地がある．

2．低圧トレーニング

1963年に朝比奈ら[2]によって低圧室を利用したトレーニング研究が行なわれた．そしてこのトレーニングを低圧トレーニングと称した．トレーニングは標高4,000m相当の低圧室に1日2時間入室し，その間30分間の自転車のペダリングを2回行なうことを連日2週間継続するという方法であった．その結果，最大酸素摂取量，最大換気量，Hb濃度，持久走時間が増加したことが報告された．低圧室を利用したトレーニングは，低酸素室への入室時間がおよそ1回1時間から2時間で，その間にインターバル運動や60～90分間の持続運動を，週2～5回といった方法で行なわれている．その結果，最大酸素摂取量の増加，最大下運動時での血中乳酸濃度の減少，LDHおよびPFKの減少[5]などの効果が報告されている．また，浅野ら[5]は高地順応トレーニングとして，低圧室を5,000mから7,000m相当の高度に設定し，1回30分間の運動を週1回の頻度で3ヵ月（計12回）行なった結果，4,000m相当における安静時SpO_2が増加し，急性高山病予防に貢献することを示唆した．すなわち，低圧室における1日の暴露時間がこのように比較的短時間で，しかも週1回といった間隔を置いたトレーニングであっても高地順応を助ける役割を果たす可能性を示している．このように低圧室トレーニングでは低酸素環境下で運動することによる効果をみていることになる．

3．低酸素トレーニング

海抜0mの気圧は平均760mmHgであるが，標高2,500mでは平均560mmHgまで低下する．標準状態における大気中の酸素の割合は20.93％で一定であるので，酸素分圧は気圧の低下に比例して低下する（PO_2＝気圧×0.2093）．平地の酸素分圧は159mmHgであるので，標高2,500mでは117.2mmHgとなる．したがって，標高2,500mにおける酸素分圧を常圧（海抜0m）下で作り出すための酸素濃度は標準状態では次のようになる．

（標高2,500mの酸素分圧）　（海抜0mの気圧）　　（酸素濃度％）
117.2 mmHg　　／　　760 mmHg　　＝　　15.4％

ただし，酸素濃度を変化させた分だけ窒素を加えることにより気圧を760mmHgに保つ．
ここでは，酸素濃度を変化させることによる低酸素分圧下でのトレーニングを「低酸素トレーニング」と呼ぶこととする．

低酸素トレーニングの研究は朝比奈ら[3]によって1964年に行なわれている（ただし，この研究を朝比奈らは低酸素気トレーニングと称ている）．ここでは，13～14.1％の低酸素気（標高3,800～3,400m相当）を詰めたダグラスバッグからマスクを介して吸入するという方法により，1回2時間，1週間に2回の頻度で1ヵ月間行なった．ただし，このトレーニングでは座位安静で低酸素気を吸入するという方法であり，低酸素気を吸入しながらの運動は行なっていないので，1991年にLevineら[8]の提唱したLiving high and training lowの方法（ただし，朝比奈らのトレーニングは平地）をこのときすでに実験的に行なっていたことになる．しかし，トレーニングの結果は，最大酸素摂取量，最大酸素負債ともに変化なく，血液面でも赤血球，血色素ともにトレーニングによる効果とみられるものは見あたらなかったとしている．

その後，低酸素トレーニングの効果についての研究は行なわれなかったが，1993年，Rusko[13]によって，altitude house（常圧低酸素室：以下低酸素室とする）を使った研究がはじめられた[1,7]．彼は，人工的に作った酸素濃度15.3％（標高2,500m相当）の低酸素室に1日16〜18時間滞在し，トレーニングは平地で行なうという方法で低酸素トレーニングを行ない，低酸素室に滞在中，スキー選手やランナーのエリスロポエチンあるいは2,3-DPGの増加を見ている．約30年前に日本で行なわれた低酸素トレーニングと圧倒的に違うのは，1日の3/4もの長時間を低酸素室内に滞在するという点である．そして，低酸素環境は滞在するだけで血液性状に変化を認め，performance向上のために効果的であるという点でLevineらの提唱しているLiving high and training lowの考え方と一致している．

4．スピードスケート選手のための低酸素トレーニング

1）低酸素室

スピードスケートはブレードと氷との摩擦抵抗が小さくエネルギー出力のほとんどが空気抵抗のために使われる．そこで，著者は，滑走技術や滑走中の空気抵抗に打ち勝つ能力を向上させるためには空気抵抗の大きい平地でトレーニングし，呼吸循環機能を高めるためには酸素濃度を変化させた低酸素室を利用することを計画した．すなわち，平地でトレーニングしながら1日のうち何時間かを低酸素室で過ごす，あるいは，低酸素気を吸入しながら運動をするというトレーニングである．

低酸素室は1995年，タバイエスペック（株）の協力によって試作[9]された．試作第1号の低酸素室は高さ1.9m，幅2mおよび奥行き1.9mの気密性の高い塩化ビニール製のテントであった．低酸素発生装置は空気中の酸素と窒素を分離する装置を用い，酸素を取り除いた分だけ窒素の多い低酸素気をテント内に送り込むという方法で

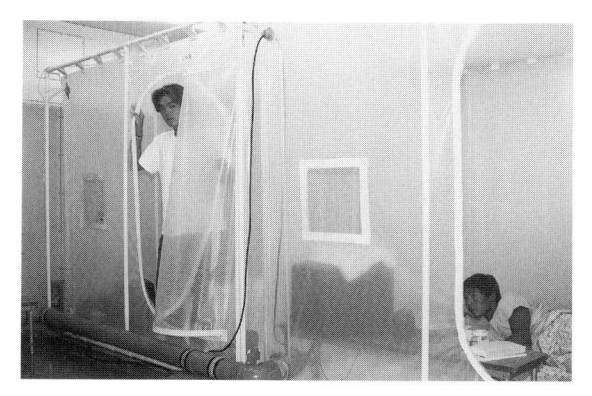

写真11-1 低酸素室は気密性の高い塩化ビニールを用いて2室試作．それぞれの部屋の酸素濃度は独立してコントロールできる．
（前嶋 孝：スピードスケート競技における低酸素トレーニングの実際−低酸素室の試作とトレーニングの有効性−．Jpn J Sports Sci 15:339-344, 1996）

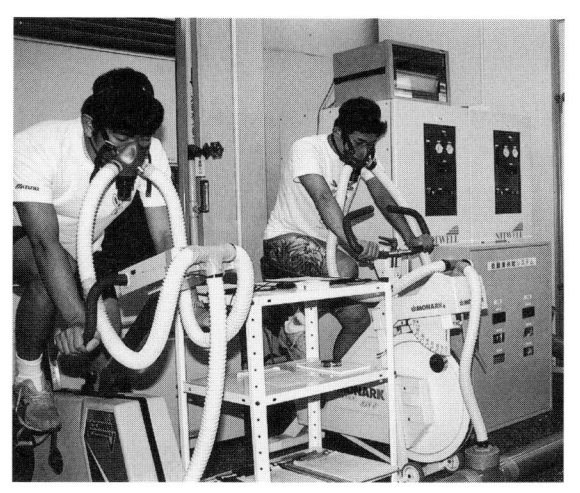

写真11-2 低酸素気を吸入しながら運動する被験者
（前嶋 孝：スピードスケート競技における低酸素トレーニングの実際−低酸素室の試作とトレーニングの有効性−．Jpn J Sports Sci 15:339-344, 1996）

ある．もちろん低酸素発生装置と低酸素室との間には酸素濃度を調節する混合室や酸素濃度を一定に保つ制御装置が取り付けられた．そして，低酸素室内の空気性状を良好に保つために，低酸素の流量を120 L/minとし，自然換気させた．この条件のテント内に1名の被験者が入室すると，安静状態で室内のCO_2濃度は0.12 ± 0.02％であり，

安静や睡眠のために影響のない環境である．もちろんこの低酸素室は実験のために試作されたものであったが，移動式低酸素室としても十分使用可能であった（写真11-1）．その後，低酸素室の居住性を高めるために，低酸素発生装置のみを移動し，民家の1室を低酸素室にすることも可能となった．

低酸素トレーニングは単に低酸素室に滞在するだけより，低酸素を吸入しながら運動することを加えた方がより効果が上がるであろうことは予想される．しかし，低酸素室内で運動を行なうためには広い床面積とより多くの低酸素発生量が必要となる．そこで，経済性を考えて低酸素気を吸入しながらの運動は低酸素室外においてマスクを介して行なった．そのために，低酸素室から排出する直径100 mmの換気ダクトから蛇管を用いてマスクと連結した（写真11-2）．

酸素濃度16.4％（標高2,000 m相当）に設定した低酸素室内において，被験者の安静時心拍数は，5～10拍増加し，動脈血酸素飽和度は3～6％低下（92～95％）した．すなわち，低酸素室入室中，高地と同じ生体反応が得られることが確認された．また，低酸素気を吸入しながらの運動中，負荷の増加に伴って動脈血酸素飽和度が低下するが，その程度には大きな個人差があることが示唆[9]された．

2）低酸素トレーニングの方法とその効果

スピードスケート選手に対して，①低酸素室に1日10時間在室し，さらに，低酸素気を吸入しながら自転車エルゴメータペダリングを毎日1時間行なう被験者4名．②低酸素室に1日10時間在室のみの被験者3名．③低酸素気を吸入しながら自転車エルゴメータペダリングを1時間行なう被験者1名．④コントロール群として低酸素暴露なしに同じトレーニングをする被験者4名．ただし，低酸素室に滞在する時間帯は夜の9時から朝の7時まで（10時間）とした．すなわち，低酸素室滞在中はいくらかのくつろぐ時間と睡眠時間である．

以上の方法でトレーニングした結果[9]，1日10時間の低酸素室滞在と低酸素気を吸入しながらの運動を組み合わせたトレーニング群は，トレーニング後，同一負荷での自転車ペダリング中の血中乳酸濃度が低下し，全力自転車エルゴメータペダリングによる仕事量の顕著な増加が認められた．しかし，低酸素室に10時間滞在のみおよびコントロール群には変化が認められなかった．また，低酸素気を吸入しながらの自転車ペダリング中の動脈血酸素飽和度はトレーニングの進行に伴って上昇する傾向を示した．さらに，同一運動負荷に対する心拍数およびRPEはトレーニングの進行に伴って徐々に低下する傾向を示した（図11-1）．そして，主観的にも運動中の呼吸が楽になり，最大努力の測定において苦しくなってからの頑張りがきくようになったとの内省報告があった．

いずれにしても，Rusko[13]の結果のような低酸素室に滞在のみではperformanceの向上につながらなかった．その原因は，著者のスピードスケート選手に対して行なった方法がRuskoの方法より低酸素室の酸素濃度が高く（15.3％：16.4％），低酸素室滞在時間が短かった（16～18時間/日：10時間/日）からかもしれない．

著者[10]は，酸素濃度15.4％の低酸素室に1日10時間滞在し，同じ低酸素気を吸入しながら40分間の自転車エルゴメータ運動を組み合わせた低酸素トレーニングも試みたが，このトレーニングに参加した4名のうち2名はトレーニングの経過に伴って低酸素室内における安静時心拍数が増加し，動脈血酸素飽和度が低下傾向を示した．そして，すべての選手が低酸素トレーニング中，身体のだるさを訴え，低酸素室退室後その疲労感の回復も遅れがちであった．

長野オリンピックにおいてスピードスケート種目に出場したA選手は，3年間に延べ10回の低酸素トレーニングを行なった．そのうち4回はオリンピックを想定した試合期での低酸素トレーニング（オリンピック前年に2回およびオリンピック年に2回）であった．

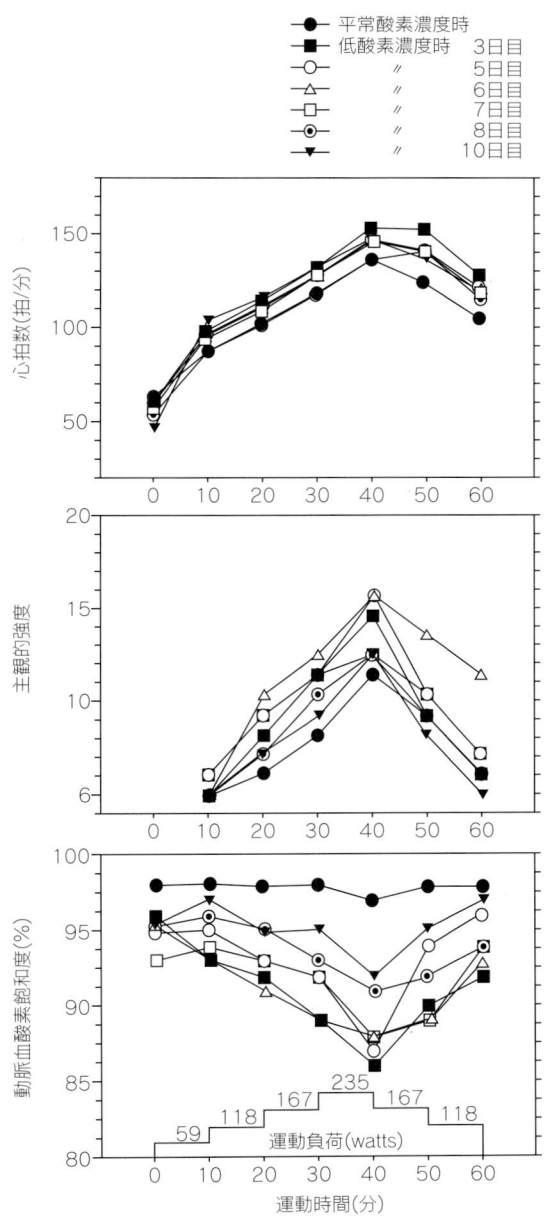

図11-1 低酸素10時間暴露および1時間の低酸素運動を行なった被験者の低酸素運動中の心拍数，RPEおよびSpO₂の経日変化
(前嶋 孝：スピードスケート競技における低酸素トレーニングの実際−低酸素室の試作とトレーニングの有効性−. Jpn J Sports Sci 15:339-344, 1996)

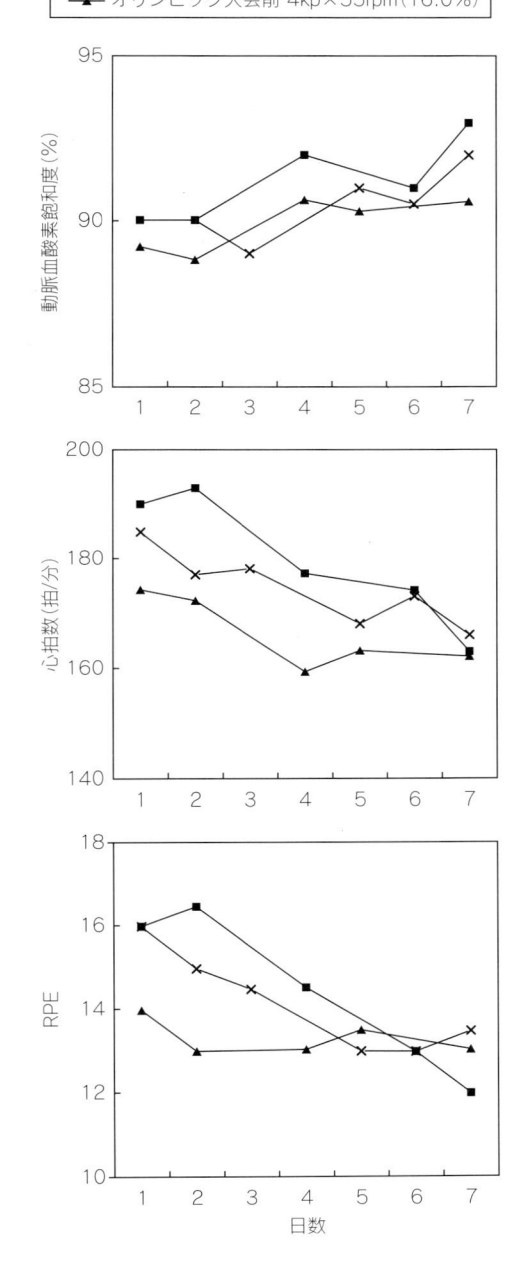

図11-2 1日10時間の低酸素室滞在の間に行なわれた低酸素運動中の動脈血酸素飽和度，心拍数およびRPEの経日変化

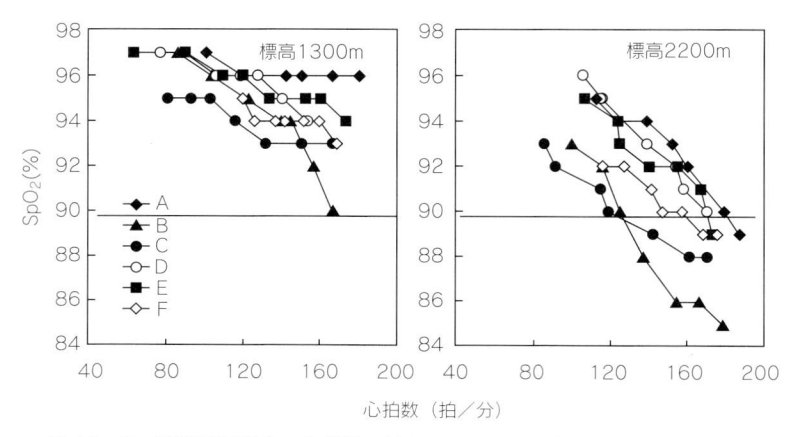

図 11-3 低酸素運動中の心拍数に対する SpO₂ の個人差

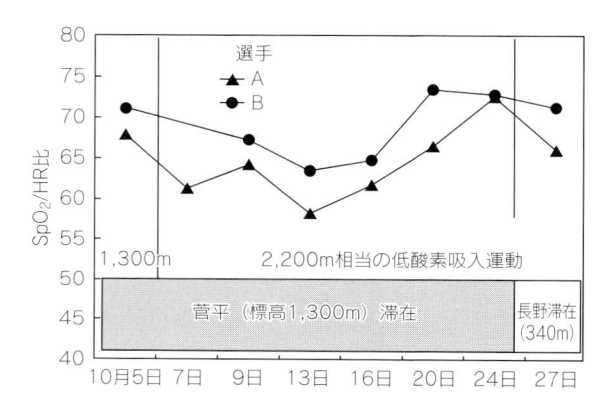

図 11-4 低酸素トレーニングに伴う SpO₂/HR 比の変化

　長野オリンピック直前では，上述した結果を踏まえて，スピードスケート会場に近い民家の 1 室を酸素濃度 16 ％の低酸素室にし，同じ低酸素気を吸入しながらの運動を 1 日 40 分間行なうことを 8 日間継続し，その 1 週間後にオリンピックに臨んだ．その間，低酸素室滞在中あるいは低酸素気を吸入しながらの運動中における生理的応答が実験において performance が向上したときとほぼ同様の変化パターを示し[10]（図 11-2），オリンピックの 5,000 m 種目において彼の持つ国内最高記録を更新し 7 位に入賞した．結局 A 選手は 4 回の低酸素トレーニングを行なって臨んだすべてのレースにおいて国内最高記録を更新した．

　上述した A 選手の方法は必ずしもすべての選手に当てはまったわけではなかった．そこでさらに，滞在場所を準高地（菅平：標高 1,300 m）とし，氷上トレーニングを平地（長野：標高 340 m）で行ない，さらに，準高地の空気を低酸素発生器によって作った標高 2,200 m 相当の低酸素気を吸入しながらの自転車エルゴメータ運動を負荷するという方法を試みた．すなわち，滞在場所をこれまでの低酸素室の環境（酸素濃度 16.4 ％）より高い酸素分圧とし，その代わりにより低い酸素濃度での運動を加えるという方法である．

　低酸素運動中の動脈血酸素飽和度をみると，大きな個人差が認められた．そしてその差は酸素濃度が低くなればさらに大きくなった（図 11-3）．トレーニングの結果，菅平に 3 週間滞在中に標高 2,200 m 相当の低酸素運動を 3〜4 日おきに 5〜6 回行なった選手は同一負荷運動中の心拍数は減少し，動脈血酸素飽和度（SpO₂）は上昇し（SpO₂/HR 比の上昇），低酸素環境での運動に順応していることが推察された（図 11-4）．そして，トレーニング期間中体のだるさを訴える者は少なかった[11]．

　以上のように，酸素濃度の違いは，選手のトレーニング中において様々な生理的主観的応答の違いとして現れる．そして，その応答の違いには大きな個人差があることも明らかとなった．これらのことから，低酸素トレーニングは酸素濃度や

滞在時間あるいは運動強度などにおいて低酸素環境に対する適応能力に応じた個々の処方が必要であることが示唆される．

低酸素室を利用したトレーニング実験によって低酸素環境の利用法が少し見えてきたように思われる．そして，酸素濃度を変化させる低酸素環境は装置使用の簡便さから今後さらにいろいろな利用法とその効果が期待される．

［前嶋　孝］

文　献

1) 青木純一郎，川初清典：フィンランドの新型秘密トレーニング施設：平圧―低酸素"アルプスルーム"探訪記．日本オリンピック委員会スポーツ医・科学研究報告－No. IV, JOC高所トレーニング医・科学サポート－第4報－，pp84-90, 1995
2) 朝比奈一男，阿久津邦男，秋山明子，ほか：低圧トレーニングに関する実験報告．日本体育協会スポーツ科学研究報告，pp1-28, 1963
3) 朝比奈一男，阿久津邦男，青木純一郎，ほか：低酸素気トレーニングに関する実験報告．日本体育協会スポーツ科学研究報告，pp1-15, 1964
4) Asano K, Masaoka T, Takamatsu K, et al : Effects of altitude training on aerobic work capacity in Japanese athletes. Med Sci Sports Exerc 23 (Suppl) : S128, 1991
5) 浅野勝己：高所トレーニングと持久力．持久力の科学，石河利寛・竹宮　隆編，pp192-233，杏林書院，1994
6) 川初清典，浅野勝己：スキー，ノルディック複合五輪候補選手の高所トレーニングが血液性状に及ぼす影響－オーストリアルプスおけるシーズン前合宿から－．日本オリンピック委員会スポーツ医・科学研究報告－No. IV, JOC高所トレーニング医・科学サポート－第3報－，pp62-66, 1993
7) 川初清典，前嶋　孝，青木純一郎：フィンランドのクロスカントリースキーを取り巻く低酸素室居住とスキートレーニングの実態．日本オリンピック委員会スポーツ医・科学研究報告－No. IV, JOC高所トレーニング医・科学サポート－第7報－，pp110-118, 1997
8) Levine BD, Stray-Gundersen J, Duhaime G, et al:Living high-training low:The effect of altitude acclimatization/normoxic training in trained runners. Med Sci Sports Exerc, 23 (Suppl)：S25, 1991
9) 前嶋　孝：スピードスケート競技における低酸素トレーニングの実際－低酸素室の試作とトレーニングの有効性－．Jpn J Sports Sci 15：339-344, 1996.
10) 前嶋　孝：低酸素トレーニングによるスピードスケート選手へのサポート－長野オリンピック対策－．日本オリンピック委員会スポーツ医・科学研究報告－No. IV, JOC高所トレーニング医・科学サポート－第7報－，pp44-55, 1997.
11) 前嶋　孝：スピードスケート選手への高地トレーニング医・科学サポート－複合低酸素トレーニングの試み－，日本オリンピック委員会スポーツ医・科学研究報告－No. IV, JOC高所トレーニング医・科学サポート－第8報－，pp91-103, 1998.
12) Miyashita M, Mutoh Y, and Yamamoto Y:Altitude training for improving swimming performance at sea level. Jpn J Phys Fitness Sports Med 37:111-116, 1988
13) Rusko HR:New aspects of altitude training. American J Sports Med 24:S48, 1996

12章　スポーツと防衛体力

ヒトの体力とは，ヒトのあらゆる行為・行動を行なうための能力や機能を統合的に捉えた概念である[9]．一般に，体力は身体的要素と精神的要素にわけられ，それぞれ行動体力と防衛体力に分類されている．スポーツ活動が呼吸機能や循環機能，筋機能などに及ぼす効果は，ここでいう身体的側面としての行動体力に対する影響であり，これまで多くの研究が行なわれてきた．

一方，防衛体力は，気温や湿度，睡眠不足などの様々なストレスに対する抵抗力として捉えられている（図12-1）．なかでも，ウィルスや細菌などに対する抵抗力は，生体の防御機構としての免疫機能として知られ，ヒトの生命の保持に不可欠な防衛体力である[10]．

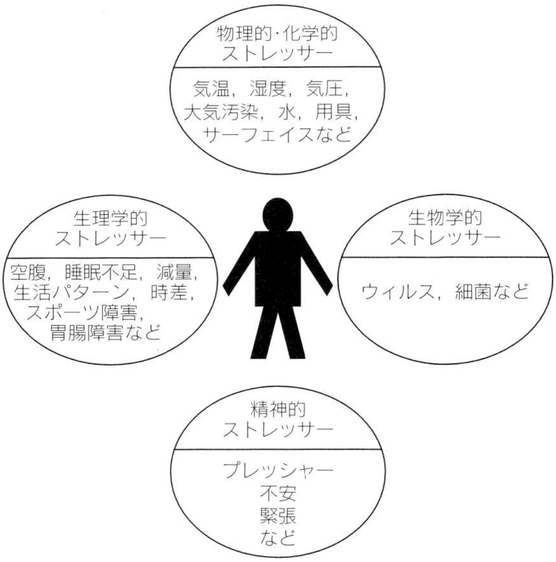

本章では，まず防衛体力を広く捉えて，その概念を明確にし，それとスポーツ活動との関係を整理する．次に，それを踏まえた上で防衛体力の中心的な役割を担う感染症に対する抵抗力とスポーツとの関係を総括する．

1．スポーツ活動とストレス

1）ストレスとトレーニング

防衛体力とは生体が受ける様々なストレスに対する抵抗力である．競技スポーツにおいては，様々なストレスのもとでトレーニングを強いられることが少なくない．例えば，代表的な武道である剣道においては，1年の中で最も寒い季節の早朝に激しいトレーニングを行なう寒稽古を伝統としている．寒稽古は，精神面及び行動体力面の強化をねらって現在も広く行なわれている．図12-2は，大学剣道部において10日間にわたり行なわれた寒稽古前後における部員の全身持久力の変化を示している[18]．体力強化を目的として高強度のトレーニングを行なったにもかかわらず，部員の全身持久力は低下する傾向が認められた．

一方，寒稽古期間中において，ストレスの指標である夜間尿中カテコールアミン排泄量は著しく増加し，寒稽古前後の全身持久力と夜間尿中カテコラミン排泄量の変動との間には有意な負の相関が認められた（図12-3）[18]．これは，寒稽古においてストレスを強く受けた部員ほど，寒稽古後の持久力の低下が著しかったことを意味しており，寒稽古における寒さ，高強度トレーニングの繰り返し，生活パターンの変化などに伴う様々な

図12-1　スポーツ活動におけるストレッサー
（日本体育協会編：ガイドブック　スポーツ活動と防衛体力．日本体育協会，1999）

身体的・精神的ストレスが全身持久力の変動に影響を及ぼしたことを示唆していると考えられる．

スポーツ活動においては，ストレスへの配慮，すなわち防衛体力への配慮が，健康の維持・増進，競技力向上，コンディショニングに重要であることがわかる．

2) スポーツと防衛体力

さて，スポーツにおけるストレスは，物理・化学的ストレス，生理的ストレス，生物学的ストレス，精神的ストレスにわけて考えることができる（図12-1）[10]．

物理・化学的ストレッサーとしては，高温や寒冷などの気温，湿度，気圧，大気汚染，用具，スポーツ活動を行なうサーフェイスなどがある．高温環境下のスポーツ活動においては，暑熱ストレスによる熱中症が問題となっているが，高温下において中程度の運動を数日行なうと，高温下における運動に対する抵抗力が高まること（暑熱馴化）はよく知られている．

生理学的ストレッサーとしては，空腹，睡眠不足，減量，生活パターンの変化，時差，スポーツ外傷・障害などが挙げられる．例えば，栄養状態がわるく，運動のためのエネルギー源が枯渇または不足した状態は，スポーツ活動を行なう上で大きなストレスとなり，高いパフォーマンスの発揮を望むことはできない．

一方，生物学的ストレッサーとしては，ウィルスや細菌などがあげられ，これらに対する防御として免疫機能が中心的な働きをしている．ウィルスや細菌に対する防衛体力の低下（免疫機能の低下）は，カゼをはじめとする感染症への罹患という形でみることができる．わが国のトップアスリートでさえも，オリンピックなどの大会前にカゼでコンディションを崩すこともあり，免疫機能としての防衛体力はスポーツと無縁ではないことが理解できる．

精神的ストレッサーとしては，不安や緊張，プレッシャーなどの心理的要因があげられる．

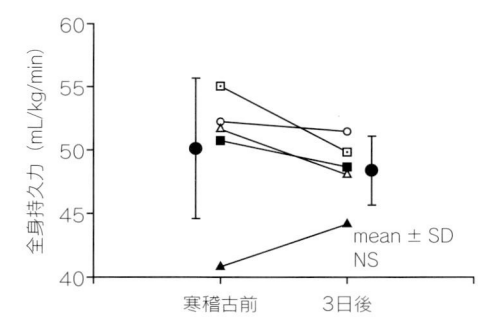

図12-2 寒稽古前後の全身持久力の変化
(和久貴洋，齋藤 実，小澤 聡，ほか：大学女子剣道部員における寒稽古時の夜間尿中カテコラミン排泄量とフィットネスの変化．武道学研究 30：36-47，1997)

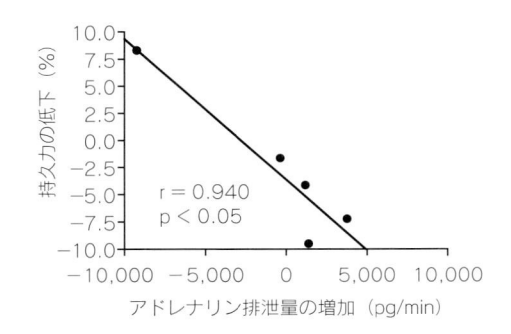

図12-3 寒稽古前後の持久力の変化と夜間尿中アドレナリン排泄量の変動との関係
(和久貴洋，齋藤 実，小澤 聡，ほか：大学女子剣道部員における寒稽古時の夜間尿中カテコラミン排泄量とフィットネスの変化．武道学研究 30：36-47，1997)

2．スポーツと免疫機能

1) スポーツ活動とカゼ

古くから「スポーツや運動をするようになってから，カゼをひきにくくなった」などといわれるように，スポーツ活動と疾病に対する抵抗力に関係については経験的な知見がある．近年，この点に関する科学的な検証が行なわれ，スポーツ活動が感染症に対する抵抗力にも様々な影響を与えることが明らかとなってきた．

スポーツ活動と感染症に対する抵抗力に関する関心は，スポーツ活動により抵抗力が高まるのか（低下するのか）である．ここでは，両者の関係

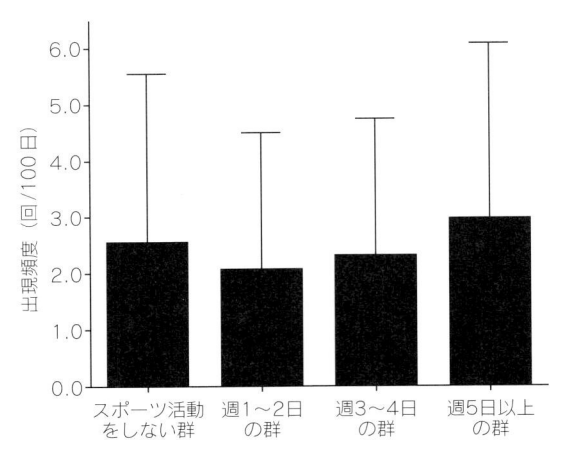

図12-4 スポーツ活動への週当たりの参加頻度別にみたのどの痛みの出現頻度（値は平均値±標準偏差）
（和久貴洋，伊藤静夫，富永良一，ほか：茨城県水海道市・小学児童における感染症罹患状況に関する調査．平成9年度日本体育協会スポーツ医・科学研究報告．ジュニア期におけるスポーツ活動と防衛体力に関する研究―第2報―，1998）

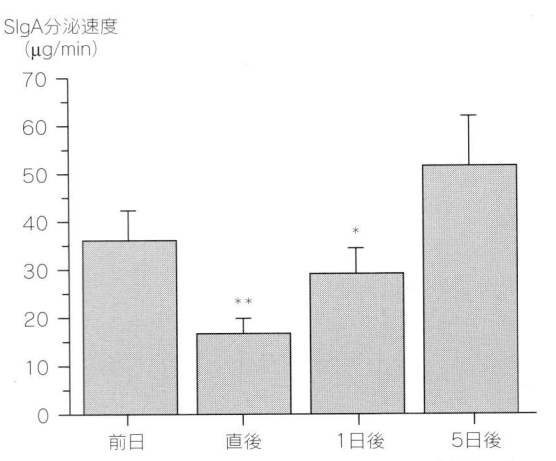

図12-6 唾液中 SIgA レベルはマラソン前日に比べ，マラソン直後，1日後で有意に低下した
＊：p＜0.05，＊＊：p＜0.01
（秋本崇之，赤間高雄，杉浦弘一，ほか：持久性ランニングによる口腔局所免疫能の変動．体力科学 47：53-62，1998）

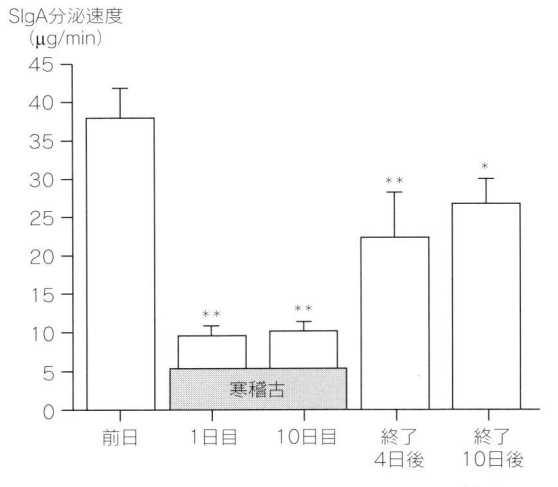

図12-5 唾液中 SIgA レベルは10日間の剣道の寒稽古中に著しく低下し，寒稽古終了10日後でもまだ回復していなかった
＊：p＜0.05，＊＊：p＜0.01
（秋本崇之，赤間高雄，香田泰子，ほか：高強度トレーニングによる安静時唾液中分泌型 IgA の変動．体力科学 47：245-252，1998）

を上気道感染症（いわゆるカゼ）への罹患率に関する研究調査から整理する．

日本体育協会・ジュニア期のスポーツ活動と防衛体力に関する研究班が，10～12歳の小学児童約700名を対象に2ヵ月間にわたり感染症罹患状況を調査した研究によると，週に1～4日間の積極的なスポーツ活動はカゼに対する抵抗力を高めるが，週5日以上のスポーツ活動はかえってカゼに罹りやすくすることが示されている（図12-4）[19]．また，スポーツ少年団などの積極的なスポーツ活動を週に1日も行なわない児童では，これもカゼへの抵抗力が低いことが示され，「適度な運動は防衛体力を高める」という経験的な知見を裏付けている．

また同研究班は，寒冷下におけるスポーツ活動と防衛体力について，剣道の寒稽古期間中における大学剣道部員の上気道感染症の罹患率から検討している[20]．その結果，寒稽古期間中の大学剣道部員は，他の運動部員および一般学生よりも高い上気道感染症の罹患率を示した．また，寒稽古中に上気道感染症の症状が出現した部員における寒稽古期間中の平均鼻腔内温度は症状が出現しなかった部員よりも有意に低値を示した．また，病原体が進入する粘膜面での免疫機能の指標である唾液中分泌型免疫グロブリンA（SIgA）は寒稽

図12-7 スポーツと免疫機能（上気道感染症）の関係
横軸はスポーツ活動の強度や量を示している．縦軸は上気道感染症に対する感染リスクで，上方にいくほど感染症に罹りやすくなる．すなわち，免疫機能としては上方にいくほど低下し，下方にいくほど高まる．具体的には，運動不足になると免疫機能が低下し，罹患リスクが増大する．一方，適度にスポーツを行なうと免疫機能は亢進し，罹患リスクは減少する．しかし，過度なスポーツ活動は逆に罹患リスクを増大させる．
（秋本崇之，河野一郎：スポーツ活動時の免疫応答．体育の科学 51：113-118, 2001）

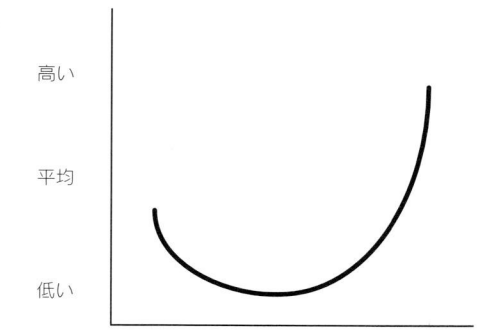

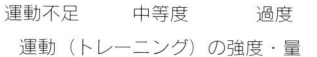

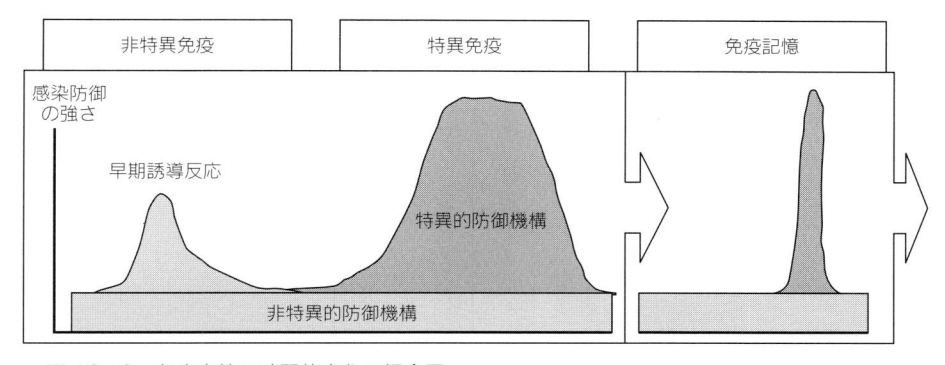

図12-8 免疫応答の時間的変化の概念図
皮膚や粘膜による物理的防御，あるいは好中球などによる非特異的防御機構は常に働いており，様々な微生物の体内への侵入を防いでいる．この非特異免疫機構の防御がやぶられ，病原微生物が侵入すると，早期誘導反応が起こり非特異免疫機構を活性化する．さらにこの反応が持続しているあいだに，リンパ球を中心とした抗原特異的な免疫機構が構築され，侵入した病原体は排除される．再度同じ病原体が体内に侵入した際には，免疫記憶により，抗原特異的な反応が早急に起こり，すみやかに病原体が排除される．
（秋本崇之，河野一郎：スポーツ活動時の免疫応答．体育の科学 51：113-118, 2001）

古中に有意に低下し，寒稽古に伴う免疫機能の低下が示された（図12-5）[2]．寒稽古期における大学剣道部員のエネルギー摂取量は一般学生とほぼ同程度であった．これらのことから，寒冷下の激しいトレーニングは防衛体力を低下させ，上気道感染症への罹患を高めることが示唆された．

さらに，一過性運動による唾液中分泌型免疫グロブリンAの変動に関して行なった調査で，マラソン前後に測定したところ，マラソン直後に唾液中分泌型免疫グロブリンAは急激に減少し，マラソン完走5日後までマラソン前のレベルに回復しなかった（図12-6）[1]．

これらのことから，スポーツ活動と感染症に対する抵抗力の関係については，図12-7に示すように，適度なスポーツ活動は抵抗力を高めるが，過度なスポーツ活動はかえって抵抗力を弱めると考えられている[3]．

2) スポーツによる免疫機能の変動
(1) 免疫機能とは

ヒトはほとんど毎日，微生物にさらされているが，実際に病気になることはあまりない．ほとんどの微生物は抗原非特異的かつすみやかに機能する宿主防御機能により数時間の間に生体から排除されてしまう．この機構を非特異免疫（自然免疫）機構という．感染症を引き起こす病原微生物がこの第一線防御を突破すると，はじめてそれに対応する免疫反応がはじまり，病原体を攻撃する抗原特異的なエフェクター細胞や，同じ病原体による再感染を防ぐ免疫記憶がつくられるようになる．これらのシステム全体を免疫系と呼び，免疫系の持つ機能を免疫機能と呼んでいる[11]．

生体防御にはいろいろな段階があり，一般的な時間的変化を図12-8に示す．非特異的免疫機構は微生物の侵入とともに直ちに動きだし，その数時間後には早期誘導反応が起きる．この反応は微生物の感染によって誘導されるが，それ自身は持続する免疫にはならない．しかし，これらの反応は抗原特異的なリンパ球が働いて，特異免疫（適応免疫）機構が動き出すまで，生体を感染から守るのに役立つ．この数日後には抗原特異的なリンパ球が増殖し，特異免疫機構が確立される．また同時に免疫記憶が成立し，同じ病原体の再感染を防ぐ持続性の免疫機構ができあがる．

3) スポーツ活動時の白血球の変化

免疫系に携わる主な細胞は白血球である．白血球にはリンパ球，好中球，単球など様々な細胞が存在し，リンパ球は特異的免疫を，好中球は非特異免疫を，単球から分化したマクロファージは非特異免疫と特異的免疫の橋渡しの役割を担っている．急性運動によって末梢血中のこれらの細胞数が変化する，いわゆる白血球の再配分が起こる[7,14]．この白血球の再配分にはカテコールアミンやコルチゾル，サイトカインなどのホルモンが働き，同時に運動に伴う心拍出量の増加や血流の増大が関与していると考えられている．

表12-1に急性運動による白血球数の変動をま

表12-1 急性運動による白血球数の変動
(秋本崇之，河野一郎：スポーツ活動時の免疫応答．体育の科学 51：113-118，2001)

運動強度	変化	変化の程度
低強度	↑	0〜40%
高強度	↑	50%
継続時間		
短時間	↑	0〜25%
長時間	↑	300%

変化の程度は運動前の値に対する変化率で表わした．
↑：増加，↓：低下，→：変化なし

表12-2 急性運動による好中球数の変動
(秋本崇之，河野一郎：スポーツ活動時の免疫応答．体育の科学 51：113-118，2001)

運動強度	変化	変化の程度
低強度	↑	30〜50%
高強度	↑	30〜150%
継続時間		
短時間	↑	0〜25%
長時間	↑	300%

変化の程度は運動前の値に対する変化率で表わした．
↑：増加，↓：低下，→：変化なし

とめた．白血球数は運動強度や運動の継続時間に対して，ほぼ一定の割合で増加する．白血球数はスポーツ活動によって増加するが，興味深いことにその変動は細胞，あるいはサブセットごとに異なる．

(1) 顆粒球

顆粒球には好中球，好酸球，好塩基球があるが，好酸球，好塩基球は通常の運動によってほとんど変動しないため，ここでは好中球を中心に述べる．

好中球数は運動強度や運動の継続時間に対してほぼ直線的に増加する（表12-2）．好中球は末梢血白血球の約50〜60%を占め，運動など各種ストレスへの感受性が高い．急性運動による好中球数の増加は二峰性である[16]．運動直後の1つめのピークは運動によるカテコールアミンの増加，2つめのピークはコルチゾルの分泌の増加がおも

表12-3 急性運動によるリンパ球数の変動
（秋本崇之，河野一郎：スポーツ活動時の免疫応答．体育の科学 51：113-118, 2001）

運動強度	変化	変化の程度
低強度	↑	0～50%
高強度	↑	100～200%
継続時間		
短時間	↑	0～10%
長時間	↑	50%

変化の程度は運動前の値に対する変化率で表わした．
↑：増加，↓：低下，→：変化なし

表12-4 急性運動による単球数の変動
（秋本崇之，河野一郎：スポーツ活動時の免疫応答．体育の科学 51：113-118, 2001）

運動強度	変化	変化の程度
低強度	→	
高強度	↑	0～20%
継続時間		
短時間	→	0～10%
長時間	↑	250%

変化の程度は運動前の値に対する変化率で表わした．
↑：増加，↓：低下，→：変化なし

な原因であると考えられている．好中球は炎症性の疾患で，末梢血中の濃度が増加するため，好中球は局所炎症によって血中に動員されると考えられている．しかしスポーツ活動によって末梢血中に増加した好中球が生体にどのような意味を持つかについては一定の見解が得られていない．

(2) リンパ球

一般に強度の高い急性運動後には血中のすべてのリンパ球数は増加する[7]．表12-3に示したように，運動前にくらべ運動後の変化率は高いが，白血球数に占める割合いが低いため（20～30%），絶対数としては好中球の増加とくらべると変化は少ない．このようにリンパ球数は運動によって増加し，その変動はサブセットにより異なる．長時間の運動（マラソン）後ではヘルパーT細胞数は変化しないが，キラーT細胞数は約1日後まで低下する．B細胞は運動中わずかに増加

するが，運動後に速やかに前値に戻る．血中のNK細胞は最大及び最大下運動中に50～500%増加する．そして，運動1～3時間後には運動前の50%まで減少し，24時間後までには前値まで回復する．

(3) 単 球

末梢血単球数は運動によってあまり変動しない（表12-4）．単球数は高強度の運動でわずかに増加する．長時間の運動ではおそらく筋損傷に伴う炎症により，細胞数が増加すると考えられる．運動によって増加した単球が局所へ移動し，マクロファージなどのエフェクター細胞への分化を促進するかどうかは明らかでない．

4) スポーツ活動時の免疫グロブリン（抗体）の変化

免疫グロブリンは分泌液中と血中に存在するものがある．このうち血中の免疫グロブリン（IgG，IgA，IgM）濃度はスポーツ活動によって変動しない．一方，先に述べたように分泌液中に存在するSIgAは急性の中・高強度運動で一過性に低下する[1]．低強度の運動ではほとんど影響を受けない[4]．また，高強度のトレーニングを継続して行なっているスポーツ選手は安静時のSIgAレベルが低下しており，高強度のトレーニング期間中もSIgAレベルは抑制される[2]．前述のように競技会のような急性運動後や高強度トレーニングを継続して行なう際に，スポーツ選手が上気道感染症に対する易感染性を示すことが知られている．SIgAは病原微生物の生体への侵入経路である粘膜面において主に働いているため，唾液中SIgAの低下がこれらの感染リスクの増大に関与している可能性がある．このためSIgAのスポーツ活動による変化は，スポーツ選手のコンディショニングとの関連から関心が高い[8]．

5) スポーツ活動時のサイトカインの変化

IL-1，IL-6，TNF-αなどの炎症性サイトカインはスポーツ活動後にその血中濃度が増加すると考えられているが，その詳細な動態や生理学的

意味は不明な点が多い[15]．これは筋収縮による筋損傷にともなう炎症がサイトカインの増加を引き起こしていると考えることもできる[5]．

6) スポーツ活動時の自然免疫の変化

自然免疫は生体が微生物と接触する第一線防御であり，病原体を攻撃する抗原特異的なエフェクター細胞や，同じ病原体による再感染を防ぐ免疫記憶がつくられるまでの間，生体を守っている．自然免疫には好中球，補体，急性期タンパクなどが含まれ，その反応は非特異的である．

(1) 好中球

スポーツ活動によって，末梢血中の好中球数が変動することは先にも述べた．好中球の機能もスポーツ活動によって変化する．好中球機能とスポーツ活動のかかわりは，貪食活性，活性酸素種産生能，ミエロペルオキシターゼ活性など殺菌能に関する指標や，接着性，細胞表面抗原などについて検討されている[16]．我々の研究室で行なったデータでは，活性酸素種産生能は高強度の運動後に低下した．一方，貪食活性は運動後に増加すると考えられている[16]．スポーツ活動と好中球機能に関しては多くの研究がなされているが，このように殺菌能に関してだけでも，相反する結果が報告されており，スポーツ活動によって，好中球機能が総体としてどう変化しているかは不明である．

(2) 補体

補体は液性免疫において重要な役割を果たす血漿タンパク質である．C1からC9までのタンパクがあり，これらが一定の順序（経路）で反応する．急性スポーツ活動では補体の分解産物の増加が報告されており，補体の活性化が起こると考えられているが，スポーツ活動による補体の変化についてはまだ報告が少なく詳細は明らかではない．

(3) 急性期タンパク

急性期タンパクは感染症，外傷などの炎症に反応して肝臓で産生される糖タンパクである．急性期反応は深部体温の上昇，病原体の鉄利用率の低下をうながすなど感染に対する生体防御にとって有益であると考えられている．代表的な急性期タンパクであるC反応性タンパク（CRP）は，長時間の高強度運動によって一過性に増加する[6]．これは運動による微細な筋損傷による炎症反応が原因であるとも考えられるが，筋損傷を誘発するEccentric筋収縮を含むDownhill runningやEccentric elbow flexionではCRPは変動しないとする報告[12]があり，詳細は不明である．

7) スポーツ活動時の適応免疫の変化

(1) NK細胞

NK細胞はスポーツ活動とのかかわりで，もっともよく研究されている細胞である．NK細胞は自己と非自己を認識して，ウィルス感染細胞や癌細胞を排除するリンパ球であり，この細胞傷害性の発揮には事前の抗原暴露を必要としない．スポーツ活動によって末梢血NK細胞数とその機能は劇的に変化する．一般にNK細胞活性は中から高強度の運動を数分間継続すると運動中や運動直後に亢進する．しかし，1時間以上の長時間，高強度運動を行なうと，逆に低下する[7,14]．運動後のNK活性の抑制は好中球，単球からのプロスタグランジンの産生亢進が原因であると考えられている．

(2) T細胞

高強度の運動を行なうと，PHAやCon Aなどのマイトジェンに対するT細胞の細胞増殖能は低下する．しかし，この低下は白血球の再配分による末梢血中のT細胞の割り合いの低下が原因であり，細胞当たりの増殖能は変化しないかかえって亢進する．

(3) B細胞

マイトジェン，IL-2，EBウィルス刺激による免疫グロブリン（IgG，IgM，IgA）産生細胞数は高強度の運動後に減少する[17]．

8) トレーニングによる免疫機能の変化

トレーニングによる免疫機能の変化に関しては，現在精力的に研究が行なわれており，徐々に

表12-5 医師への受診が望まれる場合
(日本体育協会編：ガイドブック　スポーツ活動と防衛体力．日本体育協会，1999より改変)

- 体温が38度以上の場合
- 全身症状が激しい場合
- 頭痛が激しい場合
- 黄色や濁った痰がでる場合
- 嚥下時痛がある場合
- 症状が4日以上続く場合
- リンパ節の腫脹が激しい場合
- 不整脈，動悸，息切れ，むくみがある場合
- その他心配な場合

表12-6 トレーニング再開の目安
(日本体育協会編：ガイドブック　スポーツ活動と防衛体力．日本体育協会，1999)

必須条件	発熱（−） 筋痛（−） 倦怠感（−）	発熱（−） 嚥下時痛（−） 抗生剤の開始
望ましい条件	セキ（−） 鼻汁（−）	検査値の正常化 抗生剤治療終了

成果が蓄積されつつあるが，一定の見解を得るにはさらなる研究が必要である．

9) スポーツ現場におけるカゼの取り扱い

上気道感染症（カゼ）に罹患すると発熱，鼻水，のどの痛み，喀痰，筋痛，関節痛などの症状があらわれる[13]．かぜの多くの場合はウィルス性の普通感冒であり，安静と脱水予防，および対症的薬物療法によって3〜4日で軽快する．インフルエンザの場合は発熱，頭痛，関節痛，全身倦怠感などが強く，時に重症化することがある．また，扁桃炎は強い咽頭痛があり，扁桃に腫脹，充血，白色付着物を認める．気管支炎ではセキと濁った痰が認められる．扁桃炎や気管支炎などの細菌感染症の場合は抗生物質の使用が推奨される．伝染性単核症は脾臓の腫脹を伴うため，原則としてスポーツ活動は禁止となる．これら普通感冒以外の場合は医師の診察を受けることが望まれる（表12-5）．

ウィルス性普通感冒と細菌性急性扁桃炎罹患時のトレーニング再開の目安を表12-6に示す．普通感冒の場合は自覚症状が改善されれば，原則としてトレーニングへの復帰が可能となる．

まとめ

防衛体力はストレスによって変動する．スポーツも一種のストレスであり，スポーツ自体が防衛体力に影響を与える．スポーツによって防衛体力がどのように変化するかを理解し，それらをモニタリングすることによって，カゼなどの感染症を予防してコンディションを整えることが重要である．

[秋本　崇之・和久　貴洋]

文献

1) 秋本崇之，赤間高雄，杉浦弘一，ほか：持久性ランニングによる口腔局所免疫能の変動．体力科学 47：53-62，1998
2) 秋本崇之，赤間高雄，香田泰子，ほか：高強度トレーニングによる安静時唾液中分泌型IgAの変動．体力科学 47：245-252，1998
3) 秋本崇之，河野一郎：スポーツ活動時の免疫応答．体育の科学 51：113-118，2001
4) 秋本崇之，香田泰子，赤間高雄，ほか：一過性運動負荷よる唾液中分泌型IgAの変動—視覚障害者における検討—．体力科学 46：523-528，1997
5) Cannon JG, Fielding RA, FiataroneMA, et al：Increased interleukin 1 beta in human skeletal muscle after exercise. Am J Physiol 257(2 Pt 2)：R451-455, 1989
6) Dufaux B, Order U, Geyer H, et al：C-reactive protein serum concentration in well-trained athletes. Int J Sports Med 5：102-106, 1983
7) Gabriel H and Kindermann W：The acute immune response to exercise: what does it mean? Int J Sports Med 18：S28-45, 1997
8) Gleeson M, McDonald WA, Pyne DB, et al：Salivary IgA levels and infection risk in elite swimmers. Med Sci Sports Exerc 31：67-73, 1999
9) Ikai M：Physical fitness studies in Japan. Res J Phys Education 1：1-14, 1962
10) 河野一郎：運動と免疫．体力科学 41：139-146，1992
11) 宮村実晴編：新運動生理学．pp309-363，真興交

易医書出版，2002
12) Nosaka K, and Clarkson PM : Changes in indicators inflammation after eccentric exercise of the elbow flexors. Med Sci Sports Exercise 28 : 953-961, 1996
13) 日本体育協会編：ガイドブック　スポーツ活動と防衛体力．日本体育協会，1999
14) Pedersen BK, and Nieman DC : Exercise immunology: integration and regulation. Immunol Today 19 : 204-206, 1998
15) Suzuki K, Yamada M, Kurakake s, et al : Circulating cytokines and hormones with immunosuppressive but neutrophil-priming potentials rise after endurance exercise in humans. Eur J Appl Physiol 81 : 281-287, 2000
16) Suzuki K, Sato H, Kikuchi T, et al : Capacity of circulating neutrophils to produce reactive oxygen species after exhaustive exercise. J Appl Physiol 81 : 1213-1222, 1996
17) Tvede N, Heilmann C, Halkjaer-Kristensen J, et al : Mechanisms of B-lymphocyte suppression induced by acute physical exercise. J Clin Lab Immunol 30 : 169-173, 1989
18) 和久貴洋，齋藤　実，小澤　聡，ほか：大学女子剣道部員における寒稽古時の夜間尿中カテコラミン排泄量とフィットネスの変化．武道学研究 30：36-47，1997
19) 和久貴洋，伊藤静夫，富永良一，ほか：茨城県水海道市・小学児童における感染症罹患状況に関する調査．平成9年度日本体育協会スポーツ医・科学研究報告．ジュニア期におけるスポーツ活動と防衛体力に関する研究—第2報—，pp11-16，1998
20) 和久貴洋，香田郡秀，山田優香，ほか：寒稽古と防衛体力—大学剣道選手における上気道感染症の罹患頻度—平成9年度日本体育協会スポーツ医・科学研究報告．ジュニア期におけるスポーツ活動と防衛体力に関する研究—第2報—．pp33-40，1998

Ⅲ部

各種スポーツにおけるトピックス

13章　スポーツ選手の体格の特徴とスケーリング
14章　サッカー選手における血液量と有酸素性運動能の関係
15章　テニスにおける筋力の重要性
16章　バレーボールと骨量
17章　水泳の代謝特性とトレーニング
18章　シンクロナイズドスイミングオリンピック日本代表選手の身体組成とからだづくり
19章　標的競技における呼吸運動と心拍数
20章　トライアスロンの生理学
21章　各種スポーツのエネルギー消費量

13章 スポーツ選手の体格の特徴とスケーリング

　現代人の体格は，この1世紀において確実に大きくなっている．日本人の大型化も顕著であるといわれ，男子の平均身長では1900年（明治33年）の161cmから2000年には172cmと11cm伸び，ことに戦後の身長増加は著しく50年間で8cm伸びている．スポーツ選手の体格も，こうした時代推移の影響を受けることになるだろう．もちろん，それぞれのスポーツには固有の体格特性が存在するが，多くのスポーツにおいて大型である方が有利に働いている．したがって，時代推移にともなう体格の大型化とスポーツで求められる体格とが符合することになる．しかし一方で，体格が変わらない方が好ましいもの，あるいは小型化した方が有利な種目も存在する．このようなスポーツでは，時代推移に抗して固有の体格が形成されることになる．

　進化論になぞらえれば，一流スポーツ選手にみられる体格の特徴は，競争によって生み出される競技的淘汰（以下，こう呼ぶことにする）が働き，そのスポーツに適応した形態的形質が生き残っていった結果ととらえることができる．

　本章では，このような観点からオリンピック日本代表選手の体格について，特に身長と体重を中心に，それらが時代とともにどのように変化してきたかをながめ，スポーツ選手にみられる体格の特徴を考えてみた．

　また，後半では体格と機能の関係を考えてみる．一流スポーツ選手の体格が特徴的なのも，それが機能特性を反映しているからである．換言すれば，スポーツ選手の機能を評価するとき，必ず体格特性を考慮しなければならない．エネルギーの大小は身体サイズに依存し，筋力の大小には筋のサイズあるいは筋の形状が関連する．測定された機能（体力）は，身体サイズに合わせて標準化してこそ尺度としての意味を持つ．しかしスポーツ科学の分野では，この身体サイズによるスケーリングの方法は，必ずしも確立されているとはいえない．ここでは特に有酸素性エネルギー出力を取りあげ，スケーリングの問題点を考えてみた．

1．スポーツ選手にみられる体格の時代変化

1）オリンピック日本代表選手の体格の推移

　図13-1は，東京オリンピックおよびシドニーオリンピック日本代表選手の男女について，身長，体重の分布を表わしたものである．それぞれの集団について身長，体重の平均値，標準偏差，両者の相関係数からマハラノビス距離を求め，当確率楕円を描いている．東京オリンピックから36年を経て，シドニーオリンピック代表選手の平均値は身長が男子で5cm（3％；171→176cm）女子で4cm（2％；160→164cm），体重は男子で6kg（9％；67→73kg）女子で3kg（6％；56→59kg）増加した．この間の一般成人（20歳）では，男子で身長が5cm（3％；167→172cm），体重で8kg（13％；58→66kg）増加し，女子では，身長が3cm（2％；156→159cm）増加，体重は変わらなかった（50kg）．東京大会以降，オリンピック選手の身体サイズは拡大しているが，その背景には日本人の体格そのものの大きくなっていることがあげられる．

　しかし個々の種目についてみると，身長，体重の推移にも違いがみられる．図13-2は，体重制

のスポーツ種目を除外して，東京オリンピック代表選手とシドニーオリンピック代表選手の種目ごとの平均身長を比較したものである．種目によって対象数は1人の場合もあるが，幾多の淘汰を経てオリンピック代表選手に至ったと考えれば，その時代のそのスポーツ種目の代表値であることに変わりはない．またバレーボールでは，最終的にオリンピック出場を果たせなかったが，そのときのナショナルチームを測定対象としている．

東京オリンピックからシドニーオリンピックまでの36年間で身長がよく伸びたスポーツ種目をあげれば，男子では陸上競技のハンマー投げ，棒高跳び，女子では短距離で，いずれも10cm以上伸びている．一部の例外を除けば，概して身長の高い種目ではより大きく伸びており，また体重も重くなっている．こうした傾向は，スポーツ全体を通してみられ，全米フットボール（NFL）の例では，1920年代から1990年代で身長が12cm，体重が47kg増加している．同じく全米バスケットボール（NBA）も，同様の大型化が進んでいる[13]．我が国では大相撲が典型例であり，幕内力士の平均体重はこの70年間で55kg増加している[11]．

一方，身長の低いグループではその伸びも少ない傾向にあり，女子体操のように低下している例もある．あるいは，男子の走り高跳びや女子のバレーボールのように，身長の高いことが有利に働くと思われる種目で予想外に変化が少ないものもある．

以上のことから，我が国のスポーツ選手の体格は全体としては年々大型化する傾向にあるものの，その変化量は各種目で決して一様ではない．体格の大型化を背景にしながらも，それ以外の要因の関与，つまり，その競技種目固有の競技的淘汰が働いているものと考えることができる．そこでさらに，特徴的なスポーツ種目について体格の推移を個別に検討してみた．

2）スポーツ種目ごとの特徴

1964年から2000年までの身長，体重および身

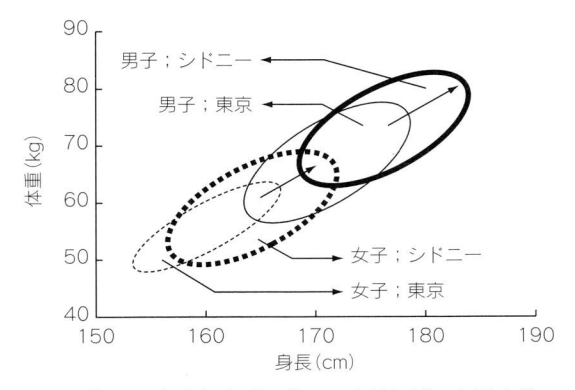

図13-1 東京およびシドニーオリンピック日本代表選手の身長と体重の分布

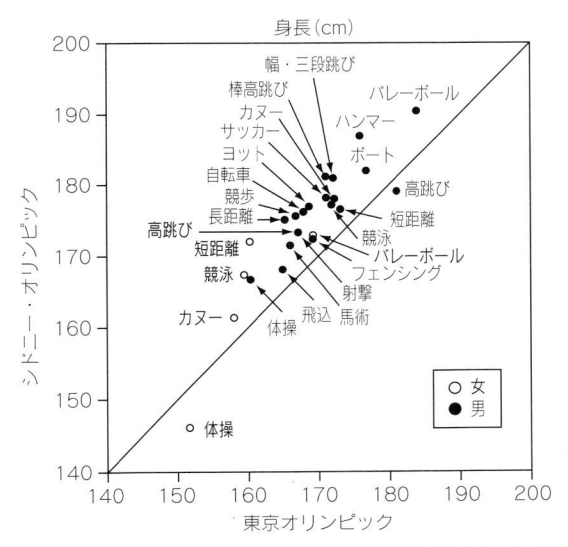

図13-2 東京およびシドニーオリンピック日本代表選手の種目ごとにみた身長の比較

長の2乗に対する体重の比であるBMI（BMI=体重/（身長）^{2}）の推移を図13-3, 4に示した．なおBMIは近年，肥満度を示す指標として広く利用されるようになっているが，スポーツ選手の場合には身体充実度，あるいは筋量の大小を表す指標としての意味合いが強い．

(1) 男子ハンマー投げとバレーボール

東京オリンピック以降身長が伸びている種目として陸上のハンマー投げ，男子バレーボールに注目すると，体格の大型化のバランスが両者でかな

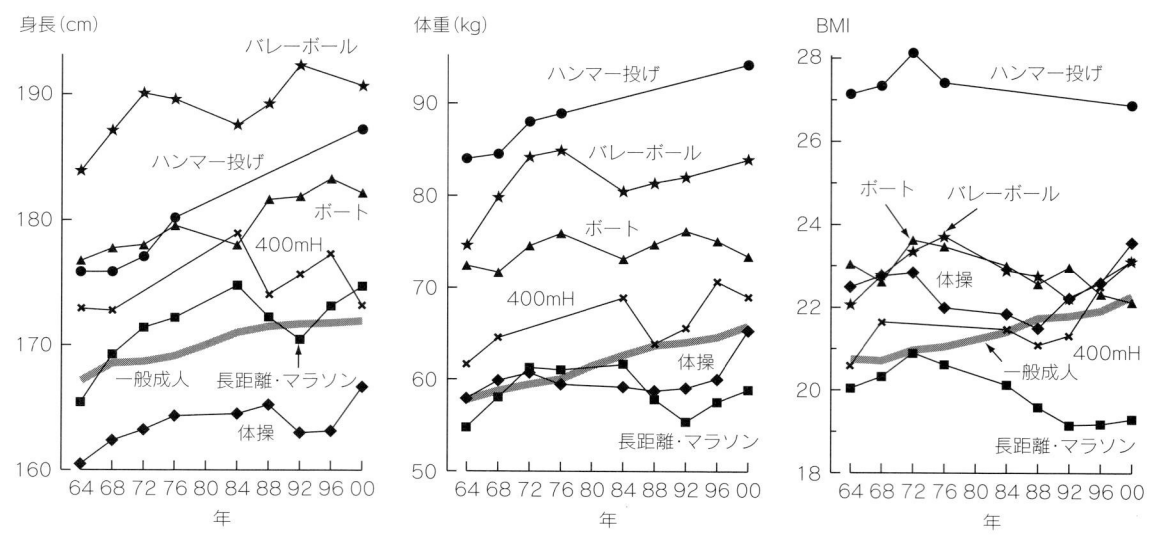

図 13-3 男子オリンピック日本代表選手の種目ごとにみた身長，体重，BMI の変遷

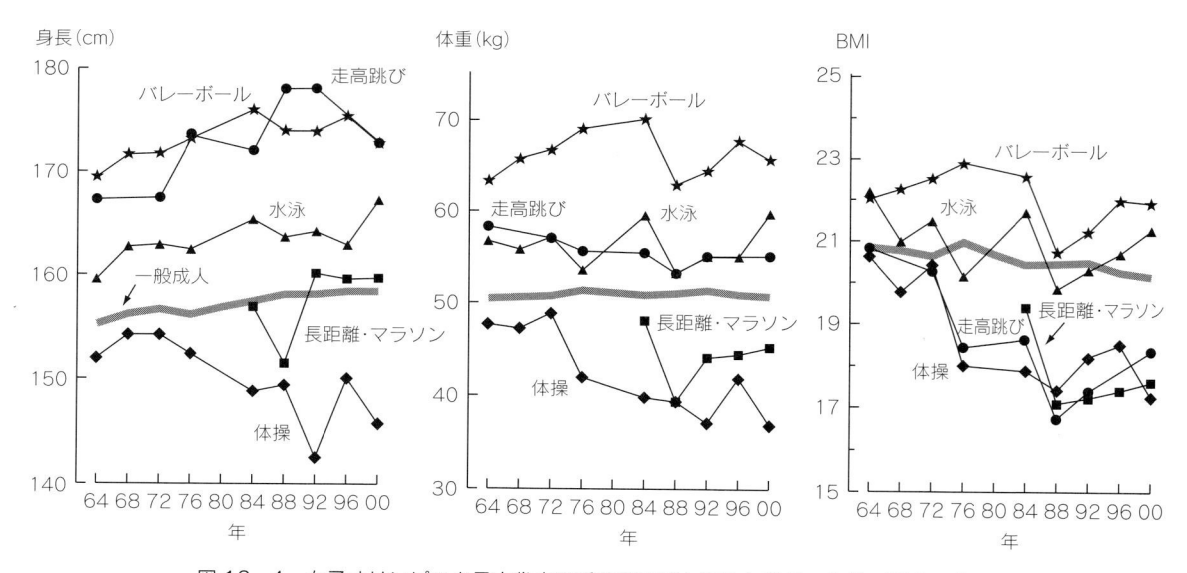

図 13-4 女子オリンピック日本代表選手の種目ごとにみた身長，体重，BMI の変遷

り異なっていることがわかる．ハンマー投げでは身長に比し体重が重く，バレーボールではその逆の関係になる．したがって，BMI には著しい差となって現れている．この場合の BMI は筋量の大小を反映しており，ちなみにシドニーオリンピック・ハンマー投げ選手の体重は 94 kg，体脂肪率は 10％，除脂肪体重（LBM）は 84 kg であり，バレーボール選手のそれは 84 kg，14％，72 kg であった．福永[5]によれば，日本人の筋肥大の限界値は体重 100 kg あたりで，それ以上体重が増しても脂肪増加になり筋肥大は望めないという．そうだとすれば，シドニーオリンピック・ハンマー投げ選手の例では，体脂肪の少ない理想的な筋肥大が限界に近いところまで達成されていることになる．

一方バレーボールでは，シドニーオリンピック

の出場が果たされなかったが，世界のトップレベルの身長伸び率は東京オリンピック以降，日本をはるかに上回り男子の平均身長が 2 m を超えている．我が国でも長身選手を発掘する新たなシステム開発が急務といえよう[18]．なお，このようなタレント発掘システムをはじめ，スポーツ人口の増減，選手の国際化といった社会的要因も競技的淘汰として強く働く因子にあげておきたい[13]．

(2) 男子長距離・マラソンと 400m ハードル

陸上競技の長距離・マラソンと 400 m ハードルの身長推移はやや意外な感を受ける．その推移は，東京オリンピック以降両者とも増減の波はあるものの，長距離・マラソンでは 10 cm の身長増加があったのに対して，400 m ハードルでは東京オリンピックとシドニーオリンピック代表選手の平均身長に差がない．これに対し，体重では 400 m ハードルで時代推移とともに増加しているが，長距離・マラソンではむしろ低下する傾向にある．その結果，ここでもやはり BMI の差が著しく拡大している．400 m ハードルでは長身化より筋量の充実が促進され，長距離・マラソンでは長身化，痩身化が進んできたといえる．両種目とも世界のトップレベルに接近してきた種目であるが，体格推移はこのように対照的である．長距離・マラソンで長身は有利なのか？ 400 m ハードルで長身は必ずしも有利にならないのか？

身体各部位の形態が変われば，慣性モーメントなどの力学的エネルギー量も変わってくる．したがって，形態特性に合った走技術やハードル技術が重要になり，それらの修得が記録向上につながるものと解釈できる．両種目においてこのような形態特性と競技動作特性とのバイオメカニクス的関連が「競技淘汰」として作用してきた可能性は十分あり得ることだろう．こういった観点からも両種目の体格推移は興味深いところである．

(3) 女子の痩身化傾向

女子の体格推移で特徴的なのは，身長の伸びに対して体重増加の少ないことである．この傾向は，オリンピック代表選手にも一般成人女子にも認められる．その結果，BMI では程度の差はあれ，次第に減少する傾向にある．このような傾向の背景に，近年の若い女性にありがちな痩身志向を連想させるが，一流競技者にも共通して認められるところから，原因はそれだけではなさそうである．

女子の走り高跳び，長距離・マラソン，体操では特に痩身化が促進されているが，やはり種目間で異なる特徴がみられる．走り高跳びでは，長身化が進む一方体重は若干減少傾向にあり，BMI の顕著な減少となって現れている．長距離・マラソンでは，女子に男子のような長身化傾向はみられないが，体重減少によって BMI が顕著に減少している．

体操では，男女とも東京オリンピック当時から身長は一般成人の平均値を下回っているが，体格の時代推移は男女でかなり異なったバランスにある．男子では身長も一般成人と同程度に伸び，体重はそれ以上に増加し，その結果 BMI は一般成人を上回る．これに対し女子体操では，身長は漸次低下し，体重はさらに低下して，BMI は長距離・マラソン，走り高跳びと同程度に低下している．女子の体操は体格の小型化とともに痩身化が進んでいて，この点では男子と対照的である．

3) スポーツ選手の体格形成と競技淘汰

我が国のオリンピック選手の体格推移がスポーツ種目によって多様であることをみてきた．その背景として，2つの要因が挙げられる．ひとつは日本人自体の体格推移であり，今ひとつは競技に由来する淘汰である．さらに，競技的淘汰として働く要因には，①生理学的要因（体格と筋力やエネルギー出力の関係），②バイオメカニクス的要因（形態と動作特性の関係），③競技ルールや用具の変更，④社会的要因（例えば，タレント発掘システムなど）などをあげることができる．

生物進化における自然淘汰はランダムに生じた遺伝的変異によって働くものと説明されるが，競技的な淘汰も一方向の合目的的な適応過程とは限らず，上記のような複数の要因が相乗的に，あるいは相殺的に働いていると考えることができよ

う[9,13]．

　その一例を挙げれば，長野オリンピック以後，スキー・ジャンプ競技でスキーの板の長さに関するルール変更があった．これまでの身長プラス80 cm 以内から身長の146％，最長で270 cm となり，身長の低い選手ほど空中で揚力を受ける面積が相対的に低下し，不利になるといわれた．ここで，ルール変更によって身長という形質に対して新たな淘汰が働くことになる．この対抗策として体重を落として揚力低下を補う工夫がなされ，選手の間では体重減量が盛んに行なわれた．バイオメカニクス的要因によって相対的な重さに対する淘汰が働くことになる．一方，体重減量は筋力の低下を招き，かえって競技成績を低下させたのではないかと考えられ，再び筋力強化が注目された．筋力の向上（筋量の増加）と体重減量という矛盾する課題が生じ，この相反する適応形質に対して生理学的な淘汰が加わることになったと考えられる．

　スポーツに求められる形態的形質は，例えばより大型化するといった1つの方向だけでなく，上に述べた多様化する方向性も無視できない．ラグビー，アイスホッケー，バスケットボールなど大型選手が有利だと思われる種目においても，選手の体格は多様化している．長身が絶対的に有利と考えられるバスケットボールでさえ，今日のNBAの身長範囲は161.5〜231 cm で実に40 cmの幅がみられる[13]．その競技のポジションによっては，高身長は競技淘汰の絶対的な適応的形質たり得ない．わかりやすい例では，バレーボールのルールにおいてリベロという攻撃のできない守備専門プレーヤーが規程された．このルール変更は，高身長という適応的形質を変化させ，高身長以外も生き残る可能性を残し，バレーボール選手の身長範囲が拡大してゆくことを予測させる．

2．スケーリング

　前節では，スポーツ選手の体格特性が多様な競技的淘汰によって形成されることを考えてきた．体格が競技的淘汰の適応形質となるのは，背景にそのスポーツ種目に求められる機能特性が反映されているからである．したがって，スポーツ種目に求められる形態特性，そして機能特性を理解するためには，スポーツ選手の形態と機能の関連性を正しく把握しておく必要がある．

　エネルギーの大小は身体サイズに依存し，筋力の大小には筋のサイズあるいは筋の形状が関連する．したがって，測定された機能（体力）は，身長比や体重比などのように形態に合わせて標準化されることによって尺度としての意味を持つ，と冒頭に述べた．このとき，形態（身体サイズ）と機能とは単純な比例関係なのか，あるいは非線型の関係にあるのか，その理論的関連づけ，すなわちスケーリング理論を正しく理解しておくことが前提とならなければならない．

　そこで次に，有酸素性エネルギー出力を例にスケーリングの問題点を考えてみる．

1）アロメトリー式

　スポーツ選手の体格は多様であり，かなり体重差のある選手たちがしのぎを削っていることを前節で述べた．そうした意味で，スポーツ選手の機能評価に際して，身体サイズの違いに合わせた標準化手法，スケーリングが重要になる．そのもっとも簡単なスケーリングは体重で割って比較する方法である．スポーツ科学の分野では，この方法を用いることが多い．人の有酸素性パワーの評価に際しては，$\dot{V}O_2max$（L/min）を体重で除した値，すなわち体重1 kg 当たりの量が用いられている．この標準化方法は国際的にも広く認められたものであるが，この場合，酸素摂取量と体重は原点を通る直線的な比例関係にあることが前提になっている．一方生物学では，異なるサイズの動物の代謝量と体重の関係は単純な直線的比例関係ではなく，指数関数的な曲線になることが見いだされている[10,15]．この指数方程式をアロメトリー式といい，次式で表現される．

$$\dot{V}O_2 = a \times M^b \quad (M；体重，b；体重指数)$$

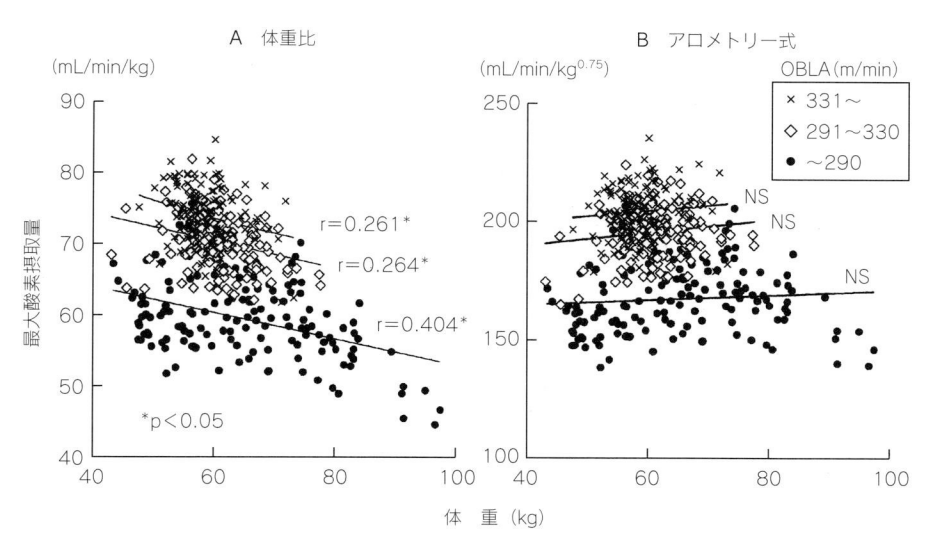

図13-5 体重と最大酸素摂取量の関係．体重比（A）とアロメトリー式（B）との比較．
男子各種スポーツ選手408人を対象にOBLAで3区分し，体重と$\dot{V}O_2max$の相関関係を求めた．$\dot{V}O_2max$はトレッドミル漸増負荷法で測定した．
（伊藤静夫：有酸素パワーを測るとき—身体サイズと最大酸素摂取量—．体力科学 47：64-66, 1998）

動物の場合，指数bは0.75となり，動物の代謝量は体重の3/4乗に比例する．この指数bは，ゾウからネズミまで多くの動物の実測値から導き出されたもので，特に体重指数とも呼ばれる．なぜ3/4になるかについて，今のところ明確な説明はない．したがって，確立された法則というより，多くの実測値に基づく観察結果を基にした経験則といえる．いずれにしてもこの式によれば，小さい動物ほど相対的に代謝量が大きくなり，大きい動物ほど代謝量は小さくなるという関係になる．

人間についても，体重と$\dot{V}O_2max$との間にアロメトリックな関係が成り立つのであれば，体重による$\dot{V}O_2max$の標準化方法を再検討しなければならない[1,8,12]．

2）体重と$\dot{V}O_2max$

そこでまず，各種スポーツ選手（男子408人，女子213人）の体重と$\dot{V}O_2max$の関係について検討してみた．なお，スポーツ選手では有酸素性パワーの値にもかなりの幅があるので，この影響を除外するため別の有酸素性パワーの尺度であるOBLA（onset of blood lactate accumulation；血中乳酸が4 mmol/Lになる走行速度）によって3群に分類し，群ごとの相関関係を分析した．対象者は，オリンピック選手をはじめとする一流競技者に限定している．

まず，体重と絶対値の$\dot{V}O_2max$との関係で，アロメトリー式に当てはめると体重指数は，0.7～0.8となり，3/4に近い値となった．

$\dot{V}O_2max$が体重の3/4乗に比例するなら，従来から用いている体重1 kg当たりの$\dot{V}O_2max$は体重の増加に伴い減少するはずである．このことを式に表すと，

$$\dot{V}O_2max\ (mL/min/kg) = aM^{0.75}/M = aM^{-0.25}$$

すなわち，$\dot{V}O_2max$は体重の0.75乗に比例するので，それを体重で割れば，$\dot{V}O_2max$は体重の0.25乗に反比例することになる．

実際の測定データにおいても，確かに体重と$\dot{V}O_2max\ (mL/min/kg)$は有意な負の相関関係にあり，体重が重いほど$\dot{V}O_2max$は低くなっている（図13-5A）．このときの体重指数は-0.19～-0.21の範囲にあり，上記の理論値に近い．一

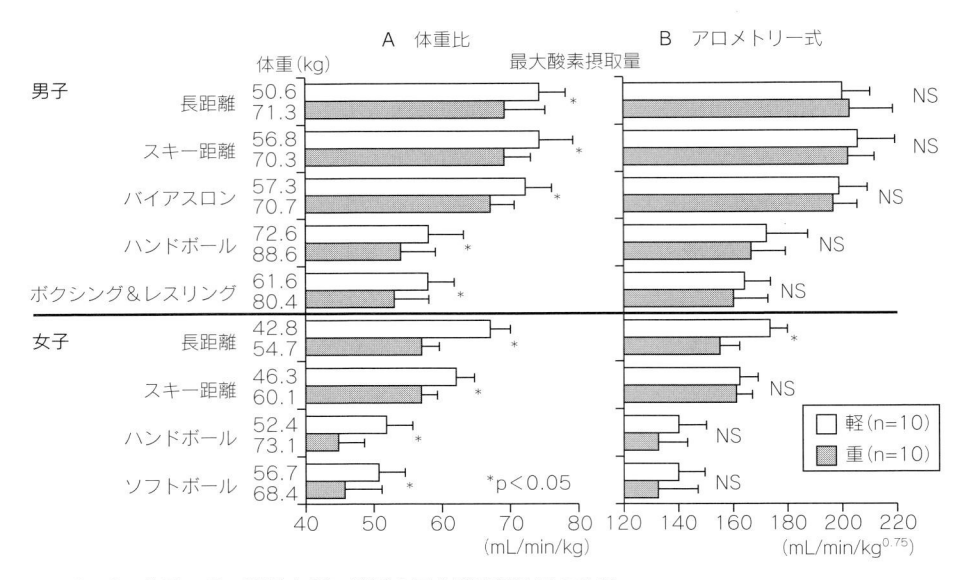

図 13-6 体重の重い選手と軽い選手の最大酸素摂取量の比較
(伊藤静夫：有酸素パワーを測るとき―身体サイズと最大酸素摂取量―. 体力科学 47：64-66, 1998)

方，アロメトリー式の $\dot{V}O_2max$ （$mL/min/kg^{0.75}$）にすると，有意な相関関係はみられなくなり，体重の大きさとは無関係になる（図13-5B）.

このように，現在我々が用いている体重1kg当たりの $\dot{V}O_2max$ は，有酸素性パワーの優劣に関わらず，体重が増えるに従って低下することになる．体重の少ない被験者ほど $\dot{V}O_2max$ は大きくなるので過大評価し，逆に体重の重い被験者では小さくなるので過小評価していた，ということにもなり得る．

この矛盾は僅少なもので実用上さほど問題にならない程度のものであろうか，あるいは測定値の評価を変え得るものなのであろうか？

3）体重の重い選手，軽い選手

当然，体重差が大きいほど，2つのスケーリングの違いによる影響も大きくなることが予測される．そこで次に，極端に体重の重い選手，軽い選手について比較検討した．なお競技特性，競技レベルの影響を除外するため，やはりスポーツ種目ごとにオリンピック選手など一流競技選手に対象を限定し，競技水準を揃えたうえで特に体重の重い選手10人，軽い選手10人を抽出して，両群の $\dot{V}O_2max$ を比較した（図13-6A）．各スポーツ種目ごとの両群の体重差は15～20 kgに及び，同じ種目で同等の競技水準であっても，実際にはかなり体重差のある選手たちが競っていることが，ここでもよくわかる．

まず体重比の $\dot{V}O_2max$ で比較すると，いずれの種目においても体重の重い選手群は軽い選手群より有意に低い値を示す．しかしアロメトリー式による $\dot{V}O_2max$ では，女子の長距離をのぞき，両群の差はみられなくなる．

少なくとも，著しく体重の重い，あるいは軽い選手に限定すれば，$\dot{V}O_2max$ のスケーリングの仕方によって，有酸素パワーの評価が異なってくることになる．

Wisloffら[19]は，ノルウェーの一流サッカー選手を対象としてポジション別に同様の検討を行なった．ディフェンスとミッドフィルダーでは10kgの体重差があり，体重比 $\dot{V}O_2max$ ではミッドフィルダーが有意に高くなり，アロメトリー式で差がなくなる．オフェンス，ディフェンスともに高い運動量，有酸素パワーが求められる近代サッカーでは，$\dot{V}O_2max$（$mL/min/kg^{0.75}$）のほうが現場の評価に即していると論じられている．

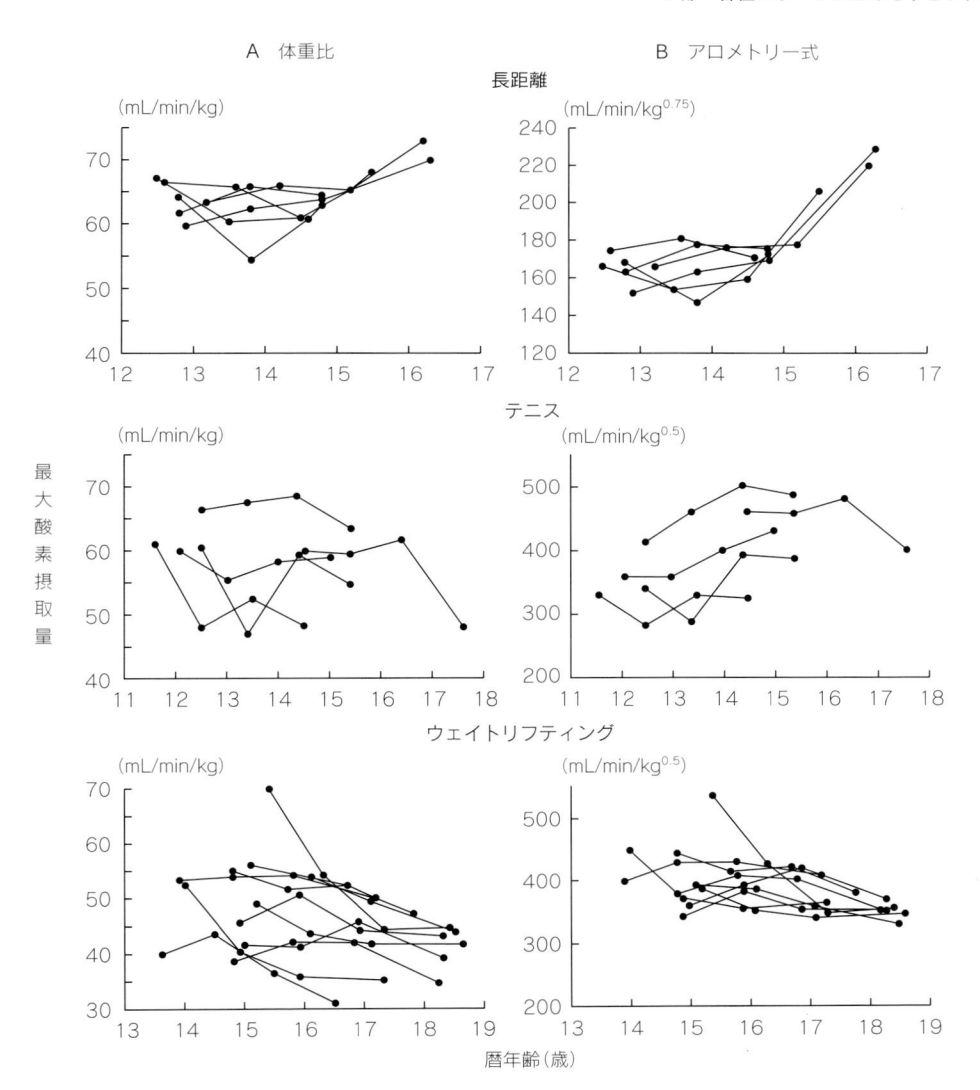

図13-7 エリート・ジュニア競技者の最大酸素摂取量の年齢に伴う推移の比較
長距離はトレッドミル，テニス，ウェイトリフティングは自転車エルゴメータによって測定した．体重指数はトレッドミルで0.75，自転車エルゴメータで0.5を適用．
(伊藤静夫：ジュニア期のスポーツトレーニングによる身体の特異的発達．体育の科学 48：717-722, 1998)

4) 発育期のスケーリング

発育期にも著しい体重変化があり，やはりスケーリングの違いによる影響が予測される．一般に，体重1kg当たりの$\dot{V}O_2max$は，発育期全般を通して男子ではほとんど変わらず，思春期以降低下し始める．女子では思春期前からすでに低下し始め，以後漸次低下傾向にある．しかしこの傾向は，必ずしも持久的peformanceと符合せず，しばしば議論の的になるところである．このことに関してSjodinら[16]は，発育期男子を対象にアロメトリー式で標準化したところ，$\dot{V}O_2max$はコントロール群で不変，トレーニング群で年齢とともに増加し，体重比$\dot{V}O_2max$と異なる傾向にあることを報告している．同様に，日本体育協会がエ

	n	Wt kg	$\dot{V}O_2max$	
			m/min/kg	m/min/kg$^{0.75}$
軽量ランナー	20	52	75.2	201
重量ランナー	20	69	69.3	199
D. Clayton		73	69.7	204

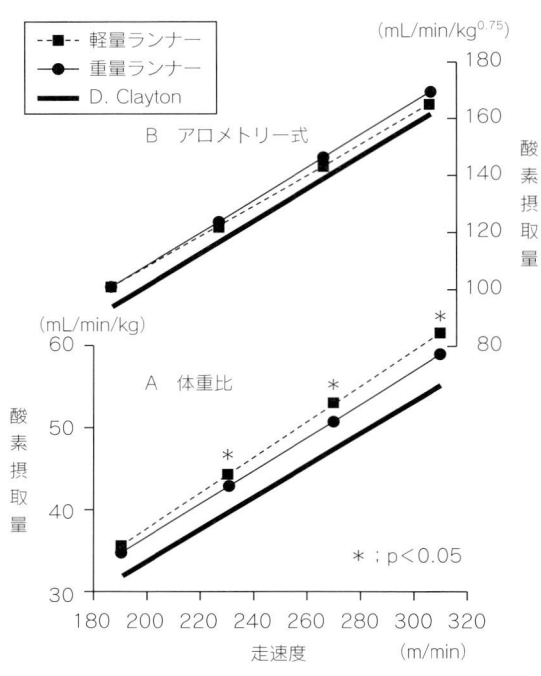

図13-8 軽量ランナーと重量ランナーのランニング効率（$\dot{V}O_2$）の比較

リート・ジュニア競技選手を対象に追跡調査した結果においても，従来の体重比とアロメトリー式とでは$\dot{V}O_2max$の発達の様相が異なった（図13-7）[7]．

このように，発育期では身体サイズにも著しい変化がおこることから，有酸素パワーの発達特性についての評価もスケーリング法によって異なる可能性が指摘できる．近年，この問題に関連した研究が報告されるようになってきており，多くはアロメトリーによる標準化を推奨している[2,6,14,16]．

5）ランニング効率とスケーリング

身体運動の効率は，一般になされた仕事の量をその仕事のために消費したエネルギー量で割って求める．便法として，一定の仕事に対する消費エネルギー量そのもので効率を評価することもある．その典型例が，一定速度における走行中の酸素消費量で評価する走効率（running efficiency，あるいは走の経済性；running economy）である．この場合の酸素消費量も体重1kg当たりの量で表わすのが一般的になっているので，やはりアロメトリー式と比較してみた．

競技成績が同水準である長距離ランナーについて，体重の重い選手（5,000 m；14'20"）と軽い選手（5,000 m；14'24"）を抽出して比較した（図13-8A）．体重の大小だけでグループ分けしたわけであるが，体重の重い選手は軽い選手に比べ同一スピードに対する$\dot{V}O_2$は有意に低くなった．つまり，重い選手ほどランニング効率がよいという評価になる．一方，アロメトリー式を適用すると両者の$\dot{V}O_2$に差はなくなり，効率の良否にも差はないことになる（図13-8B）．消費エネルギー量の標準化のしかたによって，異なる結論が導かれたことになる．

かつてのマラソン世界最高記録保持者であったD.Clayton（Wt；73kg，$\dot{V}O_2max$；69.7mL/kg/min）は，大型の選手としても注目されていたが，その測定値を同じく図13-8Aにプロットして上記ランナー群と比較してみる．Clayton選手の$\dot{V}O_2max$（mL/min/kg）は比較的低く，また一定走速度下の$\dot{V}O_2$（mL/min/kg）も相対的に低いことがわかる．この測定結果から「有酸素パワーは低いが優れたランニング効率を有する」という同選手への評価が定着することになる[4]．これに対してアロメトリー式を適用すると，まず$\dot{V}O_2max$（mL/min/kg$^{0.75}$）自体は相対的に大きくなり，一定速度下の$\dot{V}O_2$（mL/min/kg$^{0.75}$）は他の選手との差は縮まるものの，依然として低い（図13-8B）．この図からは，「大型ランナーでありながら高い有酸素パワーと優れたランニング効率を併せ持ったランナー」という評価に変わることになる．

以上，一定速度下での$\dot{V}O_2$においてもスケーリングの違いによる差異がうかがわれ，走効率を評価する目的からはアロメトリー式を推奨する意

見が多くなりつつある[3,14,16,17].

まとめ

　スポーツ選手の体格はスポーツ種目によって多種多様である．また同じスポーツ種目の中にあっても，個々の選手の体格はそれぞれ違う．オリンピック日本代表選手における体格の時代推移を観察し，一流スポーツ選手の体格が競技淘汰の結果として形成されてゆくことを考えてみた．各選手がみずからの体格の特徴を生かしながら競い合い，淘汰され，その結果としてそのスポーツに適した体格が生き残って行く．このところ，小型の日本人選手が大型の外国選手に互して活躍する姿を目にする．このとき，「体格のハンディキャップを克服して」といった従来の言説だけでは，本質を十分に説明することにはならないだろう．高い筋力・パワーが求められるスピードスケート500mにおいて，身長161cmの日本選手がオリンピックで優勝した．この事実から，同種目における身長の淘汰適応度は一義的でなく，必ずしも大きければ大きいほど有利とはいえないという判断が導かれよう．そして，このような知見が，体力や技術のとらえかた，あるいはトレーニングへの工夫へと繋がって行くことが期待される．

　同時に，こうした問題を考える上で，形態と機能との関連についての理解が極めて重要になってくる．本章では具体的に，有酸素パワーのスケーリングという問題を考えてみた．その結果，著しく体格の異なるスポーツ選手を評価する上では，今日広く用いられている体重比よりアロメトリー式による標準化の方が適していると判断された．ただしアロメトリー式の実用化には，社会的な共通理解が必要である．その意味では，この分野の研究はまだ緒についた段階に過ぎず，アロメトリー式の体重指数についても定まった見解がない状況にあり，より一層の研究の集積が望まれるところである．

[伊藤　静夫]

文　献

1) Astrand PO, and Rodahl K : Textbook of Work Physiology (3rd ed). pp391-411, McGraw-Hill, New York, 1986
2) Bailey DA, Ross WD, Mirwald RL, et al : Size dissociation of maximal aerobic power during growth in boys. Med Sports 11 : 140-151, 1978
3) Bergh U, Sjodin B, Forsberg B, et al : The relationship between body mass and oxygen uptake during running in humans. Med Sci Sports Exerc 23 : 205-211, 1991
4) Costill DL, Branam G, Eddy D, et al : Determinants of marathon running success. Int Z Angew Physiol 29 : 249-254, 1971
5) 福永哲夫：人体筋の発達の限界を探る．体育の科学 47 : 329-337, 1997
6) Heil DP : Body mass scaling of peak oxygen uptake in 20- to 79-yr-old adults. Med Sci Sports Exerc 29 : 1602-1608, 1997
7) 伊藤静夫：ジュニア期のスポーツトレーニングによる身体の特異的発達．体育の科学 48 : 717-722, 1998
8) 伊藤静夫：有酸素パワーを測るとき―身体サイズと最大酸素摂取量―．体力科学 47 : 64-66, 1998
9) 服部恒明：ヒトのかたちと運動．大修館書店，1996
10) 本川達雄：ゾウの時間ネズミの時間．中公新書，1992
11) 勝浦哲夫：ヒトの体格の上限（体重）―ヒトはどこまで重くなれるか―．体育の科学 47 : 346-355, 1997
12) Nevill AM : The need to scale for differences in body size and mass: an explanation of Kleiber's 0.75 mass exponent. J Appl Physiol 77 : 2870-2873, 1994
13) Norton K, and Olds T : Morphological evolution of athletes over the 20th century. Sports Med 31 : 763-783, 2001
14) Rogers DM, Olson BL, and Wilmore JH : Scaling for the O2-to-body size relationship among children and adults. J Appl Physiol 79 : 958-967, 1995
15) Schmidt-Nielsen K: Scaling : Why is Animal Size so Important? Cambridge, UK : Cambridge Univ. Press, 1984
16) Sjodin B, and Svedenhag J : Oxygen uptake during running as related to body mass in circumpubertal boys : a longitudinal study. Eur J Appl Physiol 65 :

150−157, 1992
17) Svedenhag J : Maximal and submaximal oxygen uptake during running : how shold body mass be accounted for? Scand J Med Sci Sports 5:175−180, 1995
18) 豊田　博：スポーツタレントへの条件―バレーボールの場合―．J J Sports Sci 8：204−207，1989
19) Wisloff U, Helgerud J, and Hoff J : Strength and endurance of elite soccer players. Med Sci Sports Exerc 30 : 462−467, 1998

14章 サッカー選手における血流量と有酸素性運動能の関係

　サッカーという競技は，90分間の競技時間を45分間ごとの half (1st and 2nd half) に分けて競い合うゴールゲームである．そして，選手に要求されるパフォーマンスは，個人技術，試合時の環境条件，チームの競技レベルや戦術・戦略，ポジション，ルールの変更，さらにはそれぞれの国・地域のおかれている文化や環境あるいはモダン・フットボールの歴史的変遷などにより影響を受ける．図 14-1 は，サッカー選手のパフォーマンスに関連する要因について示したものである．パフォーマンスを構成するそれぞれの要素が複雑にリンクしていることがわかるであろう．体力的要因もまた，フットボールという競技特性もあり，そのプレーの性質上複雑であり，個々の身体的運動能と密接な関係にあるといえる．サッカーに要求される体力的要因を分類すると，①持久的運動能，②高強度の運動能，③スプリント能および④高強度の筋力発揮などに分けられるが，さらには心血管系の自律機能および協調・協同運動における運動−感覚神経系の体性機能として生理学の視点から捉えることができるであろう．

　ここでは，サッカー選手に要求される体力的要因についてのこれまでの報告をもとに，1) 日本のエリート選手の有酸素性運動能について，2) 運動時の循環調節系・体温調節系機能の維持に重要な役割を果たす循環血液量が有酸素性運動能に

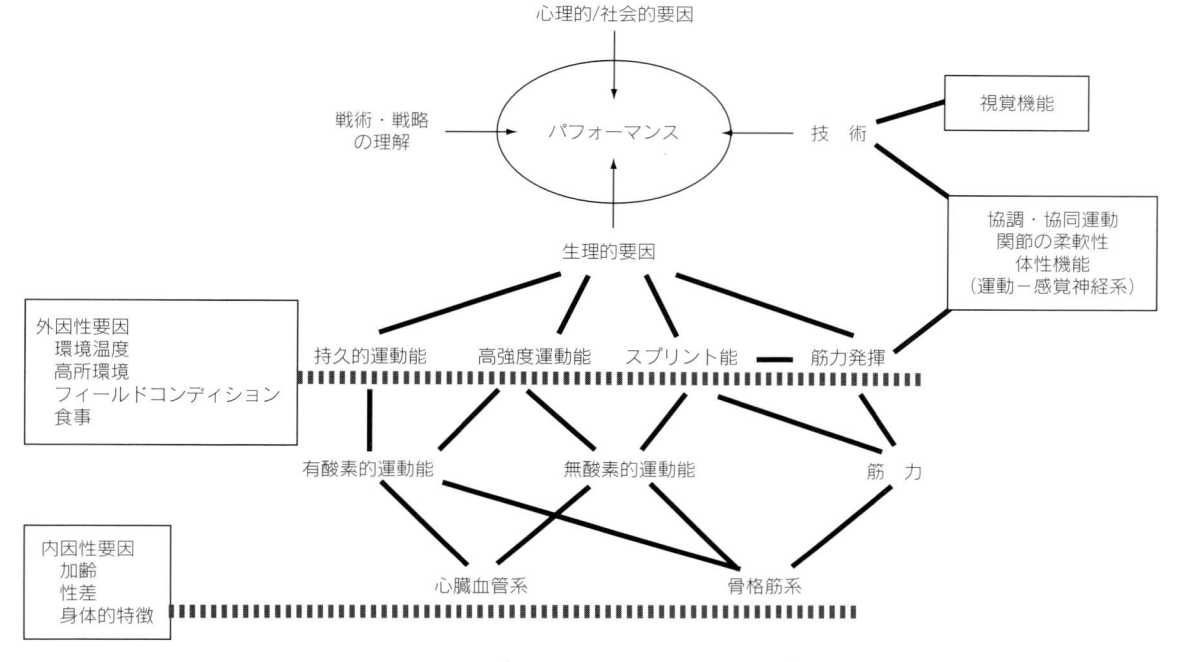

図 14-1　サッカー選手のパフォーマンスに関連する生理学的要因

表14-1 ゲーム時の移動距離,運動様式,および頻度(n=40)

運動様式	移動距離(m)		発現頻度	
	Mean	SD	Mean	SD
ジョギング	3187	746	239	48
クルージング	1810	411	114	16
スプリント	974	246	62	15
ウォーキング	2150	471	308	49
後方移動	559	247	120	37
合計	8680	1011	873	—
ボール・ポゼッション	158	85	—	—

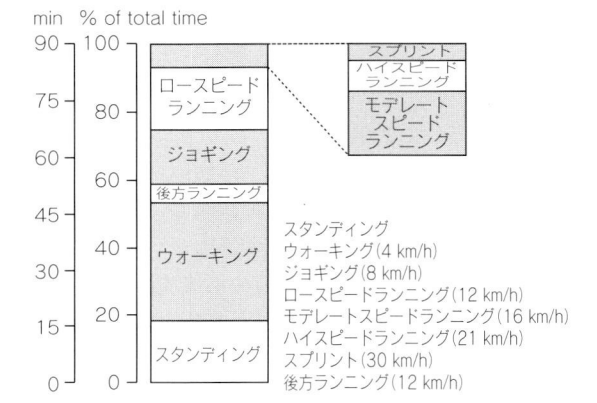

図14-2 試合におけるランニング・スピードとその割合

(Bangsbo J : Fitness training in football:a science approach. HO+Storm, Bagsværd, danmark, 1994)

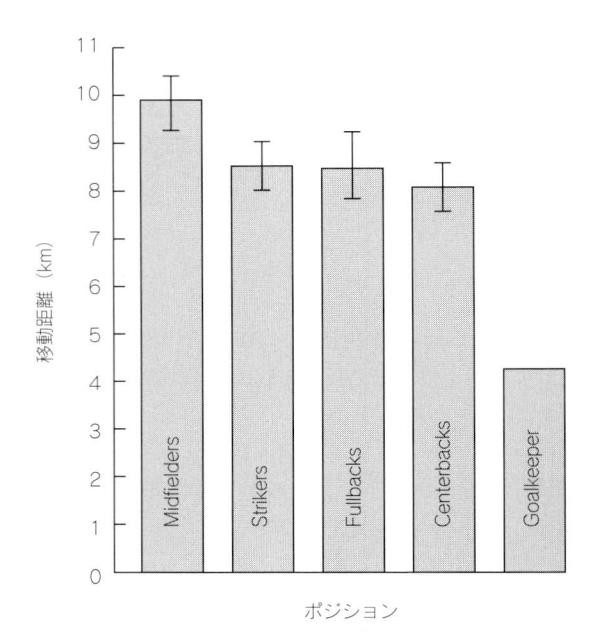

図14-3 試合における選手のポジション別の移動距離

一試合における選手の移動距離は,およそ9,000mから12,000mであり,最も多くの移動距離を示すのは中盤の選手である.
(Reilly T, and Thomas V : A motion analysis of work-rate in different positional roles in professional football match-play. J Hum Movement Studies 2 : 87-97, 1976)

及ぼす影響とその個人差について,さらに3)運動時の水分摂取と体温調節について運動・環境生理学の視点から述べることにする.

1. サッカー選手に要求される体力的要因

1) 試合での移動距離

実際,選手は競技時間中にどの程度の距離を移動しているのであろうか.ReillyとThomas[17]の報告では,ゲーム中の選手の移動距離は,90分間でおよそ9,000～12,000mであり,またプレーのタイプは,25％が歩行動作,37％がジョギング,20％がクルージング,後方への移動動作が7％で,スプリントは11％程度である(表14-1).Bangsbo[2,3]は,デンマークのエリート選手の移動距離を測定し,選手はスタンディングが17％,ウォーキングが40％で,43％はロー・スピード(35％)もしくはハイ・スピード(8％)のランニングを行なっており,スプリント・ランニングは0.6％であると報告している(図14-2).ポジション別に移動距離を比較してみると,中盤の選手の移動距離が他のポジションの選手に比較して高い値を示している(図14-3)[17].また,ボールを維持してのプレー時間は,よくボールに関与している選手でも,およそトータルで2～3分間程度(約2％)である.もちろん,これらの数値が,モダン・フットボールの変遷,ゲーム内容,チームにおけるプレースタイルおよび天候等により影響を受けることはいうまでもな

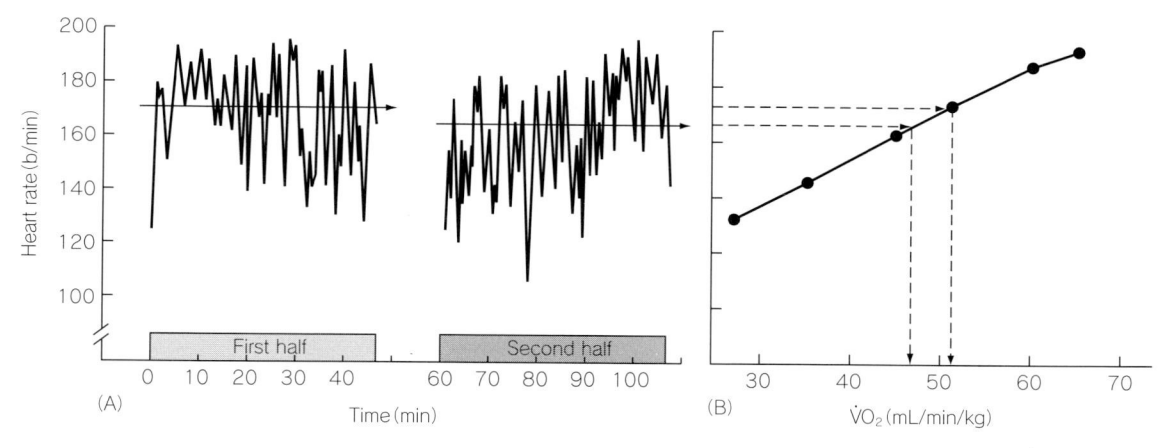

図14-4 試合における心拍応答と酸素摂取量の推定値
心拍数（HR）の平均値は，1st half および 2nd half でそれぞれ 171 と 164 bts/min であった．また，そのときの運動強度は 1st half および 2nd half でそれぞれ 78％ と 72％ $\dot{V}O_2$max に相当した．
(Ekblom B : Appled physiology of soccer. Sports Med 3 : 50-60, 1986)

い．

2）有酸素性運動能

ゲーム時の心拍応答（HR）についての報告では，平均値で 156〜175 beats/min の範囲にあり，その値は最大心拍数（HRmax）の 80〜90％であった．また，Rhode と Espersen[18] は，デンマーク選手 6 人の心拍応答を測定した結果，90 分間のプレー時間のうち 10 分間は 73％HRmax 以下，57 分間は 73〜92％HRmax そして 23 分間は 92％HRmax 以上の心拍応答水準であったと報告している．図 14-4 は，ゲーム中の HR と HR-酸素摂取量（$\dot{V}O_2$max）との関係から推定した酸素摂取量について示したものである[5]．HR の平均値は，1st half および 2nd half でそれぞれ 171 と 164 beats/min であった．$\dot{V}O_2$ レベルについては，1st half および 2nd half でそれぞれ 51.1 と 46.2 mL/kg/min に相当し，この値はそれぞれ 78％ および 72％ $\dot{V}O_2$max（65.3 mL/kg/min）の相対的運動強度に相当していた．

3）無酸素性運動能

Bangsbo ら[3] は，ゲーム中における高強度の運動が発揮されたのは全体の約 7 分間であり，その内容としては 2 秒程度のスプリントが 19 回，タックル，ヘディングおよびシュートなどの動作が間欠的に発揮され，このような間欠的高強度の運動については無酸素的な代謝過程によるエネルギー供給である ATP-PCr 系および解糖系の供給機構が動員されているとの報告をしている．血中乳酸濃度の測定は，無酸素的運動強度の指標としてしばしば用いられているものである．ゲーム時の血中乳酸濃度に関する研究結果では，乳酸値には，かなりのばらつきがみられるが，Gerish ら[7] はこの点について，個人差，プレースタイル，チーム戦術およびゲームの質により影響を受けるものとしている．

4）体温調節と体液バランス

これまで述べてきたように，サッカーで要求される高強度の運動は，また活動筋からの熱産成による体温の上昇を引き起こす．Mustafa と Mahmoud[10] は，高温環境下（温度 33℃，湿度 40％）でのゲーム中の選手の体重減少を測定し，その結果 3.5 kg の減少がみられ，約 3.1％の体液喪失がみとめられたことを報告した．また，Saltin[20] の報告では，低温環境下（温度 13.2℃，湿度 7％）では，約 2L の体液喪失がみられ，約

1.2％の体重減少がみとめられた．ゲーム時の深部体温に関する研究で，Ekblom[5]は，環境温度20〜25℃において運動終了直後の選手の深部体温（直腸温）は39.2℃に上昇したことを，またSmodlaka[21]は40℃を超える体温上昇をそれぞれ報告している．

以上の報告からも明らかなように，サッカーという競技特性は，持久的な運動を継続しながら，間欠的に高強度の運動が要求されるものである．こうした間欠的高強度を繰り返し行なう運動能には，回復力としての持久的運動能が不可欠である．また，さまざまな環境下で行なわれることから，暑熱環境における脱水の影響による体温上昇や寒冷環境による体温の低下などによる環境ストレスもサッカーのパフォーマンスの維持に影響をあたえるものである．このように，環境からくる因子をも考慮して，サッカー選手に要求される体力的要因を検討することが，より安全で，合理的なトレーニング方法の改善や選手のコンディショニングの維持などに有用な情報となるであろう．

2．運動時の循環・体温調節反応

運動時のヒトの循環系機能には，運動継続に必要な活動筋への筋血流の維持と活動筋の代謝性産熱の熱放散による体温調節に必要な皮膚血流の維持という役割の2者がある．運動強度や仕事量が増加すると，それにともなう活動筋への酸素運搬のための血流の補給や皮膚血流の維持のために血流量の増加が求められ，心臓はこの要求にこたえるべく心拍出量を増加させる．心拍出量は，酸素摂取量の増加との間に正の直線関係がみられ，最大運動時で心拍出量は安静時の4〜5倍に，酸素摂取量は安静時の10〜15倍にまで増加する．このときの活動筋への血流量は著しく増大し，その値は安静時の20倍にまでも達する．このとき，脳を除くその他の臓器では，血液の再分配により血流量の低下を示す．

運動時の心拍出量を維持するためには，循環血液量を維持して心臓への静脈還流量を保つことが

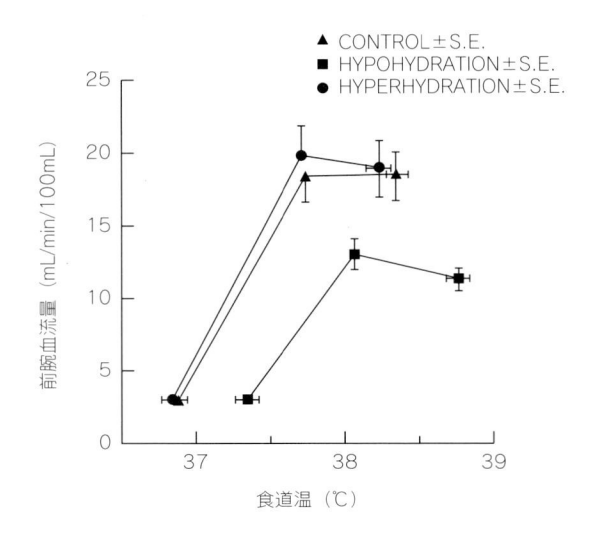

図14−5　体液量変化が運動時の前腕血流量と食道温の関係に及ぼす影響
体液量の減少により，運動時の体温上昇に伴う前腕血流量の増加の閾値体温が上昇し，また血流量の最大値も抑制された．
(Nadel ER, Fortney SM, and Wenger CW : Effect of hydration state on circulatory and thermal regulations. J Appl Physiol 49 : 715-721, 1980)

重要である．静脈還流量の増加・減少は，一回心拍出量の増加・減少に影響をあたえる．静脈還流量の減少にもっとも影響を及ぼすもののひとつに血液量の減少がある．このことが維持できなくなると有酸素的なレベルでの筋収縮が抑制され，運動を継続することが困難になる．

運動をはじめると活動筋での代謝量が増加し，これにより体温が上昇する．運動時の活動筋への血流量の増加は，酸素運搬のためのみならず筋での代謝性産熱を放散し，活動筋の温度を維持もしくは下げるためにも重要である．血流によって熱が運ばれると，深部体温が上昇し，温熱受容器を介して視床下部の体温調節中枢がはたらき，体温調節の反応が起こる[11,13,22]．ヒトにおける体温上昇時の体温調節反応としては発汗および皮膚血流量の増加がみられる．このときの皮膚血流量の増加は，最大で約5L/分であり，この値は安静時の心拍出量とほぼ等しいものである[19]．したがって，運動時の環境が特に高温環境であると，活動

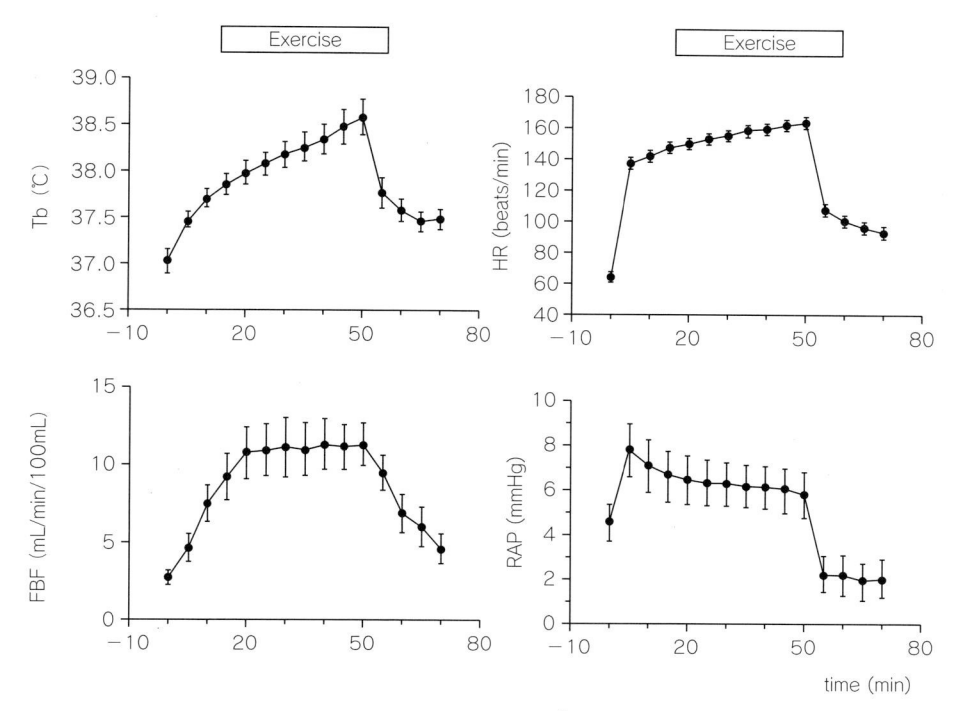

図14-6 高温環境下（30℃）での長時間運動時（60%$\dot{V}O_2max$, 50min）の体温および循環応答
運動開始より体温（Tb）上昇に伴い前腕血流量（FBF）は増加するが，およそ20分目より増加がみられなくなる．心拍応答（HR）は，一定負荷運動にもかかわらず徐々に増加する傾向を示した．右心房圧（RAP）は運動開始より増加したが，その後は徐々に低下を示す．
(Nose H, Takamata A, Mack GW, et al: Right atrial pressure and forearm blood flow during prolonged exercise in a hot environment. Pflügers Arch, Eur J Appl Phzsiol 426: 177-182, 1994)

筋への血流の供給に加えて皮膚への血流の配分が要求され，同程度の運動強度と比較して循環系への負担は大きいものとなる．そして，運動を継続すると深部体温が上昇し，同時に皮膚血流の増加に伴う血管拡張により末梢循環に血液が貯留し，さらには発汗による体液の喪失が生じる．生体の調節系では間質液や細胞内液からの水分移動により血液量を維持し，活動筋や皮膚への血液循環の維持を図るが，これらの調節機能には限界がある．こうした血液量の相対的・絶対的低下は中心静脈環流を低下させ，併せて一回心拍出量をも低下させてしまうことから，活動筋への十分な血液供給がなされなくなることがあり，その場合，運動の継続は困難をきたすことになる．暑熱環境下での激しい運動時には，このような静脈環流量の低下が顕著に見られる．生体内での調節機構を越えて体液を喪失した場合には，単に運動能力が低下するにとどまらず，各種の熱中症が発生する場合もある．したがって，運動時には，生体は循環系だけでなく体液調節系の機構をも働かせている．

1）運動時の体温調節および循環調節と血液量

運動時の体温調節および循環調節に及ぼす血液量の影響についての報告をみると，Nadelら[12]の報告では，運動前に利尿剤を用いて等張性に体液量を減少させた後，運動時（55%$\dot{V}O_2max$, 35℃）の体温・循環調節反応を調べた結果，運動時の体温上昇に伴う皮膚血流量（前腕血流量）増加の閾値体温は体液量の減少により上昇し，また皮膚血流量の最大値も抑制されることをみとめている（図14-5）．そして，血液量の減少が心一

膚血流量の増加が抑制されることのメカニズムを明らかにするために，ヒトの心臓内にカテーテル（Swan-Ganz catheter）を挿入して運動時（60% $\dot{V}O_2max$, 30℃）の循環・体温調節反応を測定した．図14-6にみられるように，一定強度の運動にもかかわらず，運動時間が長くなると体温（Tb）の上昇と相まって心拍数（HR）の増加がみられる（cardiovascular drift[4]）．前腕血流量（FBF）は運動開始とともに体温上昇に伴って上昇するがあるレベルで平衡状態になった（図14-7）．また，右心房圧（RAP）については，運動開始に一度増加しその後徐々に低下傾向を示した（図14-6）．そして，右心房圧の低下と皮膚血流量の増加との間には高い相関がみとめられた（図14-7）．これらのことから，暑熱環境下での長時間運動では，体温上昇により皮膚血流量が増加するが，末梢では血液貯留が起こり，右心房圧が低下し，それにより一回心拍出量が低下する．心拍応答は心拍出量維持のために増加する．右心房圧の低下と皮膚血流量の増加との間には高い相関がみらえており，右心房圧の低下に対する皮膚血流量の増加の抑制が，活動筋への血流や動脈圧の維持に働くことが示唆された．

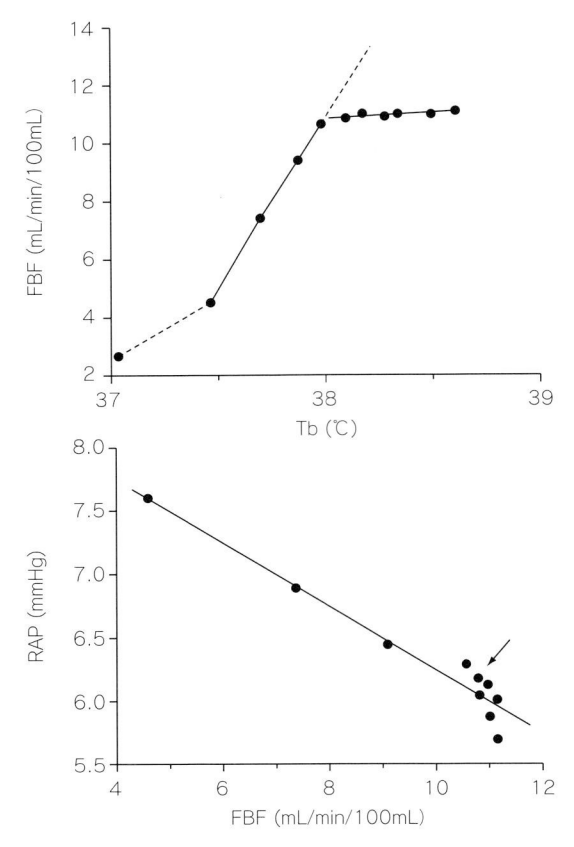

図14-7 高温環境下（30℃）での長時間運動時（60%$\dot{V}O_2max$, 50min）の前腕血流量（FBF）と体温（Tb）の関係，右心房圧（RAP）と前腕血流量（FBF）の関係

FBF-Tb: 体温が上昇し，一定の閾値体温になると体温上昇に伴う前腕血流の急激な増加が起こるが，さらに体温がある閾値を越えると前腕血流の増加が抑制される．
RAP-FBF: 前腕血流量の増加に比例して右心房圧の低下が起こるが，前腕血流量の増加が止まるとその低下も起こらなくなる．
(Nose H, Takamata A, Mack GW, et al: Right atrial pressure and forearm blood flow during prolonged exercise in a hot environment. Pflügers Arch, Eur J Appl Phzsiol 426: 177-182, 1994)

回拍出量の低下を招き，それに伴い心拍数は増加するが心拍出量が維持されないことから，活動筋と皮膚への血液循環には競合作用（血液配分の奪い合い）が生じて，その結果皮膚血流量が低下することを示唆した．

Noseら[16]は長時間運動時の体温上昇に伴う皮

2）運動時の血液量変化

運動時には，運動強度に伴い循環血漿量が減少する．図14-8には運動強度の増加にともなう血漿量の減少が示されている．この図は日本のエリートフットボール選手の測定結果であり，その減少量は最大負荷運動時で全血漿量のおよそ20%にまで減少した．つまり，今回の選手の平均体重は71.3 kgで，循環血漿量は38.1 ± 2.4（range : 27.7 ～ 54.6）mL/kgであるので，最大負荷運動時には約500 mLの血漿量が減少したことになる．この運動時の血漿量の減少機序についてのこれまでの報告によると，最大運動強度の50%以下では，主に活動筋での血流量増加にともなう毛細血管血濾過圧の上昇により血漿が等張性に脈管内から膜管外へ移動するためといわれている[1]．さらに，それ以上の運動強度では毛細血

管血濾過圧上昇に加え，活動筋の細胞内に乳酸などの代謝産物が蓄積することによる細胞内外での浸透圧勾配によって血漿中の水が細胞内に流入するためと考えられている．

このような運動時の血漿量の減少を個々についてみてみると，図14-9に示されるように個人によって最大負荷運動時に対する血漿量の相対的減少量（％）に差がみられた．つまり，最大負荷運動時の酸素摂取量の高いものは，そのときの相対的な血漿量の減少する割合（％）も高い傾向にあった．

また他の循環血液量を減少させる因子には，高体温時におこる皮膚静脈系への血液貯留である．とくに運動を立位姿勢で行なう場合は重力の影響を受け静脈圧が上昇し，それにともない下肢における皮膚静脈への血液貯留を引き起こす．これによる静脈還流圧の低下は中心静脈圧（心充満圧）の低下を招く．そして，運動時体温上昇にともなう発汗が血液量の減少をさらなるものにする．

このような血液量の変化にともなう影響を体温調節系についてみることにする．熱放散量を調節する皮膚血流量についてみると，立位姿勢による運動時では，深部体温の上昇にともなった皮膚血流量の増加がある閾値体温でその増加に抑制がみられることが報告されている．Noseら[14]はこの皮膚血流量増加の抑制を，運動による循環血漿量の減少が原因であると結論づけている．

3）運動能と血液量

ヒトの血液量は，およそ体重の7％程度であるが，そこには個人差がみられる．図14-10は，日本におけるエリート・プロフットボール選手の血液量と最大酸素摂取量の関係について示したものである．最大酸素摂取量の高い選手ほど多くの血液量を有していることがみとめられる．最大酸素摂取量の平均値は 61.5 ± 1.1 mL/kg/min（range：55.8〜68.5）であった．この値は，他の国のエリート選手の値と比較して決して低いものではなかった．また，血液量および血漿量は，64.7 ± 3.9（range：47.8〜90.5）および 38.1 ± 2.4

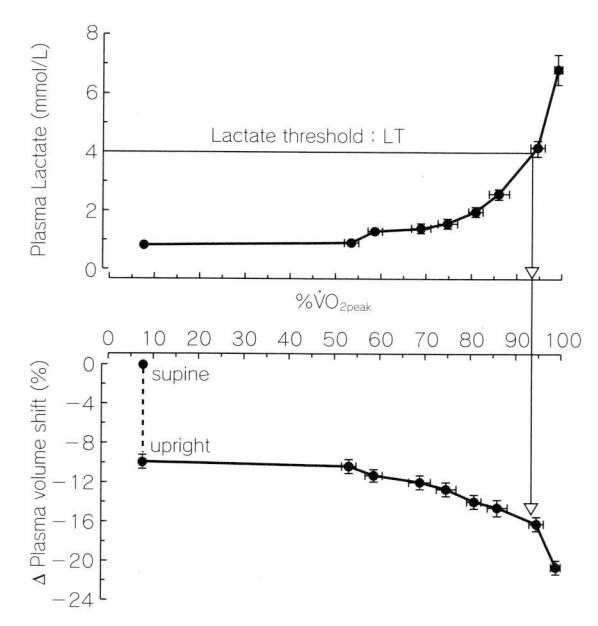

図14-8　運動強度に対する血中乳酸濃度（Plasma lactate）と血漿量の変化（Plasma volume shift）

血漿量の変化は，仰臥位（supine）から立位（upright）への姿勢変化により約10％の低下が起こり，運動時では50％$\dot{V}O_2$maxから運動強度の増加に伴い低下した．有酸素性運動能の指標として無酸素性作業閾値（％$\dot{V}O_2$max-LT$_{4mmol}$，$\dot{V}O_2$-LT$_{4mmol}$）を用いて運動能の比較検討を行なった．

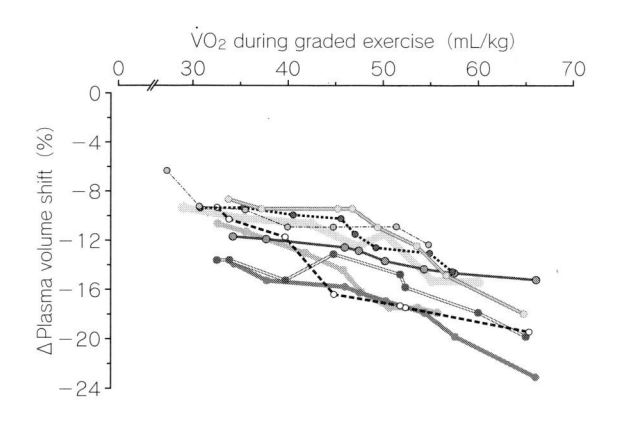

図14-9　運動強度に対する各個人の酸素摂取量（$\dot{V}O_2$）と血漿量（Plasma volume shift）の関係

個々の運動終了時の酸素摂取量（最大酸素摂取量）と血漿量の値には負の相関がみられる．最大酸素摂取量の高いものは，相対的な血漿量（％）の低下率が高いことを示した

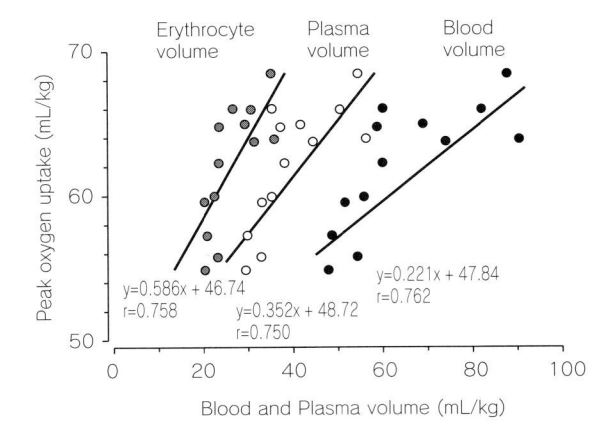

図14-10 最大酸素摂取量(Peak oxygen uptake)と血液量(Blood volume),血漿量(Plasma volume)および赤血球量(Erythrocyte volume)の関係
日本の13名のプロサッカー選手の最大酸素摂取量は61.5±1.1mL/kg/minであった.血液量と最大酸素摂取量との間には正の高い相関がみとめられた.

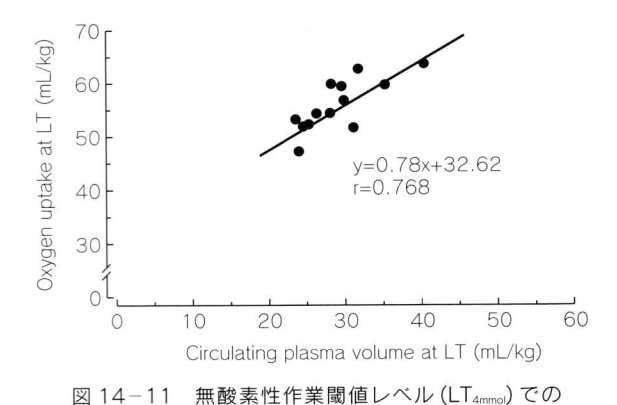

図14-11 無酸素性作業閾値レベル(LT_{4mmol})での循環血漿量(Circulating plasma volume)と酸素摂取量(Oxygen uptake)の関係
個々における循環血漿量(PV)と酸素摂取量($\dot{V}O_2$-LT_{4mmol})の間には正の高い相関が認められた.$\dot{V}O_2$-LT_{4mmol}の高いものほど脈管内に維持されている血漿量が多いことが示唆される.

(range:27.7〜54.6)mL/kgであった.Mackら[9]の報告では,最大酸素摂取量と血液量との間に高い相関関係がみられたことと,トレーニングにより血液量が増加し,これにともない最大酸素摂取量も上昇することがみとめられた.さらに興味のある点は,増加した血液量は赤血球よりもむしろ血漿量の増加によることである.

そこで,運動時の個々における血漿量の減少と有酸素性運動能の関係をみるために,運動時血中乳酸濃度が4 mmol/Lに達する点を無酸素性作業閾値として,このレベルでの循環血漿量(全血漿量から減少した血漿量を計算により差し引いた量)と酸素摂取量の関係を図14-11に示した.これらの結果は,無酸素性作業閾値レベルでの酸素摂取量の高い選手ほど脈管内に維持されている血漿量が多いと考えられ,また血液量の多いものは運動時においても,より多くの循環血漿量が維持されており,このことは運動時の循環・体温調節反応に有利に働いていることが示唆される.

3. 運動時の体温調節反応と水分摂取

高温環境下で運動を行なう際に水分摂取を必要とする理由としては,先にも述べたように,静脈還流量の低下を防ぐことと循環機能および体温調節機能を維持することにある.つまり,暑熱下運動時のように循環・体温調節系が高レベルではたらいているときには,血液量の低下による皮膚血管拡張反応の抑制には心肺圧受容器(低圧系の圧受容器)からの入力が重要な役割を担っており,中心循環系の血液量(静脈還流量)を維持することが運動時の循環と体温を維持するために重要であると考えられる.また,もうひとつの理由としては,発汗に伴う血漿浸透圧の上昇による体温調節反応の抑制を防ぎ,体温を維持するために,低張性の水溶液を摂取して浸透圧の調整を行なうことである.このように,体温調節機構に関連する体液調節機構については,浸透圧と体液量の調節機構を考慮する必要がある.実際,水分摂取により運動時の体温上昇を低く維持することや,運動前の水分摂取が運動時の体温上昇の抑制に有効であるとの報告がなされている[4].

大量発汗時の飲水行動に関しては,発汗中に水のみを飲水すると希釈性の飲水停止により発汗によって喪失した量に見合った量の飲水がおこらない,いわゆる自発的脱水;voluntary dehydrationの起こることは古くから知られている.Noseら[15]

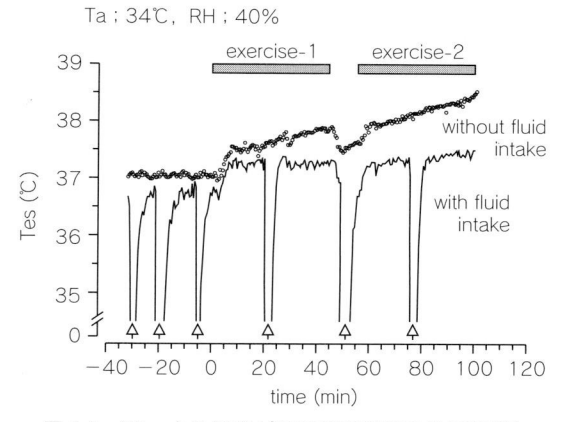

図14-12 水分摂取が長時間運動時の体温調節に及ぼす影響

高温環境下（Ta；34℃，RH；40%）での長時間運動では，運動開始より体温の上昇が起こり，その上昇は運動終了まで起こるが，水分摂取により体温の上昇を抑制する効果が示された．

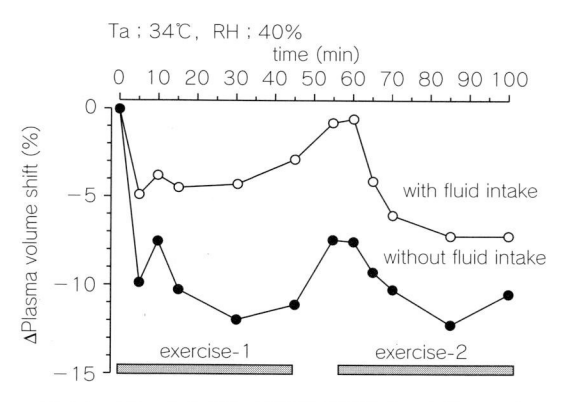

図14-13 水分摂取が長時間運動時の血漿量の変化に及ぼす影響

血漿量の低下は運動開始に急激に低下しその後は低下がみられなかった．水分摂取により，血漿量の低下が約1/2に抑制された．

は，温熱脱水負荷後の飲水行動および体温調節における血漿浸透圧と血液量の役割を明らかにするために，脱水後の被験者に水と0.45％NaCl水溶液を摂取させた場合の水分摂取量と体液バランスについて測定した．その結果，半等張性（0.45％NaCl）の水溶液を摂取した被験者の飲水量は対象と比較して有意に増加を示し，また尿量が減少することから脱水からの水分の回復が改善することが明らかとなった．このことは，温熱脱水などにみられるように，汗からナトリウムが喪失するような状況では，水のみの摂取は血中ナトリウム濃度の低下による希釈性の飲水停止を招き，さらに水のみを摂取しても尿量が増加するのみで体液量の回復には寄与しないことが明らかとなった．Kawabataら[8]は，温熱脱水負荷後の回復過程での水分摂取イオン濃度について検討するため，脱水したラットに0.9％NaClと水を自由選択飲水させて脱水レベルによる水分摂取イオン濃度についてしらべた．体重あたり3％以上の脱水レベルでは飲水開始はじめに半等張性（70 mEq/L）のNaCl水溶液を摂取し，その後は等張性に近い濃度のNaCl水溶液（120 mEq/L）に希釈して飲水することが明らかとなった．このことは，脱水後の飲水では，はじめに浸透圧調節がはたらき，ついで体液量調節が行なわれることが示唆された．これらのことより，脱水からの回復には0.2〜0.9％の食塩水の摂取が適当であると考えられる．

運動時の水分摂取については，環境，運動強度や発汗量，その摂取するタイミング，摂取量，ドリンクの組成，胃からの排出速度，腸管での吸収速度などを考慮する必要がある．特にサッカー競技では，試合中に自由に飲水できるとはいえ，そこには制限がかかることは否めない．Kawabataは，サッカーの試合をシミュレートしたトレッドミル走運動時の体温調節と体液バランスに及ぼす水分摂取（スポーツドリンク；3 Action, Belgium）の効果について検討するため，環境温度34℃の人工気候室で，被験者に5秒間の高強度運動（300m/min）を60秒間のインターバル（120m/min）を介して45分間，これを10分間の休息をはさんで2回試行させ，そのときの体温と体液バランスをしらべた．被験者の90分間の総走行距離は12,300 mであった．図14-12に示すように，体温は運動開始とともに上昇しつづけるが，運動前および運動中に水分を摂取することにより，体温の上昇はあるレベルまでの上昇でそれ以上の上昇が抑制されることが明らかとなった．また，このときの体液バランスについてみてみる

と，運動時の血漿量の相対的低下率も水分摂取により，その低下率も約 1/2 程度に抑制されていることが明らかとなった（図 14-13）．

このように，脱水時や運動時の水分摂取は，水だけでなく失われた電解質をも補う必要がある．ナトリウム濃度としては 0.2〜0.9％（32〜140mEq/L）を目安とすることが望ましい．特に，試合などを想定すると，胃からの排出速度，腸管での吸収速度などを考慮して，運動前に 250mL/1 回程度の量を 15〜20 分間程度の間隔を開けて摂取する方法も有効と考える．

おわりに

サッカー（フットボール）という競技は，その歴史は古く，自身がプレーを「する」楽しみ，また「観る」楽しみがあり世界規模で親しまれているスポーツである．ゲーム時間が 90 分であることは 100 年以上変わっておらず，ただモダン・フットボールを追及した結果が今日のスタイルになってきているが，このモダン・フットボールの追及は地球上にいるトレーナーの数だけとどまることなく進められて行くものである．そして，国や文化の影響を受けたその地域のモダン・フットボールが誕生するのである．

今回，フットボールを環境・運動生理学的な側面からとらえてみて，選手に求められる体力的要因のひとつである持久的運動能について循環系—調節系に焦点を絞って検討をしてみた．選手に求められる要因は，チームに個々のキャラクターが揃い，こういうフットボールを実現させてみたいというトレーナーと選手の要望により決まるものであり，それを行なうに必要な要因をトレーニングで身につけるものであろう．ただ，年々トップレベルの選手に要求される体力要素はモダン・フットボールの発展にともないより高度なものになってきている．この点では，日本の選手の体力要素はまだ，他の国のトップレベルと比べると低いことは否めないであろう．

しかし，こうした研究成果の積み重ねが選手のよりよいパフォーマンスの実現を可能にする小さな柱のひとつとなり，トレーナーへは選手の情報としてよりよいトレーニングの資料として有効に活用されることを願いたいものである．

[河端　隆志]

文　献

1) Astrand P-O, and Rodahl K : Textbook of Work Physiology, Mcgraw-hill, 1986
2) Bangsbo J, Norregaard L, and Thotsoe F : Activity profile of competition soccer. Can J Sport Sci 16 : 110-116, 1991
3) Bangsbo J : Fitness training in football -a science approach-. HO+Storm, Bagsværd, danmark, 1994
4) Coyle EF, and Montain SJ : Thermal and cardiovascular responses to fluid replacement during exercise. Perspective in exercise Science and Sports Medicine Vol 6. Exercise, heat and thermoregulation. Gisolfi CV, LambDR, and Nadel ER(Eds), Brown and Benchmark, Dubuque, IA, pp179-223, 1993
5) Ekblom B : Appled physiology of soccer. Sports Med 3 : 50-60, 1986
6) Ganong FW : Review of Medical Physiology. pp2-5, Appleton & Lange, 1991
7) Gerish G, Rutemoller E, and Weber K : Sports medical measurements of performance in soccer. Reilly T, Lee A, David K, and Murphy WJ(ed), Science and Football, pp60-67, E&FN Spon, London, 1988
8) Kawabata T, Okuno T, and Morimoto T : The effect of dehydration level on the NaCl concentration chosen by rats. Physiol Bihav 53 : 731-736, 1993
9) Mack GW, Shi X, Nose H, et al : effect of hemoconcentration and hyperosmolality on exercise responses. J Appl Physiol 65 : 519-524, 1989
10) Mustafa KY, and El-Din Ahmed Mahmoud N: Evaporative water loss in African soccer players. J Sports Med Phys Fit 19 : 181-183, 1979
11) Nadel ER: Recent advances in temperature regulation during exercise in humans. Fed Proc 44: 2286-2292,1985
12) Nadel ER, Fortney SM, and Wenger CW : Effect of hydration state on circulatory and thermal regulations. J Appl Physiol 49 : 715-721, 1980
13) 中山昭雄：運動時の体温調節．中山昭雄編，温熱生理学，pp425-438，理工学社，1981

14) Nose H, Mack GW, Shi X, et al : Effect of saline infusion during exercise on thermal and circulatory regulation. J Appl Physiol 69 : 609-616, 1990
15) Nose H, Mack GW, Shi X, et al: Role of osmolality and plasma volume during rehydration in humans. J Appl Physiol 65 : 325-331, 1988
16) Nose H, Takamata A, Mack GW, et al: Right atrial pressure and forearm blood flow during prolonged exercise in a hot environment. Pflügers Arch, Eur J Appl Phzsiol 426: 177-182, 1994
17) Reilly T, and Thomas V : A motion analysis of work-rate in different positional roles in professional football match-play. J Hum Movement Studies 2 : 87-97, 1976
18) Rohde HC, and Espersen T : Work intensity during soccer training and match-play.Reilly T, Lee A, David K, and Murphy WJ(ed), Science and Football, pp68-75, E&FN Spon, London, 1988
19) Rowell LB : Circulatory adjustments to dynamic exercise and heat stress: Competing controls. Human circulation during physical stress, pp363-406, Oxford University Press. New York, 1986
20) Saltin B : Aerobic work capacity and circulation at exercise in man. With special reference to the effct of prolonged exercise and/or heat exposure, Acta Physiol. Acand 230 : Suppl, 62, 1964
21) Smodlaka VJ : Cardiovascular aspects of soccer. Physiol Sports Med 18: 66-70, 1978
22) Werner J : Temperature regulation during exercise: A overview. Perspective in exercise Science and Sports Medicine Vol 6. Exercise, heat and thermoregulation. Gisolfi CV, Lamb DR, and Nadel ER(Eds), pp49-84, Brown and Benchmark, Dubuque, IA, 1993

15章 テニスにおける筋力の重要性

　20世紀の最後を飾る2000年のウインブルドン（全英）大会は，大いなる盛り上がりの内に幕を閉じた．男女の勝者はそれぞれ，ピート・サンプラスとビーナス・ウィリアムズであった．サンプラスはこれで7度目の優勝となり，大会最多優勝記録に並んだ．またこの勝利によって4大大会（全豪，全仏，全英，全米）の優勝回数は前人未踏の13度目を数えることとなり，まさしくテニス史上最強のプレーヤーとなったのである．一方のウィリアムズは弱冠19歳（当時），新進気鋭の黒人プレーヤーである．近年急速に実力をつけてランキングを駆け上がり，2000年7月の時点で世界の第3位に達していた．ピート・サンプラスとビーナス・ウィリアムズにはある共通点が見いだせる．それは，「世界ランキングがトップクラスであると同時に，サービススピードにおいても世界のトップクラスにある」という点である．サンプラスは1998年のサービススピードランキングにおいて男子第4位（218.8 km）であり，ウィリアムズは1999年時点において女子の歴代第2位（191.5 km）に位置づけられていた．

　1977年におけるラージサイズラケットの登場以来20年余りの間に，ラケット性能の飛躍的な向上とそれに伴う打球技術の革新とを主な要因として，テニス競技における打球スピードは年々増大してきた．中でもサービスは他のストロークよりも打球スピードが速いことから，近年のテニスにおけるスピード化の象徴ともいえるであろう．表15-1は男子のサービススピードランキング10傑によるサービススピードの年次推移である．サービスの平均スピードが年々向上してきている様子がよくわかる．本章では，現代の最先端テニスにおいて[1]サービスのスピードがどのように競技パフォーマンスに影響するのか，[2]筋力とサービススピードとはどのような関係にあるのか，について著者らによるデータを交えながら考察していきたい．

1. サービスのスピードはどのように競技パフォーマンスに影響するのか

1）身長とサービススピードの関係

　三橋ら[5]は身長とサービススピードとの間に有意な相関関係を認めている．身長が高い選手は上肢長も長い傾向にあると考えられ，このことが打球動作の加速局面におけるラケットヘッドの移動距離を長くし，速度を増大させやすくしているのかもしれない．実際サービススピードランキング上位選手の身長は高く，例えば1995年の男子の場合，第1位のルゼドスキは193 cm，第3位のイバニセビッチは194 cm，第5位のサンプラスは185 cm，第6位のベッカーは190 cm，同じ

表15-1　サービススピードランキング10傑によるサービススピードの年次推移
（テニスクラシック編集部：ビッグサーバー進化論．テニスクラシック 20（12）：20-21，1999より改変）

年次	人数	平均±標準偏差 (km/h)	最高 (km/h)	最低 (km/h)
'92	10	207.5±2.9	212.0	203.0
'93	11	206.0±2.5	211.0	204.0
'94	10	214.0±3.8	218.8	207.5
'95	10	212.4±3.1	220.4	210.0
'96	10	216.6±4.3	225.0	212.0
'97	12	219.3±6.3	230.1	214.0
'98	11	219.6±7.1	239.7	214.0

表 15-2 世界と日本の競技ランキング上位選手の身長
(勝田 茂：SCIENCE EYE. 第45回 テニスと身長. テニスマガジン 27 (4)：66-67, 1996 より改変)

男子シングルス世界10傑 (ATPランキング1995年11月)			男子シングルス日本10傑 (ATPランキング1995年11月)		
順位	名前	身長(cm)	順位	名前	身長(cm)
1	サンプラス	185	1	松岡	188
2	アガシ	180	2	金子	168
3	ムースター	180	3	リンカーン	180*
4	ベッカー	190	4	本村	173
5	チャン	175	5	宮地	170
6	カフェルニコフ	190	6	金	180*
7	エンクヴィスト	190	7	山本	176
8	クーリエ	185	8	辻野	176
9	フェレイラ	183	9	森	187
10	イバニセビッチ	194	10	古庄	167
平均		185.2	平均		175.6

(* 外国人選手のため平均から除く)

女子シングルス世界10傑 (WTAランキング1995年11月)			女子シングルス日本10傑 (WTAランキング1995年11月)		
順位	名前	身長(cm)	順位	名前	身長(cm)
1	グラフ	175	1	伊達	163
1	セレス	177	2	沢松	168
2	マルチネス	170	3	神尾	164
3	サンチェス	169	4	長塚	166
4	伊達	163	5	杉山	163
5	ピアース	180	6	遠藤	160
6	マリーバ	168	7	雉子牟田	164
7	サバティーニ	175	8	宮城	164
8	フェルナンデス	178	9	平木	157
9	マヨーリ	173	10	吉田	161
10	フーバー	173			
平均		172.8	平均		163.0

く第 6 位のクライチェックは 196 cm であった．表 15-2 に，1995 年 11 月時点における世界と日本の競技ランキングトップ 10 選手の身長を示した．平均値で比較すると，日本人上位選手は男女ともに世界の上位選手よりも約 10 cm 低いことがわかる．このことから，速いサービスを打つという点に関して日本人選手が不利であることは否めない．実際のプレーを観戦してみても，サービススピードにおける世界と日本の差は一目瞭然である．

2) サービススピードの男女差

それでは男子と女子のサービススピードはどの位異なるのであろうか？ 表 15-3 に 1996 年におけるサービススピードの世界ランキングを示した．男子トップ 10 の平均スピードは 215.8 km/h であり，女子のそれは 178.8 km/h であった．サービスが打たれてからレシーバーに到達するまでの時間を，蝶間林[2]と三浦[6]の文献を基に概算してみると，男子で平均 0.46 秒，女子で 0.57 秒であり，男女の差は 0.11 秒であった．

3) サービスの重要性における男女差

サービスを受ける側すなわちレシーブ側にとって，この 0.46 秒と 0.57 秒という数字は一体どのような意味を持つのか，その点について検証して

表15-3 1996年度サービス速度ランキング
(テニスジャーナル編集部：トップ・プレイヤーズ・ニュース. テニスジャーナル 16 (2)：46-47, 1997 より改変)

男子	(km/h)	
マーク・フィリポーシス	220.4	
リチャード・クライチェック	220.0	
ゴラン・イバセビッチ	218.8	
グレッグ・ルゼドスキ	217.2	平均時速 215.8km/h
トマス・エンクヴィスト	215.6	↓
アレックス・ラドレスク	215.6	到達時間 0.46秒
松岡修造	214.0	
ピート・サンプラス	212.4	
ジョディ・ブリロ	212.0	
マーク・ロセ	212.0	
女子	(km/h)	
ブレンダ・シュルツ	196.0	
ヤナ・ノボトナ	185.0	
デビー・グラハム	178.6	
リ・チェン	178.0	平均速度 178.8km/h
メラニー・シュネル	178.0	↓
マリアン・デスウォート	177.0	到達時間 0.57秒
ルドミラ・リテロバ	177.0	
クリスチーヌ・ブーゲルト	176.0	
ステフィ・グラフ	173.8	
ミリアン・オレマンス	173.8	
ビーナス・ウィリアムズ	173.8	

表15-4 一流スポーツ選手の反応時間
(猪飼道夫：全身反応時間の研究とその応用. Olympia 7：18-27, 1961 および蝶間林利男：SCIENCE EYE. 第43回. リターンのコーディネーション (1). テニスマガジン 27 (2)：74-75, 1996 より改変)

	男子	女子
全身単純反応時間 (秒)	0.324±0.042	0.339±0.026
全身選択反応時間 (秒)	0.5〜0.6	

みることにした．表15-4は一流スポーツ選手の反応時間を示したものである．軽く膝を曲げた立位姿勢から音または光刺激に反応して垂直に跳び上がるまでの時間を，ここでは全身単純反応時間と呼ぶことにする．一方，左右前後などの選択的な指示に呼応して跳ぶまでの時間を全身選択反応時間とする．全身単純反応時間の男女差は平均0.015秒であり，このことから全身選択反応時間の男女差もそれほど大きくないと推測される．つまりサービス到達時間には男女で大きな違い（男子で0.46秒，女子で0.57秒）が認められるのに対して，全身選択反応時間，言い換えればレシーブ時の準備能力における男女差は小さいといえる．全身選択反応時間が0.5〜0.6秒であることから考えると，男子の良いサービス（200 km/h以上）は0.5秒以内に到達してしまうためレシーバーは反応しきれないが，女子の場合には十分対応できるということになる．

4) サービスのスピードが競技パフォーマンスに及ぼす影響

それではこのようなサービスとレシーブにおける男女差は，実際の試合内容にどのように反映されるのであろうか？　このことを検証する目的で，1994年のウインブルドン決勝戦のデータを基に，サービスの重要性における男女差について考察した（表15-5）．その結果，返球されなかったサービスの数，サービスエースの数，サービスでの得点率，サービス時とレシーブ時それぞれの得点数など，いずれの項目をとってみても男子の試合におけるサービスが女子のそれとは比較にならないほど重要であることがわかった．

女子でも男子同様，世界と日本の上位選手の身長差は歴然としており（表15-2），それに起因してサービススピードにも差があると考えられる．しかしながら，サービスが競技パフォーマンスに及ぼす影響力の男女差は決定的である．日本の男子上位選手の中に200 km/hを超えるサービスを打つ選手がほとんどいない現状において，日本の男子はかなりのハンデを背負うことになる．一方，女子においては世界的にトップレベルのサービスであってもそのスピードは男子ほどではなく，それは相手のレシーブ能力の範囲を著しく越えるものではない．すなわち，日本の女子選手にとってサービス力の不足は男子ほど大きなハンデにはなっていないといえよう．

表15-5 サービスの重要性における男女の比較 — 1994年 ウィンブルドン決勝戦データより —
(前島芳雄:どうすればウィンブルドンに勝てるのか.テニスジャーナル 13 (9):75-81, 1994 より改変)

男子	ピート・サンプラス 3 (7-6 / 7-6 / 6-0) 0 ゴラン・イバニセビッチ	
返球されなかったサービス	55% (54/96)	44% (44/99)
サービス・エース	17	25
サービスでの得点	75% (76/101)	60% (63/105)
ファースト・サービスでの得点率	90% (46/51)	69% (45/65)
ファースト・サービス(平均)	187km/h	192km/h
ファースト・サービス(最速)	204km/h	208km/h
獲得ポイント数(サービス:レシーブ)	76:42	63:25

女子	コンチタ・マルチネス 2 (6-4 / 3-6 / 6-3) 1 マルチナ・ナブラチロバ	
返球されなかったサービス	7% (6/88)	19% (16/86)
サービス・エース	1	1
サービスでの得点	55% (49/89)	48% (43/90)
ファースト・サービスでの得点率	61% (39/64)	51% (33/65)
ファースト・サービス(平均)	132km/h	138km/h
ファースト・サービス(最速)	171km/h	159km/h
獲得ポイント数(サービス:レシーブ)	49:47	43:40

2. 筋力とサービススピードはどのような関係にあるのか

1) 筋力とサービススピードの関係:角速度特異性に着目して

サービススピードを規定する因子としては,技術,形態,筋力などが考えられるが,このうち筋力とサービススピードの関係についての研究がいくつかなされている.中村ら[9]は大学テニス選手を用いて,基礎体力(握力,背筋力,サイドステップ,垂直跳びなど)とサービススピードとの関係について調べた.その結果,握力および背筋力とサービススピードとの間に高い正の相関があることを報告している.Beecher[1],出雲[4]はそれぞれ,サービス動作に関与する上肢と下肢の筋群において等尺性筋力とサービススピードとの関係を調べた.しかしながらその結果は相反するものであった.すなわち,Beecherは両者間に有意な相関関係を認めたと報告し,一方の出雲は相関が認められなかったことを報告している.

以上の研究はいずれも等尺性筋力とサービススピードとの関係を調べたものである.それに対して三橋ら[5]は,実際のサービス動作により近い等速性筋力とサービススピードとの関係をも加味して検討した.大学テニス選手を用いた研究の結果,肘伸展に関しては等尺性筋力および遅い角速度(60 deg/sec)での等速性筋力とサービススピードとの間には相関は認められず,速い角速度(300 deg/sec)での等速性筋力とサービススピードとの間には有意な正の相関関係が認められた(図15-1).一方,膝伸展に関してはそれとは逆に,等尺性筋力および遅い角速度(60 deg/sec)での等速性筋力とサービススピードとの間に有意な相関が認められた.また,速い角速度での等速性筋力とサービススピードとの間には相関関係が認められなかった.

サービスを効果的に行なうには,下肢から体幹,上肢へと円滑な力の伝達がなされなければならない.そういった意味においては,下肢も上肢もサービス動作時の筋力発揮にとって重要な役割

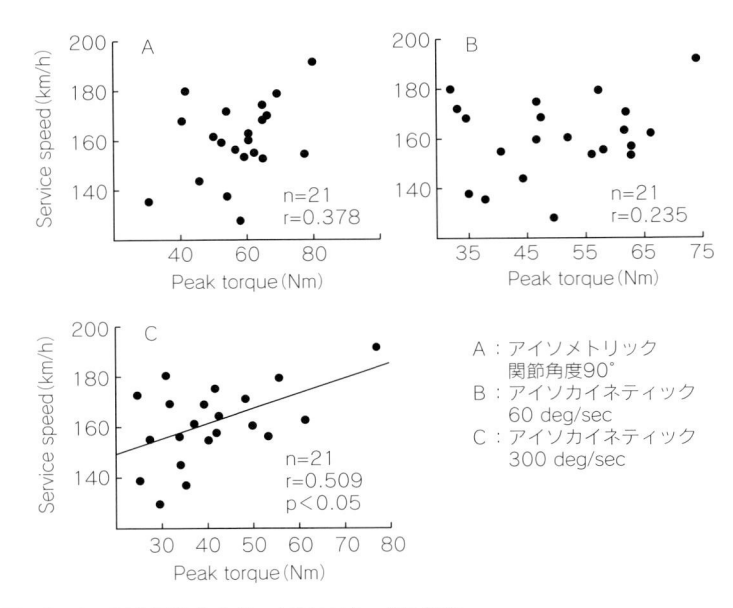

図 15-1　肘伸展筋力とサービススピードの関係
(三橋大輔, 山口明彦, 佐久間邦弘, ほか：等速性筋力および等尺性筋力がテニス競技におけるサービスのスピードに及ぼす影響. 日本体育学会第43回大会号 A:355, 1992)

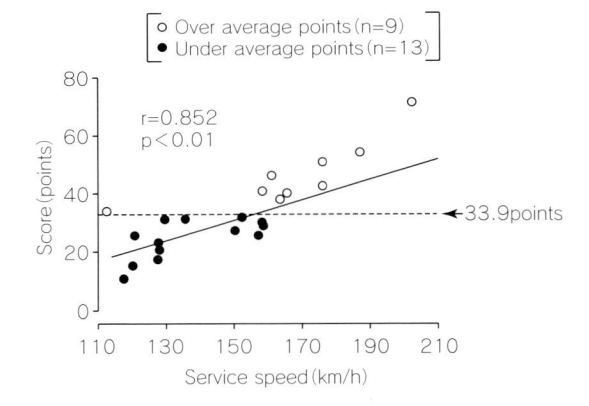

A：アイソメトリック
　　関節角度90°
B：アイソカイネティック
　　60 deg/sec
C：アイソカイネティック
　　300 deg/sec

図 15-2　サービス技術とサービススピードの関係
(大森　肇, 三橋大輔, 七五三木聡, ほか：テニスのサービス速度と筋力との関係は技術レベルによって変化する. 日本体育学会第46回大会号：308, 1995)

を演じている．しかしながら，三橋ら[5]の研究結果から考えられることは，「下肢と上肢の役割は同一ではない」ということである．サービス動作において基本的に重要である体幹の捻り戻しをより効率的に遂行するためには，地面からの反力を得る必要がある．その際，体重を支えリフトアップするために十分な膝関節伸展筋力が発揮される．この時必要とされるのは，速い角速度で低いレベルの筋力発揮ではなく，遅い角速度で高いレベルの筋力発揮である．それに対して，上肢は運動連鎖のより末端側にある．例えば，サービス動作時の肘関節運動の角速度は膝関節運動の角速度よりも速い．この時発揮される筋力レベルは膝関節におけるそれよりも低くなる．三橋ら[5]のデータは，サービス動作時の筋力発揮における角速度特異性を示すものといえよう．

2) 筋力とサービススピードの関係：技術との関連に着目して

三橋ら[5]の結果は一面納得のいくものではあるが，その反面，「この結果は，あらゆる被験者にあてはまるとは限らない」という問題点を残した．すなわち，サービススピードを決定する因子としてサービス技術の関与が予想されるため，サービススピードと筋力との関係を論じるには技術レベルとの関わりを考慮に入れるべきであると考えた．そこで著者ら[10]は，サービススピードと

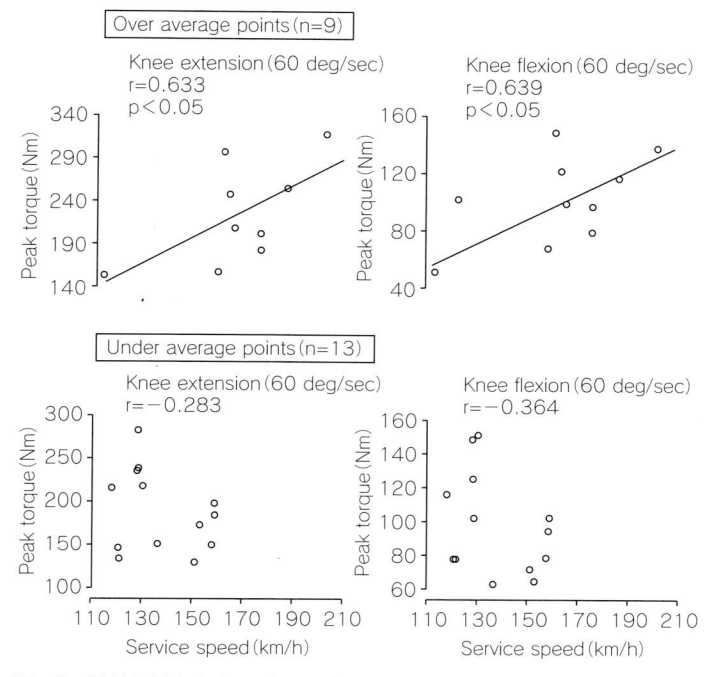

図15-3 膝伸展筋力とサービススピードの関係
(大森　肇，三橋大輔，七五三木聡，ほか：テニスのサービス速度と筋力との関係は技術レベルによって変化する．日本体育学会第46回大会号：308，1995)

筋力との関係をサービス技術レベル別に検討してみることにした．

まず被験者をより幅広い技術レベルの範囲から集めたことが特徴の1つである．すなわち，三橋ら[5]がもっぱら大学テニス部の選手を対象にしたのに対して，著者ら[10]は，大学テニス部の選手に加えて同好会メンバーも被験者に用いた．また，サービス技術の評価も同時に実施した．評価は村松らが開発したテスト[8]によって行なった．このテストは点数が0点から4点までに設定されたボックスに向けてサービスを打ち，1バウンド目の点数で正確性を，2バウンド目の点数で1バウンド後のボールの飛距離を測り，その合計点によって技術のレベルを検定するものである．両サイドからの各5球計10球が1セットとなり，80点が満点である．これを計4セット行ない，その平均値を個人の値とした．図15-2は，全被験者を対象にした場合の，サービス技術とサービススピードの関係を示したものである．両者の間には高い相関関係（$r = 0.852$）があることがわかる．すなわち，サービススピードは基本的には技術に大きく依存するものであることが明らかとなった．

次に技術テストの平均点33.9点を境に上位群（9名）と下位群（13名）にグルーピングし，各群別に筋力とサービススピードとの関係について検討した．その結果，上位群の肘伸展筋力に関しては，角速度180 deg/secと300 deg/secの両方においてサービススピードとの間に有意な正の相関関係（それぞれ$r = 0.622$, $r = 0.702$）が認められた．一方，下位群ではそのような関係は見られなかった．また膝伸展・屈曲筋力（60deg/sec）に関しても，上位群においてのみサービススピードとの間に有意な正の相関関係（それぞれ$r = 0.633$, $r = 0.639$）が認められた（図15-3）．

以上の結果より，①技術レベルが高いほどサービススピードも速いこと，②筋力とサービススピードとの相関関係はサービス技術レベルがある

一定以上の場合に認められること，③速い角速度での肘伸展筋力および遅い角速度での膝伸展筋力がサービススピードに影響を与える重要な因子であることが明らかとなった．

おわりに

本章をまとめると，[1]現代の最先端テニスにおいては，勝敗を左右する重要な因子としてサービスが位置づけられる，[2]その重要性はサービススピードとの関係から，男子においてより大きい，[3]筋力はサービススピードを決定する重要な因子であるが，そこには角速度特異性が介在する，[4]サービススピードは基本的には技術に大きく依存する，[5]筋力とサービススピードとの相関関係はサービス技術レベルがある一定以上の場合に認められる，ということになろう．

筋力とサービススピードとの関係に関して，今後解決していくべきことはまだ山積している．本稿では紙面の都合上触れることはできなかったが，1つには，サービススピードに関与する筋力の向上を目論んでトレーニングした時，本当にサービススピードが増加するのかという問題についてはまだ解決がついていない．筋力トレーニングの結果，サービススピードが増加したという報告[3,7]もあるが，これらの研究はサービス技術を考慮に入れたものではないので，確定的なことはまだいえない．もっとも，仮にトレーニングによって筋力に加えて技術も改善され，その結果サービススピードが増加したとしてもそれはそれで有用である，という考え方もできよう．また，少なくとも上肢におけるサービス動作に関する限り，肘の伸展運動より肩の内旋，前腕の回内，手首の掌屈などの運動の方が本質的である．そのことを考えるヒントとして，田邉[11]の記述は大変興味深い．それらの運動に関与する筋肉に対して，サービススピードを増加させるためのトレーニングはいかにあるべきかという問題をも含めて，今後の研究が進展し情報が整理されることが望まれる．

[大森　肇]

文　献

1) Beecher MT: Relationships of forward hip rotation velocity, magnitude of forward hip rotation, and composite arm-shoulder strength to the flat tennis serve ball velocity, pp21-33, Univ. of Oregon, Eugene, 1979
2) 蝶間林利男：SCIENCE EYE．第43回．リターンのコーデイネーション(1)．テニスマガジン27(2)：74-75, 1996
3) Ellenbecker TS, Davies GJ, and Rowinski MJ: Concentric versus eccentric isokinetic strengthening of the rotator cuff: objective data versus functional test. Am J Sports Med, 16：64-69, 1988
4) 出雲厚子：形態および筋力がテニス競技のサービス，フォアハンドストローク，バックハンドストロークにおけるボール初速度に及ぼす影響，pp36-41, 昭和62年度筑波大学体育専門学群卒業研究論文，1988
5) 三橋大輔，山口明彦，佐久間邦弘，ほか：等速性筋力および等尺性筋力がテニス競技におけるサービスのスピードに及ぼす影響．日本体育学会第43回大会号A：355, 1992
6) 三浦朗：テニスの科学．打球前のジャンプはなぜ必要か？　サービス・リターンの意味を探る．テニスジャーナル13 (8)：123-128, 1994
7) Mont MA, Cohen DB, Campbell KR, et al : Isokinetic concentric versus eccentric training of shoulder rotators with functional evaluation of performance enhancement in elite tennis players. Am J Sports Med, 22：513-517, 1994
8) 村松憲，吉成啓子，磨井祥夫，ほか：簡便で信頼度の高いテニスのスキルテストの開発．テニスの科学4：46-52, 1996
9) 中村輝男，宮城淳，蝶間林利男：テニスプレーヤーの基礎体力とサーブの速度との相関について．昭和57年度日本体育協会スポーツ医・科学研究報告，No. II競技種目別競技力向上に関する研究：65-71, 1983
10) 大森肇，三橋大輔，七五三木聡，ほか：テニスのサービス速度と筋力との関係は技術レベルによって変化する．日本体育学会第46回大会号：308, 1995
11) 田邉智：サーブのウソ・ホントのうそ・ほんと．テニスジャーナル17 (9)：52-56, 1998

16章　バレーボールと骨量

　人間の骨では常に骨吸収と骨形成が繰り返し生じており，これらがバランスすることによって，一定の骨量を保っている．一方，適度なmechanical stress（機械的刺激）は骨量の増加に寄与すると考えられており[2,10~12,17]，そのため「スポーツ選手の骨量は一般成人よりも高い」との報告が多くみられる[1,9,14,24]．
　しかし同じスポーツ選手でも，種目やその特殊性ゆえに骨量の示す特徴は多種多様である．たとえば，長距離選手など運動強度が極度に高い場合や無月経などの月経異常を伴う場合は，骨吸収が骨形成を上回り，その結果骨量が減少することも報告されている[21]．さらに水泳選手の骨量も低い[7,13,15]．またスポーツ種目によってmechanical stressの加わる身体部位が偏ることは自明で，部位ごとに骨量差が生じることは容易に推察され，上肢や下肢についての左右差[4,19]，大腿骨各部位に関する報告[5,6]がある．
　このようにスポーツ種目と骨量との関係は多くの研究がなされてきたが，本稿ではバレーボール競技を取り上げ，バレーボール選手の骨量について，我々の研究グループで実施してきた研究成果について述べてみたい．

1．バレーボール選手の骨量

　バレーボールはその運動形態から骨量増加に寄与する種目と考えられてきた．事実，バレーボール選手の骨量が高いという報告がある[3,12,16]．しかし，他の種目と比較してバレーボールがどの程度骨量増加に寄与するのであろうか？　それぞれのスポーツ種目による骨量増加への寄与は推定できても，多種のスポーツ種目間の骨量への影響を比較検討した研究は少ない．本邦における多種のスポーツ選手の骨量に関するものは，過去のさまざまな文献をまとめた小沢の報告[12]，男性のみのスポーツ種目による差をみた大槻らの報告[11]，競技特性がその体型に影響するのと同様に，骨量にも関係するとした松本の報告[8]など2,3を数えるにすぎない．種目間の格差を比較検討するには，同一条件下での骨量の測定が望まれる．
　そこで我々はスポーツ種目の相違が骨量に与える影響を明らかにすることを目的として，同一大学（同一年代・類似競技レベル）の多種目現役スポーツ選手を対象に踵骨骨梁面積率を同一機器にて測定し，スポーツ種目が骨量（踵骨骨梁面積率）に与える影響について調査した[22]．踵骨骨梁面積率は，超音波測定器「Benus」（株式会社石川製作所：超音波踵骨骨量測定装置）により左右それぞれの踵骨について測定した．「Benus」を選択した理由は，測定の特殊性（スポーツ選手を大量に測定すること）を考慮し，測定時間が1名あたり1分30秒と短時間であること，座位で測定できることから被験者への負担も軽いこと，さらに事前に実施した我々の研究[20]で，現在一般的に使用されているDEXA法による腰椎骨量との相関はr = 0.766（$p < 0.001$）と高く，DEXA法による踵骨骨量との相関もr = 0.645（$p < 0.001$）と比較的高いことである．
　測定結果を図16-1,2に示す．男性では，サッカー（37.6 ± 2.5％）が一番高く，以下バスケットボール（37.3 ± 2.8％）・陸上ホッケー（36.5 ± 3.5％）・陸上跳躍系（36.0 ± 2.7％）・陸上長距離（35.6 ± 2.5％）・剣道（35.2 ± 3.5

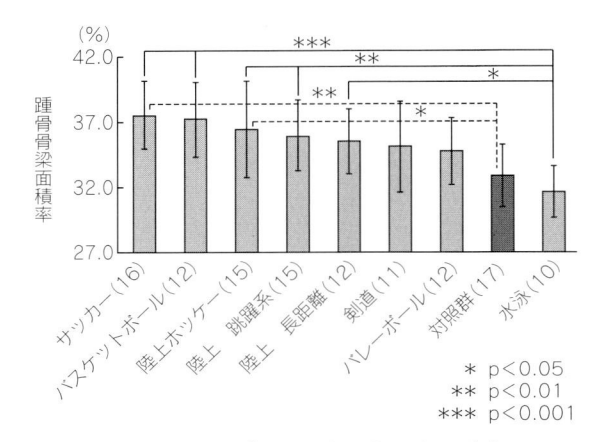

図16-1　男性スポーツ選手の踵骨骨梁面積率
(辻　健志，高梨　泰彦，中川　武夫，ほか：踵骨骨梁面積率のスポーツ種目間差異．日本臨床スポーツ医学会誌　7：69-75，1999)

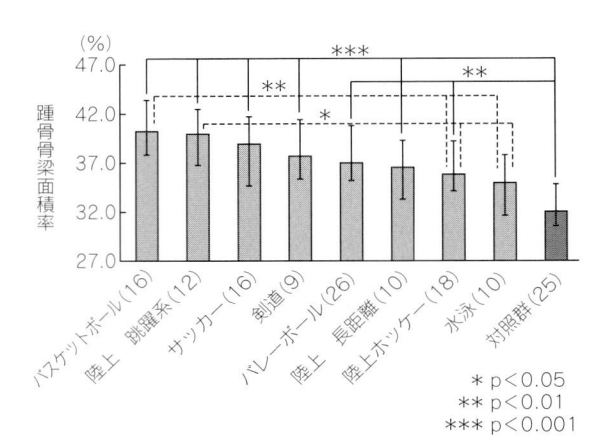

図16-2　女性スポーツ選手の踵骨骨梁面積率
(辻　健志，高梨　泰彦，中川　武夫，ほか：踵骨骨梁面積率のスポーツ種目間差異．日本臨床スポーツ医学会誌　7：69-75，1999)

%)・バレーボール（34.8±2.6％）の順で対照群（32.9±2.5％）より高く，特にサッカー・バスケットボール・陸上ホッケーで対照群より有意に高かった．一方，水泳（31.7±2.0％）は対照群より低かったが対照群との有意差は認められなかった．水泳は，バスケットボール・サッカー・陸上ホッケー・陸上跳躍系・陸上長距離より有意に低かった．女性では，バスケットボール（39.9±3.5％）が一番高く，以下陸上跳躍系（39.9±2.4％）・サッカー（38.8±2.8％）・剣道（37.6±4.0％）・バレーボール（36.9±3.9％）・陸上長距離（36.5±2.7％）・陸上ホッケー（35.8±3.5％）・水泳（35.0±2.8％）の順で対照群（31.9±2.9％）よりすべてのクラブが高く，水泳以外のすべてのクラブで対照群より有意に高かった．その他のクラブ間差異では，バスケットボールと陸上跳躍系が陸上ホッケー・水泳より有意に高かった．

以上のことから男女ともバレーボール競技は，骨量増加に寄与すると考えられる（特に女子の場合は有意）．しかし他の種目と比較すると，男子の場合サッカー，バスケット，陸上と比較するとその骨量増加への寄与は低い傾向にあり，女子の場合にはバスケット，陸上（跳躍系），サッカーと比較すると骨量増加への寄与が低い傾向にある

と考えられよう．

2．ポジション別骨密度

全国大会，またはそれに準ずるレベルにある閉経前の健康な家庭婦人バレーボール選手42名について，アタッカー群とレシーバー群に分けて骨量の測定を実施した[16]．測定方法はDEXA法を利用し，第2～4腰椎および利き脚側（踏切脚側）の大腿骨近位端部分の骨量を測定した．

その結果を表16-1，図16-3に示す．この結果から，骨量はアタッカー群がレシーバー群および対照群よりも腰椎部分で有意に高く，大腿骨近位端部分では対照群よりも有意に高いことが示された．

アタッカーとレシーバーとの運動形態による違いはジャンプ動作の有無である．今回アタッカー群として採用された被験者は，1日の練習中，少なくとも50回以上のジャンプ動作を実施している選手である．アタッカーの骨量が高かったことは，ジャンプを繰り返すという運動が骨量増加に寄与することを示唆していると考えられる．したがってバレーボール競技が骨量増加に寄与するとは一概にはいえず，バレーボール競技を実施するにあたりジャンプトレーニングを含むことが骨量

表16-1 アタッカー群,レシーバー群,コントロール群の各部位別平均骨塩量
(柴田優子,梅村 義久,高梨泰彦,ほか:9人制バレーボール選手のポジション別骨密度.
Health Sciences15:169-176,1999)

Skeletal site	Volleyball player		Control (n=12)
	Attacker (n=21)	Receiver (n=21)	
Lumber spine(L2-4)	1.204±0.146 *,**	1.116±0.107	1.091±0.117
Total proximal femur	0.998±0.136 *	0.934±0.102	0.874±0.130
Femoral neck	0.912±0.118 *	0.848±0.969	0.801±0.130
Trochanter	0.771±0.096 *	0.727±0.079 *	0.654±0.091
Intertrochanter	1.141±0.180 *	1.073±0.131	1.004±0.165
Ward's triangle	0.815±0.118 *	0.737±0.132	0.702±0.174

* $p<0.05$; Significantly different from control.
** $p<0.05$; Significantly different from receiver.

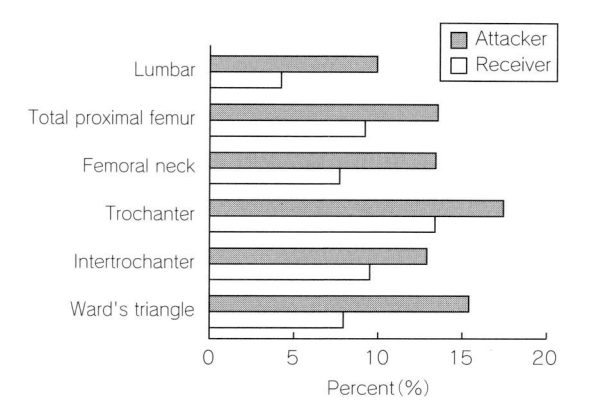

図16-3 アタッカー群,レシーバー群のコントロール群に対する骨量差
骨量差を100分率で表わしてある
(柴田優子,梅村 義久,高梨泰彦,ほか:9人制バレーボール選手のポジション別骨密度.Health Sciences15:169-176,1999)

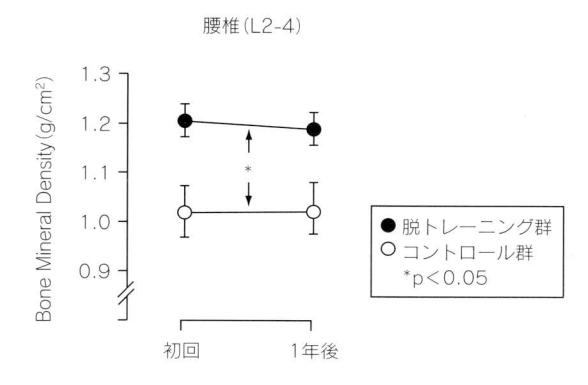

図16-4 腰椎骨密度の変化(平均±標準誤差)
(柴田優子,梅村 義久,高梨泰彦,ほか:9人制バレーボール選手のポジション別骨密度.Health Sciences15:169-176,1999)

増加に寄与することを銘記することが重要である.

3. バレーボール活動休止の影響

バレーボール選手が一般の同世代の健常者に比べて高い骨量値を示す一方で,バレーボール活動を続けてきた者がバレーボール活動を休止した場合(ディトレーニング)に骨量がどのように変化するかは非常に興味深い.成長期を通じて長期間トレーニング実施してきたスポーツ選手のディトレーニングによる骨量の影響を調べた研究はほとんど見あたらないからである.そこでバレーボールを専門に実施してきた選手のディトレーニングによる骨量変化を調べた[23].

被験者はバレーボールを8年以上に渡ってプレーし続けた女子大学生または短大生で,引退によりその後バレーボール活動から遠ざかる女子学生とし,年齢,体重を合わせた8名の女性をコントロール群とした.測定は腰椎,大腿骨近位端部,橈骨遠位部の3カ所とし,引退直後と,1年後の2回,DEXA法により測定した.

その結果,腰椎では有意な骨量の変化は見られなかったが(図16-4),大腿骨近位端部の骨

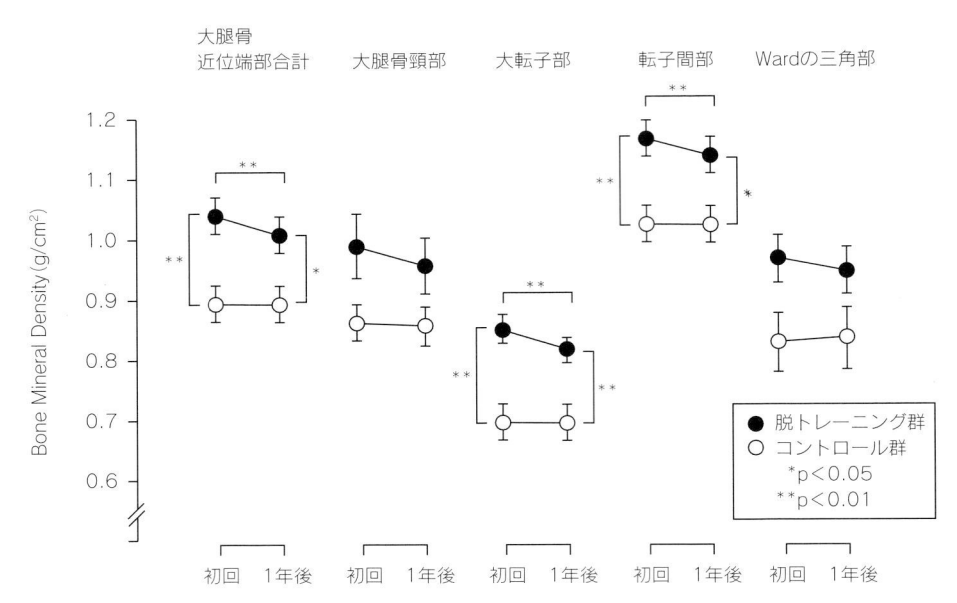

図16-5 右大腿骨近位端部骨密度の変化（平均±標準誤差）
（柴田優子，梅村 義久，高梨泰彦，ほか：9人制バレーボール選手のポジション別骨密度．Health Sciences 15：169-176，1999）

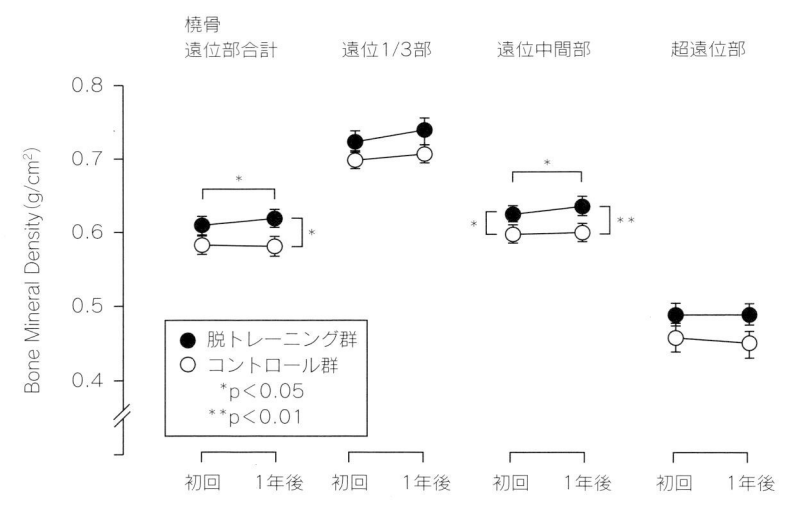

図16-6 橈骨（利き腕）骨密度の変化（平均±標準誤差）
（柴田優子，梅村 義久，高梨泰彦，ほか：9人制バレーボール選手のポジション別骨密度．Health Sciences 15：169-176，1999）

量は有意に減少した（図16-5）．一方橈骨遠位端部はわずかながら有意な増加を示した（図16-6）．またコントロール群との比較からバレーボール選手の骨量分布は，大腿骨遠位端部や腰椎で一般健常者よりも高く，上肢については後述する結果[18]と同様，有意な差は認められなかった．しかしディトレーニング後は，大腿骨遠位端部や腰椎では骨量の減少は認められるものの，依然とし

てコントロール群よりも高い骨量を示した．

以上のことから成長期において長期に渡りバレーボール活動を実施した者は，ディトレーニングによって骨量減少が特異的な部位に生ずるが，依然として一般健常者よりも高いことが示された．このことは成長期においてバレーボール活動によって獲得された骨量に対する効果は，1年程度のディトレーニングでは完全には失われないことを示唆しており，成長期に高められた骨量は，トレーニング休止後も維持される可能性を示している．すなわち成長期における運動歴がその後の骨量に影響を与えると考えられ，成長期において骨にメカニカルストレスを与えるようなスポーツ活動を実施することは重要であろう．

4．全身の骨量分布

バレーボールが身体各部位の骨量に与える影響を知ることを目的として同一大学（同一年代・類似競技レベル）の女子バレーボール選手30名（アタッカー群22名，レシーバー群8名）を対象に，全身を左右上肢，腰椎，左右下肢，左右踵骨に分け，それぞれの部位の骨量をDEXA方式の「X-Bone BMD1-X」（日立メディコ社製）により測定し，バレーボールが身体各部位の骨量に与える影響について調査した．なお比較対照のため，同一年代の運動部に所属していない健常女性14名をコントロール群とした（高梨未発表資料）．

結果を図16-7に示す．骨量は選手群ですべての部位でコントロール群より明らかに高値で，特に腰椎と下肢についてはその差が大きかった．上肢については有意差は認められるものの，腰椎や下肢と比較するとその差は小さい．バレーボール競技の骨量増大寄与の特性として，前述の結果と同様[23]腰椎や下肢の骨量増加には比較的強く影響し，上肢には影響はあってもその大きさは低いことが示唆されよう．

腰椎や下肢の骨量増大は，バレーボールの競技特性としての「ジャンプ動作」による下肢および腰椎へのメカニカルストレスが骨量増加に影響し

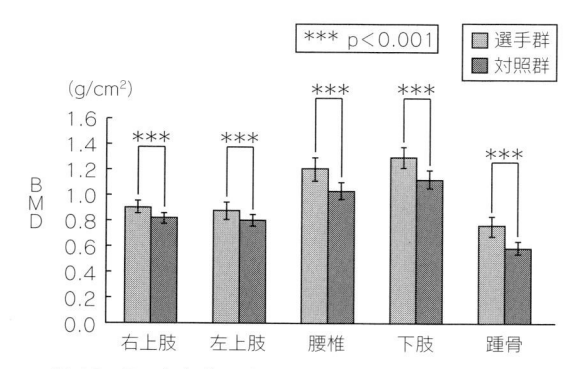

図16-7 各部位骨塩量平均値（選手群・対照群）

ていると考えられる．またさらに上肢へのレシーブ時などのボールによるメカニカルストレスの影響は「ジャンプ動作」のそれに比較してそれほど大きくないことを示唆している可能性があり，今後の検討課題である．

次に男子についても身体各部位の骨量を調べるため，女子と同様の測定を実施した．被験者は同一大学（同一年代・類似競技レベル）の男子バレーボール選手25名（アタッカー群19名，レシーバー群6名）で，全身を左右上肢，左右下肢，左右踵骨に分け，それぞれの部位の骨塩量をDEXA方式の「X-Bone BMD1-X」（日立メディコ社製）により測定した．なお女子と同様比較対照のため，同一年代の運動部に所属していない健常男性8名をコントロール群とした[18]．

結果を図16-8に示す．骨量は女子と同様選手群ですべての部位でコントロール群より明らかに高値であり，男子においても女子と同様の結果が得られることが示された．

さらに各部位別にアタッカー群とレシーバー群との骨量を比較するため，女子について全身の平均骨量に対する各部位骨量の比を算出した（図16-9）．

その結果，平均骨量に対する各部位骨量の比は上肢では差は見られなかったが，腰椎ではアタッカー群が有意に小さく，下肢ではアタッカー群が大きい傾向があった．アタッカー群で下肢が高い理由として，レシーバー群に比べジャンプして着地する動作が多く，より下肢に強い負荷がかかる

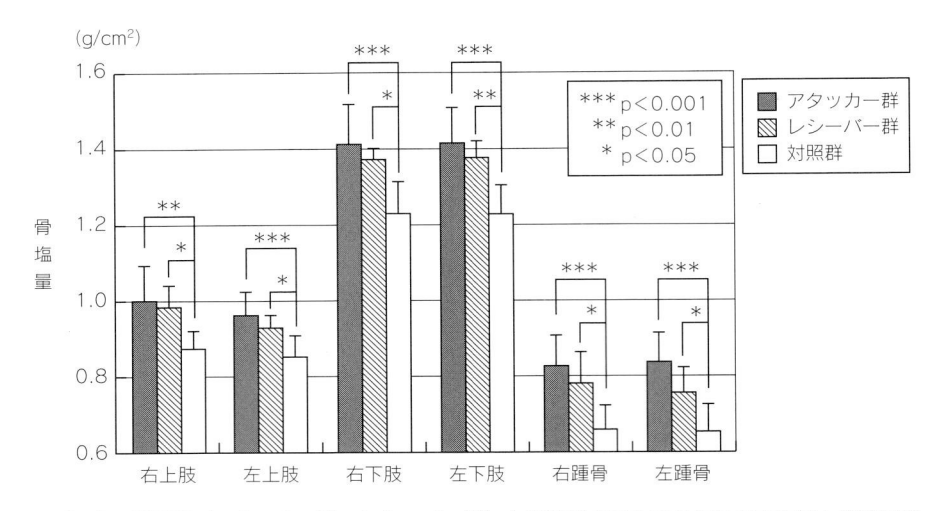

図16-8 選手群(アタッカー群・レシーバー群)と対照群の部位別骨塩量の平均値と標準偏差

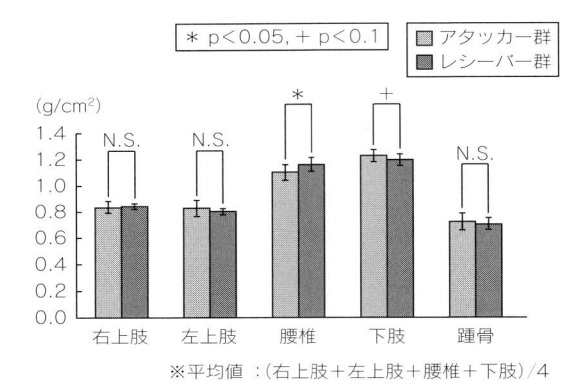

図16-9 各部位骨塩量の平均の骨塩量に対する比
※平均値:(右上肢+左上肢+腰椎+下肢)/4

ことが考えられる.一方レシーバー群で腰椎が高い理由として,アタッカー群に比べ姿勢の低い平面的な動作が多く,腰椎の屈伸動作が頻繁におこなわれることから負荷がかかるとも考えられる.

まとめ

種々のスポーツ種目が骨量増大に寄与することは,多くの研究によって明らかにされてきた.しかし,バレーボール競技も骨量増大に寄与するが,それは他の競技に比べて特別に「骨量増加に優れた競技」といえるわけではないことに注意したい.とかく競技関係者というものは「バレーボールが骨によい影響がある」という研究報告を聞くと,短絡的に「他競技よりも骨に良い競技」ととらえ,「だからバレーをやりましょう」となりがちである.

一方,成長期におけるバレーボールの競技活動が骨量増加に寄与することは間違いなく,その後バレーボール活動を中止しても,骨量が一般健常者のレベルに低下するわけではない.骨量を成長期に増大させておくことは,特に女性の場合に重要で,成長期において骨にメカニカルストレスのかかるような運動,すなわちバレーボールのような運動を実施することは,その後の骨に関わる様々な疾病の予防の観点から考えても大切なことであろう.

骨量増加に寄与するプレーは「ジャンプ動作」と考えられる.「ジャンプ動作」時の着地衝撃によるメカニカルストレスが骨量増加に寄与すると考えられ,このことはアタッカーがレシーバーに比べて骨量が高いこと,バレー選手では,上肢に比べて腰椎,下肢で骨量が高いことなどからも明らかであろう.したがって昼休みにパスやレシーブを楽しむ程度のバレーボールでは骨量増加を期待できないことも銘記しておきたい.

[高梨 泰彦]

文献

1) Alfredson H, Nordström P, and Lorentzon R : Bone mass in female volleyball players : A comparison of total and regional bone mass in female volleyball players and nonastive female. Calcif Tissue Int 60 : 338-342, 1997
2) 遠藤直人，高橋栄明 : 骨と電気刺激．The Bone 7 : 49-54, 1993
3) Fehling PC, Alekel L, Clasey J, et al : A comparison of bone mineral densities among female athletes in impact loading and active loading sports. Bone 17 : 205-210, 1995
4) 呉　堅，鳥居　俊，黒田善雄 : スポーツ選手における前腕骨塩量の検討―利き腕と非利き腕の比較―．臨床スポーツ医学 12 : 728-732, 1995
5) 呉　堅，石崎朔子，山川　純，ほか : 女子新体操選手における大腿骨近位部の骨密度，骨塩量の左右差について．臨床スポーツ医学 13 : 925-931, 1996
6) 呉　堅，深代千之，鳥居　俊，ほか : 女子新体操選手における骨密度の追跡調査．臨床スポーツ医学 14 : 915-919, 1997
7) Jacobson PC, Beaver SA, Grubb TN, et al : Bone density in women : college athletes and older athletic women. J Orthop Res 2 : 328-332, 1984.
8) 松本高明 : 青年期スポーツ選手の骨密度―種目間の相違―．臨床スポーツ医学 15 : 727-731, 1998
9) Nilsson BE, and Westlin NE : Bone density in athletes. Clin Orthop 77 : 179-182, 1971
10) 乗松尋道 : 運動による骨量増加．骨・関節・靱帯 11 : 753-756, 1998
11) 大槻伸吾，大久保衛，小池達也，ほか : 運動時の衝撃が骨塩量に与える影響．臨床スポーツ医学 14 : 1291-1296, 1997
12) 小沢治夫 : スポーツ種目と骨密度．臨床スポーツ医学 11 : 1245-1251, 1994．
13) Orwoll ES, Ferar J, Oviatt SK, et al : The relationship of swimming exercise to bone mass in men and women. Arch Intern Med 149 : 2197-2200, 1989
14) Peterson SE, Peterson MD, Raymond G, et al : Muscular strength and bone density with weight training in middle-aged women. Med Sci Sports Med 16 : 223-227, 1991
15) Risser WL, Lee EJ, Leblanc A, et al : Bone density in eumenorrheic female college athletes. Med Sci Sports Exerc 22 : 570-574, 1990
16) 柴田優子，梅村義久，高梨泰彦，ほか : 9人制バレーボール選手のポジション別骨密度．Health Sciences 15 : 169-176, 1999
17) 斉藤　滋，川瀬俊夫，中野　完，ほか : メカニカルストレスと骨（Ⅰ）―とくに電磁気シグナルについて．The Bone 7 : 31-36, 1993
18) 高梨泰彦 : 大学男子バレーボール選手の骨塩量．平成12年度日本バレーボール協会科学研究論集，pp3-7, 2001
19) 高梨泰彦，三浦隆行 : 女子陸上ホッケー選手における踵骨骨梁面積率の左右差について―スポーツの骨量に与える影響の一考察―．中京大学体育研究所紀要 15 : 17-22, 2001
20) 建部貴弘，高梨泰彦，三浦隆行，ほか : 超音波骨量測定装置Benusの有用性の検討．中京大学体育学論叢 40 : 103-110, 1998
21) 鳥居　俊 : 運動による骨量減少．骨・関節・靱帯 11 : 757-763, 1998
22) 辻　健志，高梨泰彦，中川武夫，ほか : 踵骨骨梁面積率のスポーツ種目間差異．日本臨床スポーツ医学会誌 7 : 69-75, 1999
23) 梅村義久，高梨泰彦，桜井佳世，ほか : バレーボール選手の脱トレーニングに伴う骨密度変化．Health Sciences 15 : 161-168, 1999
24) 山村俊昭，石井清一 : 骨粗鬆症と運動．日経スポーツメディシン '92, pp20-25, 1992

17章 水泳の代謝特性とトレーニング

競泳競技は 50 m から 1,500 m までの距離種目によって競われ，トップレベルの選手でおよそ 22 秒から 15 分を要する．これらの運動に必要なエネルギーは，有酸素性および無酸素性両エネルギー供給機構から供給されるが，それぞれのエネルギー供給機構の割合は運動強度・時間に依存して大きく異なる．たとえば，一般に無酸素性運動と考えられているような 30 秒程度の全力運動（50 m 泳にほぼ相当）では有酸素性に供給されるエネルギーは全体の 30 % 程度であるが，それが 1 分の運動（100 m に相当）では 50 % に，さらに 2 ～ 3 分の運動（200 m に相当）となると 65 ～ 70 % にもなる（この有酸素性および無酸素性エネルギー供給量の割合は，運動中の酸素摂取量と酸素借[注1]の比によって求められた）[9,12,13]（図 17-1）．したがって，自分の専門種目における重要なエネルギー供給系を理解し，それを的確に向上させることが，競泳成績を改善させる近道といえよう．そこで本稿では，競泳競技の代謝特性について明らかにし，簡易的な運動強度の設定法や代謝特性を生かしたトレーニング法とその効果について紹介してみたい．

1. プル，キック，スイムにおける有酸素性および無酸素性エネルギー供給動態

競泳トレーニングは，全身泳のスイムの他，局部泳のプル（脚を使わず上半身のみの泳ぎ），キック（脚のみの泳ぎ，バタ足など）で構成されている．このような局部泳のねらいは，腕と脚を別々に動かして各々の動作技術を習得すること，局所筋群のエネルギー供給能力を個別に向上させて，スイムの代謝能力をより効果的に改善させることなどにある．そこで，まずはこれらの運動におけるエネルギー供給動態についてみてみることにする．

図 17-2 は運動持続時間に対するプル，キック，スイム中の総酸素摂取量（A：有酸素性エネルギー供給量），および総酸素借（B：無酸素性エネルギー供給量），総酸素需要量（C：総エネルギー供給量）の変化を示したものである[13]．有酸素性エネルギー供給量を同じ時間で比較した場合，スイムの値が最も高く，プル，キックのそれはスイムのそれぞれ 65 ～ 75 %，70 ～ 90 % 程度となる．この割合は，プル・キックとスイムの最大酸素摂取量を比較した値と類似していることから（プル vs スイム：70 ～ 80 %，キック vs スイム：90 ～ 95 %）[6,14,15]，同じ時間で供給し得る有酸素

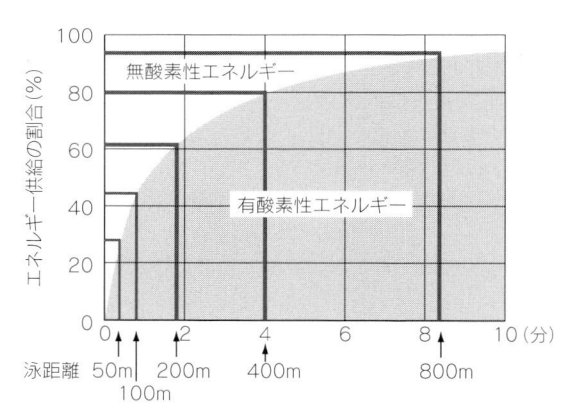

図 17-1 運動持続時間に対する有酸素性および無酸素性エネルギー供給の割合の変化
（荻田　太，小野寺丈晴，田中孝夫，ほか：15 秒から 5 分程度で疲労困憊に至る水泳運動中の代謝特性．日本体育学会第 49 回大会号：265, 1998 より作図）

性エネルギー供給量は，その運動における最大酸素供給能力に依存するように思われる．また，有酸素性エネルギー供給量はどの運動においても運動時間に比例して直線的に増加する．つまり，泳距離に比例してエネルギー需要が増すことを意味するので，長距離選手ほど高い有酸素性エネルギー供給能力を有する方が有利となるのも当然なわけである．

一方，無酸素性エネルギー供給動態を見てみると，プルとスイムでは 2～3 分で疲労困憊に至る運動中に最大となる．これは，競泳種目でいえば 200 m のレースに相当することから，この種目で記録の向上をはかるには，最大酸素借（最大無酸素性エネルギー供給量）を増大させることが重要といえよう．これまでの報告[8,11,16,17]によると，最大酸素借を改善させるには超最大強度におけるインターバルトレーニングなどが効果的であり，最大下強度 (70% $\dot{V}O_2max$) のトレーニングでは変化しないことがわかっている．つまり，そのトレーニングでいかに多くの無酸素性エネルギー（特に乳酸系）を動員できるかが鍵を握っているといえる．具体的には，50 m のような短かい泳距離を用いて，200 m のラップより高い泳速（強度）でのインターバル・トレーニングを行なったり，200 m のレペティション等を行なうのが有効であろう．

これに対し，キックの無酸素性エネルギー動態はプルやスイムとは異なる傾向を示し，30 秒の運動でほぼ最大（＞90％）に至った後，2～3 分の運動まで維持される．したがって，キックにおいては，50 m から 200 m を全力で行ないさえすれば，無酸素性エネルギー供給機構にほぼ最大の刺激を与えられることになる．

一方，運動持続時間が 3 分より長くなると，すべての運動において無酸素性エネルギー供給量は低下傾向を示す．このことは，200 m 以上のトレーニングでは，たとえ全力で行なっても無酸素性エネルギー供給機構に最大刺激を与えることは困難であることを示唆している．

また，図 17-2A と B の和である総酸素需要量

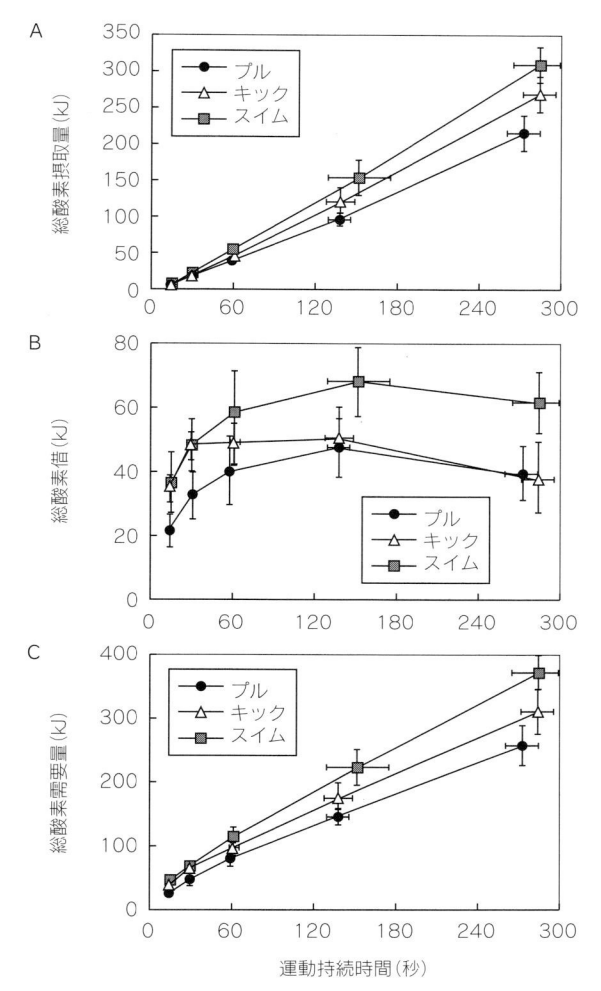

図 17-2 プル，キック，スイムにおける総酸素摂取量 (A) および総酸素借 (B)，総酸素需要量 (C) と運動持続時間との関係
(荻田　太，小野寺丈晴，田中孝夫，ほか：15 秒から 5 分程度で疲労困憊に至る水泳運動中の代謝特性．日本体育学会第 49 回大会号：265，1998 より作図)

（総エネルギー供給量：図 17-2C）は有酸素性エネルギー供給量と同様，運動持続時間に対しほぼ直線的に増加するが，特に 1 分以内の運動における総酸素需要量の大きさは無酸素性エネルギー供給能力が，1 分から 3 分までの総酸素需要量の大きさは有酸素性・無酸素性両エネルギー供給能力が，そしてそれ以上長い運動では有酸素性エネルギー供給能力がより大きく反映している．

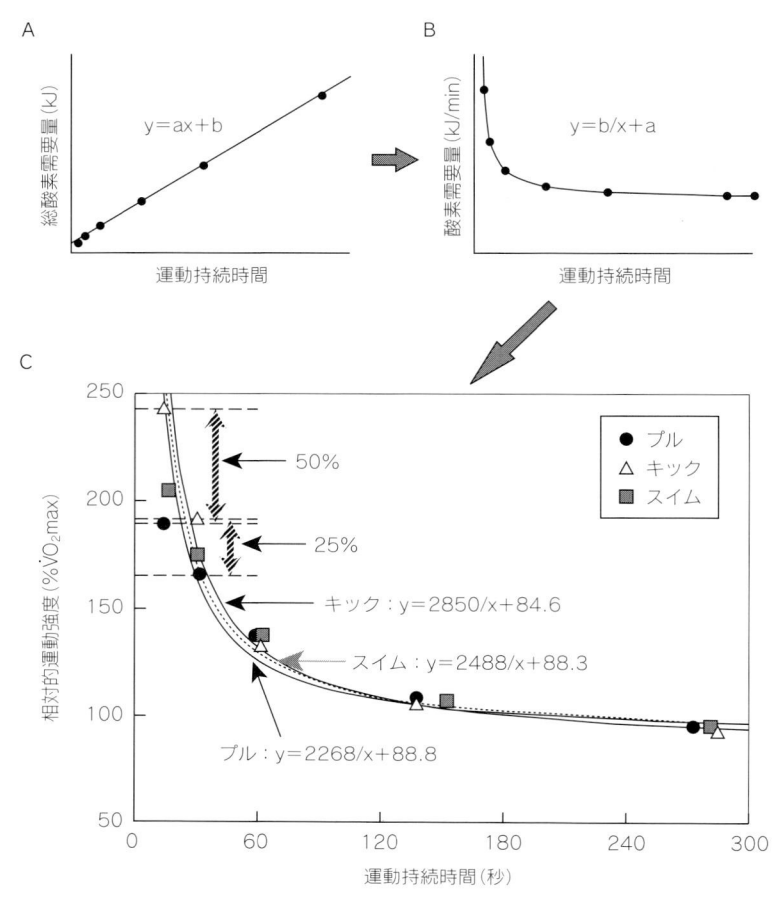

図17-3 プル，キック，スイムにおける相対的運動強度と運動持続時間との関係
A：総酸素需要量と運動持続時間の関係
B：Aの図を微分して得られた酸素需要量と運動持続時間の関係
C：酸素需要量を%$\dot{V}O_2$maxに換算し直して得られた相対的運動強度と運動持続時間関係

2. 運動持続時間，泳距離，相対的運動強度の関係から得る運動強度の簡易的設定法

自分の種目がどのくらいの強度で行なわれているのか知っておくことは，競技特性を明らかにする上でも，トレーニングプログラムを組む上でも重要な意味を持つ．また，より大きなトレーニング効果を得る[2,3]ためにも，あるいはその効果を維持する[5]ためにも最も重要なことは運動強度の設定である．つまり，いかに的確にトレーニング強度を設定できるかが，効果のほど，泳成績の改善を決めるといって良い．

そこで，まずは疲労困憊に至るまで泳いだときの運動持続時間と相対的運動強度（最大酸素摂取量に対する相対値：%$\dot{V}O_2$max）の関係（図17-3C）をみてみると，スイムの場合，1分の運動では135～140％，2～3分の運動は110％，そして4～5分の運動は95％$\dot{V}O_2$maxにほぼ相当する強度となる．つまり，競泳では400mのレースがほぼ最大酸素摂取量に相当する強度であり，大半の種目を占める200m以下のレースは超最大強度で行なわれていることがわかる．また，プルや，キックにおいても1分以上の運動となれば，運動強度は類似した強度となるので，トレーニングの

際には参考になるであろう．ただし，15秒や30秒のスプリント運動となると，キックの強度はプルやスイムよりも25〜50％程高い（15秒運動：キック240％vsプル190％$\dot{V}O_2$max，30秒運動：キック190％vsプル165％$\dot{V}O_2$max）．したがって，25mや50mのような短い距離でトレーニングを組む場合は，それぞれの運動で与え得る強度が異なることに留意すべきであろう．

また，図17-3に示したプル，キック，スイムそれぞれの運動持続時間と相対的運動強度（％$\dot{V}O_2$max）の関係を回帰式として算出してみると，以下のようになる（ここでyは％$\dot{V}O_2$max，xは運動持続時間で単位は秒）．

プル：$y = 2268/x + 88.8$ …… 式1
キック：$y = 2850/x + 84.6$ …… 式2
スイム：$y = 2488/x + 88.8$ …… 式3

これらの関係式は，運動中の総酸素需要量と運動持続時間の一次回帰式（図17-3A）を，時間で割って求めたものである．そうすると，y軸の総酸素需要量が単位時間あたりの酸素需要量となるので，運動強度と同じ次元になる．さらに，酸素需要量は％$\dot{V}O_2$maxと同次元で，$y = ax$の原点を通る一次回帰直線で表わされるので，両者は簡単に置き換えることができる．これらの式は，疲労困憊に至るまでの運動持続時間と相対的運動強度の関係を表わしたものとなり，ベスト記録を運動持続時間（x）に代入すれば，そのレースに対応した運動強度（％$\dot{V}O_2$max）が得られる．よって，レースがどのくらいの強度で行なわれているのか知るためには有効な式となろう．

ただし，通常のトレーニングはレースのように常に最大努力で疲労困憊まで泳ぐものだけではない．最大下の強度で泳ぐことも考慮すれば，実際のトレーニングで活用するには，任意の距離を任意の記録で泳いだときの強度がわからねばならない．そのためには，図17-4Aに示すような各泳距離を任意のタイムで泳いだときの速度-運動時間関係の図を，％$\dot{V}O_2$max-運動時間関係に書き換えられればよい．そこで，％$\dot{V}O_2$maxと速度との関係についてみてみると，実は水泳運動の場合，％$\dot{V}O_2$maxのようなエネルギー需要率(y)は速度の3乗(X)と直線関係になることが明らかにされている[12,14]．

$$y = cX + d \cdots\cdots 式4$$

これは，水泳中のエネルギー消費量の大半を占める「抵抗にうち勝つためのパワー」が泳速の3乗に比例して増加するからである．また，式1のX(速度の3乗)は，時間(t)あたりの距離(d)の3乗として置き換えられるから，

$$y = c(d/t)^3 + d \cdots\cdots 式5$$

となる．

仮に100mと200mのベスト記録がわかっているとすると，その記録から式3を用いて100mと200mのレース強度（％$\dot{V}O_2$max）が求められ，さらにその運動強度と記録，距離を式5に代入して連立方程式の解を求めれば，各選手のcとdを求めることができる[注2]．これによって，図17-4Bのように任意の距離を任意の記録で泳いだときの相対的運動強度が推定可能となる．この相対的運動強度と運動持続時間の関係は，泳速（泳力）などが異なる人においてもほぼ類似した関係となるため，幅広い泳力層の選手に対して用いられよう．ちなみに表17-1は，この実験に参加した被験者の50m，100m，200mおよび400mの長水路プールにおけるベスト記録（25秒72，55秒61，2分02秒29，4分20秒46）を用い，任意の距離を任意の記録で泳いだときの相対的運動強度を算出した例である．例えば，50mを27.5秒で泳いだときの強度は約150％$\dot{V}O_2$maxとわかり，100％$\dot{V}O_2$maxレベルの強度を設定したい場合には31.6秒に，そしてOBLAあたりと思われる75〜80％$\dot{V}O_2$max程度の強度を設定したいならば，34秒後半から35秒程度に設定すればよいということがわかる．

近年の競泳トレーニングは，運動強度をカテゴリー分けして行なわれているが，この運動時間-運動強度関係は，それぞれのカテゴリーにおける

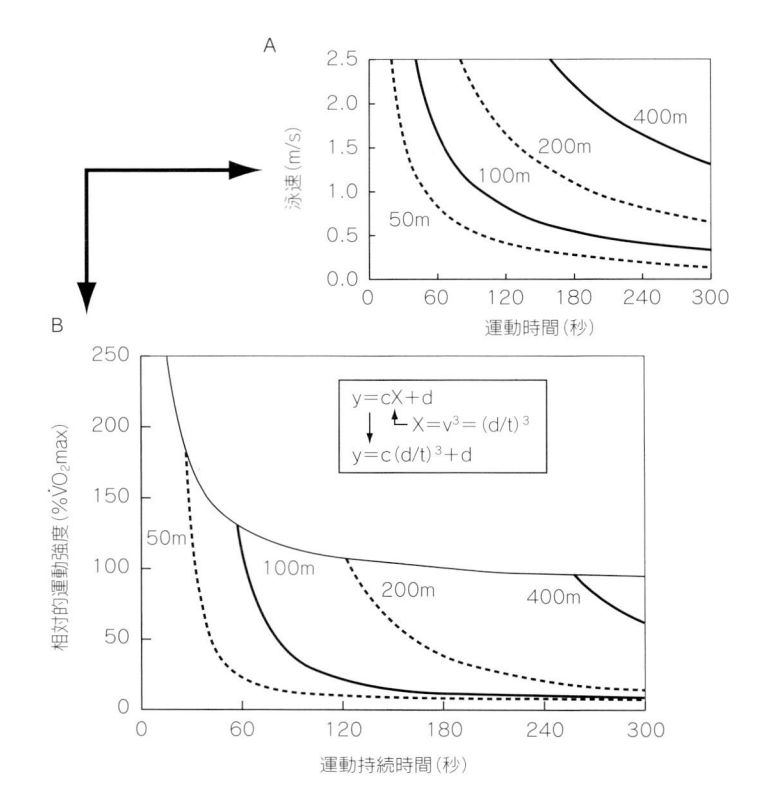

図17-4 各泳距離における泳速と運動時間の関係(上図),および運動持続時間(泳記録)と相対的運動強度(%V̇O₂max)の関係式

yは相対的運動強度(%V̇O₂max)を,c,dはそれぞれ相対的運動強度とベスト記録から換算された泳速度の3乗との関係によって求められた係数と定数,Xは速度の3乗,vは速度,tは運動時間(記録),dは泳距離をそれぞれ表わす.

$y = cX + d$
$\downarrow X = v^3 = (d/t)^3$
$y = c(d/t)^3 + d$

表17-1 図17-4の式より推定された各距離における記録と相対的運動強度との関係

50m		100m		200m		400m	
%V̇O₂max	記録	%V̇O₂max	記録	%V̇O₂max	記録	%V̇O₂max	記録
185	25.7	133	55.6	109	2.02.3	98	4.20.5
150	27.4						
125	29.2	120	59.2	105	2.04.4		
110	30.6	110	1.01.1	100	2.06.2		
105	31.1	105	1.02.2	95	2.09.0		
100	31.6	100	1.03.3	90	2.11.6	90	4.23.2
90	32.9	90	1.05.8	85	2.14.4	85	4.28.8
80	34.4	80	1.08.7	80	2.17.5	80	4.35.0
75	35.2	75	1.10.4	75	2.20.9	75	4.41.7

より正確なトレーニング強度(記録)を知る手がかりとして有効となろう.さらにスイムだけでなく,プル,キックにおいても同様の手順を用いれば運動強度の推測が可能となる.

3. 代謝特性を生かしたトレーニングとその効果

運動強度の簡易的な設定法は上述した通りであるが,なんでもかんでも勝手に設定してトレーニングさせればよいというわけではない.自分の専門種目に重要なエネルギー供給系をより効果的に

向上させるような強度（トレーニング）の設定が重要であることはいうまでもない．そこで，有酸素性および無酸素性エネルギー供給系に最大刺激を与え得るトレーニングと，乳酸除去の最大強度である OBLA 強度のレーニングを組み合わせて，エネルギー供給能力と泳記録に対する効果を検討してみた．

詳細なトレーニング内容は図 17-5 に示す通りで，A）OBLA 強度における 2 分間泳を 15 秒の休息を挟みながら 15 セット繰り返す間欠的運動（週 5 回），B）50％$\dot{V}O_2max$ 強度における 2 分間泳にひき続き 90～100％$\dot{V}O_2max$ 強度での 3 分間泳を 5 セット反復する持続的運動（週 2 回），C）170％$\dot{V}O_2max$ 強度における 20 秒間泳を 10 秒の休息を挟みながら 8 セット以上，疲労困憊まで反復する間欠的運動（週 3 回）であった．トレーニングは，1 日 2 回，週 5 日の頻度で 3 週間続けられた[10,16]．

その結果，最大酸素摂取量は，トレーニング前の 3.74 ± 0.42 L/min から 4.18 ± 0.50 L/min（$p < 0.01$）まで 11％増大した．加えて，最大酸素借もトレーニング前の 3.93 ± 0.58 L からトレーニング後には 4.69 ± 0.45 L（$p < 0.05$）まで 19％増大した（図 17-6）．毎日高度に鍛錬している選手を対象（全員が全日本学生選手権に出場，3 人は全日本選手権出場）としたにも関わらず，わずか 3 週間で最大酸素摂取量と最大酸素借の両方同時にこれだけの増加量が観察された研究は他に見あたらない．また，泳記録も 100 m においては 55.86 ± 1.44 秒から 55.09 ± 1.73 秒へとおよそ 0.8 秒，200 m においても 2 分 1 秒 27 ± 2 秒 27 秒から 1 分 59 秒 28 ± 2 秒 43 へと約 2 秒の短縮が観察された．さらにこれら 12 試行中 7 試行においてベスト記録が更新された．この結果は，適切に運動強度を設定すれば，目的とするエネルギー供給能力や泳記録をより効果的に改善できるということを強く示唆するものである．

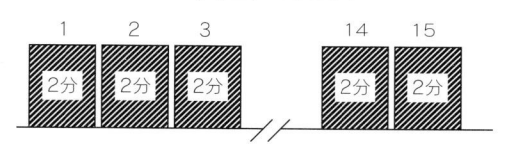

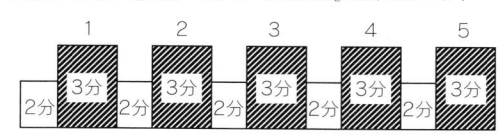

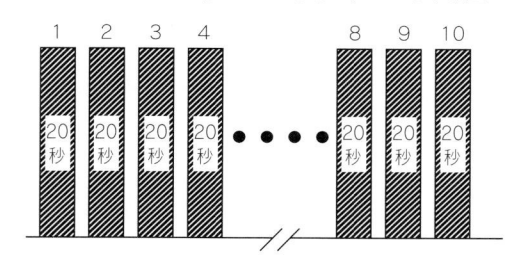

図 17-5　代謝特性を生かしたトレーニングの具体例
（荻田　太, 小夫尚孝, 田中孝夫：間欠的低圧低酸素環境下におけるトレーニング効果とその持続期間―最大酸素摂取量, 最大酸素借, 泳記録, 血液性状の変化より―．水泳水中運動科学 4：1-7, 2001）

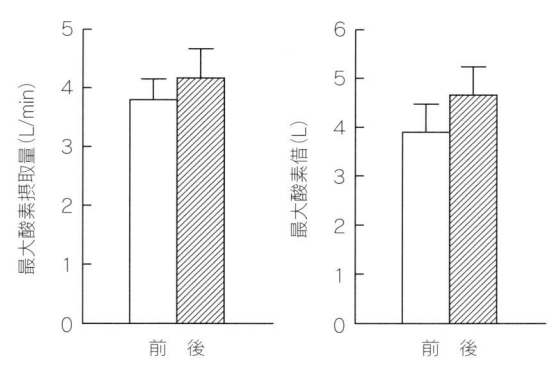

図 17-6　トレーニング前後における最大酸素摂取量と最大酸素借の変化
（荻田　太, 小夫尚孝, 田中孝夫：間欠的低圧低酸素環境下におけるトレーニング効果とその持続期間―最大酸素摂取量, 最大酸素借, 泳記録, 血液性状の変化より―．水泳水中運動科学 4：1-7, 2001 より作図）

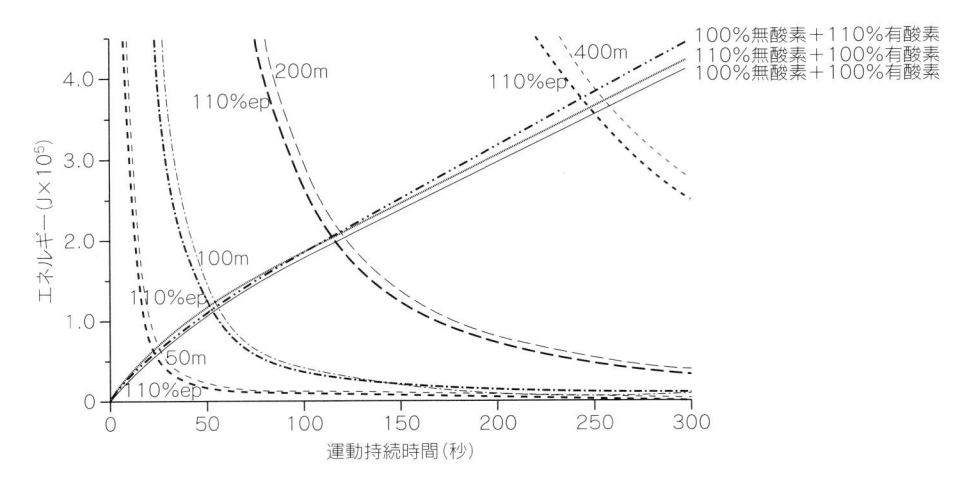

図17-7 推進効率が10%改善されたときの50m, 100 m, 200m, および400mを泳ぐために必要なエネルギー需要量と, 有酸素性または無酸素性エネルギー供給量が10%改善された場合の総エネルギー供給量の変化が泳記録の改善に与える影響

有酸素性：有酸素性エネルギー供給量, 無酸素性：無酸素性エネルギー供給量, ep：推進効率

(Toussaint HM, and Hollander AP : Energetics of competitive swimming. Implication for training programmes. Sports Med18 : 384-405, 1994)

表17-2 現在の最高記録と有酸素性, 無酸素性エネルギー供給力, または推進効率が10%改善されたときの予測記録

(Toussaint HM, and Hollander AP : Energetics of competitive swimming. Implication for training programmes. Sports Med18 : 384-405, 1994)

泳距離 (m)	有酸素100% 無酸素100% 推進効率100% (現在最高記録)	有酸素110% 無酸素100% 推進効率100% (予測される記録)	有酸素100% 無酸素110% 推進効率100% (予測される記録)	有酸素100% 無酸素100% 推進効率110% (予測される記録)
50m	27.1	27.0	26.4	26.3
100m	57.9	57.3	56.4	55.9
200m	2.04.4	2.02.2	2.02.3	2.00.2
400m	4.22.3	4.15.9	4.20.0	4.13.8

(分.秒.)

4. エネルギー供給能力の改善から期待される泳タイムの向上

適切にトレーニング強度を設定するとエネルギー供給能力を効果的に向上できるということは前述した通りであるが, このように改善されたエネルギー供給能力, あるいは技術（効率）は, 実際どの程度泳成績の向上につながるのであろうか. これを明らかにできれば, それぞれの選手に対するトレーニング指針を明確にでき, さらにはトレーニングへの意欲を高めることにも役立つはずである. そこで, ToussaintとHollander[18]が行なった興味深いコンピュータシミュレーションを紹介してみたい. このシミュレーションは, エネルギー供給量とエネルギー需要量とのバランスによってパフォーマンスを推定するものである.

水泳中のエネルギー消費率 ($\dot{E}$) は, 下式に示すように抵抗に打ち勝つためのパワー (P_d) と推

進効率 (ep)[注3]，および機械的効率 (eg) の関数によって決定される（この式の詳細については文献18参照）．

$$\dot{E} = Pd/(ep \cdot eg) \cdots 式3$$

ここで，Pd は泳者固有の抵抗係数 (A) と速度 (v) の3乗に比例することから，

$$\dot{E} = Av^3/(ep \cdot eg) \cdots 式4$$

と式変換できる．また，v はある時間 (t) 当たりに進んだ距離 (d) なので，式4はさらに次のように変換できる．

$$\dot{E} = Ad^3/(ep \cdot eg)t^3 \cdots 式5$$

この式を積分すると任意の距離 (d) を，任意の時間 (t) で泳ぐために必要なエネルギー消費量 (E) を算出できる式となる．

$$E = Ad^3/(ep \cdot eg)t^2 \cdots 式6$$

このシミュレーションでは，図17-2 C のように実測値より得られたエネルギー供給の式を左辺の E に，そして右辺の A，eg，ep には先行研究より得られた 23 kg/m，9％，60％（これはかなり高いレベルの水泳選手の値である）という値をそれぞれ代入し，計算している．これによって得られたモデルが図17-7である．右肩上がりの曲線が任意の時間内に泳者が供給でき得るエネルギー量（左辺）を示し，右肩下がりの曲線が 50 m，100 m，200 m，400 m を任意の記録で泳ぐときに必要なエネルギー量（右辺）を表わしている．理論上，現在供給し得るエネルギー量と任意の距離を泳ぐのに必要なエネルギー量のグラフの交点がベスト記録となる．さらに，この基本のモデルを基準として，無酸素性または有酸素性エネルギー供給能力が10％増加したとき，および推進効率（技術の指標）が10％増大したときのモデルも算出し，泳記録への影響を予測すると，50 m では 0.1〜0.8 秒，100 m では 0.4〜1.2 秒，200 m では 2.1〜4.2 秒，400 m では 2.3〜8.5 秒の記録の向上が認められた（表17-2）．また，無酸素性エネルギー供給系の改善はより短い時間の運動に，有酸素性エネルギー供給系の改善は運動時間が長くなるほど，そして推進効率（技術）の改善は時間に関わらず全体的な記録の向上に貢献していることがこのシミュレーションからわかった．この記録の短縮幅は，泳者の体格に依存する抵抗係数や技術の指標である推進効率，現在の最大酸素摂取量および最大酸素借などによって決まるため，すべての泳者に対して当てはまるわけではない．しかしながら，それぞれの種目の記録を改善させるには何を改善させることが効果的かを知るための大きな手がかりにはなるはずである．

おわりに

近年のスポーツトレーニングには多くの科学的情報が導入され，細かく数値化されたプログラムが組まれている．しかしながら，数値化された指標を用いることで科学的トレーニングを行なっているような錯覚に陥り，トレーニングの本質を見失ってしまうこともあり得る．重要なことは，科学的情報のすべてがスポーツの競技成績を向上させるわけではないということである．優秀な選手を育成する背景には，指導者の「経験」，「勘」といったものが大きな役割を果たしていることも否定できない．しかしながら，科学的理論を背景にして得られた実験情報は，そのような経験と勘による指導法をより確実なものにし，あるいは勘違い等によって起こる無駄を省き，さらには新たな情報を発信するという点において，大きく貢献できると思われる．本章で示したような実験データ，コンピュータシミュレーションによる情報が，トレーニング現場が要求するものの一助となれば，幸甚である．

［荻田　太］

注
注1) 古くより無酸素性エネルギー量の推定には酸素負債が用いられてきたが，酸素借はそれとは異なるものである．超最大運動中の酸素借の定量法は，1980年代 Hermansen[4]によって提唱され，

無酸素性エネルギー量の測定が可能となった. 酸素借は筋内の代謝産物より測定された無酸素性エネルギー量と等価であることも実験的に証明されている[1,7]. 一般に, 酸素負債は運動中の無酸素性エネルギーの返済の他に別の要因を含んでいるため, 酸素借より大きな値となる.

注2) ただし, ここで得たモデルの式は流水プール内の実験データより作られているため, ターンの影響は全く含まれていない. したがって, 短水路より長水路の記録の方がより適切な強度を示すと思われる.

注3) 水泳中に泳者が産生する全機械的パワーの中で抵抗にうち勝つためのパワーに費やす割合と定義され[18], 泳者が発揮したエネルギーがいかに推進のために有効に使われたかを示す指標である. したがって, この推進効率は技術の評価法として用いることができる.

文献

1) Bangsbo J, Gollnick PD, Graham TE, et al : Anaerobic energy production and O_2 deficit-debt relationship during exhaustive exercise in humans. J Physiol (Lond) 422 : 539−559, 1990

2) Fox EL, Bartels RT, Billings CE, et al : Frequency and duration of interval training programs and changes in aerobic power. J Appl Physiol 38 : 481−484, 1975

3) Fox EL, Bartels RT, Billings CE, et al : Intensity and distance of interval training programs and changes in aerobic power. Med Sci Sports 5 : 18−22, 1973

4) Hermansen L, Medbø JI, Mohn A-C, et al : Oxygen deficit during maximal exercise of short duration (Abstract). Acta Physiol Scand 121 : 39A, 1984

5) Hickson RC, Foster C, Pollock ML, et al : Reduced training intensities and loss of aerobic power, endurance , and cardiac grouwth. J Appl Phyiosl 58 : 492−499, 1985

6) Holmér I : Energy cost of arm stroke, leg kick and the whole stroke in competitive swimming style. Eur J Appl Physiol 33 : 105−118, 1974

7) Medbø JI, and Tabata I : Anaerobic energy release in working muscle during 30 s to 3 min of exhaustive bicycling. J Appl Physiol 75 : 1654−1660, 1993

8) Medbø JI, and Burgers S : Effect of training on the anaerobic capacity. Med Sci Sports Exerc 22 : 501−507, 1990

9) Medbø JI, and Tabata I: Relative importance of aerobic and anaerobic energy release during short-lasting exhausting bicycle exercise. J Appl Physiol 67 : 1881−1886, 1989

10) 荻田 太, 田畑 泉:異なる低圧環境下でのトレーニングが酸素摂取量と最大酸素借に及ぼす影響. 体力科学 49:894, 2000

11) Ogita F, and Tabata I : The effect of high intensity intermittent training under a hypobaric hypoxic condition on anaerobic capacity and maximal oxygen uptake. Biomechanics and Medicine in Swimming VIII, eds Keskinen KL, Komi PV, Hollander AP, Gummerus Printing, Jyväskylä, Finland, pp423−428, 1999

12) 荻田 太, 小野寺丈晴, 若吉浩二:超最大強度におけるプル, キック, スイム中の代謝特性. 水泳水中運動科学 1:13−18, 1998

13) 荻田 太, 小野寺丈晴, 田中孝夫, ほか:15秒から5分程度で疲労困憊に至る水泳運動中の代謝特性. 日本体育学会第49回大会号:265, 1998

14) Ogita F, Hara M, and Tabata I : Anaerobic capacity and maximal oxygen uptake during arm stroke, leg kicking and whole body swimming. Acta Physiol Scand 157 : 435−441, 1996

15) Ogita F, and Tabata I : Peak oxygen uptake during arm stroke under a hypobaric hypoxic condition. Ann Physiol Anthrop 11 : 289−294, 1992

16) 荻田 太, 小夫尚孝, 田中孝夫:間欠的低圧低酸素環境下におけるトレーニング効果とその持続期間—最大酸素摂取量, 最大酸素借, 泳記録, 血液性状の変化より—. 水泳水中運動科学 4:1−7, 2001

17) Tabata I, Nishimura K, Kouzaki M, et al : Effects of moderate-endurance and high intensity-intermittent training on anaerobic capacity and $\dot{V}O_2$max. Med Sci Sports Exerc 28 : 1327−1330, 1996

18) Toussaint HM, and Hollander AP : Energetics of competitive swimming. Implication for training programmes. Sports Med 18 : 384−405, 1994

18章 シンクロナイズドスイミングオリンピック日本代表選手の身体組成とからだづくり

シンクロナイズドスイミング（以下シンクロと略す）がオリンピック正式種目となってシドニーで5回目を迎えた．シドニーでは過去最高の成績（銀メダル2個を獲得）であった．我々関係者にとっては快挙である．前回の成績を上回り，金メダルのロシアを脅かして戦うことができたその背景には，ベテランの指導者の力に加えて，2年前からチームスタッフに加わっていただいた白木仁トレーナー（筑波大学体育科学系）による力が大きかった．

1996年のアトランタオリンピックが終わって，アメリカ，カナダのシンクロ大国は選手の新旧交代に失敗し，翌年，大きく順位を落とした．それに代わって世界を制覇したのがアトランタ4位のロシアであった．日本はアトランタの余力をふりしぼってロシアの次につけた．だが，シドニーで世界の頂点を目指すにはこれまでと同じことをしていては勝てない．そこで，日本チームは次の強化策として"身体改造"を掲げた．ハードなトレーニングに耐えうる頑丈な身体を作ることを第一に，さらにはパフォーマンス向上に直結する力をつけるために，コンディショニングトレーニングとフィジカルケアの両面から身体改造に取り組んだ．本稿では，シドニーオリンピック代表選手の身体組成データをもとに，コーチングの観点からシンクロ選手の身体組成とからだづくりについて述べる．

1．シンクロ選手の身体組成

1）身体組成

まず，シドニーオリンピック日本代表選手9名の身体組成をみてみよう．表18-1はオリンピック競技終了から10日後（2000年10月）の身体組成データ，オリンピック約3ヵ月半前（2000年6月）のJOCオリンピック代表選手体力測定データ，および1年3ヵ月前（1999年7月）の同選手らの測定値である．1999年7月の測定時には，選手Iは代表チームメンバーでなかったため値が欠損しており，このときの平均値は8名のものである．

表18-1の全身体脂肪率（IMP1）および部位別体脂肪率（IMP1）はTANITA体組成計のアスリートモードで求められた値である．部位別は，右脚，左脚，右腕，左腕および体幹部の5つの部位に分けてそれぞれの体脂肪率が導き出される．体脂肪率（キャリパー）はキャリパーで計測した上腕背部，肩甲骨下角部，腹部の3点の皮下脂肪厚の和から，長嶺とブロゼックの式を用いて算出した値である．体脂肪率（超音波法）は平成12年度JOCシドニーオリンピック代表選手体力測定において超音波Bモード法によって皮下脂肪厚9点を計測し，その和から求められた値である．体脂肪率（IMP2）はTANITAボディファットアナライザー（アスリートモード）で求めた値である．体脂肪率は測定方法によってばらつきがあるため，異なる方法で得られたデータを一概に比較することは難しいが，選手の概ねの特徴をつかむには問題は少ないと思われる．

これらのデータをみると，オリンピック直後の2000年10月と1年3ヵ月前の1999年7月とでは，キャリパー法による体脂肪率には変化がなく，いずれも16％台である．インピーダンス体脂肪計（TANITA）による体脂肪率は，1999年が

表18-1 シンクロナイズドスイミング シドニーオリンピック代表選手の身体組成

		シドニーオリンピック日本代表選手9名											20~26歳一般女性(910名)*3	
		A	B	C	D	E	F	G	H	I	平均	SD	平均	SD
2000年10月(シドニーオリンピック10日後)*1														
年齢	歳	25	24	26	26	24	22	20	21	21	23.22	2.28	20~26	
身長	cm	167.0	164.0	164.5	164.2	162.5	164.6	169.3	160.0	172.0	165.34	3.60	158.82	5.15
体重	kg	54.2	53.0	50.9	53.8	51.7	55.8	62.7	50.8	58.7	54.62	3.93	51.90	6.26
全身体脂肪率 (IMP1)	%	19.3	18.8	19.6	12.9	16.4	19.1	21.7	18.1	18.9	18.31	2.46	27.40	
部位別体脂肪率 (IMP1)														
右脚	%	21.5	23.9	24.6	21.7	21.5	25.1	27.5	24.7	25.0	23.94	2.03	32.01	3.60
左脚	%	25.6	24.9	26.1	20.9	22.1	25.3	28.2	25.5	26.1	24.97	2.20	31.96	3.58
右腕	%	21.1	17.5	19.8	10.6	16.0	19.3	24.6	17.9	16.8	18.18	3.85	20.43	5.04
左腕	%	21.7	20.9	21.3	11.0	18.2	22.2	26.9	19.0	19.5	20.08	4.23	21.44	5.19
体幹部	%	15.7	15.4	16.1	7.8	13.0	15.1	17.2	13.7	15.1	14.34	2.75	24.63	6.74
体脂肪率(キャリパー)	%	17.8	16.5	17.6	15.4	15.7	19.2	17.0	15.7	16.8	16.85	1.23		
2000年6月(ハードトレーニング期・合宿中・オリンピック3カ月半前)*2														
身長	cm	168.0	162.5	163.0	162.4	162.1	163.6	169.0	159.0	171.0	164.51	3.91		
体重	kg	58.1	54.4	54.5	56.5	54.5	57.7	59.2	52.1	63.2	56.69	3.31		
体脂肪率(超音波法)	%	19.0	17.4	22.2	18.5	16.8	20.1	19.1	15.9	18.4	18.60	1.77		
1999年7月(ハードトレーニング期)														
身長	cm	169.3	164.4	164.7	164.8	163.5	164.4	169.7	160.0	—	165.10	3.13		
体重	kg	54.0	55.5	50.7	55.1	52.0	56.9	59.5	49.9	—	54.20	3.24		
体脂肪率 (IMP2)	%	22.4	20.7	21.0	19.6	18.4	21.9	23.5	19.9	—	20.93	1.65		
体脂肪率(キャリパー)	%	16.5	16.5	17.6	17.3	15.4	18.1	17.3	14.3	—	16.62	1.24		

体脂肪計:(IMP1);TANITA体組成計(アスリートモード)使用.
(キャリパー);キャリパーで測定した上腕背部,肩甲骨下角部,腹部の3点の皮脂厚の和から,長嶺とブロゼックの式を用いて算出.
(超音波法);超音波Bモードによる皮下脂肪厚9点から算出[女性:身体密度(D)=1.086−0.00042×皮脂厚9点の和,体脂肪率=(4.57/D−4.142)×100]
(IMP2);TANITAボディフィットアナライザー(アスリートモード)使用.

*1:平成12年度JOCオリンピック強化指定選手体力測定データ
*2:平成12年度JOCオリンピック代表選手体力測定データ
*3:TANITA体組成計による20~26歳の一般女性910名の平均値

表18-2 シンクロナイズドスイミング シドニーオリンピック代表選手の体型

2000年10月（オリンピック10日後）測定

	シンクロオリンピック代表選手(N=9)[*1]				20〜26歳一般女性(910名)[*2]	
	平均	SD	MAX	MIN	平均	SD
年齢（歳）	23.22	2.28	26	20	20〜26	
身長（cm）	165.34	3.60	172.0	160.0	158.82	5.15
体重（kg）	54.62	3.93	62.7	50.8	51.90	6.26
ウエスト（cm）	69.00	2.64	74.2	66.4	65.14	5.68
ヒップ（cm）	83.93	3.18	89.8	79.5	90.25	4.50
ウエスト/ヒップ比	0.822	0.02	0.859	0.791	0.722	0.05

[*1]：平成12年度JOCオリンピック強化指定選手体力測定データ（筑波大学体育科学系齊藤愼一教授協力）
[*2]：TANITA体組成計による20〜26歳の一般女性910名の平均値

20.93％，2000年が18.31％で約2.6％減少している．インピーダンス体脂肪計が同型式のものではないため，短絡的に比較はできないが，1年間でさらに身体がしぼられたと推測される．これらの値は，一般女性の同年齢の値と比較すると，非常に小さく，シンクロ選手の体脂肪はかなり少ないことがわかる．2000年のデータを脚，腕，体幹部の部位別に比較すると，特に体幹部と脚の体脂肪率が少なく，腕の体脂肪率は一般女性よりもわずかに少ないがそれほど大きな変わりはみられない．一般女性に比べると，背が高くスラッとして脚と体幹が引き締まっているのがシンクロ選手の特徴といえよう．

また，2000年6月に超音波Bモード法によって得られた体脂肪率は平均18.6％，体重は平均56.69kgで，オリンピック後の測定値と比べると体脂肪率はほぼ同じであったが体重が約2kg大きかった．すなわち，オリンピック前のハードトレーニング期の方が体重が重く筋量が多かった．このことは，この時期に蓄えのある丈夫なからだを作っておかなければオリンピックまで持たない，というコーチサイドの目論みが背後にあり，順当にからだづくりが進んでいたことを示すデータである．過去のシーズンの6〜7月のハードトレーニング期を振り返ると，選手数名の体重減少が激しく，トレーニングが思うようにはかどらなかったという苦い経験がある．競技会数ヵ月前のハードトレーニングの時期に頑強で蓄えのあるからだを作っておかなければ，競技会にその"おつり"が現われず，せっかくトレーニングを積んでもその成果を出し切れずに終わってしまうことになる．選手によっては，競技会で最高に切れのいい動きを引き出すために，競技会直前に脂肪をしぼって磨きをかけるという戦略を用いる場合もある．それゆえ，今シーズンはトレーナーとコーチが英知を結集してシドニーまでのからだづくりを個別に綿密に計算し，トレーニングに取り組んできた．その結果がデータに現われていると解釈できる．競技会3〜4ヵ月前のハードトレーニング期にどのようにしっかりとからだを作っておくかは，トレーニング効果を得るために，また競技会で最高のパフォーマンスを出現させるために非常に重要な鍵である．

2）体型

表18-2は，オリンピック10日後（2000年10月）に測定した周径囲のデータである．オリンピック後の代表選手9名の平均値は，身長165.34cm，体重54.62kg，ウエスト69.0cm，ヒップ83.93cm，指極166.64cmであった．シンクロ代表選手9名の平均値を20〜26歳の910名の一般女性平均値（TANITA資料）と比べると，身長が約6.5cm高く体重が2.7kg重い．そして，ウエストが大きくヒップが小さく，ウエスト/ヒップ比が大きいのが特徴であった．ウエスト/ヒップ比が大きいということはズンドウに近

身長が高い

体幹の筋の発達が著しい

ウエストが太い

ヒップが小さい

脚が引き締まっている

全身体脂肪率が少なく（16〜18％）筋量が多い

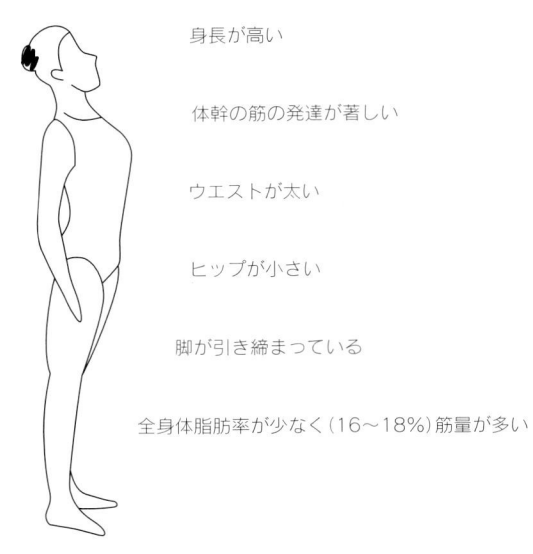

図18-1　シンクロオリンピック選手のからだつき
（一般女性と比較して）

いということであるが，肩幅が広いので（ここではデータはないが），ズンドウというよりはいわゆる逆三角形型の体型をしていると考えるほうが妥当であろう．

また，シンクロ選手は一般女性に比べて，部位別体脂肪率の体幹部の体脂肪率が少なかったが，ウエストの周径囲は大きかった．同時期に撮影したMRI画像をみると，シンクロ選手の腹筋が非常に発達していたことからも，シンクロ選手の体幹部は筋の発達が顕著であるといえよう．シンクロ選手のからだつきは，①全身の体脂肪率が16〜18％で少なく，筋量が多い，②特に体幹の筋が著しく発達している，③身長が高く，胴は太くておしりが小さい，④脚が引き締まっている，ことが特徴であった（図18-1）．

2．からだをつくる

シンクロにおけるからだづくりとは何か．図18-2に示したように，からだづくりを目的ごとに大別すると3種類に分けられる．第1に，「美しく見せるため」「強く見せるため」といった見せるためのからだづくりである．第2に，「切れのよい動きをするため」「伸びのある動きをするため」「多様な動きをするため」「すばやい動きをするため」「力強い動きをするため」といった動きのためのからだづくり．そして第3に，「量・質的にハードなトレーニングを効果的にこなすため」「トレーニングや競技で故障しないため」の故障しないため・トレーニング効果を得るためのからだづくりである．3つは独立したものではなく，それらは相互に関連しあっており，からだづくりの最終目的はパフォーマンスの向上である．

1）見せるためのからだづくり

採点競技であるゆえ，バランスのとれた美しいからだは絶対条件である．バランスのとれたプロポーションは動作のデザイン（動作の基本姿勢）をクリアに見せ，美しい流れを生み出すことができる．また，つま先と膝が伸び，脚のラインがまっすぐであることも，伸びやかで正確な動きを生み出すために重要なポイントである．

また，戦略上のからだづくりがある．例えば，シドニーオリンピックで見せた「空手」をテーマにしたチーム演技は，両腕を水上に高く上げたときに，背中から肩にかけて筋がひとつひとつ浮き出るくらい肩周辺を鍛え，脂肪をしぼった．それは，体線の美しいロシア選手や背の高い手足の長い欧米選手に太刀打ちするために，演技を強くたくましく見せるという日本チームの戦略上の理由からである．日本チームの鍛えられたからだをアピールし，力強さを強調しようというねらいは見事に成功したと思われる．

2）動きのためのからだづくり

シンクロは空気中の約800倍の抵抗がある水中で，可動域の大きな動作を自在なスピードで行なう能力が要求されているため，それ相当の筋量と素早く巧みに動けるからだが必要である．つまり，余分な体脂肪はシャープな身のこなしや切れのよい演技を妨げるファクターとなり，見た目も鍛えられた感じがしないのでまったく逆効果となる．オリンピック代表選手の中には，筋の反応

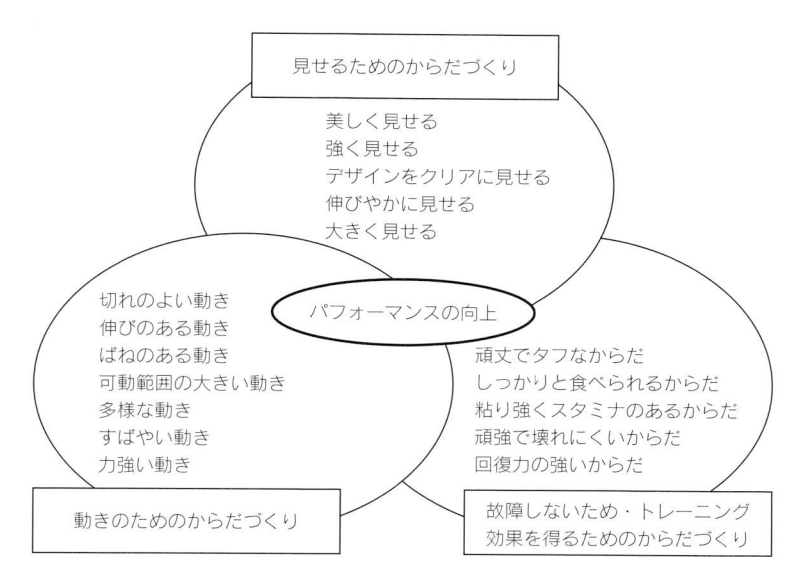

図18-2 シンクロナイズドスイミングにおけるからだづくり

（図の内容）
- 見せるためのからだづくり
  - 美しく見せる
  - 強く見せる
  - デザインをクリアに見せる
  - 伸びやかに見せる
  - 大きく見せる
- 動きのためのからだづくり
  - 切れのよい動き
  - 伸びのある動き
  - ばねのある動き
  - 可動範囲の大きい動き
  - 多様な動き
  - すばやい動き
  - 力強い動き
- 故障しないため・トレーニング効果を得るためのからだづくり
  - 頑丈でタフなからだ
  - しっかりと食べられるからだ
  - 粘り強くスタミナのあるからだ
  - 頑強で壊れにくいからだ
  - 回復力の強いからだ
- パフォーマンスの向上

が敏感でパワーのあるタイプの選手と，鈍感でじわっと力を出せるタイプの選手がいる．前者は瞬発的ですばやいシャープな動きは得意であるが，後者は垂直姿勢（頭を水底方向に向けた倒立姿勢）で中心軸を崩さずに長く立っていられるような基本動作が得意である．いずれも重要な要素であるため，どちらのタイプがシンクロ競技に有利であるかは今の段階では判断しがたい．また，選手の特性を生かしてコーチングすることで，個々の持ち味を出せることもある．総合的には持久的，瞬発的の両方のタイプの出力がバランスよく発揮できることが望まれよう．

ルールでは水面上の身体の高さが高ければ高いほど評価が高い．オリンピックチームでは白木トレーナーの指導のもとで，腕をより長く見せるために肩甲骨を引き上げるトレーニングや，スカーリングのテクニックを高めるために肩のインナーマッスル（小筋群）を刺激するような外旋・内旋のトレーニングを取り入れた．これらは野球選手のトレーニングをシンクロに応用したものである．

また，シンクロ選手は身体の中心軸を感じ，それをコントロールする能力が重要である．その能力開発のためにマットトレーニングを導入し，自分の身体をコントロールし，筋感覚を高めるトレーニングを行なった．また，水中で姿勢を保持したり，素早く力強い動きを行なうために，その起点となる体幹部を鍛えることがたいへん重要である．そこで，腹筋・背筋を中心とした筋力トレーニングやメディシンボールエクササイズを多く取り入れた．結果的に体幹部を鍛えたことは，動きのために役立っただけでなく，身体体積を大きくし浮力の獲得にも効果があった．さらに，メディシンボールエクササイズは普段手と足を別々に動かしているシンクロ選手にとって，全身の協調運動を導くトレーニングとしても大変効果があったと確信している．

さらに，多様な動き，柔軟性のある動きのために，関節（特に肩と股関節）の可動域を大きくすることも重要な課題であった．可動域が大きければ大きいほど，利用空間が広く，演技に幅が出る．ロシア選手は非常に関節の柔軟性が高く，身体の背面から手や足が自在に出てくる．日本選手においては，可動域を広げるという課題はまだ十分にその成果が出ておらず，今後いっそうトレーニングを積まなければならない部分である．

	午前	午後	夕方
月	pool	pool	
火	Wt	pool	
水	pool	pool	
木	Wt	pool	pool
金	pool	pool	pool
土	Wt	pool	
日			

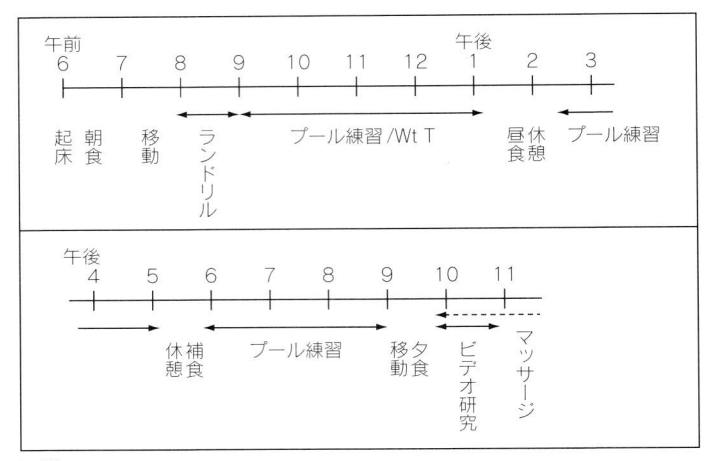

(pool：プール練習，Wt：ウエイトトレーニング)

A　週間スケジュール

B　1日のスケジュール

図18-3　シンクロシドニーオリンピックチームのハードトレーニング期のスケジュール
（例．2000年7月）

3）故障しないため・トレーニング効果を得るためのからだづくり

周知の通り，からだづくりにはトレーニング，栄養（食事），休養・睡眠のバランスが重要である．オリンピックチームは，トレーニングで壊れないための基礎体力トレーニング，摂取エネルギーと消費エネルギーの出納バランスの調整，そして週2〜3回のフィジカルケアおよびマッサージと休養，に取り組んだ．ここでは，一般にイメージされているシンクロ選手の印象を例にあげ，実状を明かしていきたい．

シンクロ選手に対する一般的な風評は，「練習時間が非常に長いらしい」「ものすごく食べるらしい」「食べても食べても太らないらしい」「痩せすぎはダメらしい」といったところか．おおむねこの理解は間違いでない．ひとつずつ解いていくことにしよう．

「練習時間が非常に長いらしい」については，図18-3を参照していただきたい．オリンピックチームのハードトレーニング期の1週間の練習スケジュールは，プール練習10回，ウエイトトレーニング（筋力・メディシンボールエクササイズ・マットトレーニングを含む）3回，ランドリル（陸の上で音楽に合わせて動きを練習する）6〜10回であった．1日の練習時間は，プール練習が7〜8時間，ウエイトトレーニングが約2時間30分，ランドリルが1〜2時間の計10〜12時間であった．そのほか宿舎に戻ってビデオを見ながらその日の演技を検証し，個々にマッサージやケアを受ける．

「そんなに練習しなければならないなんて練習効率が悪いんじゃないか？」「トレーニングの組み方に無理があるんじゃないか？」「旧態依然のトレーニングをしているんじゃないか？」と，ちょっとトレーニング科学をかじった人たちは思うはずである．その通り．本当に練習効率はよくない．おそらく，これは技術系種目かつ団体競技ゆえである．さらにいえば，水中での競技で，同調して動くことが求められるゆえである．陸の上で動きを合わせるのも大変だが，逆さまになって水の中で合わせなければならない．1人ができても8人全員が揃ってそれが自動化されるまで練習を繰り返すしかないのである．もちろん，イメージトレーニングを重ね，陸上でランドリルをし，水中練習の効率を上げようと工夫しているが，完ぺきの演技を目指すには，何百回，何千回の自動化練習を繰り返すことが現時点では最良の手法である．そのため，オーバートレーニングとわかっ

ていても追い込みをかけなければならないときがあったり，チーム競技であるために個々に練習の質を落としたり，休んだりという調整が困難である．試合直前のロシア（オリンピック金メダルチーム）の練習をみていても同様である．ひたすら同じ部分を何度も何度も繰り返し，何時間も水の中で練習している．シンクロとはそういう競技である，と著者は考えているが，もしもっと効率の良い練習法を知っているという方はぜひ教えていただきたい．

「ものすごく食べるらしい」という噂は，ナショナルチーム選手が1日約3,500～5,000 kcalのエネルギー量を摂取していることからも事実である．具体的には一般女性の1.5倍かそれ以上の量を食べていると考えてもらってよい．3食の食事のほかに栄養補助食品として，（製品名は避けるが）ゼリー状のもの，ブロック状のもの，缶飲料，パウダー，タブレット等を摂取しており，エネルギー量の確保と栄養価のバランスに努めている．オリンピックチームのトレーニングスケジュールをこなすには，エネルギーバランスを保つための十分な摂取エネルギー量の確保が重要で，実際のところ選手は食べたくないときでもトップ選手の自覚から食物を口に運んでいる．

その次の「食べても食べても太らないらしい」は，体重変動がほとんないことから証明できよう．そして「食べても食べても太らない」というよりは，「食べても食べても太れない」という表現の方が適切であろう．そればかりかハードトレーニング期には「食べられずに体重維持できない」という深刻な問題に直面する．1日4,000 kcal以上を摂るには普通の食事では無理があり，どうしても脂肪の割合が多くなる．なぜなら，脂肪がもっとも単位質量あたりのカロリーが多いため，量を食べなくともエネルギー量が確保されるからである．しかしながら，エネルギー量は確保できても，心身ともに疲れ切っているときにあぶらっこいものはなかなか受けつけられない．実際，オリンピック前の6～7月の超ハード期には，ほとんどの選手が胃を悪くして，消化剤を飲みながら食事を摂る，といった悪循環に陥った．このとき，胃にもたれずに体重を落とさない料理がないものかと関係者からアドバイス等を受けたりしたが，休養にまさる良薬はなく，頭を悩ませた．

「痩せすぎはダメらしい」という風評もその通りである．なぜなら，何度も繰り返したように痩せ過ぎではハードなトレーニングをこなせないばかりか，トレーニング効果を上げられず，故障を引き起こすからである．自分の骨と肉を削りながら，トレーニングに励むことになる．先にも触れたが，特に鍛練期には十分なエネルギー量を摂取し，蓄えのある中でトレーニングをこなすことがトレーニング効果を得るために重要になってくる．

「頑丈でタフ」「しっかりと食べられる」「粘り強くスタミナがある」「頑強で壊れにくい」「回復力の強い」といったからだがシンクロ選手には求められる．

さいごに

シンクロにおいてからだをつくるということがどういうことか，からだをつくることがなぜ大切か，脈絡のない文章から感じ取っていただけたであろうか．それは，ひとことでいえば，トレーニングで壊れないためのからだづくりに加えて，戦略上，強くたくましいからだ，動きの切れるからだをつくるためである．トップアスリートは自分のからだを自分でつくる．これこそが勝つための基本ではないだろうか．

[本間三和子]

文　献

1) 財団法人日本水泳連盟シンクロ委員会科学・技術部編：1999-2000年度活動報告及び研究成果報告，財団法人日本水泳連盟，2001
2) 本間三和子：競技スポーツにおける栄養管理の実際―シンクロナイズドスイミング―．競技力向上のスポーツ栄養学，トレーニング科学研究会編，朝倉書店，2001

19章 標的競技における呼吸運動と心拍動

　この章は「呼吸運動と動作」(体育の科学第49巻第5号)[14]を表題に改めて執筆することが編者から依頼され，ほとんど書き直すことになった．前稿では，呼吸の動きと発揮される筋力の水準の関係をまとめる意図で取り組んだが，実験および文献資料が不十分であったので，手元にある資料を並べたてて責を免れたというものであった．

　これまで運動と呼吸の関係といえば，運動強度と呼吸の回数・深度に始まって，換気量，酸素摂取量の関係が触れられてきた．その関係は体内摂取された酸素が筋によって消費される過程の研究であった．運動生理学では酸素運搬系および消費系の研究へと発展し，それは肺胞ガスから血液(赤血球および血漿)，その血液から筋組織への膜の酸素透過性(拡散能)，あるいは心臓における血液駆出能が調べられ，いまや酸素消費系である筋のATP産生能，乳酸の消長の研究は関連する酵素や電子レベルでの微小変化の探求が生化学的手法で進められている．このような時に呼吸運動と動作の論題はあまりにも素朴な課題であると思えた．だが，最初の原稿依頼の文には著者らがその当時報告[15]をしていたアーチェリー選手の矢の発射時の呼吸と心拍動のことにも触れて欲しいという助言があった．

　身体が発現する運動の成果は，その行なったスポーツ活動の成績に結びつくので，身体運動の研究成果はスポーツ活動を科学的支援し，競技力を向上させると考えられている．例えば，長距離走中に運ぶ脚のリズムと呼吸リズムの間には深い関係があるという研究報告がみられるようになった．その現象は，Locomotor-respiratory coupling(またはentrainment)といわれる．これらの研究結果はコーチや選手たちに1つの手がかりを与えると思われる．

　再び，ここに問われた課題の"標的競技"の条件は前回の課題ではアーチェリーの矢の発射時において記録された呼吸曲線と心拍動のタイミングに特異なデータが得られた事象に関連した論述が期待されていると理解した．

1)"標的競技"について

　改めて標的競技という語が表題の中に入れられたとなると，著者らはこれについての見解をまとめておく必要がある．標的競技が確立してきた過程を史的に調べていくと，極めて興味のある発射装置とそれを扱う技術の変革の要素が見えてくる．生活・宗教・軍事・競技・遊戯化へと移行する過程は軍事工学の発展によって発射装置の改善がみられるが，それを操作する身体運動は個体によって不連続的に繰り返されるたびに未知の部分として多く残されたのである．

　生活技術あるいは軍事技術の1つとして発達してきた射撃技術は，発射装置の銃と火薬と弾丸が改良され，さらに標的と発射装置の位置を合わせる照準器に望遠鏡を加えることになった．銃の発明と改良は狩猟やスポーツの射撃に用いられるようになり，弓矢の使用は後退して競技のみとなる．このような射撃技術のスポーツ化が進み，銃による射撃が第1回オリンピック大会(1896)から正式種目となっている．

　射撃用具の改良とその技術は時代とともに向上してきたけれども，それぞれの時代に使われた器具を上手く使いこなす身体の調節機構だけが繰り返し問題とされてきた．姿勢を整え，精神を統一

するという表現の時期が永く続いた．銃による射撃の種目もライフル射撃とクレー射撃として大きく分けられている．ライフル射撃は軍事技術の競演の延長であり，クレー射撃は狩猟から競技への発展だといえる．

ライフル射撃では固定の標的を遠方から狙う長い銃と，近い距離から狙う短銃の競技があるし，姿勢の規定も立射，膝立射，伏射と区別されている．クレー射撃では空中に発射された土器を狙うが，この空中飛翔経路がほぼ一定であるトラップ種目と，空中に発射される標的の高さも方向も変わるスキート種目がある．クレー射撃の弾丸は散弾である．

近代五種競技と冬季競技のバイアスロンの一種目として射撃種目がある．これらの競技はまさに軍事技術の競技化であり，近代五種競技では短銃が，バイアスロンでは携行が容易なライフル銃が使用される．これらの種目は長時間運動との複合競技であり，身体に疲労を起こさせた状態を作りだしての射撃競技となっている．

弓矢の競技でオリンピック種目になったアーチェリー競技がある．長い距離で90 m，短い距離は30 mで競う．用いられる弓は上下が相似形である．また，矢を掛ける台が弓の中央でくり抜かれ安定器も付けられた単純な発射装置である．これに対してわが国では古来から行われてきた弓矢が使われている．弓は片手で握れる太さであり，矢を掛ける位置からみて上長下短となっていて，弾力も上弱下強であるので操作が非常に難しくなっているという．

スポーツ活動に限らず道具を操作する人間は標的に当てるという目的に合わせて身体訓練をしてきた．これだけ発展した現代のman-machine systemにしろ，information technologyにしても身体運動は必ずそれに関係する．例えば，現代の標的装置はhigh-techの粋を集めた軍事行動におけるピンポイント攻撃である．ここでは身体運動の関わり合う場面をできるだけ消去している．とはいえ，時機の判断には人の脳活動が伴う．スポーツ活動では必ず身体運動が伴う．例えば，最大パワーの発揮が必要である走・跳・投の運動においても"より速く，より高く，より強く"といわれる標語のもとで，積み上げられたトレーニングの結果，得られたフォームの正確な発現が背景になっている．日常生活における身体運動といえども，意図的な行動の背景には"正確さ"の性質が組み込まれている．

標的競技は身体と的との間には空中を飛翔させる物体があり，この物体発射のための装置が用いられている．その上，目標物に的中させるという意図的行動が伴う．身体はこの発射装置を安定させるために，神経・筋系の働きを調整する．このとき地上環境からの物理的力が働いている．日常生活において身体の静止状態が求められる仕事は縫い針の穴に糸を通す動作や鉄道の切符販売機にコインを押し込む動作が一般的に見られよう．

2）開放回路と閉鎖回路

本稿の改題について，もう1つどうしても触れておかなければならない問題点がある．呼吸運動と筋力発揮の間には呼吸筋の調節と作業筋の力発揮の調節との相互の神経・筋調節機構の干渉作用の存在を指摘したが，これらの機構の干渉は閉眼状態でも成立する．標的競技は明らかに弾丸あるいは矢を発射させる器具の照準と的を合致させる眼の参加が求められる．

閉眼状態での神経・筋調節系の情報回路は閉鎖回路系（closed circuit sysytem）といわれ，開眼によって身体を包む環境の一点に的を求め身体運動を調節する情報回路は開放回路系（open circuit sysytem）といわれてきた[37]．スポーツ活動の大部分は開眼による姿勢調節が行なわれている．これらの神経・筋調節には大脳から発射される電気衝撃が，姿勢調節を起こす運動効果器に至るフィードフォワード回路と，運動効果の確かめのための情報が逆行するフィードバック回路が複雑に関係するという[11]．しかし，神経・筋の電気衝撃の微小変化が実験的にとらえられるけれども，身体運動の意図とその結果の過程は電気現象の微小変化から推論されるのみで，身体運動の統合作

用では意図と結果が問題視される．すなわち，情報の入力と出力との中間に介在する身体運動の処理過程は暗箱（black box）として処理し，この内側の介在要素の存在と働きは推論されているだけである[37]．

著者らは標的競技の解析を目的にした研究を行なったことはない．ただ，標的競技を含めて各競技に共通な要素を引き出す試みの研究はいくつか行なってきた．個々に行なわれている競技はそれぞれ長い歴史をもつために，いろいろな技術が言語をもって伝えられてきた．特に，和弓の扱いについては独特の用語が使われ，著者がいう経験則に近いものが多くあるとみられる．しかし，各競技の経験則にとどまっていては他の競技に利用もできないし，比較・検討した上での一般則を見つけることができない．

1．指導書にみる発射姿勢

1）立位姿勢と上半身の安定

各競技の指導書における構えの姿勢（競技スタンス）の足の位置は，ライフル射撃とアーチェリー競技がほとんど同じである[22, 38]．的と射手を結んだ線に平行に両足を置く．そのときの足幅はほぼ肩幅とし，爪先の外側に向く角度は約40°で，両足均等加重を勧める．これが和弓の場合となると両足幅は身長の半分（ほぼ矢の長さ）とし，爪先の開く角度は60〜70°としている．これらの条件は安定姿勢をとるためだという[17]．

標的競技ではないが自然な立位姿勢をもって基本的構えの姿勢（自然体）とし，それについて記述する競技がある．柔道，剣道，長刀などがそれであり，共通する表現は両足を平行あるいは斜め方向に置き，足幅は約1足長に，そして爪先も自然に外側に開くという．この姿勢をとる競技は相手競技者がいて，その動きに対して臨機応変な動きが起こしやすいものという．それにしても，わが国古来からの武道では，心の動きを含めて安静状態を自然というらしい．それに対して標的競技では，規定方向へ物体を発射させるための足の構えの位置が問題とされている．

いずれの標的競技においても，飛び具（弾丸または矢）の発射装置を両腕で支え，両肩の上縁に抱え込む．標的と飛び道具の線を眼で合わせるためである．射撃では弾丸を発射させるエネルギーは火薬に頼るが，弓射では弓の弾性エネルギーである．この弾性エネルギーを貯えるために両腕の牽腕力が加えられる．したがって，射手の上半身の安定性は射撃と弓射では同一に扱えない．

（1）弓射の場合

弓射では弓と弦との距離を開くために加える両腕と背上部の筋群の働きがある．弓を持つ手は伸展させ，弦を引く手はアーチェリーの場合に下顎あるいは頬にまで，和弓の場合には矢を頬にあて後頭部の後方まで引く[38]．そこで矢を停止させて的と合わせる時間中，弦には力が加えられている．

弓の重さはアーチェリーの場合はルールで形状が自由であり，和弓の場合には現在多くの人が使っている形状は同一であるが記述が見あたらな

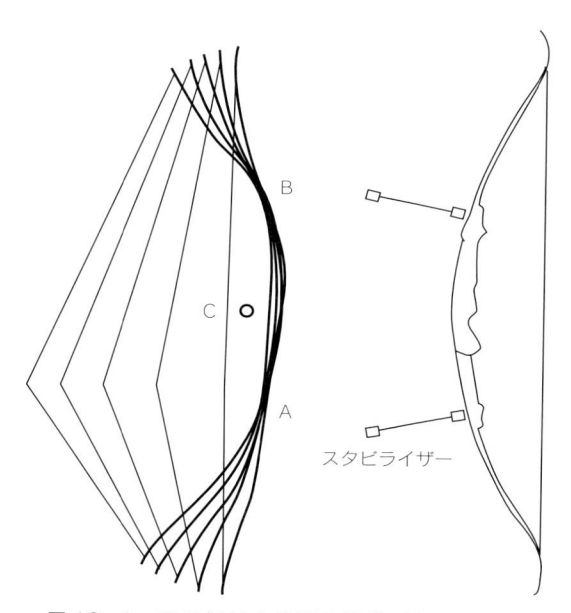

図19-1　弓の握りの位置と振動（左；Cは重心位）とアーチェリーのスタビライザー（右）
（小林一敏：射る－弓道における手の内の力学－．数理科学 181: 10-15, 1978）

い．ただ，和弓の研究報告の中に約0.70kgの数値がある[23]．アーチェリーの場合，使用する弓の特徴は引き分ける強さであらわし，射手の牽腕力の約1/2の強さの弓を用いるという．また，これらの条件は展開される各競技法によって影響される．アーチェリーでは1ラウンド144射であるのに対して，和弓では2射または4射である．ここには筋持久力が影響するらしい．

弓の重心はアーチェリーでは一般的に弓の中央にあり握る場所に近い．ところが和弓では，握りの位置から約25〜26 cm上方にある．この差異は撓んだ弓が元の形に戻るときに起こる振動に影響がある．そこで握りの位置は振動の節（node）になって衝撃は受けないという[23]．アーチェリーでは握る手に強い振動が起こり，弓を押している腕の手首，肘，肩の関節に衝撃力が伝わり正確なリリースができない．弓の振動を消すためにスタビライザーをつけている（図19−1）．

さらに，弓と矢が交差する部位では，アーチェリーは矢を受ける台（arrow rest）が弓の握りの内側に刻まれているが，和弓ではこれがない．和弓では弦が弓の中央に戻るときに矢先は外側を向いていることになる．そこで"手の内"といわれる弓の長軸に対して捩る力が常に必要となる．これに加えて，弓の両端の距離は握りの位置から上側が遠いのでモーメントは大きい．そこで，握りの位置に対する上下のモーメントを釣り合わせるために，握りの位置の上側を矢が離れる瞬間に力を加える．これが"上押し"といわれ，弓を引き絞っている張力は約22 kg重，矢の発射の時にさらに約37 kg重を加えるという測定値がある．これは矢が発射される瞬間にも親指のつけ根と弓とが作る角度（つの見）を変えないようにすることが矢を真っ直ぐに発射させるという[23]．

アーチェリーでは矢を置く台がつけられているので，発射された瞬間に矢は，台上で接触して，矢に振動が起こるという．そこで矢が弓から離れるまでに1サイクルの振動ですむような固有振動の矢を選ぶ（tuning）ことが大切だという．

（2）射撃の場合

射撃姿勢は立射，膝射，伏射が用いられるが，本節では立射のみを扱う．重量が約5 kgのライフル銃を両肩の高さで水平に支えるので，指導書[22]では「銃の重心と身体の重心を垂直線上に揃える，その総合重心線を両足支持面の真上に位置させる」と述べる．大切なことは照準を覗く眼と的を結んだ直線上に銃の軸線を揃える．したがって，両足の位置と銃の軸線は平行になるが，銃の重みを全身で受けとめるために骨盤をやや後傾させて背部を丸める．そこで，片手を銃の下側にあて，銃床を後方の腕の腋に抱え込んで他方の手を引き金にもっていく．このため上体は的の方向にやや捻った姿勢となる．ここで頬をチーク・ピースで固定し照準器を的に合わせるという．

指導書[22]では第一に射撃姿勢が大切だという．銃を的に向けるのではなく，"姿勢全体を標的に合わせよ"と．そのためにトレーニングによるステレオ・タイプ（常同姿勢）化を説く．そして，バランスのとれた感覚は内面的姿勢により物理的平衡バランスと筋肉の緊張の脱力を導くという．このために発射と発射の間での動作はあまり変えないことも大切だと述べる．

さらに，この競技特有の装備品の利用である．1つは"コート"という上半身全体を支える装具である．一般的にいうコルセットの類似品である．背中にテーピングをしたような感覚が必要だという．もう1つは"スリング"という革ひもが銃床や銃を支える腕の固定に利用されている．

この競技での安定した姿勢は，不必要な筋のリラックスが心理面から求められ，物理的には体幹および腕の固定装具の利用が勧められている．加えて，生理的側面からの記述がある．呼吸運動と心拍動の影響が指導書[22]に示されていることは興味深い．これは本節の注目課題であるので後に触れるが，この生理的現象の対応としてコートの下にトレーニングウェアをさらに着用して心拍動の影響を少なくする手法があげられている．

弾丸の発射は射手からいって身体近くにある銃床を固定して送り出す．矢を発射するときは腕を

伸ばし，身体から離れた手で弓を固定して送り出すことと対照的である．射撃では火薬の一瞬の爆発によって弾丸に運動エネルギーが与えられる．その圧力はスモールボア・ライフル銃で1300気圧という．発射された弾丸は急加速で前進を開始し，ライフルリングにくい込んで回転力が増す．薬莢から40～50 cmで最高速度（約320 m/秒）に達し，銃口から飛び出す．この間の反動は後方への押しと銃身に対して回転のバイブレーションを起こしているという[22]．さらに弾丸が銃口を飛び出すとき，銃口を跳ね上げるという．反作用力が動きにあらわれるらしい．

飛び出した弾丸は標的に達するまでに風に流されるという．ライフル射撃の300 m大口径よりも50 mスモールボア射撃の方が大きな影響を受けるらしい．さらに季節的に陽炎が起こりやすい時には300 m射撃で影響があるという．無風状態でも陽炎は上昇気流を生じ，弾丸が影響を受けるばかりでなく，標的が光の屈折でずれて見えることが指導書の中で指摘されている[22]．

2. 不随意な環境因子の関わり

目的に合致した動作・運動が巧みだと評価される．射手の決断によって発射装置が操作され，飛翔物は的に向かって進む．その結果が相対評価され，その結果を生みだした操作手段，すなわち技術に評価が及ぶ．この決断に至るまでの身体および意志の働きが注目され，いろいろと指導書の中で論じられてきたように思う．

ところが，競技を取りまく環境の中には操作者の意志のままにならずに操作技術に影響を与える因子が身体の内外にいくつかある．

1) 外部環境から：重力の作用

スポーツ活動では地球からもたらされる力の影響は無視できない．これは身体の外部から作用する力である．標的競技は他の多くのスポーツ競技とは違って，その場に静止し安定した姿勢の維持が期待されている．立位姿勢であれば，身体部位の重量分布が上側にあり，さらに発射装置を胸の水準に保つ．いいかえれば，人体重心の位置が高くなりより不安定な状態にある[6]．そこで身体内では抗重力筋を発動させて安定を図っている[9,10]．抗重力筋の発動は主に不随意の神経回路である姿勢反射によって行なわれる．

物体の安定性は重心の高さとそれを支持する面積に影響される．標的競技でいえば，地面上にスタンスをとる両足が作る面積である．両足を踏ん張るためには地面と足裏の間に摩擦力が働く．靴の裏底と地面の性質が変わらなければ，体重の大きいことが安定度を増すことになる．足関節を固定できるような比較的重い靴の利用が考えられる．

立位姿勢の支持面積を大きくとることは意図的に行なえる（図19-2）[13]．両足の間隔を適度に開くことである．ところで，この適度とはどの位であるのか．立位姿勢をとり，両足を順に側方へ開いていった各姿勢での重心動揺曲線をみている研究がある[13]．これは抗重力筋の働きによって足裏に加わる圧力中心点の動揺をみたことになる．得られた動揺曲線を比較すると，両踵が着いた状態では個人によって異なるとはいえ前後左右に振幅があらわれるが，両踵間を大きくとるにつれて前後の振幅はやや減少し，左右の振幅は極端に小さくなる．ところが，ある間隔を過ぎると再び前後・左右方向の振幅は大きくなる．この結果，最も小さな振幅を示す開脚幅はほぼ肩幅くらいであるという[13]．

これと同時に大腿と下腿の周囲を8分割して皮膚上から筋電図を記録しているが，肩幅を超えた開脚幅になると，各筋群の放電量が増加するという．以上のことから，肩幅までに足幅を開くことは支持面積を大きくした結果，動揺が小さくなり，さらに開脚幅を増すことによって動揺が増す理由は抗重力筋が動員されたとまとめている．

2) 眼の焦点調節

発射装置から飛び出した矢または弾丸は標的に向けて真っ直ぐに進むことが期待される．そのた

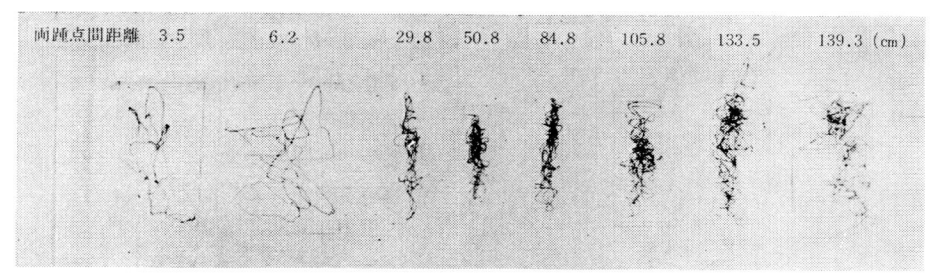

両踵点間距離　3.5　　6.2　　29.8　50.8　84.8　105.8　133.5　139.3 (cm)

図19-2　開脚距離と重心移動軌跡
（石井喜八：姿勢研究の一つの試み―構えの姿勢―．体育の科学 26：317-321，1976）

めに発射装置と標的が直線的に配列するように操作が行われる．この操作は照準を合わせる随意的動作である．射撃では片眼をもって照準を覗き，光軸を定める．そこでこの光軸上に矢または銃身を配列することになる．射撃ではこの配列のために照準器がつけられている．照準器は眼の近くに照門，銃身の先端近くに照星がつけられている．ライフル射撃では照門のかわりに望遠鏡を利用するものがある[22]．

片眼，照準器，標的を直線で合わせるために他の眼を閉眼したり，開眼しても直前に遮眼物を置くかは経験によって選択されている[33,37]．経験によって反射化された機序が随意に選択されるといえる．さらに眼球の働きの1つとして凝視の問題がある．眼球内の網膜上に被写体の像を結像させる生理的機序（遠近順応）である．標的，照門，照星までの眼球からの距離がそれぞれ異なっているので同時結像は不可能である．この調節機序は反射的に被写界深度を調節している．この被写界深度を深め標的の像を照準器に重ねようとする工夫が望遠鏡や眼球近くの小さな覗き穴（ピープ）の利用によって行なわれている[22]．

3) 上体の筋緊張と呼吸運動

直立姿勢を維持しているときの両腕に加わる荷重とともに胸腔や腹腔の内圧を測定したり，上体に付着する筋群の活動状態を調べた研究[1,2,12]がみられる（図19-3）．これらの各測定値は互いに直線関係を示している．さらに内圧が調整できる袋状のコルセットを着用させ，その内圧を5 mmHgから25 mmHgまで順次増していくと，腹腔圧の上昇の程度はコルセットを着けないときよりも急激にあらわれたという[22]．

計測器具が進歩するにつれてゴム嚢による空気圧測定から圧力電気変換器が用いられ，微小針の先端にこの変換器をつけ椎間圧力を測定したり，変換器に送信回路を封入したラジオピルを飲み込ませて身体外の受信装置によって圧力変化が記録されるようなった．このような装置を用いても外的荷重，EMGによる筋緊張の程度および腹腔内圧それぞれの結果は同様である．

ラジオピルを用い荷重と筋緊張の程度および腹腔内圧の関係をみた研究[14,34]でも，荷重に伴って筋緊張が増すと腹腔圧が増し，呼吸相に変化があらわれる．すなわち，①立位姿勢で上体を前倒し，下垂した両腕の手で荷重を支える，②同じ姿勢だが胸部上端に荷重を加える，③長坐で上体斜後傾にし，両肩の水準に荷重を加える姿勢を選択し，それぞれの姿勢維持に参加する筋群を区別した．そのとき，すべての姿勢で荷重が軽度のときには呼吸相の規則的リズムがみられるが深度は大きくなる．さらに荷重が増すと吸息相での止息傾向が増し，荷重がさらに増すと吸息相での完全止息があらわれた．

この各姿勢における推定参加筋群を簡略的にいえば，①の姿勢では背筋および肩腕筋群，②背筋群，③腹筋群である．そこで吸息相完全止息があらわれる負荷強度は，股関節モーメントは500 Nm：300 Nm：170 Nmであった（N = 15）と報告し，これらの差は3動作のそれぞれに動員

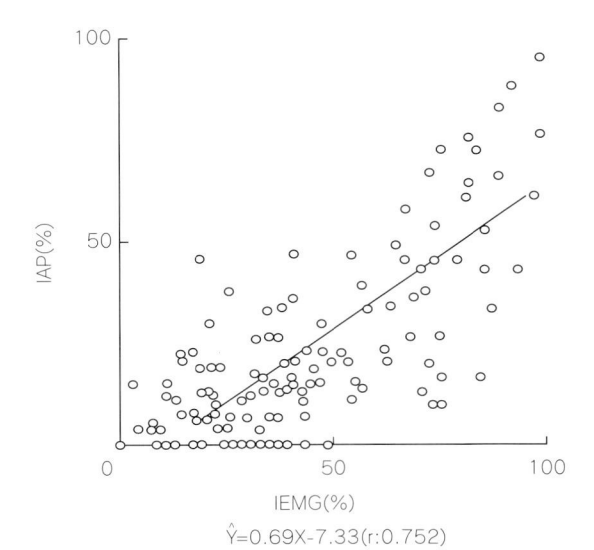

図 19-3 体幹傾斜負荷重量支持における積分筋放電量 (IEGM) と腹腔内圧 (IAP) の関係
(Ueno Y, Ishii K : Measurement of intra-abdominal pressure using a pressure sensitive radio pill : effects of abdominal and lower bac muscles on intra-abdominal pressure (IAP). Asian Games Scientific Congress Proceedings. pp1040-1069, 1986)

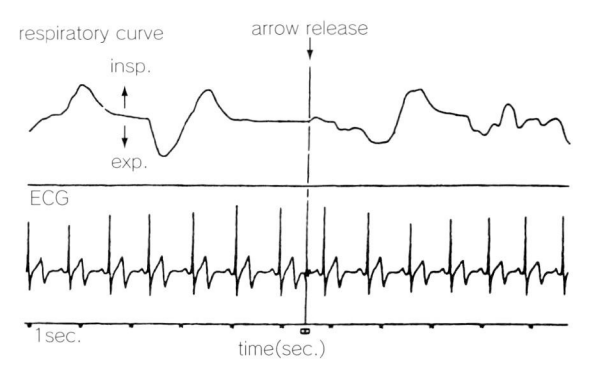

図 19-4 オリンピック選手 (H.Y.) のアーチェリー試行呼吸曲線は一般的であるが標的動作中 R―R 間隔が開く特殊選手の例である
(石井喜八, 木村季由, 薗部正人, ほか：洋弓における矢発射時の呼吸・心拍モードの適応. 日本体育大学紀要 26：1-8, 1996)

される筋肉量の違いから生じたものという. 背筋群と腹筋群が脊柱を垂直に支えるときの関与度は 7 対 3 の割合であると一般的にいわれている. こ のことから上記の数値を比較するとほぼ妥当な数値であり筋量の差と解してもよい.

このことは大筋群が発揮する筋力のある水準から完全止息状態を優先させていることになる. この報告では各動作時における最大値に触れていないので, 完全止息が生じる筋力発揮水準の割合が示せない.

射撃競技では約 5.5 kg 以下の銃重量を肩腕部で支えればよいが, アーチェリーや和弓では弓を引き絞る肩腕力が必要である. アーチェリーの弓の強さは普通男子用 80 ポンド (約 36.3 kg) 以下が使われているが, 和弓では弓と弦を開く力に加えて弓の本体を長軸まわりに捩る力と握る部位よりも上側を発射方向に押す力が加えられているという. とはいえ, 各種目の発射器具を支持したり, さらに肩腕力を加えているが完全止息の水準に達してはいないようである.

4) 呼吸運動と心拍動

完全止息以下の運動強度では平常の呼吸運動が行なわれていると一般的には考える. ところが無意識の中にも意図しなかった出来事や, 物事に集中したり心配事に出合ったり, 姿勢変化を行うときに一般的に呼吸運動の停止がある. このような呼吸は平常の呼吸運動中に他動的神経制御から生じる"力み"呼吸 (strained breathing) といわれる[7].

平常の呼吸量の約 75% は横隔膜の働きによる. 精神的な緊張や姿勢変化に伴う"力み呼吸"は血圧や心拍数に影響を与える. この呼吸運動は横隔膜の圧力を変化させる. この典型例は唾液を飲み込むときなど, 短時間に声門を閉じて呼吸を止めると血圧や心拍数が変わるというバルサルバ・マニューバ (Valsalva maneuver) である.

(1) 発射時の呼吸相と心拍動の局面の記録

弓道やアーチェリーなどの弓射動作中の呼吸の状態を記録している報告がいくつかある. その中で, オリンピック選手についての 1 例報告が示唆を含んでいるのでここに触れる[15]. この選手は 1984 年ロス・オリンピック大会以来この記録が

行なわれた1996年アトランタ大会まで日本代表として出場したH.Y.選手である．

実験に使った弓は彼が使い慣れた45ポンド弓で，矢は約19gの短距離用であった．標的までの距離は約30mであったという．VTR撮影と同時に呼吸曲線と心電図記録が行われた．試行は6回行なわれ，それらすべての記録が掲載されている．その最初の2回はVTR撮影のために合図後約5秒で発射をさせている．その後の試行はすべて任意の時間に発射させている．

その結果の一例として第4試行の記録を載せた（図19-4）．共通にあらわれた特徴は，①呼吸相は深い呼息から吸息相に移行し，そこでやや呼出した後で止息相を保ち，発射後，さらに呼出している．発射までの止息時間は平均値が2.8秒であり，その範囲は2.0〜4.2秒である．②心拍動の変動は止息期に入るとR-R間隔が延長する現象があらわれることと，発射は拍動と拍動の間で行われていることである．

以上の選手の結果に対してアーチェリーの未経験者では発射時の心拍数が125〜133拍/分であり，発射のために吸息相があらわれるが，徐々に呼息を深めて止息水準を安定にする．その水準で発射に至るが，この止息時間は約7秒であり，選手に比較してはるかに長い．この間に1度軽い呼息相を示すがこの時点から発射までの時間は約5秒を要した．心拍動と発射時点の局面をみると統一性がみられない．

そこで，大学選手権大会出場レベルの選手（N＝13，各6試行）について心拍動と発射時点の関係をみたところ，拍動の瞬間が9例，S-T相に33例，T-P相に36例の出現の割合を数えた．とはいえ，これらの報告は現象の観察記録にとどまっている．

5）呼吸・循環系と筋緊張の神経関連機序

標的を射るという目的行動は明らかに随意的意志によって発動される．この意志決定は瞬時に行なわれるわけではない．そこには射撃用具の装備に始まり，発射時間選択のための準備の構えが整えられる．これは動作学的説明である．この過程が力学的説明になると外的作用力と内的作用力の整合の段階であり，これまで指摘してきたように生体内外の諸要は随意的調節の意図の中で，意志のままにならない不随意な調節機序が関与している．

これに心理・生理的研究から接近する人たちがいる[2,3,5,7,8]．生体についての微少な神経機序の解明が進んでいるけれども，統合的神経機序についてはなお不明なところが多い．心理・生理的接近をする人たちはここの事象を捉え，それらを統合しようという試みをしている．ここでは意識的集中の作業中の呼吸・循環器系の関連を調べているグループがいる[31,32]．そこでは意識的集中度を高めるために，繰り返し放電による光刺激を与え，誘発脳波の変化を引き起こしたときの呼吸回数や浅深度，ときには止息の記録とともに血圧や心拍動の変化の関連を論じてきた．しかし，それぞれの変化の間に相関性がみられるということから，中枢系・末梢系の神経支配のいずれが誘発原因であるかの説明がつけられないでいる．

そこで，動作刺激を集中度の高いスポーツ場面に求める人たちが出ている[32]．特に標的競技は静的姿勢で行なわれるところから生理的変化の記録がとりやすい利点がある．標的競技はライフル射撃やアーチェリーが選ばれている[20]．競技が静的姿勢で行なわれるとはいえ，産業的実験室実験と異なり立位姿勢に変わる．生体変化の記録には身体動揺度や筋電図法が加わっているが脳波の記録は少なくなり，競技成績への配慮から構えの姿勢から発射までの時間，心拍動の間隔の変化，および発射瞬間の心拍動の局面に焦点があてられている．

目的達成のため発射前の局面と発射時期の局面の分割は，短時間（7秒以内）とはいえ不随意系の諸要素の調節期と発射時機の選択という瞬間の随意系の発動の機序をみようとするものである．

それらの実証的過程の中で，筋作業を伴う集中度の高い課題実施に対して心拍動の間隔の変化や血圧の変動，それに吸気・呼気という呼吸相の変

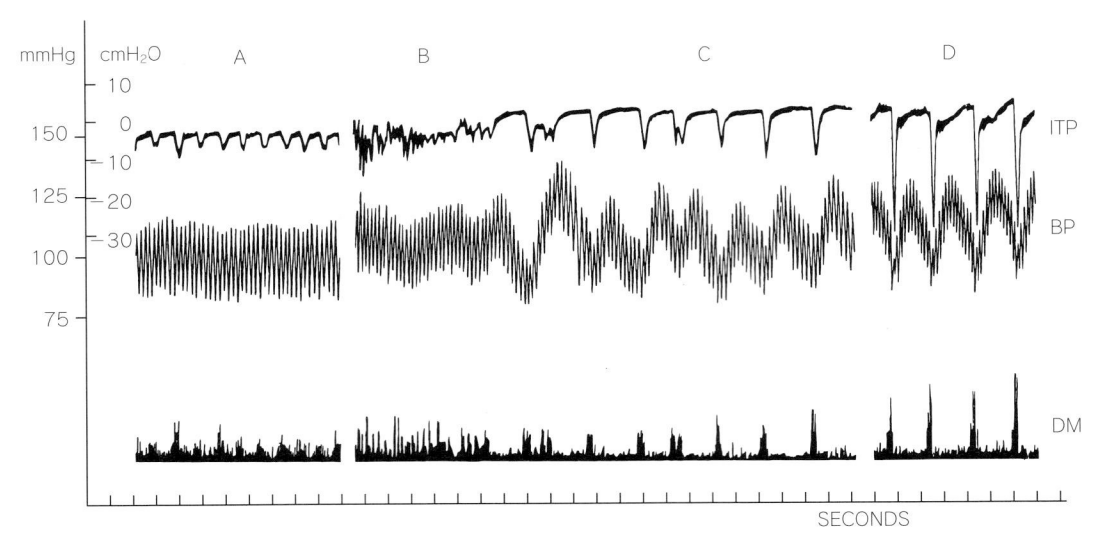

図 19-5　胸腔内圧（ITP,cmH₂O）血圧（BP,mmHg）と横隔膜筋電図（DM）
A：安静時，B：息切れの時期，C：strained breathing の開放期，D：Cの局面と同じだがより明確な記録例
（被検体；rat）
(Fokkema DS : The psychobiology of strained breathing and its cardiovascular implications : a functional system review. Psychophysl 36 : 164-175, 1999)

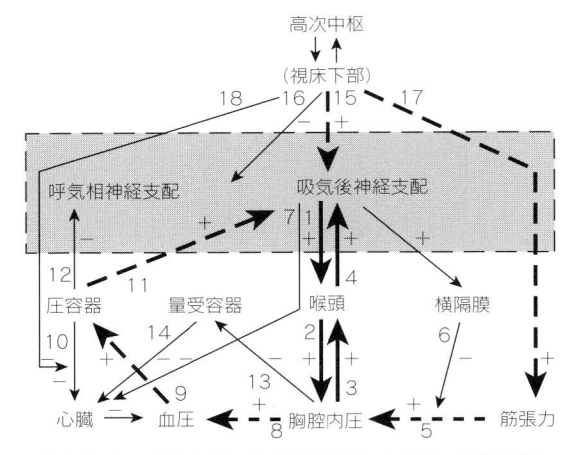

図 19-6　呼吸中枢（上段陰影部）と呼吸・循環系反応の神経回路；興奮型（＋）と制御系（－）
中央の太い矢印は，吸気後の胸腔内圧（ITP）と喉頭・横隔膜受容器のフィードバック回路
左側の太い破線の矢印は吸気止息後，ITP の上昇から血圧を上昇させる回路
中央下段と右側の破線は，フィードバック回路の活性化を促す視床下部からの回路
細い矢印は strained respirarion が心臓機能に及ぼす副回路
(Fokkema DS : The psychobiology of strained breathing and its cardiovascular implications : a functional system review. Psychophysl 36 : 164-175, 1999 に石井が高次中枢を加えた)

動が報告されてきた．その中で発射時機の心拍動の減速あるいは加速がみられるという対立の見解や，発射時機の心拍動の相は S-T の安定相であるかないかの論議が続いている．ただ，準備期における心拍の状態から続く発射時機の心拍動の相の関係は未だ解明されてはいない．また，アーチェリーの弓が低強度であると発射前の心拍動は少ない．すなわち，R-R 間隔が延長するという．その原因は標的への集中度を高めることになるのだろうと推論する．

著者がさらに考察を加えれば，射手の筋力発揮能力に対する弓の強度の比率が適切（optimum）であることが望まれる．この個々の人についての至適水準の筋力発揮が心拍動の遅延を起こす．ここには，立位維持のためには下肢筋群および脊柱支持筋群の参加が筋電図法によって確かめられているが，それらの至適強度の水準は確かめられていない．そこで胸・腹腔内圧の測定値が利用できると思われる．

最近，中枢神経系および筋緊張，呼吸相，心拍動に関連する神経機序の総説がある[7]．この論文

の特徴は心理的緊張度の強い作業のもとで得られるいくつかの生理的反応を呼吸の相と関連させてまとめていることである．呼吸相を胸腔内圧と横隔膜緊張を筋電図から，さらに腸間膜の圧上昇による血圧の変動を同期させた記録をあげる（図19-5）．

そこでまとめた中枢，呼吸相および循環器系反応に及ぶフィードフォワード回路とフィードバック回路を関連づけた各部位の刺激・反応系を結びつけている．最下段には生理学的反応のいくつかを示している（図19-6）．迷走神経が関与する呼吸循環器系の働きに呼吸相から区分しようとする試みをしたといえる．

生理学では微細構造が解明され，ホルモン調節と神経調節による機能が研究されている．神経による調節はホルモン調節よりも時間的に素早く作用する．したがって研究対象の組織器官の機能の関連性をみるときには神経機序に視点がむく．高次神経活動の刺激が呼吸・循環系に反応を引き起こすと刺激に対する効果器は呼吸筋や心臓脈管の組織の筋，あるいはそれらの筋活動からもたらされる圧力変化が記録しやすい．換言すれば高次神経活動を脳波の変動を刺激とし，それに反応すると類推される筋活動またはその結果としての圧変化を関係づけて説明しようとする．だが，それらの刺激の入力から効果器の出力反応の中間回路をブラックボックスにすることなしに，刺激経路を推論している．

この手法は不確定な部分を暗箱あるいはカオスの部分としてしまうことなしに関与する諸要素の結びつきを仮定している．これは数学のmodelingと同様の考え方で関連要素を組織立て，実証できる要素から確かめていくという手法であるといえる．

まとめ

スポーツ生理学トピックスの1つの話題とした「標的競技と呼吸運動」に心拍動の要素を加えて考察してみた．ここで試みたことは標的競技の指導書や若干の史書から発達過程をとらえ現在使用されている各種射具までの改良の過程を概観し，現在の射具の扱いを身体の随意活動のみならず不随意活動の要素を指摘した．その結果，体性神経の反射および自律神経機構の不随意要因と標的に命中させる意志とそれにもとづく骨格筋までの随意神経支配要因との関連機序をまとめてきた．ここには実験条件によって高められた集中力（attention or arousal）やスポーツ場面の競争意識によって高められた大脳興奮水準と呼吸相，胸・腹内圧，心拍動，血圧の変動の実証を関連づけ，その中間に存在するそれら変動に関係するいくつかの要素を確かめの結果をあげてきた．そこには自律神経および迷走神経が支配する組織の働きを組み合わせて全体的機序を説明しようとした．

この論述では指摘できる不随意系の要素の存在をあげた．標的に矢または弾丸を命中させる意図にもとづく静止姿勢を期待し，その姿勢のある瞬間に発射動作を起こす．われわれは心拍動のR-R間隔の比較的安定した瞬間に矢を発射する1名の熟練者の例を示した．この記録はたまたま1回のみではなく，繰り返しの発射時に必ずみられた記録であった．

この発射瞬間の選択は何を根拠としているかは不明である．しかし，適切な（optimal）瞬間であったことは確かである．一般的にいえば，発射のタイミングの選択が優れていたという．タイミングとは瞬間的時点とある位置を一致させることである．我々は動作・運動を改善できる能力がある．そこで熟練者であるから向上したと短絡的に考える．訓練効果の実証はこの例にはない．

現在のところ全身運動を支配する諸要因の関連は複雑系の機構である．不確定の要素を含めて機構の整理をする手法がmodelingである．したがってmodelingを行なったとしてもその結果は蓋然性が伴う．したがって適切（optimum）だと判定する結果には適切さの基準（optimal criterion）がある．全身運動・動作およびスポーツ動作の基盤をここにみたいと思っている．

［石井　喜八・林　恭輔］

文 献

1) Andersson BJG, Örtengren R, and Nachemson A : Intradisk pressure, intra-abdominal pressure and myoelectric back muscle activity related to posture and loading. Clin Orthop Relat Res 129 : 156–164, 1977
2) Boiten F : Autonomic response patterns during voluntary facial action. Psychophysl 33 : 123–131, 1996
3) Chen C-Y, Dicarlo SE, and Collines HL : Enhanced cardiopulmonary reflex inhibition of heart rate during exercise. Med Sci Sport Exerc 27 : 1399–1405, 1995
4) Cholewicki J, Juluru K, and McGill SM : Intra-abdominal pressure mechanism for stabilizing the lumbar spine. J Biomech 32 : 13–17, 1999
5) Coles MGH and Duncan-Johnson CC : Cardiac activity and information processing : the effects of stimulus significance, and detection and response requirements. J Exp Psychol 1 : 418–428, 1975
6) Cureton TK Jr, and Wickens JS : The center of gravity of the human body in the antero-posterior plane and its relation to posture, physical fitness, and athletic ability. Suppl Res Q (AAHPER) 6 : 93–105, 1935
7) Fokkema DS : The psychobiology of strained breathing and its cardiovascular implications : a functional system review. Psychophysl 36 : 164–175, 1999
8) Hatfield BD, Landers DM, and Ray WJ : Cardiovascular-CNS interactions during a self-paced, intentional attentive state : elite marksmanship performance. Psychophysl 24 : 542–549, 1987
9) Hellebrandt FA, Riddle KS, Larsen EM, et al : Gravitational influences on postural alignment. Physiother Rev 22 : 143–149, 1942
10) Hellebrandt FA, Kelso LEA, and Fries EC : Device useful to the physiological study of posture. Physiother Rev 22 : 10–16, 1942
11) Henderson SE : Predicting the accuracy of a throw without visual feedback. J Hum Mov Studies 1 : 183–189, 1975
12) 細谷 聡, 岡田守彦, 宮地 力, ほか：和弓の発射時における左前腕の筋活動分析. 身体運動のバイオメカニクス, 第13回日本バイオメカニクス学会大会論文集, pp423–428, 1997
13) 石井喜八：姿勢研究の一つの試み―構えの姿勢―. 体育の科学 26 : 317–321, 1976
14) 石井喜八, 上野裕一：呼吸運動と動作. 体育の科学 49 : 382–387, 1999
15) 石井喜八, 木村季由, 薗部正人, ほか：洋弓における矢発射時の呼吸・心拍モードの適応. 日本体育大学紀要 26 : 1–8, 1996
16) 石井喜八, 三浦孝仁：ボールゲームと眼. 体育の科学 32 : 483–486, 1982
17) 片居木栄一：弓道のすすめ. ベースボールマガジン社, 1990
18) 亀井俊雄：アーチャーズ・パラドックスの研究（2）. 日本体育協会スポーツ医・科学研究報告, pp12–18, 1981
19) 亀井俊雄：図解アーチェリー――基礎理論とトレーニング法――. 雄山閣, 1973
20) Keast D, and Elliott BC : Fine body movements and the cardiac cycle in archery. J Sport Sci 8 : 203–213, 1990
21) Kirby RL, Price NA, and MacLeod DA : The influence of foot position on standing balance. J Biomech 20 : 423–427, 1987
22) 香西俊輔：ライフル射撃教本. (社)日本ライフル射撃協会, 1985
23) 小林一敏：射る―弓道における手の内の力学―. 数理科学 181 : 10–15, 1978
24) 小林一敏, 前田 寛, 加賀 勝：アーチェリーの最適リリース時機に関する研究. 日本体育協会スポーツ医・科学研究報告, pp104–115, 1982
25) 小林一敏, 前田 寛, 加賀 勝, ほか：アーチェリーのホールディングにおける関節トルクと揺ぎ振動の力学的考察. 日本体育協会スポーツ医・科学研究報告, pp5–12, 1981
26) Noro K : A descriptive model of visual search. Hum Factors 25 : 93–101, 1983
27) Noro K : Determination of counting time in visual inspection. Hum Factors 22 : 43–55, 1980
28) Oddsson L : Co-ordination of a simple voluntary multi-joint movement with postural demands : trunk extension in standing man. Acta Physiol. Scand 134 : 109–118, 1988
29) Oddsson L : Motor patterns of a fast voluntary postural task in man : trunk extension in standing. Acta Physiol Scand 136 : 47–58, 1989
30) Oddsson L, and Thorstensson A : Fast voluntary trunk flexion movements in standing : primary movements and associated postural adjustments. Acta Physiol Scand 128 : 341–349, 1986
31) Oyama T, Kikuchi T, and Ichihara S : Span of attention,

backward masking, and reaction time. Percept Psychophys 29 : 106-112, 1981
32) Salazar W, Landers DM, Petruzzello SJ, et al : Hemispheric asymmetry, cardiac response and performance in elite archers. Res Quart 61 : 351-359, 1990
33) Stam HJ, and Spanos NP : Lateral eye-movements and indices of nonanalytic attending in right-handed females. Percept Mot Skills 48 : 123-127, 1979
34) Ueno Y, Ishii K : Measurement of intra-abdominal pressure using a pressure sensitive radio pill : effects of abdominal and lower bac muscles on intra-abdominal pressure (IAP). Asian Games Scientific Congress Proceedings. pp1040-1069, 1986
35) Walker BB, and Sandman CA : Visual evoked potentials change as heart rate and carotid pressure change. Psychophysl 19 : 520-527, 1982
36) Wilkes RL, and Summers JJ : Cognitions, mediating variables, and strength performance. J sport psychol 6 : 351-359, 1984
37) ホワイティング HTA（加藤橘夫，鷹野健次，石井喜八訳）：ボールスキル―その心理学的考察―．ベースボールマガジン社，1973
38) 全日本アーチェリー連盟編：アーチェリー教本．講談社，1973

20章 トライアスロンの生理学

　トライアスロンは水泳，自転車，ランニングを連続して行なう複合競技である．世界初のトライアスロン競技大会は，1976年，アメリカのサンディエゴで開催されたといわれているが，1978年からハワイで毎年開催されている「アイアンマン・トライアスロン世界選手権大会」が現存する大会の中ではもっとも長い歴史を持つ．我が国でも北海道から沖縄まで数多くの大会が開催されており，2000年のシドニーオリンピックの正式種目として採用されてからは，広く知られるようになった．我々は，ハワイアイアンマントライアスロン世界選手権と，1985年から1997年の13年間に，滋賀県琵琶湖周辺で開催されたアイアンマンジャパントライアスロンの2大会を中心に研究活動を行なってきた．

　トライアスロンの距離はオリンピックで採用されている51.5 km（水泳1.5 km，自転車40 km，走行10 km）やアイアンマントライアスロンの226.2 km（水泳3.8 km，自転車180.2 km，走行42.2 km）が代表的なものであるが，アイアンマントライアスロンの約1/2のもの，あるいは2倍，10倍のウルトラタイプと呼ばれるものもある．この競技には海洋や湖沼などで行なわれる水泳が含まれているので，大会の多くは，気温の比較的高い季節・地域で開催されることが多い．トライアスロンの特徴として，運動が長時間にわたること，水泳・自転車・ランニングの3種目を組み合わせた複合競技であること，動員される筋群が全身に及ぶ持久運動であること，高温・多湿の環境下で行なわれることなどが挙げられる．

　トライアスロンは長時間に及ぶために生体に大きな負担がかかる．例えば競技後の血清クレアチンキナーゼ（CK）活性の上昇をフルマラソンと比較すると，トライアスロンで大きな上昇を示す（図20-1）[7]．血清酵素活性の詳細については後述する．また，水泳，自転車，ランニングの3種類の運動を組み合わせた複合競技であるため，生体への影響は同じ長時間運動であっても，水泳，

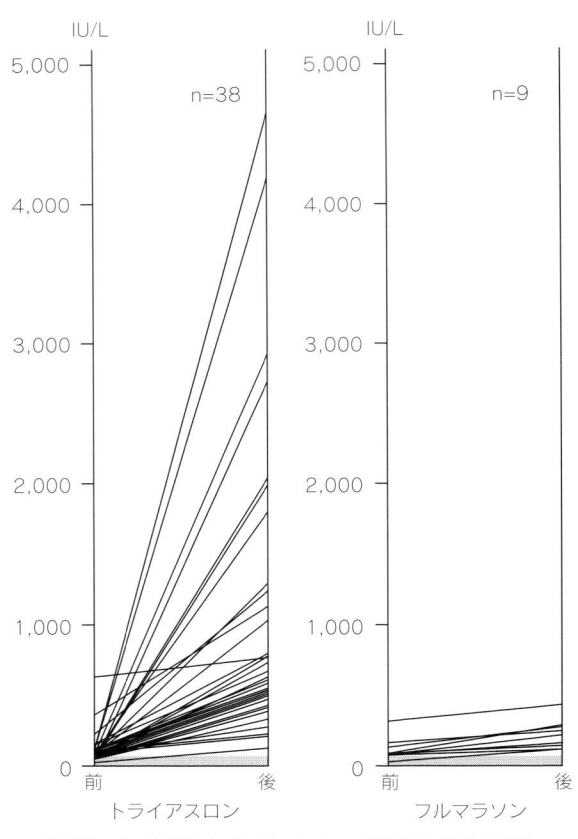

図20-1 血清クレアチンキナーゼの競技前後の変化
（勝村俊仁，岩根久夫：極限の運動トライアスロンで体はどうなるか．別冊日経スポーツメディシン，p132，1988）

表 20-1 トライアスロン選手の身体特性

	年齢 (歳)	身長 (cm)	体重 (kg)	最大酸素摂取量 (mL/kg/min)	(最高値)
男(N=81)	31±8.8	172±6.1	65±6.2	58.2±9.2	82
女(N=24)	29±6.0	158±3.6	54±6.5	47.2±8.1	64

自転車,ランニングそれぞれの単一種目の競技とは異なっている.さらに,暑熱環境下で競技が行なわれることが多いことから,水泳では溺水,溺死,自転車では落車による擦過傷,骨折,頭頸部外傷,ランニングでは熱中症や突然死など,多彩な外傷,障害が発生する.

著者らが行なってきたスポーツの現場での研究は実験室内の研究とは異なり,厳密な条件設定が困難であり,また,使用できる測定法もかなり制限を受ける.しかし,このようなことを考慮しても,スポーツの現場に即した実践的な研究であり,また,実験室内では設定することが困難な苛酷な条件下で研究を行なうことができる点でその有益性は大きい.さらに,研究の成果を選手にフィードバックすることにより,健康管理やコンディショニングなどにも活用することができる.著者らはトライアスロンを長時間持久運動のモデル,運動の急性効果のモデル,運動障害のモデル,実践的スポーツ医学のモデルとして捉え,様々な角度から研究を行なってきた.本章では,著者らがハワイおよび琵琶湖のアイアンマントライアスロン参加選手を対象として行なった研究成果を中心に,トライアスロンの運動生理・生化学的な特徴を浮き彫りにしてみたい.

1. トライアスロン選手の体力特性

1) 全身持久力

トライアスロンは長時間に及ぶ持久競技であるため,有酸素代謝能力に優れていることが容易に想像される.表20-1にトライアスロン選手を対象に行なった自転車エルゴメータを用いた運動負荷試験の結果を示す.最大酸素摂取量($\dot{V}O_2max$)は,男子で平均 58.2 mL/kg/min,女子では平均 47.2 mL/kg/min であった.$\dot{V}O_2max$ の最高値は男子で 82 mL/kg/min,女子では最高 64 mL/kg/min であった.また,上位5位までの平均値は,男子で 76.4 mL/kg/min,女子で 59.8 mL/kg/min であった.これらの値を,図20-2に示す各種スポーツのスウェーデン代表チーム選手の最大酸素摂取量の平均値[15]と比較すると,トライアスロンのトップアスリートは,男子ではクロスカントリースキーあるいは競走,女子ではクロスカントリースキーあるいはオリエンテーリング走に匹敵し,トライアスロン選手の全身持久力は高いレベルにあることが窺える.

2) 筋の有酸素代謝能

次に,トライアスロンを始めとする持久競技の選手にとってその競技力と密接な関係にある骨格筋レベルの有酸素代謝能を,リン31-磁気共鳴分光法(^{31}P-MRS)により評価した.^{31}P-MRSの原理の詳細については成書を参照されたい.

図20-3上段に安静時前腕屈筋群の^{31}P-MRSスペクトルの例を示す[9].^{31}P-MRSではX軸にPCr(クレアチンリン酸)を基準にしたケミカルシフトがppmで表示され,Y軸に信号強度が示される.骨格筋における^{31}P-MRS測定では,左からPi(無機リン酸),PCr,γ-ATP(アデノシン3リン酸),α-ATP,β-ATPのピークの順で5つの主要なシグナルが記録される.また,生理的条件下では,Piのケミカルシフトは pH に依存するため,PiとPCrのケミカルシフトから細胞内のpHを算出することが可能である[19].

図20-3下段に,中等強度のグリップ運動における前腕屈筋群の^{31}P-MRSスペクトルを示す.筋収縮によるエネルギー需要の増大に伴って,ATPの分解により生じたADP(アデノシン2リン酸)

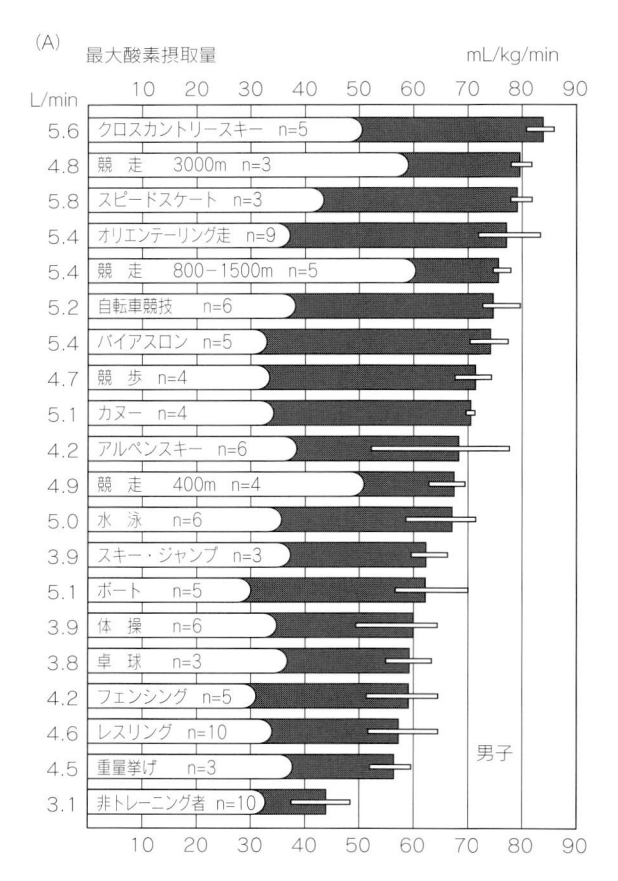

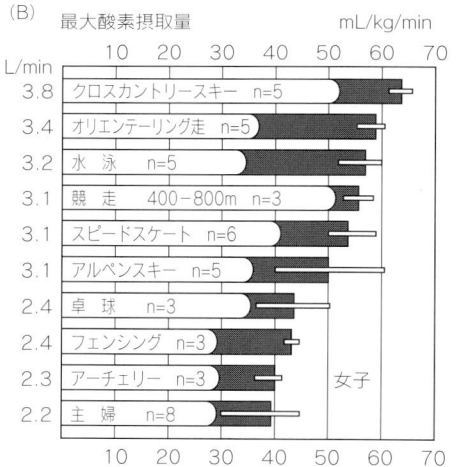

図20-2 スウェーデン代表チーム選手の最大酸素摂取量の平均値

(Saltin B, Astrand PO: Maximal oxygen uptake in athletes. J Appl Physiol 23: 353-358, 1967)

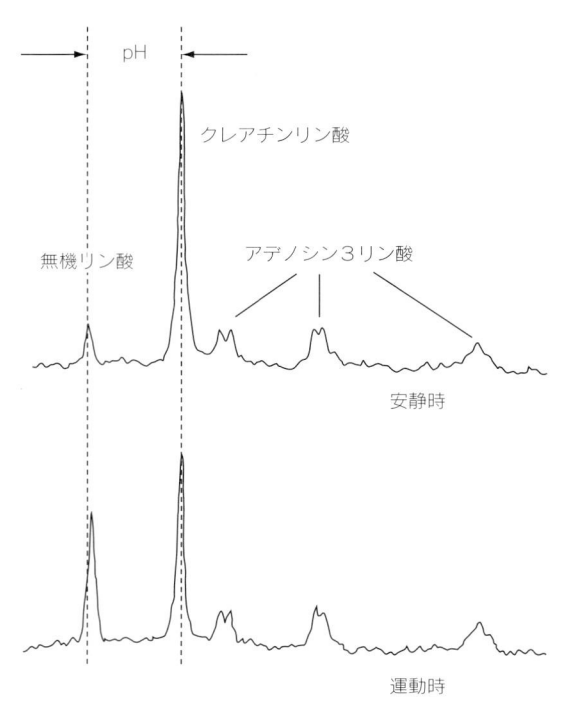

図20-3 安静時および運動時のリン酸スペクトル変化

(勝村俊仁，村上元秀：スポーツ医学における最新MR画像の応用．第1章　スポーツ医学における最新MR画像の応用，12．筋代謝1（^{31}P）．臨床スポーツ医学17 (supple)：95-101，2000)

をPCrの分解によって再合成するために，PCrが減少しPiが増加する様子が観察される．ATPについてはPCrとのクレアチンキナーゼ平衡により，通常の定常状態では運動中にほとんど変化しない．

有酸素運動の遂行には，有酸素代謝により効率的にエネルギー産生を行なうミトコンドリアの機能が重要な役割を担っている．^{31}P-MRSを用いた有酸素代謝能力評価の指標として，定常運動におけるPi/PCr比があげられる[3,12]．定常運動におけるPi/PCr比はADP濃度の指標として用いられており，この指標の特徴はPi量とPCr量の比を用いることにより相対値であるMRS測定指標個体間で比較できること，計算式を用いることなくADP濃度を簡単に推定できることにある．このPi/PCr比によりトライアスロン選手の筋有酸素エ

表 20-2 被験者の身体特性

	数	年齢（歳）	身長（cm）	体重（kg）
若年健常者	13	21.1±1.7	169.2±4.9	63.1±9.4
中高年健常者	14	48.5±5.6	165.2±7.2	62.7±7.9
中高年トライアスロン選手	6	46.8±5.1	167.0±3.9	61.9±6.6

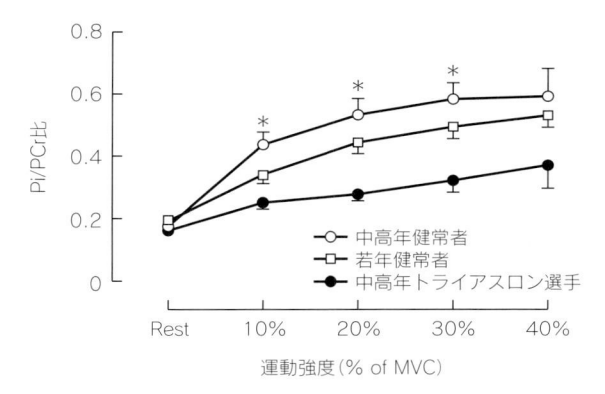

図 20-4 Pi / PCr 比の変化（＊：p < 0.05）

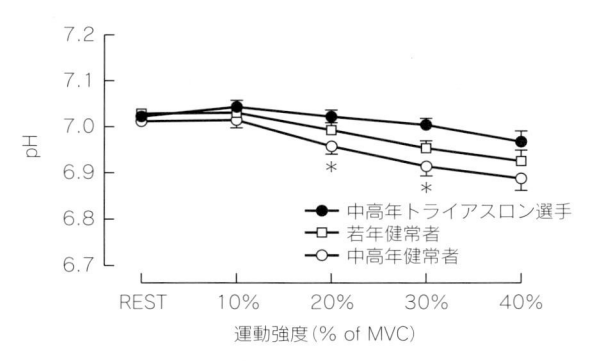

図 20-5 pH の変化（＊：p < 0.05）

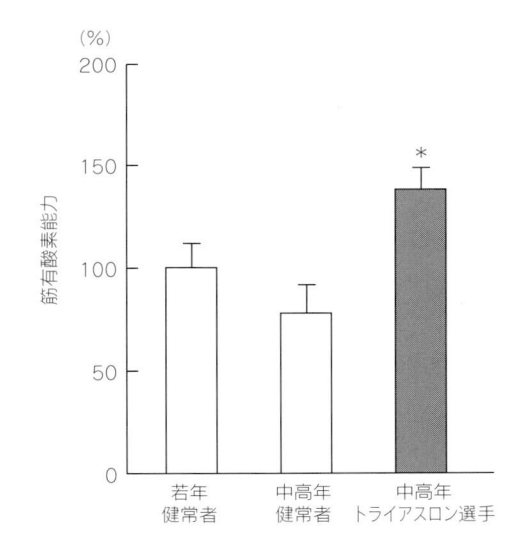

図 20-6 31P-MRS で測定した筋有酸素能力（＊：p < 0.05）

ネルギー代謝能を測定した．

対象としたのは平均年齢46.8歳の中高年トライアスロン選手6名（マスター群）で，年齢をマッチさせた運動習慣のない中高年健常者14名（中高年群）および運動習慣のない若年健常者13名（若年群）である（表20-2）．トライアスロン選手の競技経験年数は平均8.2年であり，週間練習量は，水泳4.8 km，自転車130 km，ランニング59 kmであり，1日の練習時間は約2時間であった．

前腕屈筋群に対し局所運動負荷を行ない，^{31}P-MRSを用いて運動中の骨格筋エネルギー代謝を測定した．動的グリップ運動を，6秒毎に1回の収縮頻度で最大随意収縮（MVC）の10％，20％，30％，40％の各強度で3分間ずつ負荷した．Pi/PCr比，筋pH，Pi/PCr比の変化に対する仕事量の変化（局所骨格筋有酸素能の指標）を評価の指標とした．運動強度が大きいほどPi/PCr比が高くなるが，いずれの強度においても，中高年群および若年群と比較し，マスター群では有意に低かった（図20-4）．また，筋pHについては，いずれの強度においてもマスター群でその低下が少なかった（図20-5）．また，Pi/PCr比の変化に対する仕事量の変化は一般に加齢に伴って低下する傾向があるが，マスター群では若年群と比較して，1.3倍の局所骨格筋有酸素能を有していることが示された（図20-6）．

図20-7　左室機能の指標

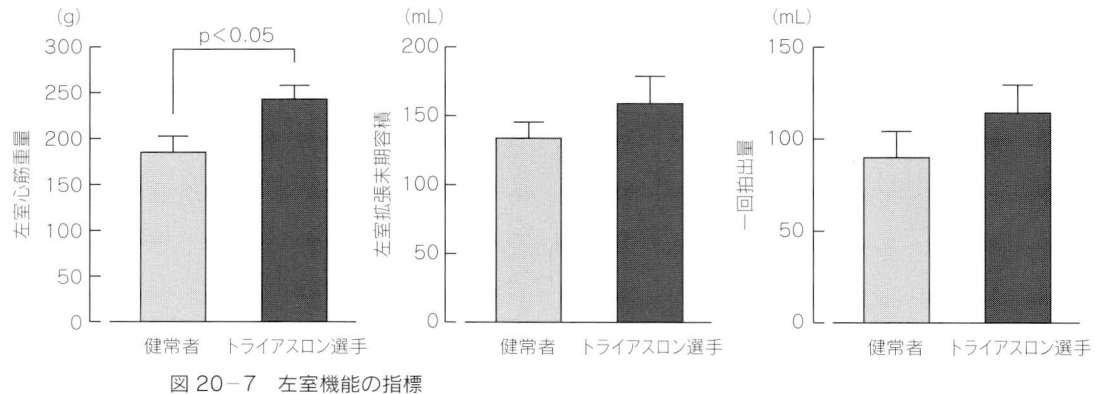

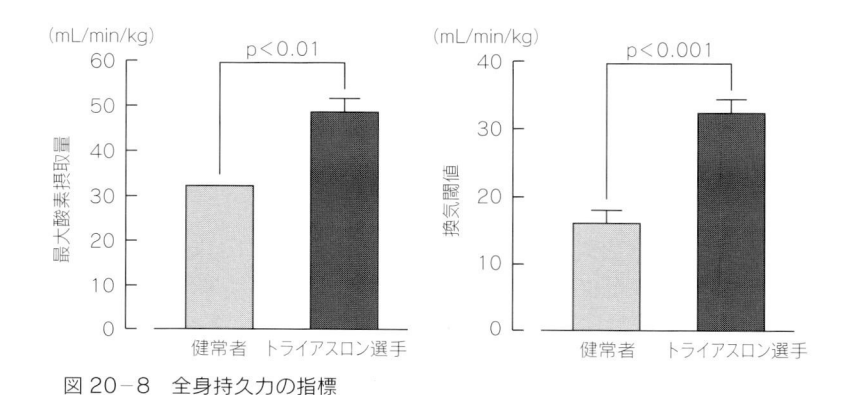

図20-8　全身持久力の指標

図20-9　左室機能と全身持久力の関係

3）左室機能

このようなトライアスロン選手に見られる優れた有酸素代謝能を裏付ける変化は，左室機能にも認められる．筋有酸素代謝能の測定と同様に，マスター群と中高年群を対象とし，心エコー図法（Mモード）の計測値から，左室機能の諸指標を以下の計算式により求めた．

$$左室心筋重量 = 1.04 \times \{(LVDd + IVST + LVPWT)^3 - (LVDd)^3\} - 13.6$$

$$左室容積 = \pi/3 \times (左室短軸径)^3$$

$$1回拍出量 = 左室拡張末期容積 - 左室収縮末期容積$$

（LVDd：左室拡張末期短軸径，IVST：心室中隔壁厚，LVPWT：左室後壁厚，π：円周率）

左室心筋重量はマスター群で有意に高く，左室拡張末期容積および一回拍出量もマスター群において高い傾向を示した（図20-7）．また，全身持久力の指標である最大酸素摂取量と換気閾値もトライアスロン選手において有意に高値を示した（図20-8）．左室機能の指標と最大酸素摂取量との関係を見ると，いずれの指標も有意な正相関を示した（図20-9）．

このように，心機能に関してもトライアスロン選手では高い有酸素代謝能を裏付ける変化が観察された．

2．血清酵素活性の変化

激しい運動後には，AST（アスパラギン酸アミノトランスフェラーゼ），ALT（アラニンアミノトランスフェラーゼ），CK（クレアチンキナーゼ），LDH（乳酸脱水素酵素）などの酵素が一過性に血中に増加する．これらの酵素は，心筋，骨格筋，肝，脳など多くの臓器に分布している．局所骨格筋収縮のみによる短時間運動後の血中逸脱酵素は骨格筋由来と考えてよいが，マラソン，トライアスロンなどの長時間におよぶ持久運動では，骨格筋のみならず循環器系への負担も大きくなり，心筋などから逸脱した可能性も考えられる．血中に逸脱してくる個々の酵素の含有量は臓器・組織により異なるために，その酵素含有量と血清酵素活性の上昇の程度，アイソザイムのパターン，さらに酵素以外の細胞内物質の増加との関係から由来臓器の推定は可能である．

健常成人ではASTは心筋，骨格筋，肝などに豊富に存在するが，ALTは肝以外の臓器への分布は比較的少ない[22]．したがって，肝，筋いずれの障害でも血清中のAST，ALTが上昇するが，肝の障害に比べて筋の障害ではALTの上昇の程度は小さくなり，通常，運動後ではAST/ALT＞1となる．CKは骨格筋，心筋，脳に多く分布する酵素であり，4種類のアイソザイム（MM，MB，BBおよびミトコンドリア）が存在する．CK-MMはそのほとんどが骨格筋に，CK-MBは心筋に多く分布する．CK-BBは脳のみに分布し，血液脳関門により血中に増加してくることはほとんどない．ミトコンドリアCKは悪性腫瘍患者で高頻度に検出されるが，その病的意義については未だ不明な点が多い．LDHは生体内のほとんどすべての組織に分布し，LDH_1〜LDH_5の5種類のアイソザイムが存在する．LDH_1とLDH_2は心筋特異的とされ[13]，LDH_1/LDH_2比の増加は心筋傷害の指標となる[14]．LDH_5は肝疾患で上昇するが，骨格筋に最も多く含有され，筋疾患や激しい運動後にも上昇する．長時間運動では肝血流の減少に伴う肝障害によって細胞膜透過性が亢進しLDH_5が逸脱するとの報告[10]もあるが，熱射病による肝細胞壊死[11]でAST，ALTが1,000 IU/L以上に達する[6]場合などを除くと，持続時間が10時間前後の運動においても肝臓からの酵素の逸脱はほとんどないと考えてよいであろう．また，酵素以外では，血中の心筋トロポニンT（TnT）を特異性の高い方法によって測定することにより心筋傷害を鋭敏に検出できる．

以上より，AST，ALT活性が上昇している時には血清CK活性も同時に測定し，これらの酵素の増加の程度を比較することにより傷害臓器が肝であるのか筋（心筋，骨格筋）であるのかを推定することができる．さらに，LDHアイソザイム

表20-3 アイアンマントライアスロン（1994）における血清酵素活性等の変化

		前日	直後	翌日	1週
N		29	29	29	15
AST	(IU/L)	24±5.8	58±18.5	86±32.0	23±5.5
ALT	(IU/L)	20±6.1	30±10.5	34±10.7	25±11.0
CK	(IU/L)	204±118.1	1289±826.7	2066±1141.1	166±62.2
CK-MM	(%)	89±4.3	90±3.0	90±2.4	89±2.4
CK-MB	(%)	3±1.0	6±3.0	7±2.0	4±0.8
CK-BB	(%)	1±0.0	0±0.5	0±0.5	1±0.0
LDH	(IU/L)	332±53.5	582±90.9	480±90.4	359±66.5
LDH_1	(%)	26±3.2	20±2.7	23±2.7	28±2.6
LDH_2	(%)	32±1.8	25±2.4	29±2.0	35±1.1
LDH_3	(%)	21±1.8	20±1.2	23±1.4	20±1.3
LDH_4	(%)	11±1.7	15±1.5	13±1.4	9±1.1
LDH_5	(%)	9±1.7	20±3.3	11±2.7	8±1.0
トロポニンT	(ng/mL)	0.03±0.03	0.19±0.20	0.16±0.16	0.03±0.03

（数値はmean±SD）

やTnTを組み合わせることにより，心筋傷害の有無の推定が可能となる．

著者らが行なったアイアンマンジャパントライアスロン（水泳 3.9 km，自転車 180.2 km，ランニング 42.2 km）参加選手における血清酵素の測定結果を表20-3に示す．競技後の最大値（競技翌日）でみると，ASTが86 IU/Lまで増加したのに対し，ALTの増加は34 IU/Lとわずかであった．一方，CKは平均2,066 IU/Lと大きな増加を示した．このようなパターンはこれらの酵素が肝よりも筋に由来することを示している．次に，CKアイソザイムの変化について見ると，CK-MBの総CKに対する割合は，競技前の3％から競技翌日には7％へと増加し，一見，心筋由来のCKが増加したことを示しているように思われる．しかし，骨格筋のCK-MB含有割合が運動習慣のない健常人では1％であるのに対し，マラソン選手では7.7％と高いことから[1]，運動後に増加する血清CK-MBは骨格筋由来である可能性も考えられる．次に，LDH活性の変化について見ると，競技前の332 IU/Lから直後582 IU/Lへと軽度の増加を示した．LDHアイソザイムのパターンを見ると，LDH_1/LDH_2は競技前後ともに0.8と変化せず，LDH_5が競技前の9％から翌日11％まで増加したことから骨格筋由来であることが示唆される．さらに，競技後に血清TnTが基準値（0.25 ng/mL）を大きく超える例はほとんどなかった．以上より，10時間前後に及ぶ持久運動後に増加する血清酵素は少なくともその大部分が骨格筋由来であると考えるべきであろう．

3. トライアスロン競技後の左室機能の変化

運動による心拍出量の増加は，一回拍出量と心拍数の増加によるものとされている[2,21]．一回拍出量の増加は，Starlingの機序による左室拡張末期容積の増大と左室駆出率の増大が関与している．ところが，運動が長時間にわたると心拍数は増加するが一回拍出量は減少し，その結果，心拍出量は増加せずにむしろ減少する．この減少はcardiovascular driftと呼ばれ，循環血液量の減少，放熱のための皮膚血流の増加，心臓疲労の関与の可能性が考えられている[5,8,20,23]．

著者らはトライアスロン競技前後に心エコー図法により左室機能の変化を観察した．断層心エコーを基に，Mモード法とパルスドップラー法を用い，左室機能の諸指標を記録・計測した（表20-4）．左室駆出率（LVEF）を左室拡張末期径

表20-4 トライアスロン競技前後の左室機能の変化
(竹本泰英:長時間持久運動後に血清中に増加するトロポニンTならびに酵素の由来について. 東医大誌 54:9-18, 1996)

	前	直後	翌日
LVDd (mm)	55±4.8	53±3.9	49±4.9***
LVDs (mm)	34±3.4	36±4.6**	32±4.2*
LVEF (%)	75±6.5	67±10.0***	71±9.4*
LVPWTd (mm)	10±1.2	10±1.2	9.1±1.3***
SBP × R/Th (mmHg)	343±54.8	330±57.1	315±62.6
A (m/sec)	0.47±0.099	0.41±0.094*	0.36±0.100***
E (m/sec)	0.73±0.113	0.55±0.143***	0.64±0.090**
A/E ratio	0.65±0.156	0.79±0.300**	0.57±0.192*
PV (m/sec)	0.96±0.138	0.79±0.153***	0.86±0.101**

* $p<0.05$; ** $p<0.01$; *** $p<0.001$:競技前値に対して
LVDd:左室拡張末期径, LVDs:左室収縮末期径, LVEF:左室駆出率
LVPWTd:拡張末期左室後壁厚, R:1/2×Dd, Th:LVPWTd
A:左室流入路拡張末期最大血流速, E:左室流入路拡張早期最大血流速
PV:左室流出路最大血流速

(LVDd)と左室収縮末期径(LVDs)の値から,$(LVDd^3 - LVDs^3) \div LVDd^3 \times 100$ の式で求め,左室収縮性の指標とした.LVEFの平均値は,競技前の75%から直後には67%と有意に減少し,翌日にも71%と回復しなかった.さらに,パルスドップラー法を用いて,左室流入路と左室流出路の血流速を測定した.左室流入路で記録される左室拡張早期流入血流速,すなわち急速流入の最大値をE,左室前収縮期流入血流速,すなわち左房収縮に伴う左室流入路血流速の最大値をAとした時の,A/E比を左室拡張能の指標とした.また,左室流出路の駆出血流速の最大値(PV)を左室収縮能の指標とした.A/E比の平均値は,競技前の0.65から直後には0.79と増加し,翌日には0.57と減少した.PVの平均値は,競技前0.96 m/secから直後には0.79 m/sec,翌日0.86 m/secと回復しなかった.このように,左室収縮能,拡張能の指標はいずれも競技直後には低下を示した.

左室機能は左室前負荷および左室後負荷の影響を受ける.そこで競技前のヘモグロビン値(HbB),競技後のヘモグロビン値(HbA),競技前のヘマトクリット値(HtB),競技後のヘマトクリット値(HtA)から,$\{HbB(100 - HtA)/HbA(100 - HbB) - 1\} \times 100$(%)の式[16]で求められる循環血漿量の変化率を前負荷の指標とした.後負荷の指標としては,収縮期血圧(SBP),左室拡張末期半径(R)および左室後壁拡張末期厚(Th)の値から,$(SBP \times R)/Th$ の式で求められる左室壁応力の指標を用い,左室前負荷および後負荷の変化について検討した[23].循環血漿量の競技前から競技直後への変化率は-5.3%と軽度減少し(血液濃縮),翌日には競技前から10.7%と増加した(血液希釈).すなわち,直後には前負荷が減少したことを示している.一方,左室壁応力の指標は競技直後,翌日いずれも有意な変化を示さなかった.また,循環血漿量とLVDdとの相関,左室壁応力の指標とLVDsとの相関は,いずれも有意ではなかった.

以上より,トライアスロン競技後には,左室前負荷および後負荷に影響されずに左室の収縮性および拡張性が低下することが示された.この長時間持久運動後に一過性に左室機能が低下する現象は心臓疲労と呼ばれているが,その機序については未だ明らかではない.本研究においても,血清酵素活性,心筋TnTの変化の検討から,心筋から血中へ酵素,収縮タンパクが逸脱するほどの心筋傷害が起きたとは考え難く,何らかの機序で心筋の収縮性自体が低下するものと推察される.

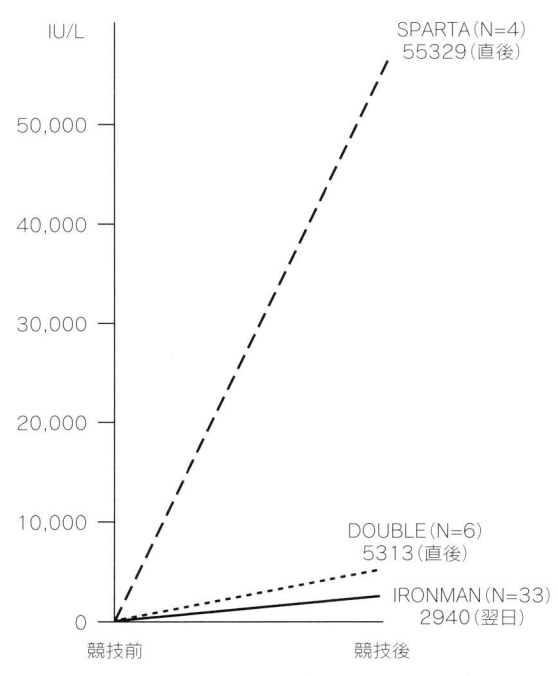

図20-10 アイアンマントライアスロン（IRONMAN），ダブルアイアントライアスロン（DOUBLE）およびスパルタスロン（SPARTA）の競技前後の血清CK活性の変化

4．他の長時間運動との比較

　長時間運動の種目や競技時間の相違により，その生体に与える影響がどのように変化するのであろうか．著者らは，米国アラバマ州ハンツビルで開催されたダブルアイアントライアスロン（距離がアイアンマントライアスロンの2倍）と，ギリシャで開催されたスパルタスロン（距離が246 kmのランニング）に参加した選手の競技前後における血清酵素活性を測定し，アイアンマントライアスロンのそれと比較した（図20-10）．ダブルアイアントライアスロンとスパルタスロンの制限時間はいずれも36時間である．競技後の血清CK活性の最大値は，アイアンマントライアスロンでは2,940 IU/Lであったのに対し，ダブルアイアントライアスロンでは5,313 IU/Lと，同一の運動形態で距離が2倍になると血清CK活性も2倍近い上昇を示した．一方，スパルタスロンでは55,329 IU/Lであり，競技時間にほとんど差がないダブルアイアントライアスロンの約8倍にも達し，競技時間が同一であっても，運動形態が異なることにより血清CK活性には大きな相違が見られた．Symanskiら[17]は反復して下肢に衝撃の加わるランニングでは，下肢筋群にある程度の傷害を引き起こすのに対し，水泳では細胞内の成分が血清中に逸脱するほどの傷害は起こらないとしている．また，同じ運動では骨格筋の収縮の回数が多いほど血清CK活性上昇の程度が大きくなるとの報告もある[4]．本研究の結果からも，ランニングのみのスパルタスロンでは，水泳，自転車，ランニングで構成されるトライアスロンよりも下肢筋群への衝撃がより長時間にわたるため，同筋群に強い傷害が引き起こされたものと考えられる．

5．研究成果の活用

　トライアスロンやスパルタスロン競技後に観察された血清酵素活性の著明な上昇は，著者らにとって大きな驚きであった．その後も，運動性貧血の発生機序解明のために行った血清鉄やフェリチンの測定，血中コルチゾールやβ-エンドルフィンなどのホルモンの測定，さらには，運動とストレス，長時間運動後に一過性に左室機能が低下する現象「心臓疲労」，自律神経機能の変化，骨格筋エネルギー代謝，アミノ酸・脂質の変化，過酸化障害，競技中の事故予防対策など，様々な角度から研究を続けてきた．
　トライアスロンは，シドニーオリンピックで初めて正式採用され，2004年のアテネ大会でも採用が決定していることから，選手強化が大きな課題となっている．その一方で，トライアスロンはほぼ全身の筋群を使って行なう有酸素運動であり，健康づくりのための生涯スポーツとしてもふさわしいものである．日常的な健康管理と十分なトレーニングを継続することにより，高齢者でも安全にトライアスロン競技を楽しむことができる．実際，ハワイのアイアンマントライアスロ

ンでは参加条件に年齢の上限を設けておらず，75歳の高齢者が完走を果たしている．最近，国内大会の中にも年齢制限を撤廃する大会が出てきており，高齢社会を迎えた我が国では今後もこの流れは続きそうである．

　ここに紹介したトライアスロンを始めとする長時間運動の研究成果を競技スポーツにおける選手強化や，一般の若年者から高齢者までが楽しんで参加できる安全な大会の基準の設定，さらには，健康づくりを目的とした運動のガイドラインの作成などに生かしてゆくことも，長時間運動研究に携わる者に与えられた使命である．

〔勝村　俊仁〕

文　献

1) Apple FS, Rogers MA, Sherman WM, et al: Profile of creatine kinase isoenzymes in skeletal muscles of Marathon runners. Clin Chem, 30: 413-416, 1984
2) Braunwald E, Sonnenblick EH, Ross J Jr, et al: An analysis of the cardiac response to exercise. Circ Res 21 (suppl 1): I-44-58, 1967
3) Chance B, Leigh JS, Clerk J, et al: Control of oxidative metabolism and oxygen delivery in human skeletal muscle; A steady-state analysis of the work/energy cost transfer function. Proc Ntl Acad Sci 82: 8384-8388, 1985
4) Clarkson PM, Tremblay I: Exercise-induced muscle damage, repair, and adaptation in humans. J Appl Physiol, 65: 1-6, 1988
5) Douglas PS, O'Tool ML, Hiller WDB, et al: Cardiac fatigue after prolonged exercise. Circulation 76: 1206-1213, 1987
6) Galun E, Burstein R, Tur-Kaspa I, et al: Prediction of physical performance through muscle enzymes activity. Eur J Appl Physiol, 57: 597-600, 1988
7) 勝村俊仁，岩根久夫：極限の運動トライアスロンで体はどうなるか．別冊日経スポーツメディシン，pp130-135，1988
8) 勝村俊仁：長時間持久運動後の心機能ならびに血清酵素活性の変化．東医大誌51: 56-64, 1993
9) 勝村俊仁，村上元秀：スポーツ医学における最新MR画像の応用．第1章　スポーツ医学における最新MR画像の応用，12.筋代謝1（^{31}P）．臨床スポーツ医学17（supple）: 95-101, 2000
10) Kayashima S, Ohno H, Fujioka T, et al.: Leukocytosis as a marker of organ damage induced by chronic strenuous physical exercise. Eur J Appl Physiol, 70: 413-420, 1995
11) Kew M, Bersohn I, Seftel H, et al : Liver damage in heatstroke. Am J Med, 49: 192-202, 1970
12) McCully KK, Kakihira H, Vandenborne K, et al: Noninvasive measurements of activity-induced changes in muscle metabolism. J Biomech 24 (suppl): 153-162, 1991
13) Mercer DW: Simultaneous separation of serum creatine kinase and lactate dehydrogenase isoenzyme by ion-exchange column chromatography. Clin Chem, 21: 1102-1106, 1875
14) Ohman EM, Teo KK, Johnson AH, et al.: Abnormal cardiac enzymes after strenuous exercise: alternative diagnostic aids. Br Med J, 285: 1523-1526, 1982
15) Saltin B, Astrand PO: Maximal oxygen uptake in athletes. J Appl Physiol 23: 353-358, 1967
16) Schmidt W, Maasen N, Tegtbur U, et al: Changes in plasma volume and red cell formation after a marathon competition. Eur J Appl Physiol 58: 453-458, 1989
17) Symanski JD, McMurray RG, Silverman LM et al: Serum creatine kinase and CK-MB isoenzyme responses to acute and prolonged swimming in trained athletes. Clin Chem Acta 129: 181-187, 1983
18) 竹本泰英：長時間持久運動後に血清中に増加するトロポニンTならびに酵素の由来について．東医大誌54：9-18，1996
19) Taylor DJ, Bore PJ, Styles P, et al: Bioenergetics of intact human muscle; a ^{31}P nuclear magnetic resonance study. Mol Biol Med 1: 77-94, 1983
20) Tibbits GF: Regulation of myocardium contractility in exhaustive exercise. Med Sci Sports Exerc 17: 529-537, 1985
21) Upton MT, Rerych SK, Roeback JR Jr, et al: Effect of brief and prolonged exercise on left ventricular function. Am J Cardiol 45: 1154-1160, 1980
22) Wroblewski F, LaDue JS: Serum glutamic pyruvic transaminase in cardiac and hepatic disease. Proc Soc Exp Biol Med 91: 569-571, 1956
23) 山崎　元，大西祥平，関原敏郎，ほか：長時間運動後の左室機能－トライアスロン競技前後における変化．呼と循38: 1241-1245, 1990

21章 各種スポーツのエネルギー消費量

　スポーツ活動時のエネルギー消費量の値を知っておくことは，健康の維持増進や競技力の向上など，その目的にかかわらずスポーツを合理的に実施するために重要である．したがって，スポーツ活動時のエネルギー消費量を測る試みは，スポーツ生理学の最も基本的な研究テーマのひとつとして，古くから取り組まれてきた．

　ヒトの身体活動のエネルギー消費量を測定する方法は，直接法と間接法との2つに分けることができる．直接法とは，特殊な測定室に入った被験者から放出される熱を，内部に設置された管の中を流れる水に吸収させ，この温度の変化を測ることで発生したエネルギー量を調べるものである（図21-1）．この方法は正確ではあるが，限られた部屋の中での測定になるためスポーツのような活動の測定には適さない．また，装置が大掛かりであるため，測定のできる施設はごく少数に限られている．したがって，活動中の酸素摂取量を実測し，その値からエネルギー量を推定する間接法を用いるのが一般的である[17,21]．この場合，どの栄養素が燃焼されたかによって発生するエネルギー量が異なる．例えば，糖質だけが燃焼されたとすると酸素1Lあたり5.047 kcal，脂質だけが燃焼されたとすると酸素1L当たり4.686 kcalであるが，実際の活動時にはその割合が変動しながら利用される[26]．そして，これらがどのような割合で利用されたかは，呼吸商（respiratory quotient；RQ）に依存するが，内呼吸の結果である呼吸商を簡単には知ることができないため，代わりに外呼吸による二酸化炭素排出量を酸素摂取量で除すことによって得られる呼吸交換比（respiratory exchange ratio；RER）を用いることに

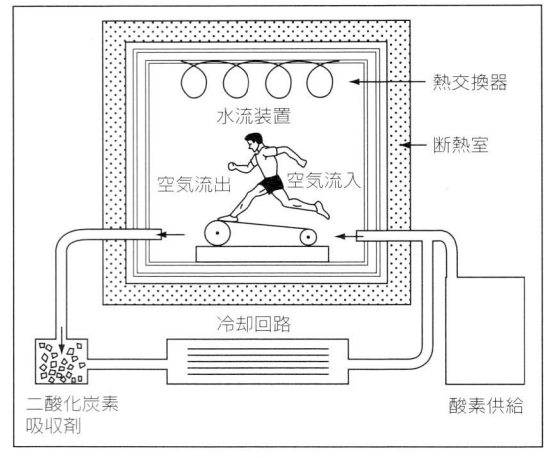

図21-1　ヒトの熱産生を測定する直接法
(McArdle WD, Katch FI, Katch VL（田口貞善ほか訳）：運動生理学. pp124-131, 杏林書院, 1992)

なる．しかし，実際には運動時の呼吸商は概ね0.9～1.0となることから，酸素摂取量から運動時のエネルギー消費量を推定する場合には呼吸商を0.96と仮定して，酸素1Lにつき5 kcalとして計算するのが一般的である[17,49]．

1．タイムスタディー法

　携帯型の酸素摂取量計がある現在においては，被験者が複雑に動き回るスポーツ活動においても，酸素摂取量の実測をすることが比較的容易になった．しかし，以前の酸素摂取量を測る方法といえば，ダグラスバッグ法が一般的であった．このため，連続的に測定できる時間が短く制限されるうえに，膨らんでくるダグラスバッグによって動きも制限されるために，測定対象となったス

ポーツ活動は，比較的動作が単純なランニングや水泳，位置の移動が少ない徒手体操などが中心であり，球技などを測定する場合にはその一部分を取り出しての測定に限られていた．また，被験者の背中に携帯型の呼吸量計を装着して呼気ガスの量を計量し，その一部を小さなバッグにためておき，後で酸素と二酸化炭素の濃度を分析する方法がとられることもあった．この方法によれば，スキーやゴルフなどの位置の移動範囲の大きい種目でも測定ができる[21]．しかし，この携帯型呼吸量計も重量が約4 kg程度と運動するには多少重過ぎることや，運動が激しく強度が高まると正確に測定できなくなる欠点があった[26]．

しかしながら，スポーツ全般を通してのエネルギー消費量を測定することは，それぞれのスポーツの強度を求めることができ，体力に応じた適切な運動指導の観点から重要である．そこで，1948年に山岡ら[52]が，わが国で初めてタイムスタディー法を用いたスポーツゲーム時のエネルギー消費量の測定を行なった．タイムスタディー法とは，一連の動きを分解して，その各々の動きについてのエネルギー消費量をあらかじめ測定しておき，スポーツ活動全体のエネルギー消費量を求める方法である．このとき測定対象となったのは高校野球であり，その測定方法は次の通りであった．

① ゲーム時に現れる「立位」，「疾走」，「打撃」などの基本動作を9つに分類し，この各基本動作について，ダグラスバッグ法による酸素摂取量の実測からエネルギー消費量を求め，それぞれのエネルギー代謝率（relative metabolic rate；RMR）を算出する．
② 別の機会にゲーム時のタイムスタディーを実施し，1ゲームを9つの基本動作ごとに分けて，それぞれの所要時間を集計する．
③ ①で求めたRMRの値をもとにして，タイムスタディーを実施した被験者の各基本動作におけるエネルギー需要量を算出する．
④ ③で求めた各基本動作のエネルギー需要量に，②で求めたそれぞれの所要時間を乗じ，これらをすべて加算することで1ゲームに要したエネルギー需要量を算出する．

以上の方法によれば，進行を妨げることなくゲーム全体のエネルギー量を測定することができる．ただし，山岡[56]はその後に，打撃や投捕球のような身体重心の水平移動を伴わない動作については，RMRを適用せずにエネルギー需要量をそのまま用いた方が，個人差が小さくなることを明らかにし，先に報告した値を訂正している[54]．

この報告後，同様の方法によってアメリカンフットボール[20]，バドミントン[15, 16, 40]，バスケットボール[11, 28]，ラグビー[55, 57]，サッカー[53]，テニス[5, 6]，軟式テニス[3, 4]，バレーボール[10, 39]などの測定が実施された．しかし，タイムスタディー法は検者の熟練が必要であり，動きのとらえ方が検者によって異なる可能性もあるうえに[10]，非常に手間がかかり労力の多い作業である．このためか，1950年代に測定されて以降，まとまった測定はなされていない．したがって，現在，様々なところで，各スポーツ種目のエネルギー消費量の値として紹介されているのは，ほとんどがこの当時に測定されたものである．

表21-1には，これまで報告されてきたスポーツ活動時のエネルギー消費量のうち，被験者が日本人であるゲーム時の値を，体重当たりの1分間値にして表わした．また，表21-2には，スポーツの一部分を取り出して測定された値について，表21-1と同様に体重当たりの1分間値で表わした．表中のT.S.はタイムスタディー法により得られた値であり，$\dot{V}O_2$はダグラスバッグ法による酸素摂取量の実測により得られた値である．なお，原文にエネルギー消費量の表記のないものについては，沼尻[30]によるRMRを体重当たりのkcalに換算する式を用いて算出した．また，各種目のエネルギー消費量の一番上の行には，ポジションや報告者に関係なく平均値にした値を表わした．

表21-1 各種スポーツゲーム時のエネルギー消費量

種目	性	内容	エネルギー消費量 (kcal/kg/min)	時間 (min)	測定法	備考	報告者
アメリカンフットボール	男		0.142				
		ライン	0.141	104.0	T.S.	関西学生リーグ10試合	家治川ら[20]
		バック	0.143	104.0	T.S.	関西学生リーグ10試合	家治川ら[20]
バドミントン	男		0.133				
		シングルス	0.112	13.9	$\dot{V}O_2$	実験用に行なった試合	石河ら[15]
			0.160	11.0	T.S.	関東高校選手権	石河ら[15]
			0.145	11.6	T.S.	関東高校選手権	石河ら[16]
		ダブルス	0.128	9.7	T.S.	関東高校選手権	石河ら[15]
			0.120	9.8	T.S.	関東高校選手権	石河ら[16]
バドミントン	女		0.100				
		シングルス	0.122	8.8	T.S.	関東高校選手権	石河ら[15]
			0.128	5.9	$\dot{V}O_2$	実験用に行なった試合	高木ら[40]
			0.107	10.4	T.S.	関西学生リーグ	高木ら[40]
			0.094	22.0	T.S.	関西学生リーグ	高木ら[40]
		ダブルス	0.076	5.5	T.S.	関東高校選手権	石河ら[15]
			0.071	17.6	T.S.	関西学生リーグ	高木ら[40]
野球	男		0.087				
		投手	0.130	119.9	T.S.	昭和23年度甲子園(投手戦)	山岡ら[54]
			0.125	138.4	T.S.	昭和24・25年度甲子園(打撃戦)	山岡ら[54]
		捕手	0.108	119.9	T.S.	昭和23年度甲子園(投手戦)	山岡ら[54]
			0.105	138.4	T.S.	昭和24・25年度甲子園(打撃戦)	山岡ら[54]
		内野手	0.061	119.9	T.S.	昭和23年度甲子園(投手戦)	山岡ら[54]
			0.060	138.4	T.S.	昭和24・25年度甲子園(打撃戦)	山岡ら[54]
		外野手	0.053	119.9	T.S.	昭和23年度甲子園(投手戦)	山岡ら[54]
			0.055	138.4	T.S.	昭和24・25年度甲子園(打撃戦)	山岡ら[54]
バスケットボール	男		0.189				
		1試合	0.165	—	T.S.	東京都選手権	広田ら[11]
			0.213	52.5	T.S.	練習試合	森屋[28]
ホッケー	男		0.181				
		フォワード	0.202	—	$\dot{V}O_2$	練習試合	鈴木ら[38]
		バックス	0.204	—	$\dot{V}O_2$	練習試合	鈴木ら[38]
		ゴールキーパー	0.110	—	$\dot{V}O_2$	練習試合	鈴木ら[38]
ラグビー	男		0.231				
		フォワード	0.246	55.0	T.S.	全国高校選手権	山岡ら[57]
		バックス	0.216	55.0	T.S.	全国高校選手権	山岡ら[57]
サッカー	男		0.126				
		ゴールキーパー以外	0.220	—	$\dot{V}O_2$	練習試合	鈴木ら[38]
			0.149	75.0	T.S.	全国高校選手権	山岡ら[53]
		ゴールキーパー	0.089	—	$\dot{V}O_2$	練習試合	鈴木ら[38]
			0.049	75.0	T.S.	全国高校選手権	山岡ら[53]
卓球	男	シングルス	0.243	—	$\dot{V}O_2$	練習試合(ペン)	鈴木ら[38]
テニス(硬式)	男		0.184				
		シングルス	0.213	52.6	T.S.	マ杯庭球大会	浅野[5]
		ダブルス	0.156	54.4	T.S.	マ杯庭球大会	浅野[5]

表21-1 (つづき)

種目	性別	種別	値	時間	測定法	条件	出典
テニス(硬式)	女		0.140				
		シングルス	0.159	32.1	T.S.	マ杯庭球大会	浅野[6]
		ダブルス	0.121	62.5	T.S.	マ杯庭球大会	浅野[6]
テニス(軟式)	男		0.118				
		前衛	0.089	15.3	T.S.	マ杯軟式庭球大会	浅野[3]
			0.097	14.5	T.S.	マ杯軟式庭球大会	浅野[3]
			0.090	19.6	T.S.	マ杯軟式庭球大会	浅野[3]
		後衛	0.144	15.3	T.S.	マ杯軟式庭球大会	浅野[3]
			0.149	14.5	T.S.	マ杯軟式庭球大会	浅野[3]
			0.137	19.6	T.S.	マ杯軟式庭球大会	浅野[3]
テニス(軟式)	女		0.129				
		前衛	0.082	19.5	T.S.	マ杯軟式庭球大会	浅野[4]
			0.079	21.0	T.S.	マ杯軟式庭球大会	浅野[4]
		後衛	0.131	19.5	T.S.	マ杯軟式庭球大会	浅野[4]
			0.127	21.0	T.S.	マ杯軟式庭球大会	浅野[4]
バレーボール	男		0.057				
		9人制(2セット)	0.057	43.4	T.S.	練習試合	高木ら[39]
		9人制(3セット)	0.057	65.2	T.S.	練習試合	高木ら[39]
陸上競技	男		1.523				
		3,000m走	0.330	7.5	$\dot{V}O_2$	速度(284m/min)	山岡ら[58]
		走幅跳	1.555	0.1	$\dot{V}O_2$	練習時	小川ら[31]
		三段跳	2.595	0.1	$\dot{V}O_2$	練習時	小川ら[31]
		棒高跳	1.973	0.1	$\dot{V}O_2$	練習時	小川ら[31]
		走高跳	1.312	0.1	$\dot{V}O_2$	練習時	小川ら[31]
		砲丸投	1.073	0.1	$\dot{V}O_2$	練習時	小川ら[31]
		円盤投	1.148	0.1	$\dot{V}O_2$	練習時	小川ら[31]
		ハンマー投	1.936	0.1	$\dot{V}O_2$	練習時	小川ら[31]
		槍投	1.790	0.1	$\dot{V}O_2$	練習時	小川ら[31]
体操	男		0.661				
		鞍馬	0.419	0.3	$\dot{V}O_2$	練習時	小川ら[32]
		平行棒	0.492	0.3	$\dot{V}O_2$	練習時	小川ら[32]
		鉄棒	0.688	0.3	$\dot{V}O_2$	練習時	小川ら[32]
		吊輪	0.479	0.4	$\dot{V}O_2$	練習時	小川ら[32]
		跳馬	1.445	0.1	$\dot{V}O_2$	練習時	小川ら[32]
		徒手	0.441	0.6	$\dot{V}O_2$	練習時	小川ら[32]
剣道	男		0.210				
		1試合	0.140	2.3	$\dot{V}O_2$	下位者相手	小川ら[34]
			0.137	2.8	$\dot{V}O_2$	下位者相手	小川ら[34]
			0.215	2.8	$\dot{V}O_2$	同等のレベル	小川ら[34]
			0.349	2.3	$\dot{V}O_2$	上位者相手	小川ら[34]
相撲	男	1試合	2.516	—	$\dot{V}O_2$	練習試合	加藤ら[22]

表21-2 各種スポーツ種目の部分的動作のエネルギー消費量

種目	性	内容	エネルギー消費量 (kcal/kg/min)	時間 (min)	測定法	備考	報告者
アーチェリー	男		0.065				
		30m6射(32lb)	0.061	3.1	$\dot{V}O_2$	矢取りを含む	辻ら[47]
		30m6射(42lb)	0.065	3.0	$\dot{V}O_2$	矢取りを含む	辻ら[47]
		30m6射(51lb)	0.070	2.9	$\dot{V}O_2$	矢取りを含む	辻ら[47]
アーチェリー	女		0.049				
		30m6射(25lb)	0.046	3.2	$\dot{V}O_2$	矢取りを含む	辻ら[47]
		30m6射(35lb)	0.049	3.1	$\dot{V}O_2$	矢取りを含む	辻ら[47]
		30m6射(45lb)	0.053	3.1	$\dot{V}O_2$	矢取りを含む	辻ら[47]
乗馬	男		0.146				
		鞍上座	0.027	5.0	$\dot{V}O_2$		浅野ら[7]
		並足	0.050	5.0	$\dot{V}O_2$	速度(100m/min)	浅野ら[7]
		軽速歩	0.131	3.0	$\dot{V}O_2$	速度(275m/min)	浅野ら[7]
		速歩	0.151	3.0	$\dot{V}O_2$	速度(223m/min)	浅野ら[7]
		駆歩	0.191	3.0	$\dot{V}O_2$	速度(386m/min)	浅野ら[7]
		障害	0.328	2.0	$\dot{V}O_2$	速度(285m/min)	浅野ら[7]
柔道	男		0.338				
		背負投	0.365	—	$\dot{V}O_2$	被験者は5段と2段	小川ら[33]
		巴投	0.365	—	$\dot{V}O_2$	被験者は5段と2段	小川ら[33]
		送足払	0.294	—	$\dot{V}O_2$	被験者は5段と2段	小川ら[33]
		跳腰	0.347	—	$\dot{V}O_2$	被験者は5段と2段	小川ら[33]
		浮技	0.321	—	$\dot{V}O_2$	被験者は5段と2段	小川ら[33]
ボート	男		0.265				
		ノーワーク	0.137	—	$\dot{V}O_2$	合宿練習時	鈴木ら[37]
		ライトパドル	0.197	—	$\dot{V}O_2$	合宿練習時	鈴木ら[37]
		ロウピッチパドル	0.232	—	$\dot{V}O_2$	合宿練習時	鈴木ら[37]
		スタートダッシュ	0.496	—	$\dot{V}O_2$	合宿練習時	鈴木ら[37]
スキー	男		0.231				
		滑降(1,000m)	0.106	—	$\dot{V}O_2$	速度(8.39m/sec)	飯野ら[14]
		登行(1,000m)	0.168	—	$\dot{V}O_2$	速度(1.49m/sec)	飯野ら[14]
		回転(680m)	0.419	1.5	$\dot{V}O_2$	速度(7.5m/sec)	渡辺ら[48]
スキー	女	回転(340m)	0.398	1.3	$\dot{V}O_2$	速度(4.5m/sec)	渡辺ら[48]

2. 心拍数からの推定法

スポーツ活動時のエネルギー消費量の測定において,ダグラスバッグ法には測定種目や測定時間に限界があること,タイムスタディー法には検者の熟練と膨大な手間がかかることなど,測定の際の問題点が多い.そこで被験者の負担が少なく,検者の手間も省ける簡便法として,心拍数から酸素摂取量を推定し,そこからエネルギー消費量を求める方法が行なわれるようになった[25,36].この方法はエネルギー代謝の増加につれて心拍数も増加すること,さらに心拍数と酸素摂取量との間に高い相関関係があること[8]を応用するものである.特に小型の心拍数記録装置が開発されてからは[51],運動中などにも簡便,かつ的確に心拍

数を連続記録することが可能となったことから，頻繁に用いられるようになった[2,12,50]．具体的には以下の手順によって実施されるのが一般的である[9,13]．

① トレッドミルまたは自転車エルゴメータなどで，定常状態の発現する運動を数種類の強度で行わせ，各強度における心拍数と酸素摂取量を同時に測定する．
② ①で得られた心拍数と酸素摂取量の値を用いて最小2乗法による1次回帰方程式を導きだしておく（以下「HR-$\dot{V}O_2$関係式」と略す）．
③ エネルギー消費量算出の対象とするスポーツ活動時の心拍数を心拍数記録装置などで連続的に記録する．
④ ③によって得た心拍数を，②で作成した関係式に代入して活動中の酸素摂取量を推定し，エネルギー消費量に換算する．

この方法によればスポーツ活動を中断することなく，エネルギー消費量の測定ができる．ただし，心拍数と酸素摂取量との間に高い相関関係が成立するのは，運動が定常状態にあり，心拍数が概ね110～170拍/minの範囲であるため[19]，エネルギー消費量の推定ができるのも，これらの条件を満たしていなければならない．しかし，非定常状態の運動や無酸素性の運動であっても，実際には一定の関係がみられることから，これらの場合においてもHR-$\dot{V}O_2$関係式によるエネルギー消費量の推定は，しばしば行なわれている[19,24]．

ところで，HR-$\dot{V}O_2$関係式を作成するためのプロトコールは，漸増負荷法によるのが一般的であるが，実際のスポーツ活動では強度が一定ということはなく，いわば負荷の上昇と下降とが繰り返されている．したがって，漸増負荷法によって作成したHR-$\dot{V}O_2$関係式のみで，スポーツ活動のエネルギー消費量を推定することには，問題があると考えられる[29]．青木ら[1]は，負荷が高いときには漸増でも漸減でも同一酸素摂取量に対する心拍数にはほとんど差がなく，酸素脈の変動範囲も2～3mLにすぎないが，負荷が低くなるに

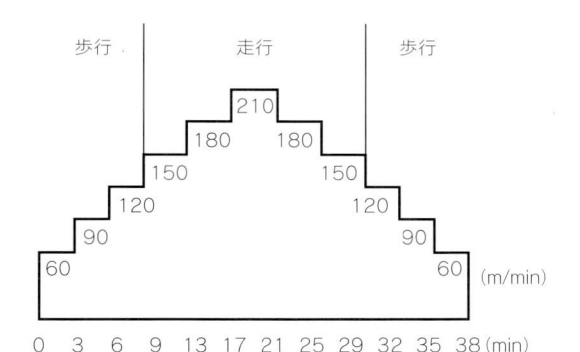

図21-2 2つのHR-$\dot{V}O_2$関係式を作成するためのトレッドミルでのプロトコール
（高見京太，北川 薫，石河利寛：負荷下降時のHR-$\dot{V}O_2$関係式を利用したスポーツ活動時の酸素摂取量の推定．日本運動生理学雑誌 3：113-118, 1996）

したがって同一酸素摂取量に対して漸減時の心拍数は漸増時よりも高くなり，酸素脈の変動範囲も6～7mLになることを報告している．つまり，負荷の上昇時と下降時では心拍数と酸素摂取量との関係が異なるため，スポーツのような負荷の増減が繰り返される活動において，漸増負荷法に基づいて作成したHR-$\dot{V}O_2$関係式のみを使って推定すると，つねに過大評価をする可能性がある．

そこで著者ら[44]は，負荷が下降した時には漸減負荷法によって作成したHR-$\dot{V}O_2$関係式を用いてテニス，バドミントン，卓球，ボウリングのエネルギー消費量の算出を行なった．その結果，漸増負荷法と漸減負荷法の2つの式を組み合わせて推定した方が，従来の方法である漸増負荷法による式のみで推定した場合よりも，酸素摂取量の実測による値との間の誤差が小さくなることを明らかにした．その手順は次の通りである．

① トレッドミルにおいて，図21-2に示したような60m/minから30m/minずつ，210m/minまで上昇し，その後続けて60m/minまで下降する歩行および走行運動をさせ，各ステージの最後の1分間の心拍数と酸素摂取量を記録する．
② ①で得られた心拍数と酸素摂取量の値を，負荷の上昇局面と下降局面とに分けて最小2乗法による1次回帰方程式を導きだし，そ

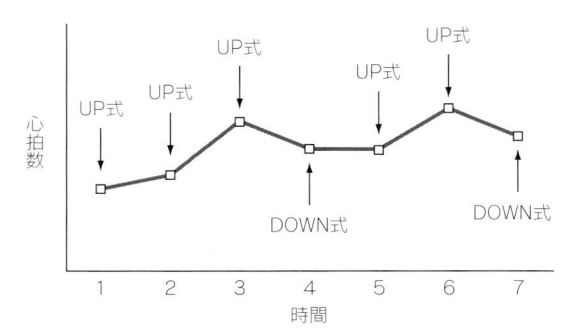

図21-3 UP式とDOWN式の併用の方法
(高見京太,北川薫,石河利寛:負荷下降時のHR-$\dot{V}O_2$関係式を利用したスポーツ活動時の酸素摂取量の推定.日本運動生理学雑誌3:113-118,1996)

れぞれをUP式とDOWN式とする.
③エネルギー消費量を算出するスポーツ活動時の心拍数を心拍数記憶装置などで連続的に記録する.
④③によって得た心拍数を,②で作成したHR-$\dot{V}O_2$関係式に代入して活動中の酸素摂取量を推定する.このとき,図21-3に示したように算出すべきある時点の心拍数が直前の1分間値と比較して,上昇あるいは同じ場合にはUP式を,下降した場合にはDOWN式を用いる.

以上の方法によれば,より精度の高い推定ができる.しかし,心拍数から酸素摂取量を推定する場合には,ある程度の誤差が生じることは避けられない.その原因として,HR-$\dot{V}O_2$関係式を作成する際の運動と,実際のスポーツ活動の運動様式が違うことがあげられる[18].つまり,運動様式が異なればHR-$\dot{V}O_2$関係式も異なるため,例えば自転車エルゴメータによる運動で作成したHR-$\dot{V}O_2$関係式によって,上肢も多用するテニスのようなスポーツ活動時の酸素摂取量を推定すれば,実測値よりも大きく算出する可能性がある.また,単なるトレッドミルの上を歩いたり走ったりする場合よりも,勝敗を競うようなスポーツ活動時の方が,心拍数が増加する傾向にあるため,推定される酸素摂取量は過大評価されると考えられる.

また,心拍数によってスポーツ活動時の酸素摂取量を推定するうえで,さらに本質的な問題として,定常状態の運動時に作成したHR-$\dot{V}O_2$関係式によって,非定常状態のスポーツ活動時の酸素摂取量を推定している点がある.これに関して,大道ら[35]は,3分以内で終了するような運動を組み合わせた,約50分間のトレーニングを実施した際の心拍数と酸素摂取量の関係を調べたところ,高い正の相関関係が得られたことから,推定は可能であろうと述べている.また,北村ら[24]によると漸増的な運動であれば,定常状態と非定常状態のどちらであっても,HR-$\dot{V}O_2$関係式には大差はないとのことである.さらに著者ら[42]は,負荷強度が1分ごとに不規則に変化する自転車こぎ運動の酸素摂取量を,定常状態の運動時に作成したHR-$\dot{V}O_2$関係式を用いて推定することの有効性を確認している.

いずれにしても,心拍数は比較的手軽に測定できる指標であることから,HR-$\dot{V}O_2$関係式を利用する推定法は,スポーツ活動などのエネルギー消費量を調べる便利な方法のひとつである.さらに,この方法を利用する際,負荷の上昇時と下降時のそれぞれにHR-$\dot{V}O_2$関係式を作成し,その組み合わせを利用することが,できるだけ高い精度でエネルギー消費量を推定するうえできわめて有効である.

3. 携帯型酸素摂取量計による方法

スポーツ活動時のエネルギー消費量を得るためには,その活動時の酸素摂取量を測定する必要がある.しかし,スポーツのゲーム時などは被験者が複雑に動き回るため,酸素摂取量を連続的に測定することはきわめて困難であった.したがって,タイムスタディー法やHR-$\dot{V}O_2$関係式を利用する方法などが用いられてきたが,携帯型の酸素摂取量計が開発されてからは,スポーツ活動時であっても酸素摂取量を連続的に実測することが比較的容易になった.そこで,まだ測定が実施されていない種目や,すでに報告されている種目で

あってもルールの変更や以前とは戦術が大きく変わった種目については改めて測定しなおす必要があると考えられる．

現在，いくつかのメーカーから携帯型の酸素摂取量計が発売されているが，ここでは著者らが実施している VINE 社製の mac quarto を利用する方法について紹介する．

1）mac quarto の測定精度

mac quarto はタービン式フローメータ，ジルコニアセンサー方式の酸素濃度計測用チャンバー，アンプ，バッテリーおよび 4 チャンネルのメモリー装置からなり，重量は合わせて約 3.5 kg である（図 21-4A, B）．測定ができるのは呼気ガスの量，呼気ガスの酸素濃度，心拍数および温度であり，サンプリングタイムは 2 秒，5 秒および 10 秒の中から選択できる．なお，測定項目とサンプリングタイムは利用の目的に合わせて仕様の変更が可能である．そして，得られた測定値は 4 チャンネルのメモリー装置にそれぞれ保存され，測定終了後にインターフェイスを介して，パーソナルコンピュータ上で 1 分間当たりの換気量，酸素摂取量，心拍数および温度を算出することができる．

測定に使用する際に著者らは，事前に測定精度の検定を安静および運動時の呼気ガスを mac quarto とダグラスバッグ法とで同時に測定し，両値の比較によって行なっている．具体的な手順は次の通りである．被験者は 5 分間の座位安静と 50，100，150，200 W の順に各ステージが 4 分間ずつ上昇する，毎分 60 回転に規定した自転車こぎ運動を行なう．そして，この時の呼気ガスを mac quarto によって測定すると同時に，mac quarto の排気口から蛇管を介して各ステージにおける最後の 1 分間分の呼気ガスをダグラスバッグ

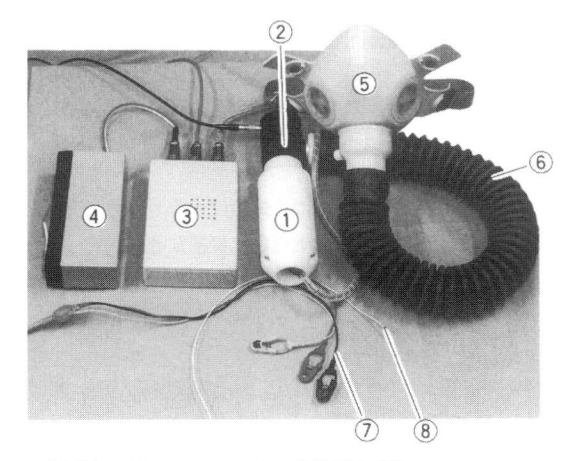

図 21-4A　mac quarto（VINE 社製）
①酸素濃度計測用チャンバー，②タービン式フローメータ，③酸素センサー用アンプ，④酸素センサー用バッテリー，⑤呼気ガス採取用マスク，⑥蛇管，⑦心拍数記録用電極，⑧温度センサー

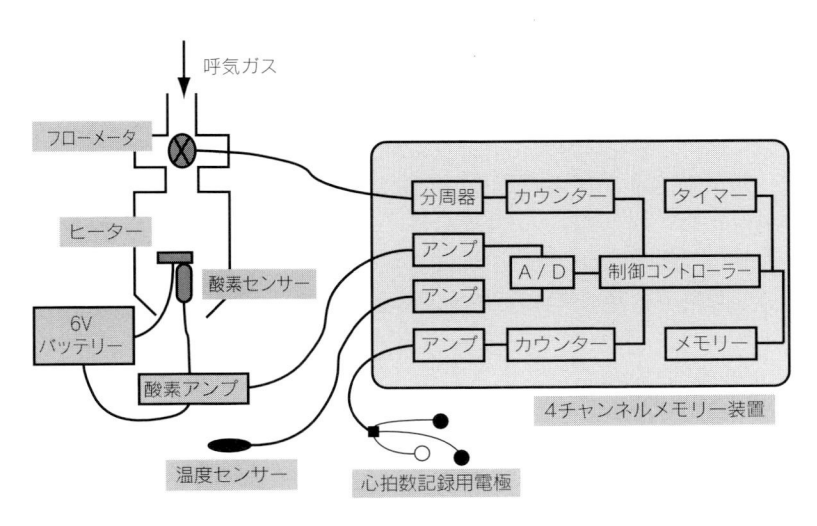

図 21-4B　mac quarto の回路図

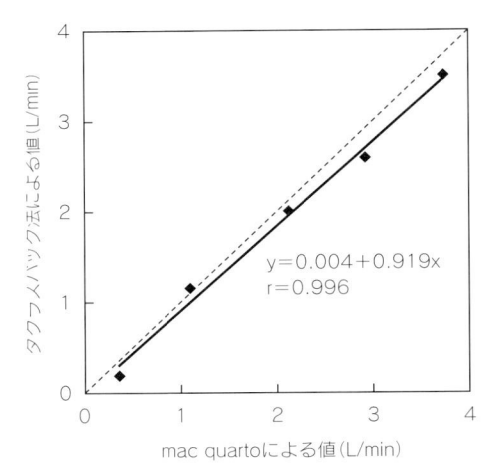

図21-5 mac quarto の測定精度の検定の一例

図21-6 mac quarto による測定風景（バレーボール）

に採取する．そして，直ちに乾式ガスメータによってその量を計測し，ガス分析器によって酸素と二酸化炭素の濃度を求めることにより，1分間当たりの酸素摂取量と換気量を算出する．以上の方法により mac quarto とダグラスバッグ法とで得られた酸素摂取量および換気量を比較する．

これまで行なってきた検定の結果によると，ダグラスバッグ法による値との間には数％の誤差があるものの，きわめて高い相関関係があった（図21-5）．したがって，測定の度に，両法の値から回帰方程式を導き出し，これを補正式として使用することにより，安定した値を高い精度で求めることができる．

2) 酸素摂取量の実測によるスポーツゲーム時のエネルギー消費量

スポーツ活動時の酸素摂取量を実測するためには，被験者自身が酸素摂取量計を身に付けなければならない．このため，装置を背負うことによる生体への影響をあらかじめ検討しておく必要がある．そこで，健康な成人男子7人を被験者として，80 m/min から 200 m/min まで4分間ごとに30 m/min ずつ速度が上昇するトレッドミルによる漸増負荷運動をさせ，3.5 kg の荷物を背負った場合と背負わない場合の酸素摂取量と心拍数の測定を行ない，両条件間の比較検討を行なった．なお，荷物を背負っての運動と，背負わないでの運動は連続する2日に分けて実施し，どちらを先に行なうかは無作為に決定した．その結果，両条件間の差を各スピードごとに比較したところ，酸素摂取量および心拍数ともに有意差はみられなかった．したがって，mac quarto を被験者自身に装着して測定を行なっても，重量による酸素摂取量や心拍数への影響は無視できると考えられた．

実際のスポーツゲーム時の酸素摂取量を測定する際（図21-6）には，まず，被験者が装置を身につけることに慣れるため，測定のためのゲームを開始する前から背中にしっかりと固定し，呼気ガス採取用マスクを装着して数分間練習を行なわせた．そして，測定の対象としたゲームはいずれも公式ルールに則って行ない，被験者本人だけでなくチームメイトや対戦相手にも，実験の被験者であることを意識せずにプレーをするように指示を与えた．呼気ガスの分析はゲーム開始前の練習時から終了するまでを連続的に行なった．

これまでに著者ら[23,27,41,43,45,46]が測定したスポーツ種目ごとのエネルギー消費量の値を表21-3に示した．この一部には，酸素摂取量の測定にMorgan 社製の Oxylog を使用した値も含まれているが，測定精度の検定は mac quarto と同様の方法をとっている．表21-3の値と過去の報告とを比較してみると，必ずしも近似した値ばかりではな

表21-3 携帯型酸素摂取量計を用いた酸素摂取量の実測によるスポーツゲーム時のエネルギー消費

種目	性	内容	エネルギー消費量 (kcal/kg/min)	(kcal)	運動時間 (min)	備考
バドミントン	男	シングルス1セット	0.167	144.7	14.5	競技者
	男		0.130	113.1	12.8	
	女		0.126	54.0	8.5	競技者
バスケットボール	男	20分ハーフ×2	0.137	478.4	49.2	競技者
ボウリング	男	2ゲーム	0.055	132.8	35.0	
ゴルフ	男	ハーフラウンド	0.064	512.7	112.0	
	女		0.056	357.9	110.2	
サッカー	男	45分ハーフ×2	0.188	1153.7	90.0	競技者
卓球	男	シングルス2セット	0.089	68.2	11.2	
テニス	男	ダブルス1セット	0.113	186.5	25.1	
	男		0.096	195.9	28.5	
ソフトテニス(前衛)	男	3ゲーム	0.143	110.2	11.8	競技者
	女		0.090	63.3	12.4	競技者
ソフトテニス(後衛)	男		0.115	51.9	7.7	競技者
	女		0.073	39.5	8.8	競技者
バレーボール	男	1セット	0.102	207.8	29.0	競技者
	女		0.127	190.3	23.8	競技者
ホースシューズ	女	1ゲーム(40投)	0.060	32.2	56.6	
ラジオ体操	男	第1,第2を連続	0.063	30.4	7.0	

い．これは，算出方法の異なることが原因としてあげられるが，それ以外にもタイムスタディー法の難しさ，各基本動作のエネルギー消費量の値，ルールや戦術の変化など様々な要因が影響しているためと考えられる．また，相手のある球技種目はゲームの展開によってエネルギー消費量が変わる．さらに，相手の動きやボールのコースを予測する能力も，ゲーム展開に影響しエネルギー消費量を大きく左右すると考えられるが，被験者の競技レベルはエネルギー消費量を求めるうえで重要な意味を持つ．したがって，スポーツのエネルギー消費量を求める場合には，性別や年代以外にも，被験者が競技者か否かやゲームの状態も明確にする必要があると考えられる．

[高見 京太・北川 薫]

文献

1) 青木純一郎，形本静夫：漸増負荷時と漸減負荷時における心拍応答の差．体育の科学 27：243-247，1977
2) 青木純一郎，形本静夫，杉山康司，ほか：ミニ・バスケットボールのトレーニングが児童の全身持久力に及ぼす影響(第2報)トレーニング時の運動強度およびエネルギー消費量ならびに参加児童の呼吸循環機能について．体育科学 17：8-14，1989
3) 浅野辰三：軟式庭球試合におけるエネルギー代謝に関する研究(第2報)軟式庭球試合におけるエネルギー需要量—男子の部．体育学研究 1：550-557，1955
4) 浅野辰三：軟式庭球試合におけるエネルギー代謝に関する研究(第3報)軟式庭球試合におけるエネルギー需要量—女子の部．体育学研究 1：577-583，1955
5) 浅野辰三：庭球試合におけるエネルギー代謝に関する研究(第1報)庭球試合におけるエネルギー需要量—男子の部．体育学研究 2：122-125，1956
6) 浅野辰三：庭球試合におけるエネルギー代謝に関する研究(第2報)庭球試合におけるエネルギー需

要量—女子の部．体育学研究2：126-129，1956
7) 浅野辰三，山崎忠志，高田恒夫，ほか：乗馬運動におけるエネルギー代謝について．体育学研究3：53-55，1958
8) Astrand P-O, and Ryhming I : A nomogram for calculation of aerobic capacity (physical fitness) from pulse rate during submaximal work. J Appl Physiol 7 : 218-221, 1954
9) 橋本 勲：運動量の測定と評価．臨床スポーツ医学1：650-655，1984
10) 広田公一，和泉貞男，山本隆久，ほか：バレーボールのエネルギー代謝に関する研究．体育学研究5：189，1960
11) 広田公一，和泉貞男，佐藤良子，ほか：バスケットボール・ゲームのエネルギー代謝に関する研究．体育学研究6：111，1961
12) 星川 保，亀井貞次，松井秀二：ゴルフに関する体力科学的研究．体育科学4：89-98，1976
13) 星川 保：1日の消費熱量の測定．保健の科学31：425-432，1989
14) 飯野富雄，北條和雄，湯田勝年：スポーツ医学の研究(10)スキーによる登坂時，滑走時及びその回復時のガス代謝，脈拍，血圧，呼吸の変化について．日本生理学雑誌1：82-85，1936
15) 石河利寛，松井秀治，広田公一，ほか：バドミントン試合のエネルギー代謝に関する研究．体育学研究3：243，1958
16) 石河利寛，広田公一，和泉貞男，ほか：バドミントンにおける男子学生のエネルギー代謝について．体育学研究3：70-75，1958
17) 石河利寛：消費カロリーの測定法とその問題点．体育の科学36：884-885，1986
18) 伊藤 稔，伊藤一生，北村栄美子，ほか：女子学生の体育実技授業中の心拍数の変動と運動強度の推定について．体育科学6：65-76，1978
19) 加賀谷淳子：心拍数に基づいた消費カロリーの算出法とその問題点．体育の科学36：858-863，1986
20) 家治川豊，和久田賢夫，米田 満：アメリカン・フットボール試合におけるエネルギー代謝に関する研究．体育学研究5：46-54，1961
21) Katch FI, and NcArdle WD : Nutrition, Weight Control, and Exercise. pp97-101, Lea & Febiger, 1988
22) 加藤芳雄，道明 博，阿久津邦夫：相撲のエネルギー代謝に関する研究．体育学研究4：115，1958

23) 北川 薫，高見京太，石河利寛，ほか：ゴルフのエネルギー消費量．ゴルフの科学8：1-5，1995
24) 北村潔和，鳥海清司，布村忠弘，ほか：定常状態と非定常状態の運動で得られたHR-$\dot{V}O_2$関係．体力科学40：372-373，1991
25) McArdle WD, Magel JR, and Kyvallos LC : Aerobic capacity, heart rate and estimated energy cost during women's competitive basketball. Res Quart 42 : 178-186, 1971
26) McArdle WD, Katch FI, Katch VL（田口貞善ほか訳）：運動生理学．pp124-131，杏林書院，1992
27) 宮城 修，高見京太，山村千晶，ほか：酸素摂取量，心拍数および血中乳酸濃度を指標としたサッカー選手の試合中の運動強度．日本体育学会第46回大会号，p329，1995
28) 森屋鷲男：バスケットボールに於けるエネルギー代謝に関する研究．体育学研究3：239，1958
29) 永井 猛，青木純一郎，形本静夫：種々なるタイプのエルゴメトリー時，負荷上昇時および下降時における心拍数—酸素摂取量関係．東京体育学研究3：45-53，1976
30) 沼尻幸吉：エネルギー代謝時のRMRに変わる体重当たりkcalの表示法について．労働科学51：91-98，1975
31) 小川新吉，浅川裕公，阿久津邦夫，ほか：スポーツのエネルギー代謝に関する研究(V)フィールド競技の運動強度について．体力科学5：242-243，1956
32) 小川新吉，浅川裕公，阿久津邦夫，ほか：各種スポーツのエネルギー代謝に関する研究(IV)体操競技のエネルギー代謝について．体力科学5：243-244，1956
33) 小川新吉，松本芳三，ほか：柔道のエネルギー代謝率に就いて(第1報)．体力科学3：83，1953
34) 小川新吉，勝田 茂，春山国広，ほか：剣道のエネルギー代謝に関する研究(1)基本動作および稽古時のエネルギー代謝率について．体力科学11：196-200，1963
35) 大道 等，岩崎輝雄：非定常状態における心拍数と酸素摂取量の相関．体育の科学32：869-874，1982
36) Skubic V, Hodgkins J : Relative strenuousness of selected sports as performed by women. Res Quart 38 : 305-313, 1967

37) 鈴木慎次郎, 長嶺晋吉, 久我達郎, ほか：スポーツ栄養に関する研究（第1報）ボート選手の基礎代謝と消費熱量. 栄養学雑誌 18：175-180, 1960

38) 鈴木慎次郎, 長嶺晋吉, 手塚朋通, ほか：スポーツ栄養に関する研究（第3報）水泳, ホッケー, サッカー, ラグビー, 卓球, バスケットボール及びバレーボールのRMR. 栄養学雑誌 19：196-203, 1961

39) 高木公三郎, 伊藤 稔, 木内一生：バレーボールのエネルギー需要量について. 体育学研究 4：118, 1958

40) 高木公三郎, 木内一生, 伊藤 稔, ほか：バドミントンにおける女子学生のエネルギー代謝について. 体育学研究 3：61-69, 1958

41) 高見京太, 北川 薫, 石河利寛：酸素摂取量の実測によるスポーツ活動中のエネルギー消費量. 体力科学 42：257-264, 1993

42) 高見京太, 北川 薫, 石河利寛：スポーツ活動時のエネルギー消費量推定のためのHR-VO_2関係式作成のプロトコールの検討. 中京大学体育学論叢 37：85-91, 1995

43) 高見京太, 北川 薫：VINEの携帯用エネルギー代謝測定機によるスポーツ活動中のエネルギー消費量の測定. 日本運動生理学雑誌 2：89, 1995

44) 高見京太, 北川 薫, 石河利寛：負荷下降時のHR-VO_2関係式を利用したスポーツ活動時の酸素摂取量の推定. 日本運動生理学雑誌 3：113-118, 1996

45) 高見京太, 石川幸生, 青木 葵：ニュースポーツのエネルギー消費量—ホースシューズ—. 日本健康科学学会誌 15：283, 1999

46) 高見京太, 小山 哲, 北川 薫：ソフトテニス（軟式庭球）のエネルギー消費量〜ルール改正とポジションの影響について〜. 体育の科学 51：557-561, 2001

47) 辻 幸治, 積山敬経, 片山吉穂：アーチャーの体力とエネルギー代謝（第2報）—使用弓の強度差による運動強度の変動—. 体力科学 33：85-97, 1984

48) 渡辺俊男, 只木英子, 渡辺政子, ほか：スキーのエネルギー代謝に関する研究（3）スキー回転競技（スラローム）のエネルギー代謝. 体育学研究 2：141-144, 1956

49) 山地啓司：酸素消費量から身体運動のエネルギーを推定する. J J Sports Sci 11：150-160, 1992

50) 山本英弘, 北川 薫, 種田行男, ほか：ゴルファーの形態・体力的特徴及び1ラウンドプレーのエネルギー消費量と筋力・血圧への影響. ゴルフの科学 3：1-8, 1989

51) 山本高司, 真鍋篤広, 加藤好信, ほか：携帯用24時間心拍記録装置 —その試作と応用—. 中京体育研究 22：15-22, 1981

52) 山岡誠一, 井上五郎：野球試合時のエネルギー代謝. 体力科学 2：30-35, 1950

53) 山岡誠一, ほか：蹴球試合のエネルギー代謝（スポーツのエネルギー代謝に関する研究 第3報）. 体育学研究 1：174-180, 1951

54) 山岡誠一：野球試合のエネルギー代謝（2）（スポーツのエネルギー代謝に関する研究 第2報）. 体力科学 2：1-5, 1952

55) 山岡誠一, ほか：ラグビー試合のエネルギー代謝 スポーツのエネルギー代謝に関する研究（第4報）. 体育学研究 3：220-226, 1952

56) 山岡誠一：体育運動のエネルギー代謝に関する基礎研究（第1報）全身運動に於けるエネルギー需要量の個人差. 日本生理学雑誌 14：327-337, 1952

57) 山岡誠一, 吉岡利治, 蜂須賀弘久, 川崎幸夫：ラグビー試合のエネルギー需要量と疲労について. 体育学研究 1：425-429, 1954

58) 山岡誠一, 浅野辰三, 真田 恭, ほか：ランニングにおけるエネルギー代謝に関する研究（第2報）3000m走におけるエネルギー代謝について. 体育学研究 3：48-52, 1958

索　引

【ア】
アーチェリー　182
アイソザイム　197
アイソトニック　97
アイソメトリック　97
アイソメトリック・トレーニング　95
アタッカー　158，161
アデノシン2リン酸　193
アデノシン3リン酸　13，21，193
アミノ酸　24
アミノトランスフェラーゼ　197
アロメトリー　132
安定姿勢　182
アンモニア　14

【イ】
意識的集中度　187
Ⅰ型コラーゲン　55，56，57，59
一回拍出量　197
一側性トレーニング　100
遺伝的要因　1
インスリン　26
インスリン様成長ホルモン-1　68
インターバル・トレーニング　165
インフルエンザ　125

【ウ】
ウィルス　118
ウェイトジャケット　93
ウェイト・トレーニング　95
ウエスト/ヒップ比　175
ウォーミングアップ　85，86
右心房圧　144
運動持続時間　166
運動連鎖　154

【エ】
泳記録　169
栄養補助食品　179
エキセントリック　43，49
エキセントリック・トレーニング　50
エネルギー供給能力　169
エネルギー需要量　170，206
エネルギー消費量　202
エネルギー代謝率　203
エラスチン　56

エリスロポエチン　113
遠近順応　185
炎症反応　41，43

【オ】
黄体化ホルモン　72
黄体機能不全　71
オーバートレーニング　42
オーバーリーチング　42
音響的骨評価値　65
温熱脱水負荷　147

【カ】
カーボローディング　26
回復　78，147
開放回路系　181
可逆的　78
角速度特異性　156
ガストリック・エンプティーング　28
カゼ　119
肩の内旋　156
活性酸素　124
果糖　27
可動域　45，87，176，177
過負荷　50，93
構えの姿勢　182
からだづくり　173，176
顆粒球　122
カルシウムイオン濃度　50
カルシウム所要量　67
カルシニューリン　51
かわし動作　84
換気閾値　197
環境要因　1
間欠的運動　141，169
肝細胞壊死　197
緩衝作用　13，16
感染症　118
完全止息状態　186
感冒　125

【キ】
機械的効率　171
気管支炎　125
希釈性の飲水停止　146，147
キック　164
希発月経　70

弓射　182
急速眼球運動　5
休養期間　68
競技的淘汰　128
キラーT細胞　123
筋グリコーゲン　17，49
筋血流　142
筋腱複合体　59，60
筋細胞内膜系　43
筋節　44
筋損傷　41，49，51
筋長　44
筋痛　125
筋のスティフネス　45
筋パワー　89
筋肥大　17，50，51，130
筋有酸素エネルギー代謝能　194
筋力　8，104，106，109，150，156，186

【ク】
クーリングダウン　87
クエン酸合成酵素活性　16
駆出血流速　199
グリコーゲン　24
グリコーゲンローディング　17，26
グルコース・ポリマー　28
グルコース輸送タンパク　29
クレアチン　12
クレアチンキナーゼ　13，192，194
クレアチンリン酸　12，193
クレアチンローディング　13
クレー射撃　181

【ケ】
携帯型酸素摂取量計　208
形態的形質　128
系統発生　2
経年齢　71
血圧　187
血液が貯留　143
血液脳関門　197
血液の再配分　142
血液量　111，143，144，145
血管内皮細胞　58
月経　70
月経異常　70

月経周期　71
月経正常　64
月経不順　64
結合組織　54, 55, 59, 60
血漿クレアチンキナーゼ(CK)活性値
　　45, 47, 49
血漿浸透圧　147
血清酵素活性　197
血中乳酸　7, 35, 86, 114
血流量　7
ケミカルシフト　193
腱　54, 55, 56, 57, 58, 59, 60
健康指標　70
腱膜　54, 60

【コ】
好塩基球　122
高温環境　141, 146
交叉反応　108, 109
好酸球　122
高次神経活動　189
抗重力筋　184
高地馴化　111
高地順応　112
高地トレーニング　111
好中球　122
興奮収縮連関　45
Ⅴ型コラーゲン　58
呼吸交換比　202
呼吸商　202
呼吸相　185, 187
個人差　59
個体発生　2
骨塩量　63, 78
骨吸収　157
骨形成　157
骨粗鬆症　64
骨密度　158
骨量分布　161
骨梁面積率　157
固有振動　183
コラーゲン　55, 56, 57, 58
コンセントリック・トレーニング　50

【サ】
サービス技術　154, 155, 156
サービススピード　150, 153, 154, 155, 156

サービススピードの男女差　151
細菌　118
最大下強度　165
最大筋力　92
最大酸素借　165, 169
最大酸素摂取量　95, 112, 145, 169, 193, 197
最大随意収縮　195
最大速度　92
最大パワー　92
採点競技　176
サイトカイン　42, 123
細胞外マトリクス　43, 54, 59
細胞死　41
細胞内カルシウム濃度　41
細胞内シグナル伝達機構　51
左室前収縮期流入血流速　199
左室拡張早期流入血流速　199
左室拡張末期径　198
左室拡張末期容積　197
左室機能　197
左室駆出率　198
左室後負荷　199
左室収縮性　199
左室収縮末期径　199
左室心筋重量　197
左室前負荷　199
左室壁応力　199
サッカー　139
サテライトセル　41, 51
サプリメント　31
酸素運搬系　180
酸素需要量　167
酸素消費系　180
酸素摂取量　141
酸素負債　171
酸素分圧　112
酸素脈　207

【シ】
視覚野　4
磁気共鳴映像法　44
磁気共鳴スペクトロスコピー法　16
持久的運動　34
脂質　24
脂質分解酵素　44
思春期　135
視床下部　72

姿勢調節　181
姿勢反射　184
事前疲労法　84
自然免疫　124
止息水準　187
持続的運動　169
シドニーオリンピック　128, 173
自発的脱水　146
射撃技術　180
射撃姿勢　183
射手の決断　184
ジャンプ動作　158, 161
収縮速度　98
重心動揺曲線　184
縦断的　75
柔軟性　82, 87, 88, 89, 177
銃の重心　183
主観的運動強度　35
腫脹　45
循環・体温調節反応　144
循環血漿量　144, 199
準高地　116
生涯スポーツ　200
上気道感染症　120
照準器　185
静脈還流量　142
初経　70
初経遅延　71
初経年齢　70
女子長距離選手　63
女性ホルモン　63
初動負荷　82, 87, 89, 90
自律神経機構　189
心エコー図法　198
心筋傷害　197
心筋トロポニンＴ　197
神経伝達物質　38
心臓疲労　199
身体組成　173
身体の重心　183
身長　128, 150, 151
伸張性筋活動　41, 43
伸張性収縮　94
浸透圧　28, 145, 147
心拍応答　141
心拍出量　142
心拍数　7, 35, 144, 206
心拍数記録装置　206, 207, 208

心拍動の変動　187
新ヨーロッパスポーツ憲章　2
心理状態　34

【ス】
随意神経支配要因　189
随意的調節の意図　187
随意的動作　185
推進効率　171
垂直跳び　93
水分摂取　146
水分摂取イオン濃度　147
水分量　20
スイム　164
スイング時間　5
数学のmodeling　189
スケーリング　128
スティッキング・ポイント　94
ストレス　71, 118
ストレッサー　40
ストレッチ・ショートニング・
　サイクル　83
スパルタスロン　200
スピードスケート　113
スポーツ的ライフスタイル　2
スポーツドリンク　31

【セ】
性器出血　67
性機能　70
性成熟　75
性腺刺激ホルモン　72
性腺刺激ホルモン放出ホルモン　72
成長期　159, 161, 162
静的ストレッチング　87
性ホルモン　66
生理応答　34
摂取エネルギー　178
線維芽細胞　56, 58, 59, 62
全身持久性(力)　95, 193
全身選択反応時間　152
全身単純反応時間　152
漸増負荷法　207
前腕血流量　144

【ソ】
走行距離　64
走効率　136

総酸素借　164
総酸素需要量　164
総酸素摂取量　164
痩身化傾向　131
相対的運動強度　166
相反神経支配　84, 104
測定精度　209
続発(性)無月経　70
損傷　42, 47, 49, 50

【タ】
ターンオーバー　41
体液の喪失　143
体液バランス　141
体液量調節　147
体温調節　141, 142, 146
体格特性　128
体幹部　84
体脂肪　65, 71
体脂肪率　65, 73, 130, 173
代謝回転　41
代謝産物　172
代謝特性　164
体重　128, 132
体重指数　133
体重制　128
体重比　134
体性神経の反射　189
大脳の興奮水準　7
大脳半球間抑制　104, 105
タイミング　189
タイムスタディー法　202, 203
大量発汗　146
唾液中分泌型免疫グロブリンA　120
ダグラスバッグ法　202, 203,
　206, 210
他動的神経制御　186
ダブルアイアントライアスロン　200
タレント発掘　131
単球　122
短縮性活動　83
短縮性収縮　94
単純糖質　25
単純反応課題　109
単純反応時間　106
男女差　152
弾性エネルギー　59, 61, 89
弾性定数　59, 612

弾性率　59
タンパク質　24
タンパク分解酵素　44

【チ】
遅延傾向　70
力-速度関係　95, 98
遅発性筋肉痛　47
注意　37
注意の分散　104
中間径フィラメント　43
中高年齢者　85, 86
中枢神経系　188
中性脂肪　26
超音波　65, 157
超回復　40, 49
超最大強度　165, 166

【テ】
低圧トレーニング　112
低温環境下　141
抵抗係数　171
低酸素環境　111
低酸素室　111, 113
低酸素トレーニング　112
定常状態　207, 208
ディトレーニング　159, 160
適応形質　132
適応効果　49
適応能力　117
適応反応　40
手首の掌屈　156
デスミン　43
手の内　183
デンプン　25

【ト】
当確率楕円　128
投球　6
東京オリンピック　128
糖質　24
等尺性筋力　153
等尺性収縮　94
等張力性収縮　94
動脈血酸素飽和度　114, 116
特異性　50, 92, 93, 100
特異免疫機構　122
トライアスロン　192

【ナ】
内分泌異常　67

【ニ】
肉離れ　54, 59
乳酸　14
乳酸系　13
乳酸脱水素酵素　197
尿中カテコールアミン排泄量　118
認知機能　37
妊孕性　78

【ネ】
熱射病　197
熱中症　119

【ノ】
脳下垂体　72

【ハ】
ハーフタイム　28
ハイパワー　24
発育期　66, 135
発汗　145
白血球　122
発射時期　187
発達過程　75
発熱　125
ばね　59, 61
パフォーマンス　34, 65
バリスティック　83, 89
バルサルバ・マニューバ　186
パルスドップラー法　198
バレーボール　157, 159, 161
パワートレーニング　97
半視野刺激　108
反応時間　108, 109
反応速度　106, 109

【ヒ】
非交叉反応　108, 109
肘関節運動　154
ビタミンD　67
非特異的免疫機構　122
皮膚血流　142
皮膚静脈系への血液貯留　145
ヒポキサンチン　14
標的競技　180

疲労骨折　64, 66
貧血　67
頻発月経　71

【フ】
フィードバック機構　75
フィジカルケア　173, 178
複合糖質　25
複合トレーニング　93, 97, 98
不随意な調節機序　187
不随意要因　189
不整周期月経　71
腹腔の内圧　185
ブドウ糖　24
プライオメトリックス　83
プル　164
プロテアーゼ　41
プロテオグリカン　57, 58
プロラクチン　72

【ヘ】
平均身長　128
閉鎖回路系　181
ヘモグロビン　111
ヘルパーT細胞　123
扁桃炎　125

【ホ】
防衛体力　118
ボールスピン　3
ホスホフルクトキナーゼ　16
ホスホリパーゼ　41
補体　124
ホルモン環境　71

【マ】
マクロファージ　122
マッサージ　178
マットトレーニング　177, 178
マハラノビス距離　128
マラソン　121
マルトデキストリン　28

【ミ】
ミオグロビン　45
ミトコンドリア　194
ミドルパワー　24

【ム】
無機リン酸　193
無酸素性運動能　141
無酸素性作業閾値　146
無酸素性エネルギー供給量　164
無排卵性月経　71

【メ】
メカニカルストレス　66
メディシンボール・エクササイズ　177, 178
メモリー装置　209
免疫　118, 122

【モ】
毛細血管血濾過圧　144
網膜　4
モーメント　183
モダン・フットボール　140

【ヤ】
野球　3

【ユ】
有酸素性運動能　139, 141
有酸素性エネルギー供給量　164
有酸素性エネルギー出力　128
有酸素代謝能力　193
弓の重心　183

【ヨ】
Ⅳ型コラーゲン　59

【ラ】
ライフステージ　2
ライフル射撃　181
ラップタイム　35
卵巣　72
ランニング効率　136
卵胞刺激ホルモン　73
卵胞ホルモン　72

【リ】
罹患率　120
力発揮様式　88
力み呼吸　186
両側性機能低下　100, 101, 103, 104, 105, 106, 108, 109

両側性指数　103, 105
両側性トレーニング　100
リン31-磁気共鳴分光法　193
リンパ球　122

【レ】
レシーバー　158, 161
レジスタンス・トレーニング　47, 50, 82, 100, 101, 103, 104, 106, 109
レペティッション　165

【ロ】
ローパワー　24

【ワ】
ワーキングメモリ　38
和弓　182

【欧文索引】
%$\dot{V}O_2max$　166
2,3-DPG　113
^{31}P-MRS　193
ADP　193
ALT　197
AST　197
ATP　13, 21, 193
ATP-PCr系　13
ATP代謝回転速度　14
Aδ線維　47
bilateral deficit　100
Bilateral index (BI)　103, 105
BMI　129
B細胞　123
Bモード超音波画像法　44
calcineurin　51
cardiovasucular drift　198
CK　192, 197, 200
CKアイソザイム　198
CPK　8
Creatine monohydrate　12
Crトランスポーター　12
Crローディング　18
C線維　47
DEXA法　157, 158, 159
DOMS　47, 49
EMG　8
FAT　63, 68
FSH　73
GnRh　72
HR-$\dot{V}O_2$関係式　207, 208
IgA　123
IGF-1　68
IgG　123
IgM　123
lateral specificity　100, 103, 104, 106, 109
LBM　130
LDH　197
LDHアイソザイム　198
LH　72, 73
MAPキナーゼ　51
Mitogen-activated protein kinase　51
MRI　44
Na^+-Cr共輸送システム　14
Na^+-K^+ポンプ　14
NK細胞　123
OBLA　86, 133
PCr　193
Pi　193
Pi/PCr比　194
PNF　84
ROM　45
RPE　35
RTの安全性　85
S-Tの安定相　188
SIgA　120, 123
Specificity　100
VAS法　47
$\dot{V}O_2max$　133, 193
Z帯　43

2002年11月15日　第1版第1刷

トレーニングによるからだの適応
―スポーツ生理学トピックス―

定価（本体 3,300 円＋税）　　　　　　　　　　　　　　　　　　　検印省略

編集者	平野　裕一
	加賀谷淳子
発行者	太田　　博
発行所	株式会社 杏林書院
	〒 113-0034 東京都文京区湯島 4-2-1
	Tel　03-3811-4887（代）
	Fax　03-3811-9148
	http://www.kyorin-shoin.co.jp

ISBN 4-7644-1053-2　C3047　　　　　　　　　　　　　　　　　　杏林舎／坂本製本

・本書の複製権・翻訳権・上映権・譲渡権・公衆送信権（送信可能化権を含む）は株式会社杏林書院が保有します。
・JCLS ＜（株）日本著作出版権管理システム委託出版物＞
　本書の無断複写は著作権法上での例外を除き禁じられています。複写される場合は，その都度事前に（株）日本著作出版権管理システム（電話03-3817-5670，FAX 03-3815-8199）の許諾を得てください。